U0531584

唐朝

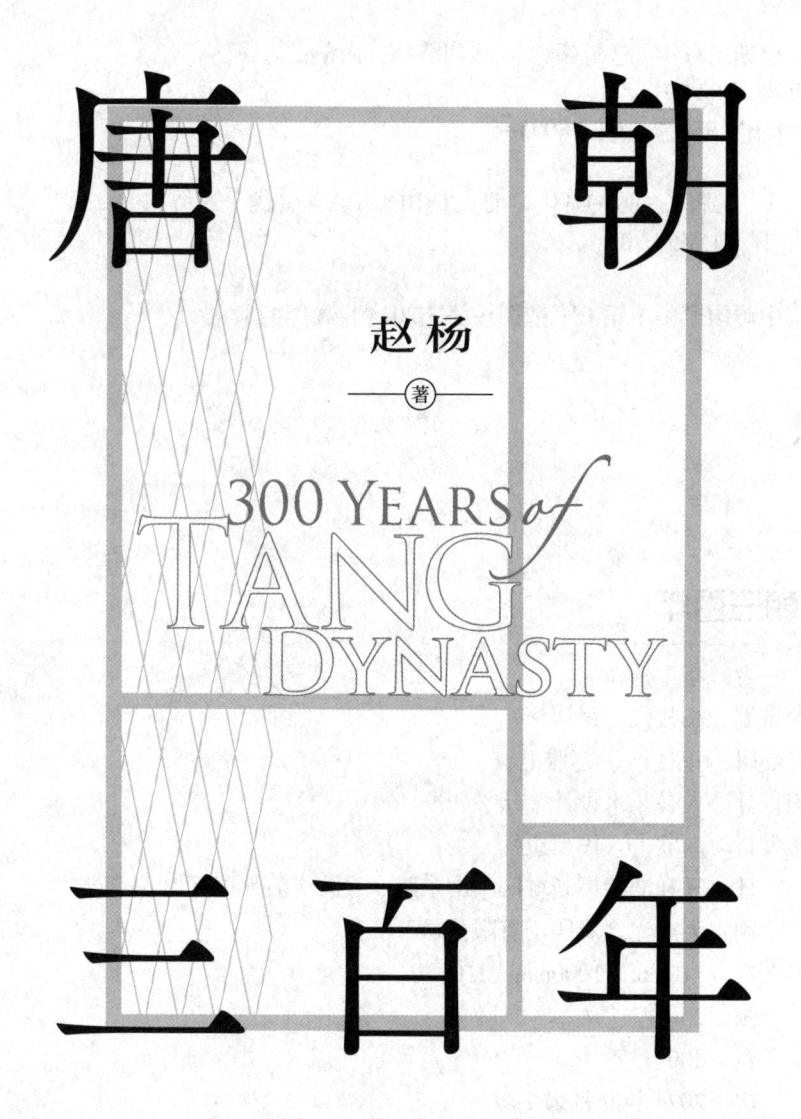

赵杨 著

300 YEARS of TANG DYNASTY

三百年

内蒙古人民出版社

图书在版编目（CIP）数据

唐朝三百年 / 赵杨著. -- 呼和浩特：内蒙古人民出版社，2024.9
ISBN 978-7-204-18035-6

Ⅰ.①唐… Ⅱ.①赵… Ⅲ.①中国历史 – 唐代 – 通俗读物 Ⅳ.① K242.09

中国国家版本馆 CIP 数据核字（2024）第 054731 号

唐朝三百年

作　　者	赵杨
特约策划	高牧仁　张桂梅
责任编辑	张桂梅　赵雅君
封面设计	人马艺术设计·储平
出版发行	内蒙古人民出版社
地　　址	呼和浩特市新城区中山东路 8 号波士名人国际 B 座 5 楼
印　　刷	天津光之彩印刷有限公司
开　　本	710mm×1000mm　1/16
印　　张	26
字　　数	400 千字
版　　次	2024 年 9 月第 1 版
印　　次	2024 年 9 月第 1 次印刷
书　　号	ISBN 978-7-204-18035-6
定　　价	98.00 元

图书营销部联系电话：（0471）3946278　3946269
如发现印装质量问题，请与我社联系。联系电话：（0471）3946120　3946169

目录 Contents

第一章　潜龙在渊

一、盛世溯源 …………………………………… 002

二、千秋大业 …………………………………… 006

三、风雨飘摇 …………………………………… 011

四、名应图谶 …………………………………… 016

五、李渊其人 …………………………………… 022

六、起兵真相 …………………………………… 026

第二章　唐王朝建立

一、太原起兵 …………………………………… 036

二、老李的孩子们 ……………………………… 041

三、隋朝的忠臣 ………………………………… 044

四、等死的杨广 ………………………………… 049

五、雄心、野心、痴心 ………………………… 055

六、困龙痴想上天堂 …………………………… 060

第三章　天下底定

一、得来全不费工夫 ……………………………… 068

二、势如破竹 …………………………………… 071

三、光芒万丈 …………………………………… 077

四、王"开明"的政治秀 ………………………… 083

五、智穷力竭 …………………………………… 089

六、放手一搏 …………………………………… 095

七、天策上将 …………………………………… 100

第四章　贞观之治

一、萧墙之内 …………………………………… 106

二、喋血宫门 …………………………………… 111

三、贞观之治 …………………………………… 117

四、流年不利 …………………………………… 123

五、竹篮打水 …………………………………… 129

六、谁是继承人 ………………………………… 134

第五章　高宗李治

- 一、假痴不癫　不争是争……140
- 二、开边服远　富贵宁人……143
- 三、公主作妖　驸马造反……146
- 四、皇帝突围　大臣找死……153
- 五、纯臣归位　奸臣出场……160
- 六、君臣决战　武氏上位……165
- 七、肃清后宫　短暂和解……171
- 八、外甥类舅　青出于蓝……176

第六章　武氏降临

- 一、从商人到功臣……184
- 二、见天子庸知非福……190
- 三、盟友帝后……195
- 四、信任与忌讳……201
- 五、封禅泰山……206

第七章　至尊红颜

一、步步为营 ················· 214

二、流言杀人 ················· 219

三、废黜中宗 ················· 227

四、谁家天下 ················· 233

五、燕啄皇孙 ················· 239

六、睥睨天下 ················· 245

七、神龙政变 ················· 253

八、双碑并立 ················· 259

第八章　你方唱罢我登场

一、重蹈覆辙 ················· 266

二、政变盲盒 ················· 270

三、维持现状 ················· 275

四、又见玄武门 ··············· 281

五、权倾朝野 ················· 286

六、先天政变 ················· 292

第九章　开元盛世

一、名相接力 ………………………………… 298

二、风度得如九龄否 ………………………… 303

三、后宫风云 ………………………………… 309

四、权相当政 ………………………………… 315

五、奸臣误国 ………………………………… 321

六、禄儿忠心 ………………………………… 327

第十章　长恨悲歌

一、自毁长城 ………………………………… 336

二、哥舒断刀 ………………………………… 344

三、贵妃殒命 ………………………………… 349

四、收复两京 ………………………………… 356

五、走向沉沦 ………………………………… 362

第十一章　大唐的背影

一、支离破碎 ………………………………………… 370

二、牛李党争 ………………………………………… 375

三、自掘坟墓 ………………………………………… 380

四、饮鸩止渴 ………………………………………… 386

五、落日余晖 ………………………………………… 394

六、黎明之前 ………………………………………… 400

参考书目 ………………………………………… 407

第一章

潜龙在渊

一、盛世溯源

618年，李渊在大兴城（今陕西省西安市）登基称帝，定国号为唐。

新皇帝放眼天下，只见天下纷乱如沸，河山分崩离析。他的表哥隋炀帝杨广虽然已经驾崩，但是在他手上败坏的山河还在。

李渊，从隋手中接过来的是怎样的江山？

北周大定元年（581年）二月，杨坚接受北周静帝宇文阐禅让，代周称帝，国号隋，改元开皇，定都长安，史称隋文帝。

禅让，在尧舜时期是退位让贤的权力交接制度。两晋南北朝时期，禅让成了不定期上演的舞台剧。剧目正式上演之前，还会有两个预告片：加九锡和三推三让。

王莽是这两个预告片形式的开创者，从他之后，预谋篡位者在演出禅让大戏之前，基本都要加九锡，还要推让三次。

加九锡表面是告诉天下人，这位仁兄对社稷有功，还是那种大到没法用通常的方法嘉奖的功劳，潜台词是"朝政归我管，皇帝靠边站"。

至于为什么要"三推三让"，无非是表达我不想、我不愿意、不是我主动的，是他非要把皇位传给我。然而事实却是内心在想"你快下台，皇位归我"。

南朝宋、齐、梁、陈，北朝北周、北齐的开国之君都演过这个剧目。一群希望大家糊涂的人，演给揣着明白装糊涂的人看。无非是通过一场大家心知肚明的舞台闹剧，给王朝的更迭办理合法手续。

杨坚在名义上是北周静帝的外祖父。天和三年（568年），北周武帝宇文邕定杨坚长女杨丽华为太子妃，宣政元年（578年）八月，太子宇文赟即位，是为周宣帝，宣帝立杨丽华为皇后，杨坚被升为柱国大将军、大司马，这就是当外戚的好处。

但是杨坚的这个皇帝女婿不喜欢工作，当太子时被自己老爸管着，每天按时上下班，不能喝酒不能做这不能做那，一直处于高压和棍棒的管理之下，只能装得循规蹈矩。终于熬到老爸一命归西，自己掌权，荒唐、暴虐的本性开始暴露，"宣帝初立，即逞奢欲"。

他有多荒唐呢？大象元年（579年），也就是他继位的这一年，二十一岁的周宣帝为了显示自己比皇帝还高，传位给长子宇文阐（曾用名衍），自己跑去当太上皇。太上皇要拥有比皇帝还大的权力，所以他自称天，让别人称他为天元皇帝，立了五位皇后，分别是天元大皇后杨丽华、天大皇后朱满月、天中大皇后陈月仪、天左大皇后尉迟炽繁、天右大皇后元乐尚。

周宣帝不仅荒唐，还暴虐，动辄打骂朝廷大臣，一打最少是一百二十板子。好在这家伙纵欲酒色，嬉游无度，导致健康日益恶化，没能折腾太久，让位后第二年就病逝了，终年二十二岁。

随着皇帝换人，杨坚的身份从皇帝的亲家变成皇帝的老丈人，又变成了皇帝的姥爷，地位一步一步上升，杨坚不断向权力顶端靠拢。

自大的周宣帝在退休前拼命打压宗室和老臣，外放了自己的五位叔叔——赵王、陈王、越王、代王、滕王。因为猜忌害死了工作狂叔叔齐王宇文宪，导致北周宗室力量衰落，外戚势力抬头。

宇文宪，北周文帝宇文泰第五子，北周武帝宇文邕之弟，在镇服蜀地、灭亡北齐时立有赫赫战功，参与诛杀权臣宇文护，是声望最好的北周宗室。他无辜被害，京城只剩下雍州牧宇文闲和不学无术又好色的宇文赟。杨坚渔翁得利，之后宇文赟被诓骗回家等着躺赢，杨坚又骗赵王、陈王、越王、代王、滕王入长安，诬告宇文闲谋反把他们全部杀死。

开皇元年（581年）农历二月，杨坚被拜为相国，总理朝政，剑履上殿，赞拜不名，加九锡之礼。

同月，北周静帝"禅位于隋，一依唐虞汉魏故事"（《隋书·高祖本纪》），杨坚"三让而后受之"。杨坚登基，定国号隋，改元开皇，杨坚即隋文帝。

被赶下皇位的宇文阐是北周宣帝天大皇后朱满月所生，他和杨坚没有血缘关系。唐太宗评价杨坚"欺孤儿寡妇以得天下"。

经过多年的隐忍、纠结、准备和坚持，杨坚终于登上了皇帝的宝座。这是他梦寐以求的时刻，他不会思考女婿、外孙，也没时间考虑是不是欺负了孤儿寡妇，还有很多事等着他。

隋朝建立后，北有突厥牵制，南有南陈割据。

为解除突厥的威胁，隋利用突厥内部矛盾，用离间计使突厥分裂为东突厥和西突厥，四个可汗为汗位互相残杀。开皇四年（584年），沙钵略可汗向隋求和，北部边患暂时解决。为进一步加强北部边防，消除后顾之忧，隋修缮朔方、灵武一带长城。

隋文帝还命杨素经略长江上游。经过数年准备，隋朝经济发展，社会安定，国力提高。隋文帝决定遣兵南下灭陈，完成统一。

开皇七年（587年），隋废西梁后主萧琮，占领江陵，西梁亡。

开皇八年（588年）三月，隋文帝下诏列举陈后主罪行，在江南地区散发三十万份，争取人心。同年十月，隋文帝以晋王杨广、秦王杨俊、清河公杨素为行军元帅，分别率兵南下平陈。

开皇九年（589年），隋军攻入建康城，韩擒虎从枯井中活捉陈后主和他的爱妃张丽华、孔贵人，陈灭亡。随后岭南冼夫人也率众归附隋朝。

中华大地在经过了近四百年的战乱纷争后，再次实现南北统一，人民生活趋于安定，经济开始恢复，社会进步和发展，一个地无分南北、人无分夷夏的大一统王朝崛起于世界东方，杨坚完成了再造统一王朝的历史使命。

隋文帝统治时期，进行了多项制度建设和改革。

第一章　潜龙在渊

隋废除北周六官（大冢宰、大司徒、大宗伯、大司马、大司寇、大司空）制度，在中央设立三省（尚书、门下、内史）、六部（吏、礼、兵、都官、度支、工）、九寺和御史台。宰相由三省长官担任。三省六部制中决策权和行政权分离，皇帝集权，宰相分权，行政程序更加合理。这是中国官制史上的重大改革，唐基本沿用这一制度。

在官员的任用上，隋废除九品中正制，废除长官辟署僚佐制度，开始采用分科考试的方法选拔官员，不再以门第作为任用官吏的唯一条件。这就是科举考试制度的开端，是中国古代文官制度的基础。

隋规定郡县佐官一律由中央的吏部任免、考核，权力向中央集中。改州郡县三级制为州县两级制。

隋文帝时期，在经济上施行减轻赋税徭役的措施。

隋实行租调制和以庸代役制①。开皇三年（583年）正月，诏令成丁年龄由十八岁提高为二十一岁，每年服役期限由一个月减为二十天，调绢一匹改为二丈，并且规定不役者收庸。开皇十年（590年）又规定民年五十，免役收庸。减少服役期限，农民生产的时间有了保证，促进了农业生产的发展，利于增加国家赋税收入。隋王朝通过搜括户口，新编入户籍一百六十多万人，这使中央政府直接控制了更多农民。

开皇元年（581年），杨坚命高颎、郑译、杨素等人在北周律法基础上改定新律。开皇三年（583年），又命苏威、牛弘等人修订新律，后世称《开皇律》。《开皇律》在承袭前朝法典的基础上，使封建法典系统化、规范化，奠定了中国古代律法的基本精神和基本框架。唐律继承了《开皇律》的各项基本制度，以后历代律法都是以其为蓝本。

开皇九年（589年），杨坚改革府兵制，规定府兵一律在地方落户口，军人的土地划归地方政府统一调度，"垦田籍账，一与民同"（《隋书·高

---

① 租，指田租，缴纳谷物；调，指户税，缴纳帛和布；庸，指代役租，即在服徭役的期限内，不去服役的可以纳绢或布代役。

祖本纪》)。完成了府兵由兵农分离、兵将合一的职业兵向兵农合一、兵将分离的民兵的转变。

这些举措对当时社会发展起到了极大的促进作用，形成了政治清明、社会稳定、人民安居乐业的统治局面，史称"开皇之治"。

《文献通考》中说："古今称国计之富者，莫如隋。"此时的杨坚睥睨天下，一定不会想到自己苦心孤诣建立的大一统王朝，会二世而亡。

二、千秋大业

杨广自幼聪明伶俐，好学上进，勤勉自律，相貌英武，两征江南、北破突厥，在大臣和民众心中是优秀的皇子。"炀帝爰在弱龄，早有令闻，南平吴会，北却匈奴，昆弟之中，独著声绩。"(《隋书·炀帝纪》)

杨广还是当时著名的诗人，时人评论"隋炀从华得素，譬诸红艳丛中，清标自出，一洗颓风，力标本素，古道于此复存"(《诗镜总论》)。

优秀的人都是有追求的，而优秀的皇子往往是有野心的。为了能当上太子，日后登基称帝，杨广一方面在老爹老妈面前努力表现，另一方面努力给自己的哥哥太子杨勇使绊子。

隋文帝"居处服玩，务存节俭"，杨广就装出一副温良恭俭让的模样，穿布衣，吃粗粮，故意弄断琴弦，满脸都写着"节俭"二字投其所好。

隋文帝的皇后独孤氏是北周大司马独孤信的小女儿，喜欢读书，博古通今，在国家大事上经常替隋文帝出谋划策，对隋文帝的决策很有影响力。朝中大臣以"二圣"来称呼文帝和独孤皇后。

"二圣"的感情特别融洽，文帝承诺有独孤皇后在就不再宠幸其他嫔妃。用情很深的独孤皇后奉行一夫一妻制，她最恨用情不专的男人，最讨厌大臣纳妾，如果哪个大臣的妾室怀孕，独孤皇后就让隋文帝把那个大臣降职。

杨广为了讨好母亲，只和妻子萧氏同进同出，努力打造用情专一的人设。

杨广要拉下台的太子杨勇，容貌俊美，生性好学，性格宽厚温和。但他在政治上很迟钝，没有意识到自己的危险，也不懂得隐藏自己的喜好，"率意任情，无矫饰之行"（《隋书·杨勇传》）。

如果杨勇是普通的官二代、富二代，率性而为也没什么，但他是皇太子，一步行差踏错就是万劫不复。偏偏他的喜好都与隋文帝夫妇的喜好背道而驰，他喜欢名贵的东西，宠爱妾室，给妾室云昭训的待遇和正妻元妃不相上下，元妃因此气出心病，郁郁而终。这让独孤皇后对他深感失望，萌生了废太子之心。

克勤克俭的隋文帝经常教育杨勇，杨勇却不知收敛、悔改。

不知收敛的杨勇还要被弟弟陷害。杨广趁着和母亲告别的机会向母亲大倒苦水，说哥哥对自己不满意，冷言冷语，有可能要投毒杀掉自己。独孤皇后联想到太子妃元氏的死，杨广的哭诉让她更加怀疑元氏是太子为了扶正妾室投毒害死的。她一想到自己百年之后，儿孙们要向云氏所生的那些狗崽子跪拜称臣，就痛苦不已。

一个率真的人是可爱的，但是率真这种性格放在一个政客身上，就不合时宜。天真的杨勇接着又犯了一个天大的错误——冬至这一天，欣然接受百官朝会东宫。这个逾越礼制的悖逆行为，让隋文帝最终下定了决心。

杨广拉拢才大于德的杨素共同拉踩太子。杨素故意激怒太子，胸无城府的太子果然发了很大的脾气，导致连隋文帝都担心太子会狗急跳墙。

在一切都水到渠成的时候，杨广安插在太子府的间谍姬威告发太子图谋不轨，还四处造谣诋毁太子。

开皇二十年（600年）十月，隋文帝废黜太子杨勇。同年十一月，立晋王杨广为太子。

仁寿四年（604年），隋文帝患病住在仁寿宫，太子杨广、尚书左仆射杨素、兵部尚书柳述、黄门侍郎元岩入宫侍疾。

平时表现得谦恭孝顺的好儿子杨广,在父亲病重之时和父亲的股肱之臣杨素暗通书信,谋划着老爹驾鹤西去之后的事情。杨素的回信却被误送到文帝寝宫,隋文帝震怒,伪装多年的杨广终于露出真面目。

隋文帝被气得半死之时,他最宠爱的宣华夫人回到寝殿,文帝发现她神色异常,再三追问之下,宣华夫人泪流满面地说:"太子无礼!"一时间愤怒、失望、难过、悔恨各种情绪涌上心头,隋文帝捶着床大骂:"这个畜生怎么能托付国家大事,独孤皇后误我呀!"

文帝急召柳述、元岩入内,说:"传召我儿。"柳、元二人自然以为是要召杨广,却听文帝说:"是传杨勇。"二人错愕地对视后,随即明白要出大事了,急忙撰写传召杨勇的敕书。此事却被杨素得知,杨素立即送信给杨广,杨广矫诏将柳、元二位大臣逮捕,同时火速调集东宫兵士进驻仁寿宫,名为守卫,实为封锁。左庶子宇文述等人控制宫禁出入,右庶子张衡进入寝殿监视皇帝病情变化,后宫的人都被关在别殿。

当晚,隋文帝去世,享年六十四岁,庙号高祖,谥号①文皇帝,葬于泰陵。杨广于隋文帝发丧当天继位,是为隋炀帝。隋炀帝继位后马上派人假传隋文帝遗诏,逼死杨勇,后又幽禁亲弟,诛杀子侄。

以勤政著称的隋文帝给杨广留下的是一个社会稳定、府库充盈的强大国家。这样一个本该蒸蒸日上的王朝,却仅仅存在了三十七年。把隋朝送入万劫不复深渊的,正是此时踌躇满志的新任皇帝杨广。

大业元年(605年),隋炀帝改元大业,这是杨广大业的开始。

曾经历过兄弟叛乱的隋炀帝深切地了解到靠亲王出镇地方并不靠谱,为进一步巩固和发展统一的多民族国家,他开展了一系列的工作。

同年三月,隋炀帝为加强对山东、江南地区的控制,诏令尚书令杨

---

① 唐以前史书称呼皇帝多用谥号,唐以后史书则多用庙号。因唐以后皇帝的谥号经过后代皇帝不断增谥越来越长,不便称呼。如李渊的谥号在天宝十三载增谥为"神尧大圣大光孝皇帝"。

素、纳言杨达、将作大匠宇文恺负责洛阳的营建工程，准备把统治中心东移。十个月后洛阳建成。此后的五百三十年间，洛阳一直被用作中原王朝的都城或陪都。洛阳和隋文帝时修建的大兴城，宏伟壮丽，都是当时世界闻名的大都市，令世人心向往之。

下令营建东都的同时，隋炀帝又命人开凿大运河。大运河由永济渠、通济渠、邗沟和江南河组成，全长两千七百公里，以东都洛阳为中心，北通涿郡（今北京市），南达余杭（今浙江省杭州市），沟通海河、黄河、淮河、长江、钱塘江五大水系，是世界上最早、最长的大运河。大运河一开通即成为南北经济交流的动脉，"漕船往来，千里不绝"，促进了沿途城市扬州、洛阳、西安等地的发展。

兴建洛阳城，开凿大运河，都对隋朝的行政具有重要意义：加强了中央政权对东部地区、江南地区的控制；南北方商业往来不断，形成经济共同体；民族融合进一步加深，大一统的观念逐渐深入人心。

隋炀帝还在北方修筑长城和驰道，加强了北方的防守力量，改善了北方的交通状况。

官制上，隋炀帝在保留秀才、明经科的基础上设立进士科，完成了察举制到科举制的过渡，使通过考试选拔官员的新原则得以实现，科举制正式形成。"英雄不问出处"，中国古代文官制度的基础从贵族政治社会向官僚政治社会过渡，新官僚政治开始形成。

这些工程和制度建设在当时和后世都起到了积极作用。

为了加强对边疆地区和少数民族的控制，隋炀帝展开了频繁的巡游，南巡江都（今江苏省扬州市），北巡突厥，西巡张掖。

巡游过程中为了展示实力，隋炀帝喜欢把气势造得极大，以夸耀功绩，威慑地方。巡游江都时船队前后相接二百余里，所乘坐的龙舟有四层，高四五十尺，长二百尺。北巡时，令宇文恺等造观风行殿，可容侍卫数百人。

西巡过程中，隋朝安定了西部边疆，使丝绸之路畅通。

隋炀帝的大业不止于此。他派人出使马来半岛的赤土（今泰国），慰抚流求（今台湾省），和日本、波斯（今伊朗）互遣使臣，建立起以隋为主导的影响圈。

这些功勋足以彪炳史册。隋炀帝对国家的发展有着清醒的预判，眼光长远且毒辣，方法准确且卓有成效，各项举措都顺利得以施行。这位兢兢业业、四处奔波、把国家和社稷放在第一位的君主，却成了历史上有名的暴君、昏君，以骄奢淫逸、残忍暴虐的形象出现在各种笔记小说中。这是为什么呢？

因为他所做的事情，远远超过了人民的承受能力。

据唐史学者胡如雷先生估算，从仁寿四年（604年）到大业八年（612年），隋炀帝共兴修了二十二项大的公共工程，平均每年征用四百万人次的劳动力。

仅用十个月就完成东都洛阳的修建，每月用工达二百万人，"僵仆而毙者十四五"（《隋书·食货志》）。

大运河全部工程竣工仅用了六年时间，这样惊人的速度放在机械化的现代都难以想象。大业元年（605年）至大业六年（610年），总共动用人工超三百万人次，男丁不足，征调妇女服役，大运河的施工现场死尸遍野，惨不忍睹。

修筑长城的百姓中过半的人都没能活着回家……

百姓为这些工程付出了骇人的代价。当时全国人口约为四千六百万，以平均每年征用四百万人次劳动力来计算，几乎全国所有的成年男性都到了工地上。土地荒芜，人民困苦，劳动力大批死亡。

除了上面列举的几大工程，隋炀帝还役使民众筑驰道、造龙舟、大修离宫别馆，每一项工程都耗资巨大。平吐谷浑，三征高句丽，发动扩张战争，隋炀帝为隋朝的发展倾尽了个人全部力量的同时，也倾尽了国力。

隋炀帝好大喜功，无视民生疾苦，对百姓所犯下的罪过，确实是："罄南山之竹，书罪未穷；决东海之波，流恶难尽"（祖君彦《为李密檄洛州文》）。

三、风雨飘摇

大业三年（607年），隋炀帝巡幸塞北。巧的是高句丽想搞"合纵连横"，恰在此时派了使者到东突厥，启民可汗不敢隐瞒，只得向隋炀帝汇报，一块心病被牵出来送到眼前。

早在开皇十八年（598年）六月，当时的皇五子杨谅奉隋文帝之命，率三十万大军出征辽东，结果大败而归，损失惨重，活着回来的人只有十之一二。从那时起，辽东就成了隋朝皇帝的心病，后来还成了唐朝天子的心病。

这时隋朝正在忙着开凿大运河，全国能用上的人力差不多都在大运河上拼命，分不出人手来去辽东打仗。大业四年（608年），隋开永济渠。大业六年（610年），隋开江南河。

开凿完运河，隋炀帝马上着手准备征辽东。大业六年（610年），隋炀帝向全国富人征收战争税，专项用于征辽东的战争。

大业七年（611年），隋炀帝下诏，征讨高句丽。全国的兵马钱粮开始向涿郡涌来，留在运粮路上的是无数民夫的尸体。

山东莱州船厂的工人，为了赶制战船，从早到晚一直泡在水中，以致腰部以下生了蛆虫，约十分之四都丧命于此。

大战未开，已是哀号阵阵。杀敌之前，已经先向自己捅上几刀。隋炀帝一心想成就汉武帝一样的功业，但功业未成，无休止的徭役和兵役已动摇了国本。

这年冬天，自称知世郎的王薄在山东章丘长白山起义。他作了一首非常成功的宣传歌曲：

无向辽东浪死歌

长白山前知世郎,纯着红罗锦背裆。

长槊侵天半,轮刀耀日光。

上山吃獐鹿,下山吃牛羊。

忽闻官军至,提刀向前荡。

譬如辽东死,斩头何所伤!

歌的中心思想就是:大家不要到辽东去送死!此歌得到广泛的传唱,各地豪杰很受鼓舞,纷纷揭竿而起。窦建德起兵高鸡泊(今河北省故城县西),张金称起兵河曲(今山东省夏津县北),高士达起兵清河(今河北省清河县)。

乱世之相,初露端倪。

山东的起义让隋炀帝烦心,却并不忧心,几个乱民拿着破木棍子造反,他当然不会因为他们停下建立千秋大业的脚步。

大业八年(612年)正月,隋炀帝下诏,正式发兵,大隋军队宣称二百万大军,实际是一百一十万多,绵延九百六十里,前后用了四十天才发兵完毕。

这么多人马并没有带来好的结果。先是陆军久攻辽东城(今辽宁省朝阳市)不下,后有右翊卫大将军来护儿在平壤城中遭遇伏击,四万精锐尽丧,继而左翊卫大将军宇文述率三十余万大军东渡辽河,几乎全军覆没,仅逃回两千七百多人。

七月二十四日,惨败的征辽大军启程回涿郡。

回来后大清算,这个免职,那个斩立决,过错都是别人的,只有决意征讨辽东的皇帝没错,所以讨伐高句丽的事情还要继续。隋炀帝让专管税收的民部①尚书樊子盖留守涿郡，为再征高句丽做后勤保障工作，又将黎阳仓、洛阳仓、洛口仓、太原仓的粮食运到望海顿（今辽宁省锦州市东南）。

过了一年，大业九年（613年）正月初二，隋炀帝颁下诏书，再征辽东！天下军队再次齐集涿郡，代王杨侑留守西京大兴，越王杨侗留守东都洛阳。两位亲王均是元德太子杨昭之子，是隋炀帝的孙子，只是这两位王爷太小了些，都是十岁左右。

当时造反的还有齐郡人孟让、北海人郭方预、平原郡人郝孝德、河间郡人格谦、渤海郡人孙宣雅等，这些起义力量主要都在山东，因为山东是供给的前沿，压力大，任务重，死伤最是惨烈。

这么多人造反，隋炀帝仍不为所动，在他看来，不过是几个乱民抢抢粮食、杀杀人，一群乌合之众，威胁不到他的统治，等他把高句丽打下来，再回头派个把人，很快就能收拾。

隋炀帝再次御驾亲征。他带着大军正面猛攻辽东城，用上了当时所有能想到的装备和办法，"飞楼、橦、云梯、地道四面俱进，昼夜不息"（《资治通鉴》卷一八二）。

二十多天，双方死伤都极为惨重，城也没攻破。如果继续打下去，输赢殊难预料。在这个关键时刻，杨玄感反了。

后院起火了！本来后院也有火，但这次的火不一样，杨玄感不是普通的乱民，他是关陇贵族，时任上柱国、礼部尚书，是隋开国元勋杨素的儿子，袭爵楚国公。

这么个勋贵，为什么也造反？

一是家恨。杨玄感的父亲就是当年帮助杨广夺嫡成功的大臣杨素，夺嫡功臣没有得到一点好处，却因杨广的猜忌，患病后不敢医治，为保全家人性命不治身亡。复仇的种子，在杨素撒手人寰时早已埋下。

---

① 民部，唐朝的户部。唐朝为了避唐太宗李世民的讳，改民部为户部。

二是利益。杨家是弘农杨氏，关陇集团的利益代表，隋炀帝为适应大一统王朝的统治打压关陇集团，大量起用江南和关东人士。当时五分之二的宰相是江南人，还实行爵位和勋官改革，让勋官变成了一种荣誉称号，这对统治疆域广大的隋朝是有益的，却实实在在地损害了关陇贵族的既得利益。

三是野心和时机。眼看着天下已现乱象，隋炀帝把全国大部分兵力都调到了辽东，国内空虚，东都和西京都由两个年龄幼小的皇孙镇守，二征辽东时隋炀帝又让杨玄感负责督运粮草，这简直是天赐的机会。

杨玄感黎阳起兵后，各种官后代争相投奔，打到洛阳时，城没攻下来，城中已有四十多个关陇集团的高干子弟前来投奔。

这么多官二代，都不如一个失业的李密。

李密，北周八柱国之一李弼曾孙，蒲山公李宽之子。隋文帝时曾担任左亲卫府大都督，东宫千牛备身，结果先是因隋文帝觉得"此儿顾盼不常，无入卫"而失业，后发愤读书又没找到入仕的合适途径。偏他又学了很多兵法，正愁没有用武之地。现在，他的老朋友杨玄感反了，得到消息的李密马上前来投奔。

李密给杨玄感献上三策：上策打到涿郡（今北京西南）去，断隋炀帝后路，和高句丽形成对隋炀帝的夹击之势；中策取西京大兴城，控制潼关，占领关中；下策袭击洛阳，再以洛阳为中心，徐徐图之。

杨玄感一听很是激动，说："我觉得你这下策乃是上策。"李密的内心当时估计是骂了娘的。攻城本就是个需要时间的慢活，洛阳又是隋炀帝继位后建的新城，城池坚固，如果等隋炀帝从辽东班师回朝，先机一失，大事难成。

果然，洛阳没攻下来，收到消息的隋炀帝已火速回师中原，留守大兴城的皇孙杨侑派刑部尚书卫文升率四万人马救东都洛阳。杨玄感被迫换中策，西进潼关，准备据关中而后图之。

从辽东战场撤回来的大军扑向杨玄感，杨玄感一路被追到弘农（今河南省灵宝市）。弘农太守杨智积是个有智慧的人，他智激杨玄感，诱他攻城，杨玄感居然真的跑去攻城。李密当场差点气死，更多的是感到绝望，在这里自己无险可守，后面又有追兵，现在应该做的就是火速西进潼关，在此处停下攻城，完全是自杀。

结果可想而知，三天后宇文述几十万大军杀到，杨玄感才想起继续往西走。隋军一路追到董杜原（今河南省灵宝市西），双方决战，杨玄感全军覆没，杨玄感让弟弟刺死自己，保全最后的尊严。

杨玄感叛乱不到两个月就被平息，隋炀帝的怒火却无法平息。平叛之后，隋炀帝杀三万人，流放六千多人，杨玄感在东都开仓赈济过的百姓全部被活埋。

李密在杨玄感攻打弘农时就看到了今日的结果，他早早离开，在半路被隋军抓获，通过贿赂看押官，找到机会逃了出来，投奔平原郡的郝孝德而去。

二征高句丽差点成功，却被杨玄感给搅黄了，隋炀帝心中的愤怒无以言喻。想平息这个怒火，只有一个办法，再征高句丽。

大业十年（614年）三月十四日，杨广率大军再次出发。有了前两次经验的士兵，知道到了辽东战场那就是九死一生，一路上想尽办法逃走。这是一支弥漫着颓废、抵触、恐惧情绪的军队。

难得的是这样一支军队还打了胜仗，来护儿在毕奢城大败高句丽后渡过鸭绿江，一路向着平壤而去。

前两次征讨，隋朝损失惨重，高句丽也被打得精疲力竭，此时已无力再做抵抗，高句丽君主高元决定向现实妥协，上降表给隋。高句丽的臣服，算是把前两次失败的面子找回来，隋炀帝收了降表，班师回朝。

三征辽东，致使隋朝民生凋敝、国库空虚，在农民军和世家大族的打击中风雨飘摇。老将来护儿说："大军三出，未能平贼，劳而无功，吾窃

耻之。"(《资治通鉴》卷一八二)

大业十一年（615年）八月初五，隋炀帝开始第三次北巡，走到雁门被始毕可汗的十万精锐骑兵围困了三十三天，隋炀帝答应如果成功退敌，会给厚厚的封赏。

当时在云定将军手下的李世民指出，始毕可汗仓促之间兴举国之师前来围困大隋天子，后方必然没有接应，我方的兵力虽远少于突厥，但是我们可通过虚张声势，"令数十里幡旗相续，夜则钲鼓相应"，让敌人误以为大量援兵抵达雁门，从而退兵。这个建议被采纳。隋炀帝派使者联系义成公主①，义成公主写信谎称突厥北边有敌人入侵，始毕可汗退军，隋炀帝脱离险境。

多次的失败让隋炀帝对自己产生了深深的怀疑，他不愿接受这些事实，决定去江都躲起来，不看，不听，不想。

四、名应图谶

一首名叫《桃李章》的歌谣在各地传唱。

桃李子，洪水绕杨山。（《旧唐书·五行志》）

桃李子，莫浪语，黄鹄绕山飞，宛转花园里。（《大唐创业起居注》）

《桃李章》仅仅几句话却有多个版本，说得含糊其词，但任谁都听得出这谶言是说有一个姓李的人要做天子，一个新的政权将要兴起。

《桃李章》在《说唐演义》中又被演绎成"日月照龙舟，淮南逆水流，扫尽杨花落，天子季无头"，"李子结实并天下，杨主虚花没根基"。这就更直白了。

古代缺少通信技术，不能通过官方渠道传播的舆论，常常靠口耳相

---

① 义成公主，隋宗室女，先后嫁启民可汗、始毕可汗、处罗可汗、颉利可汗（后三人都是启民可汗的儿子）。

传，编成歌谣方便记忆和传唱。图谶，有心人会利用它作为造势、宣传的手段；无心人遇到了，则非常凶险。历代君王对名应图谶者都非常忌惮。

谁才是《桃李章》的名应图谶之人？

隋炀帝最开始怀疑是李金才、李敏。

李金才，姓李，名浑，字金才。关陇集团核心成员李穆的第十个儿子，从小能干，相貌堂堂。

李敏，小名洪儿。父亲李崇为国牺牲，隋文帝把他放在宫中抚养，也是一表人才，被乐平公主相中。公主将女儿娥英许配给了李敏，乐平公主在去世前嘱托隋炀帝把自己的汤沐邑转给女婿李敏。

《桃李章》传唱起来之后，方士安伽陀向隋炀帝进谗言，提议杀尽天下姓李的人。宇文述与李金才素有积怨，借机对隋炀帝说，不能杀尽天下姓李的人，没这样办的，应该找一下名应谶言之人，才是正经解决问题的办法。臣觉得李金才最可疑，此人乃名门之后，又位高权重，还手握禁军。臣听说此人鬼鬼祟祟，经常悄悄和李敏等人在一起议论事情。疑神疑鬼的隋炀帝居然真的把李金才、李敏抓了起来。

宇文述到狱中说动娥英做污点证人，保自己性命，正所谓夫妻本是同林鸟，大难临头各自飞。本就是欲加之罪，倒霉的李敏，小名偏偏又叫洪儿，"洪水绕杨山"，这不就对上了吗？结果，李金才、李敏冤死，两家三十二口被杀，剩下的人被流放岭南。

李金才、李敏冤死，真正想利用图谶夺取杨隋天下的人，却在外面混得风生水起，一步一步做大做强。

在杨玄感叛乱失败后，李密过上了四处漂泊的日子，先后投奔了郝孝德和王薄，两个人都因为担心李密树大招风引来政府军攻击，只当李密是来混饭吃的，没准备让他加入。

李密一路忍饥挨饿，靠吃草根树皮活命。不过有文化还是有好处的，他走到淮阳郡时，在一个小山沟沟里找了个教书先生的工作，暂时稳定下来。

隐姓埋名几个月后，李密写了一首诗：秦俗犹未平，汉道将何冀？樊哙市井徒，萧何刀笔吏。一朝时运会，千古传名谥。寄言世上雄，虚生真可愧。

这首诗被人举报为反诗，李密的教书生涯被迫终止，又开始逃亡。路过雍丘（今河南省杞县）时，李密想投靠自己的县令妹夫丘君明。妹夫被吓坏了，根本不敢收留他这个朝廷要犯，把他送到了游侠王秀才家，王秀才觉得李密是位英雄，竟把女儿托付给他。

一个告密者再次毁掉了李密触手可及的安稳生活，虽然那不一定是他所追求的，却是那个时候他最需要的。李密妹夫的堂侄向朝廷告密，李密媳妇娘家和妹夫两家被杀了个鸡犬不留。

李密因出门办事逃过一劫，无可奈何地再次逃亡，几经辗转到了瓦岗（今河南省滑县南）。

当时瓦岗军的首领是翟让。

翟让，东郡韦城（今河南省滑县），初为东郡法曹，因犯了死罪被关在牢中，狱吏黄君汉是翟让的死忠粉，他冒着生命危险，悄悄把翟让放出了死牢。

逃出生天的翟让跑到瓦岗，拉起山头。在朝廷里历练过的他有一定的组织能力，又武功高强，瓦岗寨发展得很快，还吸引了翟让的两位老乡徐世勣和单雄信加入。

徐世勣，曹州离狐（在今山东省菏泽市东明县）人，姓徐，名世勣，字懋功，归顺唐朝后，赐国姓李，后为避李世民的讳，又改叫李勣。此人是初唐名将，后位列"凌烟阁二十四功臣"，活着时曾历经唐高祖、唐太宗、唐高宗三朝，死后陪葬昭陵，配享高宗庙庭。

单雄信，曹州济阴郡（在今山东省菏泽市曹县）人，武力值极高，有万夫不当之勇，号称"飞将"，武德四年（621年）随王世充降唐后，被处死。小说、演义中的单雄信是九省绿林总瓢把子，江湖豪杰。

第一章 潜龙在渊

瓦岗寨在李密到来之前，过的是劫富济贫的快活日子。李密的到来改变了这一切，他肚子里装的是取天下的野心。草莽英雄对上野心政客，结局可想而知。

李密不靠一兵一卒，凭三寸不烂之舌，收编了很多周围的小股民变武装力量，这一招投桃报李，让他在瓦岗寨有了立足之地。

顺利进入瓦岗寨决策层后，李密马上开始兜售建立天下大业的政治理想，翟让听后只是淡淡地说："我们不过是山林间的草莽，你说的这些，不是我所能考虑的。"翟让，又是一个郝孝德呀！

走到这一步，李密已是逆水行舟，不进则退，他深知偏安最后只能败亡，只有拼死一搏，登上权力的顶峰才有机会活下去。向死，才有生的机会。李密收买了翟让的军师贾雄，借《桃李章》营造舆论。

在翟让去询问贾雄是否要听从李密的建议打天下时，贾雄说："此计大吉。"

贾雄又说："但将军不宜自己称王。李密名应图谶，必成大业。但是李密必须依靠您。李密家受封蒲山公，蒲是水草。您姓翟，翟是泽的意思。蒲的生长不能离开水，所以李密离不开将军，将军也需要李密。"

有一个读书人李玄英，研究谶言自觉深有所得，从东都洛阳跑出来寻找李密，来到瓦岗。据他的解读，"桃李子"，"桃"和"逃"谐音，是说一个逃亡的李姓之人会得天下。"莫浪语"是秘密之意。"黄鹄绕山飞，宛转花园里"是说皇帝、皇后将困在扬州，归来无日，最终死掉。《桃李章》说的是李密将取代隋朝的天下。

一时间瓦岗军上下都觉得李密名应图谶，众望所归。

李密提出向外扩张的建议，翟让欣然接受。随后李密接连打下荥阳附近的几个州县，满载粮草辎重而归。瓦岗军的扩张引起了隋政府的注意，派出勇将张须陀前来剿匪。

翟让此前和张须陀多次交手，都是大败，一听说张须陀要来，翟让面露惧色。李密说:"张须陀勇而无谋,而且之前战胜过你,乃是骄兵,可一战将他擒获。"

翟让从正面吸引张须陀,李密埋伏在大海寺以北的密林之中,等隋军主力过去,从背后掩杀,翟让回头与李密对张须陀形成合围之势,双方经过激烈交战,张须陀杀出重围后又返回包围圈营救被困的将士,多次冲杀,最后力竭而亡。部将罗士信、秦琼逃出投奔裴仁基。

经此一战,瓦岗军声名大振,李密的个人威望急速上升,此战后,翟让允许李密单独建牙,建立"蒲山公营"。李密管理蒲山公营,恩威并施,军纪严明。

经过这一段时间的扩张,瓦岗军积攒了很多钱粮,翟让和李密说:"现在要钱有钱,要粮有粮,我准备回瓦岗去,你如果愿意回去,咱们就一起走,不愿意回去,就自己发展,我们就此别过。"李密当然不可能和翟让回瓦岗。翟让带上主力部队和粮草、辎重往东走,回瓦岗去了。李密则带上自己的蒲山公营向西挺进,兵不血刃,连下数城,获得大量粮草、辎重。

走在半路的翟让听说这个消息,又后悔了,他想,这个李密太有能力了,真是个天生的领袖,他可能真的是名应图谶的天命之人。所以又巴巴地跑了回来。这时的李密在瓦岗军中已经反客为主。

大业十三年(617年),李密提出占据兴洛仓,攻取洛阳,灭隋取天下的计划,翟让依计而行。

兴洛仓,位于现在河南巩县东部,是隋朝六大官方粮仓之一,也是储存粮食最多的一个,距离洛阳百里左右,有水路与黄河、大运河相连,附近水路可通长安、洛阳。占据兴洛仓,可以获得大量粮食。当时天下战乱,民不聊生,很多人都在饿肚子,掌握粮食,就掌握了人心。

李密、翟让率七千精兵长途奔袭兴洛仓。兴洛仓守军不多,很快被攻破。攻下兴洛仓后,李密留下必要的粮食,然后开仓放粮,赈济百姓,大批百姓前来投奔,短时间内军队激增到几十万人。

兴洛仓被攻占，洛阳断了粮食供给，翟让、李密准备以此为据点，进攻洛阳。洛阳的咽喉被扼住，东都留守越王杨侗命虎贲郎将刘长恭、河南讨捕使裴仁基率两万五千人火速出兵，夺回兴洛仓。

刘长恭率军从正面进军，裴仁基从汜水包抄瓦岗军后路，两军约定在兴洛仓南面会师，围歼瓦岗军。

李密也是兵分两路，一路在横岭埋伏阻击裴仁基，主力则由翟让、李密率领在石子河迎战刘长恭。主力军队被分为十队，翟让领六队为中军，李密领四队为奇兵。

刘长恭正面与翟让中军交锋后，李密率军从左右两翼包抄，截断刘长恭的一字长蛇阵，将其分而歼之。此战李密、翟让率众军斩杀一万多人，大破刘长恭部。

刘长恭大败后，裴仁基也被劝降，杀监军萧怀静后献出虎牢关，率众归顺瓦岗军，随裴仁基归顺的还有两员猛将——秦琼和程咬金。

翟让让位给李密，上尊号"魏公"，改国号大魏，设立行军元帅府，置三司、六卫。拜翟让为上柱国、司徒、东郡公，单雄信为左武侯大将军，徐世勣为右武侯大将军。

大业十三年（617年）春，赵魏以南、江淮以北地区的起义军纷纷归附瓦岗，尊奉魏公旗号。李密设立《百官名册》遥领各部。"赵魏以南、江淮以北，群盗莫不响应。"（《资治通鉴》卷一八三）

瓦岗军成为当时中原第一大农民起义军，李密实现鸠占鹊巢。

由于部众激增，李密命人修筑洛口城，作为元帅府所在地和新的根据地，又经过一系列扩张战争，黄河以南的各郡县都被瓦岗军控制，于是李密将目光再次投向了洛阳。

在李密将目光锁定东都洛阳之时，真正的名应图谶者正蛰伏待机。

尧帝名陶唐，桃李是陶唐之李，世袭封号唐国公，洪水应"渊"字。

五、李渊其人

李渊，在隋朝的废墟上缔造了大唐王朝的开国之君，是中国大一统王朝最不出名的开国之君。他前半生玩潜伏，死后夹在臭名昭著的隋炀帝和名垂青史的唐太宗中间，光芒被掩盖得几不可见。

开国之君的出生在史书中一般都会有一段神话故事。比如姜原在野外踩到巨人的脚印生下了后稷；刘邦是他妈妈和巨龙生的孩子；杨坚出生的时候头上有角，身上有鳞，手心的纹路是"王"字；赵匡胤出生时红光满屋，奇异的香气过了一晚上还没散去。这些天命神话都是统治者为了体现自己政权的合法性，堂而皇之地放在正史中诓骗人民的。但是大唐的开国皇帝李渊却没有这个待遇，没有任何神话情节，只记载了李渊"体有三乳"。怎么会有三乳？多出来的一个是作什么用的？是畸形吗？

当然不是。据说周文王有四乳。"文王四乳，是谓大仁，天下所归，百姓所新。"（《淮南子·修务训》）"天将授文王……有四乳而大足。"（《春秋繁露·三代改制质文》）文王有四乳是天命所归，唐王有三乳亦当为天子。《大唐兴亡三百年》的作者王觉仁先生认为，李渊的第三乳"是后世修史者强行摁上去的"，因为这个记载只见于《新唐书》，《旧唐书》中没有记载。

据李唐皇室谱牒记载，他们的祖先是春秋时的老子李耳、西汉名将李广，近一点的祖先是十六国时期西凉开国帝王李暠，但是经过现代史学家考证，这些记载都经不起推敲。陈寅恪先生认为，李唐皇室可能是河北赵郡李氏没落的一支。有据可考、不存疑点的渊源则是李渊的祖父李虎。

北魏末年，李虎追随宇文泰进入关中，创建西魏，官至太尉、尚书左仆射，封陇西郡公，是西魏八大柱国将军之一。北周闵帝接受西魏恭帝禅让后建立北周，追封已经去世的李虎为唐国公，唐国公是大唐国号的由来。

第一章 潜龙在渊

李渊的父亲李昞，被任命为安州总管、柱国大将军，袭封唐国公。

北周建德元年（572年），李昞去世，七岁的李渊世袭为唐国公。李渊"倜傥豁达，任性真率，宽仁容众，无贵贱咸得其欢心"（《旧唐书·高祖本纪》）。

相士史世良对李渊说："公骨法非常，必为人主，愿自爱，勿忘鄙言。"（《旧唐书·高祖本纪》）李渊于是"颇以自负"。

李渊的母亲也不是寻常人。

李渊的生母元贞太后和北周明帝的明敬皇后、隋文帝的文献皇后分别是鲜卑贵族独孤信的长女、四女、七女，隋文帝是李渊的姨父，李渊和隋炀帝是姨表兄弟。

独孤信，北魏八柱国之一。被独孤信这天下第一老丈人串联起来的北周、隋、唐三个王朝都是由关陇贵族建立的。清代史学家赵翼在《廿二史札记》中说："区区一偏僻弹丸之地，出三代帝王，周幅员尚小，隋唐大一统者，三百余年，岂非王气所聚，硕大繁滋也哉。"关陇集团指的是北魏时以八柱国十二将军为核心的军事贵族集团。

宇文泰在创立府兵制度时，设立八柱国和十二将军对府兵进行管理，府兵平时为民，战时为兵，农闲时训练。当时的八柱国分别是：太师宇文泰（北周开国皇帝宇文觉父亲）、太傅元欣、太保李弼（李密曾祖父）、大司马独孤信（杨坚岳父、李渊外祖父）、大司寇赵贵、大司空于谨、少傅侯莫陈崇、李虎（李渊祖父）。

"当时荣盛，莫与为比，故今之称门阀者，咸推'八柱国家'。"（《周书》）

南北朝时很重视身份等级，世家大族在社会上有极高的声望和地位，他们内部互通婚姻，互为政治助力。

李渊的妻子窦氏，是隋定州总管、神武公窦毅和北周武帝之姐襄阳长公主（宇文泰之女）的女儿。窦氏出生不久就"发垂过颈，三岁与身齐"

(《旧唐书·后妃列传》)。窦氏有一头漂亮的头发，幼年时聪明可爱，很受宠爱。窦氏的舅舅北周武帝宇文邕把她接到宫中抚养。

北周武帝不喜欢自己的皇后阿史那氏，阿史那氏是木杆可汗的女儿，两人的婚姻是政治联姻的产物，没有感情基础。窦氏看到舅舅冷落阿史那氏，劝谏北周武帝："国家边境并不平静，突厥实力强劲，希望舅舅以苍生为念，抑制自己的感情，善待皇后。如果突厥和我国关系好了，那关东的北齐和南朝的陈都将不足为患。"

小小年纪能有这样的政治洞察力实在让人惊叹，北周武帝因此转变了对阿史那氏的态度。当时的名将长孙晟听了此事说："此奇人必有奇子，可为婚姻。"后来长孙晟的小女儿嫁给了窦氏的二儿子李世民，成为一代贤后。

杨坚篡位时，北周皇室宗族被诛杀殆尽。窦氏听到消息，难过地说："恨我不是男子，不能救舅舅一家。"吓得父母马上捂住了她的嘴。从这件事上我们能看出窦氏是个性格刚毅、有胆有识的血性女子。

窦氏长大后前来求亲的人很多，窦毅说："我这个女儿相貌出众，又学识不凡，怎么能随便嫁人呢？"他在门屏上画了两只孔雀，让求亲的人射孔雀的眼睛，射中两只孔雀眼睛的人入选。这是个有门槛的"比武招亲"，首先肯定要对出身履历进行一番审核，通过审核的人才能进入这个比武环节。一时间王公贵胄家的适龄公子争相出手，但是没有人能够两箭各中一目。李渊拈弓搭箭，沉肩坠肘，目光所及之处，"嗖、嗖"两箭正中孔雀眼睛。神箭手李渊娶到了才貌双全、聪慧刚毅的窦家女，雀屏中选在当时和后世都传为美谈。这个故事要是放在小说中，李渊一定会被描写成眉分八彩、目若朗星，武力值很高的男主角。李渊的父亲李昞也是一位神箭手，李氏皇族出了很多文能治国、武能安邦的人。不过，据史书记载，隋炀帝说李渊"阿婆目"，也就是说长得像老太太。

窦氏十分孝顺，据两唐书记载，李渊的母亲独孤氏体弱多病，时常病到快要下病危通知书的地步，她人又严厉，媳妇们都很怕她，总找理由不来侍奉，只有李渊的妻子窦氏衣不解带地昼夜服侍。

窦氏极具政治敏锐性。李渊担任扶风太守时得到几匹骏马，窦氏劝李渊把马献给隋炀帝，她对李渊说："当今皇帝也喜欢飞鹰和骏马，这些马必须马上送去宫中，不能留在家里。皇帝生性好猜忌，一旦有人和皇帝说起，会招来祸患。"李渊当时没舍得骏马，后来果然被隋炀帝得知，李渊因此受到责罚。

没过多久，窦氏在涿郡去世，时年四十五岁。李渊想起之前窦氏所说的话，开始谋求自保之策，四处搜罗猎鹰宝马，频频进献，不久被擢升为将军。李渊哭着对孩子们说："如果我能早点听你们母亲的话，早就坐到现在的位子了。"

窦氏的孩子都非常优秀，李建成、李世民、李玄霸、李元吉、平阳公主这兄妹五人一定都受到这位鲜卑血统母亲的影响，除早亡的李玄霸外，其余都不是等闲之辈，有勇有谋，精明强悍。

窦氏没能看到自己的丈夫成为大唐王朝的开国之君。李渊登基后，追封她为皇后，并追谥为太穆皇后，李渊在位期间没再立过皇后。

有显赫的家世，有出身望族的母亲，又有极具政治谋略的妻子，李渊的政治资源可谓非常雄厚。

隋文帝接受禅让后，让李渊做了千牛备身（皇帝贴身侍卫官），年轻的李渊在姨父隋文帝身边，耳濡目染地习得了很好的执政能力。后任谯州、陇州、岐州三州刺史，外放期间政绩突出，广受好评。

表弟杨广继位后，李渊又历任荥阳（今河南省荥阳市）、楼烦（今山西省静乐县）郡太守，他的政治才能逐步展现。

才能逐步展露的李渊遭到猜疑，被调回京城大兴任殿内少监，大业九年（613年）初升任卫尉少卿。做京官无形中锻炼了李渊的政治嗅觉。

隋炀帝征辽东时，命李渊到怀远镇督运军需。杨玄感叛乱，李渊由辽东前线调任弘化郡（今甘肃省庆阳市）留守，同时兼领关右（潼关以西十三个郡）的军事大权，从侧翼帮助大兴城防守，威胁杨玄感后方。这给了李渊独立发展的机会，他广交天下豪杰，培养起自己的班底。《旧唐书·高祖本纪》中说："高祖历试中外，素树恩德，及是结纳豪杰，众多款附。"

隋炀帝敏锐地感觉到一丝危险，警觉地想要做一番试探。当时隋炀帝猜忌心很重，大家都提心吊胆。一次隋炀帝召见李渊，李渊因病没有前去，至于是真病还是真害怕，就不得而知了。

当时李渊有一个外甥女王氏在隋炀帝后宫，此事之后，隋炀帝问王氏说："你舅舅为什么还没来见我？"

王氏说："生病了。"

隋炀帝又问："可得死否？"（《旧唐书·高祖本纪》）

简简单单四个字，把他盼着李渊死的心思表现得淋漓尽致。

王氏马上把这个消息传递给李渊。李渊更加恐惧了。

此后李渊终日沉迷酒色，贪污受贿，认真演绎了一个贪财、好色、酗酒、纵欲的庸碌颓废男形象。靠着高超的表演技能，李渊暂时安全了。

大业十一年（615年），李渊被任命为山西河东讨捕使，负责镇压当地叛乱。李渊带着十几名骑兵，连发七十箭，贼兵应弦而倒，打得母端儿部众数千人溃败。

大业十二年（616年），李渊被擢升为右骁卫大将军。

虽然屡屡获升迁，但李渊深知自己迟早会成为表弟铲除的对象，他在等待一个时机和一个属于他的时代。

六、起兵真相

大业十二年（616年），隋炀帝跑到江都过起了醉生梦死的日子。

同年，李密加入瓦岗军，瓦岗军在河南荥阳大败隋将张须陀部。

同年，李渊被任命为太原道安抚大使。大业十三年（617年），又被擢升为太原留守，以虎贲郎将王威、虎牙郎将高君雅为副手。

太原是当时的北方政治中心和军事重镇之一，治所在晋阳（今山西省太原市）。明明对李渊心怀疑虑的隋炀帝，为什么会突然对李渊委以重任，将这么个军事重镇放在"可得死否"的李渊手中？

晋阳，北面经常受到突厥袭扰，而且当时附近又有叛乱的军队，是军事重镇，也是兵家必争之地。隋炀帝命李渊镇守此地，是用李渊抵御突厥，剿灭叛乱，也是借突厥困住李渊。这是来自表弟的帝王心术。

晋阳是五帝时期圣君唐尧的发祥地，传说中古代是唐国所在地，而李渊家世代封唐国公。李渊觉得这简直是上天给他的机会，所以他"私喜此行，以为天授"（《大唐创业起居注》）。

被擢升为太原留守后，李渊"私窃喜甚"，对李世民说："唐固吾国，太原即其地焉。今我来斯，是为天与。与而不取，祸将斯及。"（《大唐创业起居注》）

李渊认为这是上天把江山送到他的手中，如果不取，反而会有祸患。太原果然成为大唐王朝的龙兴之地。但表弟给的地方虽好，给的兵却很少，李渊和马邑（今山西省朔州市朔城区）太守王仁恭一共只有不到五千人，而且"孤城绝援"，不要说起兵造反，就是抵御突厥以自保也很难。

因为突厥频繁入寇，隋炀帝命李渊率太原道兵马与马邑太守王仁恭共同抗击突厥。王仁恭因为手中的兵马太少，非常担心忧惧，李渊则成竹在胸。

李渊挑选两千名善于骑射的将士，模仿突厥人的衣着、武器装备、生活习惯，到突厥的地界去转悠，突厥人看到这支部队"饮食居止，一同突厥"，以为是其他部落的部队，逐渐放松警惕，李渊趁机突然发动进攻，突厥被打了个措手不及。李渊斩首几千人，缴获突厥特勤所乘骏马。

当时有一支起义军活跃在山西的上党、西河地区，阻断了太原前往长安和洛阳的道路。这支以魏刀儿（外号"历山飞"）为首领的起义军，兵力多达数万，曾击败隋军潘长文部，斩杀大将潘长文，还曾攻克上党城，机动性很强，甚为猖獗。

李渊率五千人马前往征讨，与其部众甄翟儿在西河郡雀鼠谷遭遇。

李渊让王威率羸弱兵将在中军，多设旌旗，布置为一个大阵，并把自己的私人旗帜设置在王威所在的中军以为诱饵。李渊指挥两小股精兵，分别从左右两侧包抄。

战役开始，历山飞的起义军盯着李渊的旗帜猛攻中军，王威且战且退。李渊指挥左右两翼包抄，精兵多为神射手，施放箭雨，甄翟儿部众陷入混乱，被打得四散奔逃。李渊率军深入敌阵勇猛搏杀，甄翟儿大败，士兵和家属投降者达数万，李渊部队因此得以壮大。[①]

突厥得知李渊带兵回了太原，趁虚攻打马邑。没有李渊坐镇，王仁恭、高君雅接二连三战败，隋炀帝大怒，认为李渊、王仁恭镇守边关不力，要法办二人。李渊、王仁恭被下了大狱，王仁恭差点被处死。

后来虽然李渊被释放出来，但他知道不能再等了，要加紧举兵的步伐。圣人救人，强者自救，与其被别人猜忌，不知道什么时候会掉脑袋，不如自己来做皇帝。

其实李渊身边早就有人劝他起事。

隋炀帝二征辽东时，李渊曾在涿郡与宇文士及[②]有过关于天下时事的

[①] 此处取《大唐创业起居注》中所载："及战，帝遣王威领大阵居前，旌旗从。贼众遥看，谓为帝之所在，乃帅精锐，竞来赴威。及见辎驮，舍鞍争取，威怖而落马，从者挽而得脱。帝引小阵左右二队，大呼而前，夹而射之。贼众大乱，因而纵击，所向摧陷，斩级获生，不可胜数。而余贼党老幼男女数万人并来降附。"

《旧唐书·太宗本纪》中则记载李渊轻敌冒进被围，为李世民所救："有高阳贼帅魏刀儿，自号历山飞，来攻太原，高祖击之，深入贼阵。太宗以轻骑突围而进，射之，所向皆披靡，拔高祖于万众之中。适会步兵至，高祖与太宗又奋击，大破之。"

《资治通鉴》卷一八三与《旧唐书》记载大致相同："渊众才数千，贼围渊数匝；李世民将精兵救之，拔渊于万众之中，会步兵至，合击，大破之。"

[②] 宇文士及，宇文述之子，隋炀帝驸马，宇文智及、宇文化及的兄弟。

密谈。所以武德初年，宇文士及说："往在涿郡，尝夜中密论时事，后于汾阴宫，复尽丹赤。"李渊也笑着对裴寂等人说："此人与我言天下事，至今已六七年矣，公辈皆在其后。"(《旧唐书·宇文士及传》)

杨玄感叛乱时，李渊妻弟窦抗劝李渊起兵，他说："杨玄感已经起兵，李氏名应谶，可以趁这个机会起兵，以应天意。"

李渊任河东讨捕时，时任李渊副帅的夏侯端也力劝李渊起兵。他认为李渊能安天下，而且因为《桃李章》的流传，隋炀帝对姓李的大臣非常忌惮。李金才已经被杀，李渊也处在危险之中，应该早作谋划，顺应天意，不然早晚会被隋炀帝所杀。①

当时的李渊认为时机还不成熟，选择隐忍、蛰伏。

潜龙在渊，李渊等待的时机已经到来。

李渊派长子李建成、四子李元吉在河东（今山西省永济市）地区招纳壮士，结交豪杰积攒力量，派二子李世民"于晋阳密招豪友"，同时派密使前往长安招女婿柴绍来太原共同举事。

李渊在暗中积攒兵马，却时时受到掣肘，王威、高君雅这两个人名为李渊的副手，其实是隋炀帝安插的眼线。有这两颗钉子在，起事的兵马不知何时才能招募充足。正当李渊为此愁眉不展之际，大业十三年（617年）二月，马邑校尉刘武周杀死太守王仁恭，自立为太守。

刘武周，河间景城人。骁勇善射，喜欢结交豪侠，他的兄长刘山伯经常告诫刘武周："汝不择交游，终当灭吾族也。"《旧唐书·刘武周传》

隋炀帝东征高句丽时，刘武周靠军功被提拔为建节校尉，隋军班师后刘武周返回马邑担任鹰扬府校尉。他不仅杀死太守自立，还遣使投靠突

---

① 窦抗和夏侯端劝李渊起兵的事在《旧唐书》中有记载。
《旧唐书·窦威传》："玄感抑为发踪耳！李氏有名图箓，可乘其便，天之所启也。"
《旧唐书·夏侯端传》："天下方乱，能安之者，其在明公。但主上晓察，情多猜忍，切忌诸李，强者先诛，金才既死，明公岂非其次？若早为计，则应天福，不然者，则诛矣。"

厥，开仓赈济，招兵买马，很快发展到万余人。刘武周率叛军攻下楼烦郡（今山西省静乐县），占领隋行宫汾阳宫（今山西省宁武县南），将汾阳宫宫女献给始毕可汗。始毕可汗回馈了物资、军马等礼物，册封刘武周为"定杨可汗"，赠送突厥可汗仪仗狼头纛（绘有狼头的大旗）。

出了这么大的事，朝廷随时会降罪，王威、高君雅为保一家老小性命，拜请李渊征兵平叛，李渊终于有充分的理由招募士兵、派遣军队了。他"勉强"同意了王威等人"专擅此事"的请求，大举扩充军备，招兵买马，修缮城池，十天左右就招兵近万人，李渊命他们驻扎在兴国寺。李渊私下对李世民等人说："纪纲三千，足成霸业！处之兴国，可谓嘉名。"（《大唐创业起居注》）

李渊秘密派遣使者到河东召李建成和李元吉到太原，并将新招募的士兵交给李世民，由刘弘基、长孙顺德等部将统领。刘弘基、长孙顺德领兵一事引起了王威等人的注意，因为这两人都是隋朝的罪犯，不仅没被处决，如今李渊还让他们管理军队。武士彟（武则天之父）及时打消了他们逮捕刘弘基、长孙顺德的想法。

随着事态的发展，王、高二人越来越怀疑这位唐国公。他们担心李渊叛乱会先干掉自己，决定先下手为强，伺机干掉李渊。

李渊这边也是箭在弦上，到了必须解决掉王威、高君雅这两颗钉子的时候。

双方暗自磨刀霍霍，随时准备动手。

大业十三年（617年）五月，有一个名叫刘世龙的乡长密告李渊，王威、高君雅计划过些天在晋祠举行祈雨仪式时趁机谋害李渊。

李渊决定马上动手。他召集王威、高君雅在晋阳宫城议事，等人到了，刘文静领着开阳府司马刘政会来到厅前，说是要举报谋反者。李渊让王威去接"举报信"，刘政会说："这个不能给王威，我告的就是王威、高君雅，他们勾结突厥，要进攻太原。"李渊佯装大惊失色，王、高二人这才知道自己被李渊陷害了，跳起来说："反贼想杀我等。"但为时已晚，李世民和长孙顺德早就埋伏在晋阳宫外，刘文静、长孙顺德和刘弘基等人迅速上前，将二人逮捕，关进了监狱。

就在这个当口，突厥骑兵突然对晋阳发动袭击。原本担心没有实质证据指控王、高二人，时间久了会引人怀疑、节外生枝，突厥骑兵的奇袭简直是特意来坐实王、高二人罪名的。问题就这样解决了。

另一个问题是：突厥的袭击怎么办？如果与突厥正面冲突，难免伤亡，到时候拿什么兴师起义？毕竟"家底"就这么一点。

李渊命士兵藏在城中，由裴寂、刘文静等在内城暗中布防，又将外郭城门全部打开，旗帜全部撤下。突厥人善于野战不善于攻城，又短于谋略，一见城门全部打开，他们蒙了。这是什么情况？骗我们进去挨打吗？我们才不上当！不敢进城的突厥骑兵又不甘心就此离去，于是在外城往来驰骋，虎视眈眈。

李渊的空城计成功了一半。他见机命王康达率一千余人潜行出城，准备突袭突厥散兵。王康达行动失败被杀，所率部众只有一百多人逃了回来，城中百姓群情激愤，李渊借机下令将王威、高君雅斩首示众。

本来人马就不多，又损失了将近一千人，看来正面硬抗不行。李渊命士兵晚上悄悄潜出城，找隐蔽处先藏起来，第二天白天再大张旗鼓地进城。突厥人以为有大批援军到来，逗留观察两天后，撤兵离去。

这一次突厥虽然撤兵，但始终是一大隐患，如果不能把突厥问题解决好，后方不稳，早晚起火，根本没法进取中原。

刘文静建议李渊笼络突厥，最好达成同盟，借兵借马，引突厥力量帮助自己。李渊欣然接受这个建议，他亲自给始毕可汗写了一封措辞谦恭的信，又在封面上使用"启"字，以示谦卑，并嘱咐刘文静多要马，少要兵。

刘文静带着丰厚礼物出使突厥。始毕可汗问刘文静："唐国公此时举兵，意欲何为？"刘文静说："隋文帝废掉太子杨勇，传位杨广，导致天下大乱，生灵涂炭。唐国公作为皇亲国戚，要兴兵除暴乱，废除不当得位者。如果能拿下京城，金银财宝皆归可汗，我们只要长安城。"

突厥人对于地盘本身没有兴趣，现在借出一点兵和战马就可以拿到金银财宝，他们自然愿意结盟。

当时马邑的刘武周、朔方的梁师都、蒲城的郭子和都归顺于突厥，再与晋阳李渊结盟，相当于中原北方地区的军事重镇都对突厥敞开门户，他们稳坐帐中就有无数金银财宝送到面前，一旦他们想兴兵南下，又可以畅通无阻地进入中原。突厥也不希望中原有任何一方做大，中原越乱，他们越可以从中渔利，于是始毕可汗回信对李渊表示支持，同意借给李渊两千匹战马、五百名突厥兵。

为了获得更广泛的支持，减少敌对势力，李渊打出绛白军旗。隋朝用的是红色旗，突厥用的是白色旗。打出红白相间这样"擦边旗"的李渊说："此可谓掩耳盗钟，然逼于时事，不得不尔。"（《资治通鉴》卷一八四）

此时河东的李建成、李元吉兄弟，长安的女婿柴绍都已抵达太原。一切准备就绪。李渊不再潜伏。

在众多史书中，都把李世民塑造成李渊起兵的推动者。

《旧唐书·高祖本纪》中说："太宗与晋阳令刘文静首谋，劝举义兵。"

《旧唐书·太宗本纪》又说："太宗潜图义举。"

《旧唐书·裴寂传》则说："时太宗将举义师而不敢发言。"

按《旧唐书》记载，太宗拿出自己的私房钱数百万给龙山令高斌廉，让高斌廉在和裴寂赌博的时候故意输钱，等裴寂特别开心的时候，才告诉裴寂这些钱都是李世民的，然后由裴寂灌醉李渊，设计李渊夜宿晋阳宫，使宫女"私侍"李渊，以此逼迫李渊起兵。裴寂对李渊说："二郎密缵兵马，欲举义旗。"

总之，兵马是李世民暗中召集的，主意是李世民定的，李渊什么都不知道，被"二郎"和裴寂设计后，怕隋炀帝追究晋阳宫宫女私侍于己的事，被迫起兵。

现代很多史学家都认为这期间很多事件都是经过加工改造或者虚构的。依据主要是温大雅所著《大唐创业起居注》。

温大雅，字彦弘，太原祁人。隋朝时任东宫学士、长安县（今陕西省西安市长安区）县尉，后因父忧去职。李渊起兵后，任命温大雅为大将军府记室参军。武德元年（618年），历迁黄门侍郎。后又进拜陕东道大行台工部尚书。太宗即位后，累转礼部尚书，封黎国公。

据《大唐创业起居注》记载，在玄武门之变前，李渊一直都是最高决策者。

《贞观政要·文史》中有关于李世民在贞观十四年（640年）下令篡改国史的明确记载。《贞观政要》是记载太宗及其臣子讨论朝政过程的史书，旨在歌颂"贞观之治"，这样一本史书，有可能抹黑李世民吗？应该不能。

温大雅去世于贞观三年（629年），《大唐创业起居注》成书于李世民篡改国史之前，温大雅又是太原起兵的亲历者，他作为大将军府记室参军，"专掌文翰"，所以《大唐创业起居注》中关于太原起兵的记载应更接近当时真相。

另外，裴寂墓志中对晋阳宫劝进的"大功"只字未提，也说明该事极可能是为给李世民增加功绩编造出来的。

综上所述，现在很多学者认为李渊密谋举兵比李世民更早，准备也更充分，李世民在建立唐朝战争中确实功勋卓著，但在谋划起兵过程中，还是以老谋深算的李渊为主。

第二章

唐王朝建立

一、太原起兵

大业十三年（617年）六月初五，李渊传书下属各郡县，宣布起义。各下属郡县收到"文件"，表示唯李渊马首是瞻。只有西河郡拒不听从指令，李渊派李建成、李世民出征西河郡。

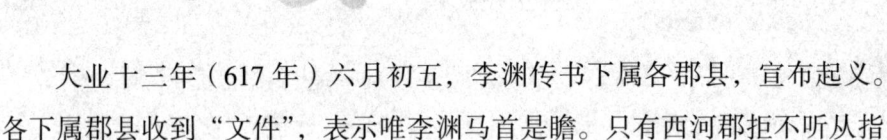

这是李建成、李世民兄弟二人第一次以一支军队最高首领的身份执行作战任务。李渊下达军令：除往返路程外只给三天军粮。

李建成、李世民兄弟二人领命率军向西河郡挺进，所率部队军纪严明，秋毫无犯。攻城时李世民冒险登城，李建成随后跟上，兄弟二人身先士卒，军队上下一心、士气高涨。六月初十，仁义之师轻松攻克西河郡城池，擒获郡丞高德儒。战役结束后，只有郡丞高德儒被斩首，人心迅速稳定，义师之名远播。

军队从出发到凯旋，前后只用了九天。首战告捷，儿子争气，李渊大喜，说"以此行兵，虽横行天下可也"（《资治通鉴》卷一八四）。当天就敲定了"南下关中、西取长安"的政策。

李建成、李世民是李渊起事后第一批投入战场的将领，两人在这一战中的表现可圈可点。温大雅在《大唐创业起居注》中说李建成、李世民"太子及王俱禀圣略，倾财赈施，卑身上士，逮乎鬻缯博徒，监门厮养，一技可称，一艺可取，与之抗礼，未尝云倦，故得士庶之心，无不至者"。

李建成身为嫡长子，在此次起兵前一直在河东老家代行大家长职责，暗中联络豪强，招兵买马；李世民，李渊嫡出次子，擅射箭，骑术精良，是猛将，既能运筹帷幄，又能冲锋陷阵，从西河之战开始，到以后的历次战役，总是身先士卒。有这么优秀的儿子，哪个做父亲的都会感到欣慰和骄傲。但这时同生共死、意气风发的两位少年，怎么也不会料到最后竟然走到手足相残的那一步。

平定西河后，李渊下令开仓赈济，招募义军，部队人数迅速增至几万人。李渊将其分为三军，各置左右。

大业十三年（617年）六月十四日，李渊自立为大将军，建大将军府，以裴寂为长史，刘文静为司马，唐俭、温大雅为记室，武士彟为铠曹，刘政会、崔善为、张道源为户曹，殷开山为府掾，长孙顺德、刘弘基、窦琮、王长楷、姜宝谊和阳屯六人为左右两翼六军统军。以李建成为陇西公、左领军大都督，统率左三军；以李世民为敦煌公、右领军大都督，统率右三军；以柴绍为右领军府长史。

这就是李渊建立唐朝的政治班底，从这个架构看，长子李建成独自带领左三军，二子李世民以女婿柴绍为辅助，共同统领右三军。半个月后四子李元吉又被任命为镇北将军、太原留守，留在后方镇守，防范刘武周和突厥来犯。

大业十三年（617年）七月初五，李渊在晋阳誓师，传檄四方，遥尊留守长安的代王杨侑为帝。檄文历数隋炀帝过错，阐明了"废昏立明"的立场，表达了"放后主（杨广）于江都，复先帝（杨坚）之鸿绩"的决心。

李渊举三万"勤王之师"从晋阳出发。大唐的建国战争从此开始。

驻守长安的代王杨侑得到李渊起兵的奏报，急命虎牙郎将宋老生和左武侯大将军屈突通分兵抵抗。宋老生率军据守霍邑城（今山西省霍州市），屈突通镇守河东郡（今山西省永济市），形成掎角之势，互为支援。

霍邑，紧临汾水，是前往长安的必经之路。李渊率军沿着雀鼠谷来到距霍邑城五十多里的贾胡堡（今山西省汾西县北）驻扎。

本应天高云淡的初秋却连绵不绝地下起了大雨。大雨导致弓箭开裂，军队无法作战。大雨连绵了一个月的时间，李渊把不适应长途行军的羸弱士兵送回太原休整，又命府佐沈叔安回太原运一个月军粮过来，以解决粮食短缺的问题。

在这段焦急等待的时间里，李渊想起了这会儿在河洛地区的牛人李密：这个家伙在潼关以西搞得风生水起，如果不稳住他，也是一个后顾之忧啊。想到这里，李渊命温大雅写密信给李密，约为同盟。

李密这时候已经自封为魏公，传檄天下的节目他也演过了，又觉得"名应图谶"，自信心膨胀到了一定程度。他回信给李渊，说希望李渊从旁协助他这个盟主"执子婴于咸阳，杀商辛于牧野"。意思是你去长安抓你的杨侑，我打完洛阳还得去杀杨广，咱们现在各干各的，但是我现在是盟主，将来也得是老大。

要想令其灭亡，就得先让他疯狂，李渊极其谦卑地给李密回了一封信，信上说希望李密老弟早应图谶。李密向来也是高看李渊一眼的，得到李渊如此吹捧，异常高兴："唐国公如此推崇我，天下指日可定。"两位名应图谶的老李就此达成了"互不侵犯"盟约。

贾胡堡的雨依然没有要停的意思，大家都眼巴巴地盼着晴天。大雨之中，探马疾驰而来，奏报："禀大将军，刘武周要趁虚攻打晋阳。"情况突然十分危急，晋阳来的老李马上召开会议。

裴寂主张回太原城，理由是宋老生和屈突通联袂在前，突厥和刘武周勾连在后方，还要提防洛阳的隋军、李密的瓦岗军。如果宋老生打不下来，太原又丢了，进无所进，退无可退，岂不玩儿完？所以不如先回太原，巩固大本营，再图后举。

李建成和李世民兄弟坚决主张继续打，他们的理由是：既然已经举兵走到这一步，正是兵指长安、军心鼓舞之时，如果突然撤退，定会军心涣散。军队回撤过程中，如果隋军出城追击，宋老生、屈突通和刘武周两相夹击，我军将会陷入腹背受敌的被动局面。再则，现在庄稼遍地，不用担心断粮；宋老生为人轻躁，一战可擒；李密留恋粮仓，暂时不会离开洛阳；刘武周与突厥貌合神离，他打太原，也担心自己的后方马邑。我们举义旗，救苍生，应当入夺长安，号令天下，现在遇到小小敌人就掉头回太原，跟随我们的人恐怕也会离开。退回太原，丧失时机，我们将会变成天下各路地方势力中的一个，到时再图大业更是难上加难。"

弟兄二人甚至立下军令状："雨罢进军，若不杀老生而取霍邑，儿等敢以死谢！"（《大唐创业起居注》）

李渊决定，继续进军！

没过几天，太原的军粮运到，大雨停了，天高云淡，金风送爽，李渊命全军晾晒装备被服、整理军械，然后全军开拔，沿山道小路绕行到霍邑城下。

路上李渊问李建成、李世民："如果宋老生坚守不出怎么办？"

兄弟二人都说："宋老生出身寒微，勇而无智，靠镇压小股盗贼得了善战美名。我们屯兵在贾胡堡良久，霍邑方向没有任何动静，乃是怯战。宋老生此人勇而无谋，我们稍加挑逗，他定会出城迎战。如果他固守不出，我们就诬其与我们相谋，他担心左右之人上报长安，也必会出城应战。"

柴绍此前往霍邑侦察，也认为宋老生不过有匹夫之勇，此战必能成擒。

抵达霍邑后，李渊派李建成、李世民各带数十骑到城下察看。又派了十数队人四处巡视，指指点点，像在寻找安营的地方然后准备攻城，又令人在城下辱骂宋老生。

宋老生看到李渊的部队把霍邑城外当自己家一样逛来逛去，气恼不已，又被辱骂，激怒之下率军三万出城应战。果然是有勇无谋！

李渊命殷开山召集步兵主力进入战场，又令李建成率左军列队攻击东门，李世民率右军攻击南门，李渊自己则在东门外率数百骑兵正面迎敌。李渊佯装不敌，把宋老生和霍邑城拉开了一里左右间隙。李建成、李世民趁这个时机，分别扑向东门、南门，断了宋老生后路。义兵齐呼而前，响若山崩，城楼皆震。

李世民手持两把大刀，如砍瓜切菜般连斩数十人，把宋老生的军队冲击得阵形散乱。而此时烟雾弥漫，战场之上难辨敌我。李渊令部下大喊"已斩宋老生"，隋军听后军心涣散、无心恋战，李渊的军队则士气大振。宋老生带残兵败将逃往城下，发现城门被堵，于是沿城墙奔逃，城上守军忙坠了绳子下来，宋老生爬了不到一丈高，被李渊部下跳跃着刺中，随即斩首。

士气高涨的李渊军队一鼓作气攻下霍邑城。因前期筹备举事受到多方掣肘，李渊军队缺少大型的攻城设备，但是士兵们英勇无畏，强行攀爬城墙，拼死拿下了霍邑城，隋军三万人马全做了刀下亡魂。

李渊立于城墙之上，目光所至之处皆是触目惊心的惨状：自己手下和隋朝士兵的尸体层层堆叠在霍邑城外，原野之上血流成河。

李渊悲伤地说："乱兵之下，善恶不分，火烧崐山，谁论玉石。躺在战场上的这些人中还有无辜的百姓，其中还有支持我们的人，今日尽皆枉死此处。若大业可成，我必当修文德，止干戈。"

一个王朝崩塌，另一个王朝崛起，历史从不是和风细雨般写就，腥风血雨，不过才刚刚开始。

战役结束后论功行赏。有司商议奖赏时觉得徒隶不应该得到一样的奖赏。李渊反问："打仗时不分贵贱，全部冒着矢石。现在论功行赏，想起人家是徒隶了？哪有这样的道理！"李渊下令以后军队打仗，不看功勋，不看身份，按功封赏。

拿下霍邑后，义军一路势如破竹，连续攻克了临汾郡（今山西省临汾市）、克绛郡（今山西省新绛县），抵达龙门县（今山西省河津市），招降关中义军孙华，下一块骨头——河东近在眼前。

二、老李的孩子们

河东城，隋保卫长安的最后一道屏障，城墙高厚。守将屈突通，鲜卑宇文部出身，北周邛州刺史屈突长卿之子，曾参加征辽东和平定杨玄感叛乱的战争。善于骑射，作战勇武，奉公正直，官民敬畏。当时人说："宁食三斗艾，不见屈突盖（屈突通之弟）；宁服三斗葱，不逢屈突通。"

河东郡不好打。

李渊没有大型攻城设备的状况并没有改善，河东郡打得十分艰难，数次猛攻才打开一个突破口，有一千多士兵冲了上去，屈突通集中兵力猛攻突破口，一千多士兵很快就被迫撤了回来。

李渊分析当时形势后，决定绕过河东，避开这块硬骨头，渡过黄河直奔长安。

裴寂提出反对意见："万一我们攻击长安不能攻克，屈突通率军断我们后路，腹背受敌，岂不危险？不如先拿下河东，然后再西上，到时候长安失去屏障，必破。"

李世民则说："兵贵神速。我军现在兵锋正盛，应快速西进拿下长安。如果在河东郡耽搁太多时间，大军疲敝，军心衰竭，战机将失。而且关中起义风起云涌，尚未有所归属，应当早早招抚。屈突通不足为虑。"

李渊认为屈突通不敢出城，是因城内人心不稳。如果绕过他直接渡过黄河威胁长安的话，屈突通一定会主动出城，保卫长安。一旦他出城野战，那对自己就非常有利。李渊于是结合二人建议，留下左右统军王长谐等将领继续围攻河东，自己带李建成、李世民渡河西进。

入关之后，冯翊太守萧造率官属举郡归降，华阴县令李孝常归降，其辖下的永丰仓（即广通仓）也归李渊所有，京兆万年、醴泉等县纷纷遣使投降。

大军依次渡河后，李渊"舍于朝邑长春宫。三秦士庶衣冠子弟、郡县长吏豪族、弟兄老幼，相携来者如市"（《大唐创业起居注》）。

李渊命李建成、刘文静等屯兵永丰仓，扼守潼关，防备屈突通；命李世民率长孙顺德、刘弘基等人进军渭北。

李世民一路西进，一路招降沿途草寇，各路豪杰"归之如流"，房玄龄就在此时投到李世民麾下。李世民抵达泾阳时已拥有九万多人马，柴绍夫妻二人也赶来和李世民会合。

原来平阳公主听说父亲已经过河，率一万多精兵前来接应，李渊渡河之后派柴绍去接应平阳公主，夫妻二人在华山会合。

平阳公主，李渊的第三个女儿，为嫡妻窦氏所生，从小受父母影响，习文练武，饱读诗书。史料中没有留下平阳公主出生的时间，也没有记录她的名字，但她却是李渊最疼爱的女儿，一位可以与父兄相较高下的女将军。

公主的丈夫柴绍，出身将门，是钜鹿郡公柴慎之子，生性倜傥，爱结交朋友，"矫捷有勇力，以抑强扶弱"闻名。柴绍曾是隋元德太子杨勇的东宫千牛备身，一直在长安做官，夫妻二人因此在长安定居。

柴李两家既是世交，二人门当户对又志趣相投，今日对坐"赌书"吃茶，明日上演"全武行"切磋武功，琴瑟和鸣，平淡且幸福。

大业十三年（617年）五月，李渊派人召柴绍前往太原做起兵前的准备工作。

柴绍内心激动，却又愁眉不展，他对平阳公主说："父亲召我到太原举事，扫平乱世，你我夫妻二人一同前往恐遭人怀疑，可若是留你一人在家中，我又担心你的安危。"

平阳公主却说："你快些起身去太原，我是一个女人，容易藏匿，到时我自有计较。"

柴绍起身前往太原后，平阳公主觉得长安城并不安全，如果留在城中，早晚会有危险，只要自己不离长安太远，就不会引起别人的注意。而且她也想有所作为，并不是想坐等胜利果实的人。思量之后，平阳公主果断前往长安附近的鄠县（今陕西省西安市鄠邑区）庄园。

平阳公主到庄园后，一面打开庄园粮库赈济灾民，一面以招收庄客的名义散尽家财，招兵买马。正值关中大旱，灾民忍饥挨饿，颠沛流离，平阳公主此举既笼络人心，又扩充实力。很快她就组建起一支几百人的队伍，平阳公主换上戎装亲下校场操练士兵。

大业十三年（617年）五月，李渊起兵的消息传来，平阳公主为策应父亲，也打出反对隋炀帝的旗号，广交豪杰，扩大武装力量，为父亲进军长安做准备。

李渊的堂弟李神通，因李渊在太原起兵被官府通缉，也跑到了鄠县拉起了一支队伍。

附近还有一位胡商，名叫何潘仁，因杀死朝廷官员被通缉，就在司竹园招纳数万人占地为王。平阳公主派奴仆马三宝游说何潘仁，不知道马三宝用什么方法劝服了何潘仁，可能是晓以推翻隋的大义，可能是唇亡齿寒的道理，也可能是开国功臣的利益，结果是何潘仁不仅归附，还派了卫队几百人来到鄠县，担任公主侍卫。

后来平阳公主又收编了李仲文、向善志、丘师利等义军，实力大增。平阳公主与何潘仁、李神通合力攻下鄠县县城，后又接连攻下了周至、武功、始平等地。平阳公主治军军纪严明，令行禁止，进退有节，攻无不克。

在李渊到达长安时，平阳公主手头兵力已多达七万人，长安外围已被基本扫清。

大业十三年（617年）九月，李渊主力渡过黄河，他派女婿柴绍带几百骑兵接应公主与李世民部会合。

公主跃马扬鞭，飒爽英姿，身后一万精兵士气高昂、进退有节。柴绍神采飞扬，原野之上战袍翻飞、骏马嘶鸣。

平阳公主和李世民部顺利会师后，李渊命公主单独立营，将公主直系部队立番号为"娘子军"。平阳公主和驸马柴绍一样隶属李世民,两人各置幕府。

关中东部,还有李渊的另一个女婿段纶也举兵响应。段纶是隋兵部尚书段文振之子,高密公主驸马,李建成好友。李渊举兵之后,段纶从长安逃往蓝田,在蓝田招兵买马,李渊到长安时,他手头也有万余人的部队。李渊让他在原地听候李世民调遣。

老李这一家子,果然个个优秀。

经营扶风等地的刘弘基、殷开山,经略鄠县一带的李世民,把守永丰仓的李建成三路军马奔向汉长安城故址,李渊也率军进抵长安。

兵合一处之后,李渊攻城的总兵力已超过二十万。李渊对长安势在必得,命人精心准备攻城器械。

"战地记者"温大雅在《大唐创业起居注》中记录了李渊军队准备攻城器械的情景:"云梯竞耸,楼争高,百道齐来,千里并进。绕京竹木,歼于斯矣。"

深秋风凉,长安城内人心惶惶。

带头刨了李渊祖坟的主事大臣京兆内史卫文晟此时病倒不省人事,指挥权只好交到左翊卫大将军、西京副留守阴世师手中。

阴世师看看高高在上的那个年仅十三岁的代王杨侑,又看看脚下这座有兵有粮却丧失了斗志的城市,陷入深思。

高位上的王子,大殿上的臣子,明天将向何处去,已不得而知。

三、隋朝的忠臣

杨侑,隋炀帝杨广之孙。隋炀帝只有三子,萧皇后所生元德太子杨昭、齐王杨暕,萧嫔所生赵王杨杲。太子杨昭早亡,留下三个儿子,长子燕王杨倓,次子越王杨侗,三子代王杨侑。杨广命杨侗镇守东都洛阳,杨侑镇守西京长安，杨侗随他前往江都。

长安城内充满了哀伤、恐惧的气氛。李渊的军队却衣甲鲜亮，将士英姿勃发。李渊派人在城下宣传"匡扶社稷"的理念，没有得到回应。

十月二十七日，李渊军队开始猛攻长安，刚归附李渊不久的孙华率先攻城，眼看攻上城头，却中箭身亡。城上箭矢、石块雨点般掉落。

一部隋唐英雄史，是多少像孙华这样的生命用鲜血写就的，孙华还能在史书中留下姓名，更多的士兵付出生命的代价，最终什么都没有留下。十多天后，军头雷永吉等人终于攻上城墙，打开突破口，李渊的军队顺着突破口攻入长安城。

入城后，李渊禁止士兵侵犯隋朝宗庙、杀害隋朝宗室，严禁士兵烧杀抢掠，命李建成、李世民封存府库，收取隋朝档案图籍。

城中没有发生大规模的抢劫事件，百姓从恐慌变成欢欣鼓舞，只有隋朝百官陷入混乱忧惧之中。李渊举兵时，留守长安的官员下令刨了李渊家祖坟，捣毁李氏五庙。卫文晟已经病亡，李渊便将阴世师等十多个"首恶"斩首，释放了其他官员，并没有大加株连。此举迅速稳定了长安的人心，隋朝官吏感恩戴德，城内秩序很快恢复。

代王杨侑住在东宫，李渊军队到达东宫时，只有侍读姚思廉陪在杨侑身边，他义正词严地阻止唐军士兵冲进室内："唐公举义兵、匡帝室，卿等毋得无礼。"（《资治通鉴》卷一八四）士兵于是守在屋外，没再冲进屋里。

过了一会儿，李渊来到东宫，恭敬地请代王迁居大兴殿，姚思廉扶着代王前往大兴殿。姚思廉，一介书生以微薄之力保卫旧主，李渊很受感动。后来姚思廉成了李世民秦王府的学士。在长安，李世民不仅得了谋士，还得了大将李靖。

李靖，是日后威震天下的初唐名将，唐朝第一军事理论家。雍州三原（今陕西省三原县）人，隋朝名将韩擒虎的外甥。隋朝杨素很欣赏他，曾拍着自己坐的床说李靖以后很有可能要坐到自己的位置上去。李靖曾任长安县功曹，李渊密谋举兵时，李靖担任马邑郡丞，他发现了李渊的密谋，准备去江都举报，而当时连皇帝安插在李渊身边负责监视李渊的王威和高君雅都未对李渊的动向有所察觉。他将自己锁起来，伪装成罪犯，绕路长安，到长安附近时，因战乱道路阻绝，滞留在长安。

李渊对于李靖的告密行为大为恼火，下令将其斩首。李靖大喊："唐国公不是有志于四方吗？为什么因为私怨而杀壮士呢？"李世民赶来求情："李靖满腹经纶，若能为我所用，必能建立功勋。"李渊虽然还是怨恨李靖，但是想到现在正是用人之际，李靖也确实是个人才，就让李靖到李世民麾下听用。李靖传奇的一生就此开启。

安定完百姓，安置好百官，还有一出大戏要唱。既然是来"匡扶帝室"的，就得把戏做全。

十一月十五日，李渊拥立代王杨侑在大兴殿即皇帝位，是为隋恭帝，遥尊隋炀帝为太上皇，改元义宁。

隋恭帝封李渊为大都督内外诸军事、尚书令、大丞相，进封唐王，以武德殿为丞相府。内外军事均由大丞相掌管。

受封后，李渊封官组阁，裴寂为丞相府长史，刘文静为司马，李纲为司录掌管人才选拔，窦威为司录参军掌管礼仪。接着李渊追封祖父李虎为景王，父亲李昞为元王，夫人窦氏为穆妃。封李建成为唐王世子，李世民为京兆秦公，李元吉为齐公。

大戏唱完，隋恭帝的功能就剩下祭祀天地宗庙社稷，还有帮李渊披一件奉隋正朔的外衣。有了这件外衣，就能获得最广泛的政治支持。

长安已经拿下，河东郡又是什么情况？

河东郡的屈突通果然如李渊所料，见李渊进军长安，命鹰扬郎将尧君素坚守河东，自己出城追击。刘文静等在他的必经之路上。屈突通抵达潼关，双方激战僵持月余。隋将主力干将桑显和夜袭刘文静大营，拔掉了刘文静的两个大营，刘文静本人中箭，段志玄率几十个骑兵猛烈冲杀，双方陷入鏖战。

刘文静趁桑显和部队吃饭的空当，派两股军队潜入已经丢失的两座营寨埋伏，另派一支骑兵绕到敌人背后，三支军队突然出击，桑显和措手不及，战败。隋朝保卫长安的最后一支生力军被灭。

李渊攻克长安，屈突通和很多隋将家属都在长安城中被捕，隋军人心离散。李渊派屈突通家奴去劝降，屈突通一刀杀死家奴，拒绝归降。看来屈突通是准备牺牲家人和自己为隋朝尽忠。他留桑显和在潼关把守，自己率部投奔洛阳。

屈突通这边才走，桑显和就投降了刘文静。刘文静派窦琮和桑显和率轻骑兵追击屈突通，屈突通坚守不出。李渊的目的是收降屈突通，所以窦琮让屈突寿劝降他的父亲，屈突通勃然大怒："昔与汝为父子，今与汝为仇雠。"（《旧唐书·屈突通传》）随后命手下射杀屈突寿。

桑显和忙策马上前，他对着屈突通的部下喊话："现唐国公已占据长安，你们都是关中人，要往哪里去？你们离开了家乡又能去哪里呢？"屈突通的部下都是关中人，安土重迁，连日鏖战奔逃，现在听到桑显和的喊话，军心瞬间崩溃，纷纷解甲归降。屈突通见大势已去，面向东南跪下（江都方向）号哭不止，然后才投降了李渊。

到长安后，李渊亲自出来迎接，笑着对他说："你可来晚了。"屈突通仍对自己未能尽忠耿耿于怀："我不能以死尽忠，实在是一个罪人。"李渊对手下说："屈突通这样的忠臣，我们应该重用。"李渊封屈突通为兵部尚书，赐爵蒋公，另赐了他很大一片封邑。后来屈突通成了秦王府干将，跟着李世民建功立业，位列凌烟阁二十四功臣。

屈突通领到的第一个任务是返回河东郡劝降守将尧君素。尧君素是隋的"死忠粉"，屈突通降唐后，他仍坚守河东郡不出，还把劝他识时务的人全杀了。二人在河东城再次相见，尧君素黯然泪下，屈突通涕泪沾襟，心情都是百般沉重。

屈突通对尧君素说:"现在天命眷顾者乃唐国公,劝君识天命,明白大势所趋,早日投降。"

尧君素厉声质问:"皇帝把军队给了你,把关中托付于你,你怎么能负国降敌?你胯下战马还是代王所赠,你现在还好意思继续骑着这匹马吗?"

屈突通叹息道:"我力屈而来呀!"

尧君素坚定地说:"君力屈,我力尚未屈,请不要再多说了。"

尧君素决意死守,屈突通只得返回长安向李渊复命。李渊派虞州刺史韦义节继续围攻河东,河东城居然坚守了一年多,直到城中粮尽,甚至发生了人吃人的惨剧,部将在忍无可忍的情况下将尧君素暗杀,河东郡才归降李渊。

大业十三年(617年)末,刘文静拿下了关东地区弘农(今河南省灵宝市)、新安(今河南省新安县)以西的全部城邑。李渊的侄子李孝恭越过终南山向秦岭以南扩张,巴蜀地区三十多州归降。李世民在扶风大破薛举之子薛仁杲,追击到陇山一带,一度迫得薛举想要投降。平凉郡(今宁夏回族自治区固原市)留守张隆、河池郡(今陕西省凤县)太守萧瑀、扶风郡太守窦琎等相继归附李渊。只有进攻薛举根据地陇右的姜謩、窦轨兵败撤回了长安。

大业十四年(618年)正月初一,李渊获得了"剑履上殿,赞拜不名"的特权。

同月,唐王李渊任命李建成为左元帅,李世民为右元帅,领兵十万出征东都。

大业十四年(618年),天下群雄各据一方、互相角逐的同时,怀揣着一个共同的心愿:杨广何时才能从这个世界上消失?

四、等死的杨广

大业十一年（615年），饱受惊吓的隋炀帝回到洛阳，他大大降低封赏水准，没有履行之前的承诺。让人震惊的是隋炀帝居然提议再征高句丽，还准备再下江都（今江苏省扬州市）。因之前的龙舟在杨玄感叛乱时被烧掉，又命江南重造龙舟。

身为一国之君，出尔反尔，不恤民力。

当时天下，已如小说中所描写的一般，"十八路反王，六十四路烟尘"。各地的起义和宗室贵族的叛乱肆意地撕咬着隋朝的江山。窦建德占据河北大部；李渊攻占西京大兴城；李密围攻东都洛阳；杜伏威占领高邮，直逼江都。

杨广派遣十二路招讨使分赴各地，征调军队镇压叛乱。随后，他在朝会上询问平叛情况，左翊卫大将军宇文述表示叛军越来越少，只剩不到十分之一。纳言苏威揭穿他说："我不是管这方面的官员，不知道有多少盗贼，但是贼患离京城越来越近了。过去盗贼只是在长白山一带活动，现在已经到了汜水，最近报上来的情况都不是实情，所以措施失当，不能及时剿灭贼患。而且之前在雁门时，已经许诺不再征伐辽东，现在却又征发士兵，盗贼怎么能平息呢？"杨广听后内心一万个不高兴，没过多久，找个理由把苏威子孙三代都削职为民。

苏威在隋文帝时曾身兼五职，被隋文帝评价为"朝夕孜孜，志存远大，何遽迫之，威若逢乱世，南山四皓，岂易屈哉"。"苏威不值我，无以措其言。我不得苏威，何以行其道"。在劝谏隋炀帝的人中，两朝老臣苏威的结局算是极好了。

第二年，龙舟造好。临行前，隋炀帝对后宫中人说："我梦江都好，征辽亦偶然。但存颜色在，离别只今年。"征辽是偶然？没错，偶然了三次，还想搞个第四次！人总想为自己的失败找理由，征辽只是偶然，所以没有达到目的，那也不奇怪。万千将士沙场殒命，也不见他有所怜惜，这会儿却安慰宫人说，明年我就回来了。

这样的帝王会给国家带来什么？除了人民的苦难和将士的悲歌，还有大臣之殒命。

临行前，右候卫大将军酒泉赵才劝谏隋炀帝："今百姓疲劳，府藏空竭，盗贼蜂起，禁令不行，愿陛下还京师，安兆庶。"（《资治通鉴》卷一八三）赵才被关了起来。建节尉任宗上书极言劝谏，被杖杀于朝堂之上。

大业十二年（616年）七月十日，隋炀帝离开洛阳前往江都。奉信郎崔民象于建国门上表劝谏，被斩。途中，奉信郎王爱仁再次劝谏隋炀帝返回西京，隋炀帝命人砍掉他的脑袋后继续前行。走到梁郡（今河南省商丘市），梁郡人在半路拦住车驾上书，说："陛下若一定要去江都，天下将不再属于陛下！"这些一心想挽救隋朝和杨广生命的人，不出所料地也丢掉了性命，《资治通鉴》中的记载是："又斩之。"

张衡劝他不要乱用民力，以"诽谤朝廷"罪被杀。

老臣高颎，隋文帝时的第一号宰相，尚书左仆射兼纳言，劝隋炀帝不要奢侈腐化，以免重蹈北周天元皇帝的覆辙，炀帝也以"诽谤朝廷"罪将高颎诛杀。

大臣进谏，就是诽谤朝廷，谁劝我，我杀谁。

隋炀帝曾对秘书郎虞世南说："我性不喜人谏，若位望通显而谏以求名，弥所不耐，至于卑贱之士，虽少宽假，然卒不置之地上，当其知之。"（《资治通鉴》卷一八二）

在这样的情况下，哪有人敢再建言献策？恃才傲物，极端自负，嫉贤妒能的隋炀帝终成了孤家寡人。

孤家寡人隋炀帝有着极深的江南情结，他年轻时平陈，曾在江都坐镇十年，娶了江南女子萧氏①为皇后，乐于学江南的方言，能说一口吴侬软语。他极喜欢江都这个城市，这是他第三次巡幸江都，也是最后一次。

"南朝天子爱风流，尽守江山不到头。"隋炀帝不是南朝的天子，却跑到南朝的地界妄图偏安一隅。他的江山、他的大业、他的生命都将在这里终结，而那些想阻止他走向穷途末路的人，都被他无情诛杀。

在江都的日子，对于开启生命倒计时的杨广来说，大概是美好的。江都是个极富魅力、风情万种的城市，"春风十里扬州路，卷上珠帘总不如""天下三分明月夜，二分无赖是扬州"都是对江都的赞美。

杨广待在自己喜欢的江都醉生梦死，他这次来，就没打算回去。

聪明如杨广，他当然知道国内乱成了什么样，只是不愿意听别人讲自己的短处罢了。他知道自己没法平息北方的叛乱，所以也不准备再回北方。杨广想，在江南养老不好吗？他命人过长江修建丹阳宫，准备迁都丹阳，这时随行的官员、士兵才知道，皇帝不准备回去了。

陈被灭时，隋文帝曾将建康城夷为平地。把陈灭掉的王朝，又回来准备建一个新的"陈"。

每个人年轻的时候都有无数梦想，都觉得自己无所不能，觉得自己和别人不一样，别人做不到那是他们不行，别人能做到的，自己来做一定会做得更好。

少年时的杨广大概也是这样看着自己的父皇和太子哥哥吧？想着如果自己当上皇帝，一定会比他们做得更好，自己一定能成为千古一帝。几经筹谋，他坐到了皇位上，一心开创自己的千秋伟业。可就这么十几年的时间，现在的他却什么都不行了，看着自己越来越像他曾经看不起的陈国皇帝陈叔宝，他早没了斗志。曾经的自己已经远去，留下的只有镜中没怎么改变的容貌。

---

① 萧氏，萧皇后，是南朝萧梁昭明太子玄孙女。

隋炀帝常常对镜自赏，不知是自恋还是自省。可能是在想，我这样一个美貌与智慧并存的人，是怎么走到今天这一步的？

有一天他照着镜子，突然说："好头颅，谁当斫之？"（《资治通鉴》卷一八五）

这么好看的脑袋，不知道会被谁砍掉？这话吓了萧皇后一跳。

萧皇后问："陛下何出此言？"

隋炀帝凄然一笑，说："贵贱苦乐，列迭为之，变复何伤？"（《资治通鉴》卷一八五）

明知大祸将至，意志消沉如斯，他是在等死吗？却也不是，他跑到江都来，一是喜欢江南，再就是想凭借长江天险，成为像陈国那样的南方割据政权。

你是皇帝，你意志消沉不回大兴城，也不回洛阳。行！妻子、儿子、后宫妃子、臣子、皇室宗亲，僧尼道士全跟着你过来了。但跟着隋炀帝一起来江都的骁果军不干了！

骁果军，隋朝的御林军，是大业九年（613年）隋炀帝扩充军队时招募的新军，属于雇佣军性质，不同于征发的府兵，府兵是义务兵，"骁果"二字取的是骁勇果毅之义。

骁果军大都是关中人。农业社会，人们本就安土重迁，江南离关东实在是太远了，饮食习惯、服饰、语言差别很大，家里还有妻儿老小，要是只待一段时间，"旅游"一下还好，一年两年的话也还有个回家的盼头，现在是直接回不去了，江南再好哪能有家好？骁果军开始叛逃。

隋炀帝是怎么解决这个问题的呢？一方面，他想的是这些人不就是想媳妇嘛，那在这边再给你们娶一个就是了。他自己喜欢江南女子，就觉得别人一定也喜欢，于是就强令当地的未婚女子和寡妇嫁给骁果军，这一下又得罪了当地人。

另一方面，他想用杀戮震慑骁果军。叛逃的人抓到一个就杀一个，不仅杀叛逃的那个人，还要杀他那个营的长官，搞得骁果军将领人人自危。

虎贲郎将司马德戡出身关陇贵族集团，战功卓著，深受隋炀帝的宠幸。得宠归得宠，谁都不想给无德残暴的皇帝殉葬。他不仅想自己逃，还想鼓动自己的好友虎贲郎将元礼、直阁将军裴虔通一起逃。三人商量后，启动了一场大规模的叛逃计划。

关中沦陷时，李孝常叛降，隋炀帝把李孝常的两个弟弟杀掉了，官员担心自己也遇到同样的事情，所以很多朝廷官员都加入了这个计划。内史舍人元敏，虎牙郎将赵行枢，鹰扬郎将孟秉，符玺郎李覆、牛方裕，直长许弘仁、薛世良，城门郎唐奉义，医正张恺，勋士杨士览等文官武将，各部门、各级别的人都参与其中。大家在大庭广众之下大声讨论如何逃亡，密谋成了阳谋。"于广座明论叛计，无所畏避。"（《资治通鉴》卷一八五）

"阳谋"被一个宫女听到了，宫女向萧皇后汇报，萧皇后说："你去和皇帝说吧。"宫女于是向隋炀帝汇报。隋炀帝听完认为宫女在危言耸听，忠心的宫女被杀，准备叛逃的人却毫发无伤。

后来又有一个人发现了有人要叛逃的迹象，想去禀报皇帝，萧皇后说："天下事一朝至，无可救，何用言之，徒令帝忧耳！"（《资治通鉴》卷一八五）

于是，再没人管这事了。

这就是谁劝谏就杀谁的后果吧！隋炀帝宿命般向着国死身灭的方向走去。

将作少监宇文智及的加入，让叛逃计划陡然升级成了兵变行动。宇文智及说，逃亡和兵变的风险是一样的，但是如果成功，兵变可以成帝王之业。司马德戡一听，对呀，这是我们格局小了呀，于是一拍即合！大家商量之后决定拥立身份更适合当政变领袖的右屯卫将军宇文化及[①]为首领，

[①] 宇文化及、宇文智及、宇文士及三人都是隋朝许恭公、右卫大将军宇文述之子，史书记载化及、智及两人都是无赖。

准备杀掉杨广，再叛出江都。

司马德戡骗骁果军将士说隋炀帝准备毒杀骁果军，将士们早已对隋炀帝恨之入骨，他们相信这是隋炀帝能做出来的事，全部毅然决然地加入兵变行动。

三月初十，三更，大风、雾霾。

司马德戡在东城，元礼、裴虔通在宫中，唐奉义在城门，宇文智及和孟秉等人在宫外，众人里应外合。隋炀帝的孙子燕王杨倓发现异常想入宫禀报，被逮捕囚禁。右屯卫将军独孤盛被杀，左千牛独孤开远被俘。

兵变没遇到什么像样的抵抗。

三月十一日清晨，整座皇宫已经被政变的军队彻底控制。

司马德戡等人拥立宇文化及为大丞相，大丞相见到被众人带上朝堂的隋炀帝挥着手说："带他来做什么，赶快带出去做掉。"

被带回寝殿的隋炀帝看着这些来"做掉"自己的人叹道："我何罪至此？"

马文举说："陛下违弃宗庙，巡游不息；外勤征讨，内极奢淫；使丁壮尽于矢刃，女弱填于沟壑；四民丧业，盗贼蜂起；专任佞谀，饰非拒谏。何谓无罪！"（《资治通鉴》卷一八五）

隋炀帝说："我确实是辜负了百姓。至于你们这些大臣，荣华富贵应有尽有，为什么要做得这么绝呢？今天的事，谁是主谋？"

司马德戡回答了他："普天同怨，又何止一人为主谋！"

隋炀帝知道自己难逃一死。

当时萧皇后、后宫的嫔妃和宗室亲王都已被软禁，只有隋炀帝最宠爱的小儿子，十二岁的赵王杨杲跟在他身边，裴虔通手起刀落先砍死了杨杲，又提刀准备杀掉隋炀帝。

隋炀帝突然站了起来，说："天子有天子的死法，怎么能用刀砍？拿鸩酒来！"

将死之时，隋炀帝想保留天子最后的尊严。可哪还有人去拿什么鸩酒，他准备的鸩酒交给了后宫的嫔妃，这时人都不知道在哪里，要杀他的人也没有耐心去寻鸩酒。令狐行达猛地把隋炀帝按回到座位上。

隋炀帝绝望了，他解下身上的绢巾递给令狐行达，令狐行达不带一点迟疑地勒紧他的脖子。隋炀帝的生命消逝在那个万物生长的春天。

后人说："若无水殿龙舟事，共禹论功不较多。"但是，历史无法把"若无"变成"无"，杨广的大业和杨广的生命最终湮灭在他的骄奢淫逸、倒行逆施中，湮灭在他的疯狂与逃避中，湮灭在历史的长河中。

想名垂青史，却最终遗臭万年。

他的功，造福后世。

他的过，在葬送了无数人民的生命后，也最终葬送了大隋王朝和他自己的生命。

五、雄心、野心、痴心

杨广死了。

大隋亡了。

山河万里，烽烟四起，叛军遍野。

人人都想当霸主，个个都想当皇帝。

高开通、刘武周、窦建德、刘黑闼、梁师都、李轨、薛举、徐元朗、李密、王世充、萧铣、林士弘、杜伏威、辅公祏、沈法兴、李子通……

乱世之中，谁是英雄，谁是枭雄，谁是狗熊？

天下乱成这样，正主隋炀帝还被一场宫变送走了，本来还有点遮遮掩掩的众人争先恐后称帝，以前打着隋旗号的影子朝廷纷纷把傀儡拉下皇位，今天你家禅让，明天他家登基，好不热闹。

称帝这个想法，产生在有的人脑海中叫雄心，放在另一些人脑中叫野心，而放在个别人身上，不过是对自身能力有着重大误解而产生的痴心妄想罢了。

宇文化及就是这样一个痴心妄想的人。

江都兵变后宇文化及做的第一件事就是几乎把杨坚的子子孙孙杀了个干净，连外戚都没放过，只有杨广三弟杨俊的儿子秦王杨浩暂时幸免于难。总得留一个傀儡装样子，毕竟后面还有禅让大戏要唱。

他做的第二件事是杀杨广的心腹重臣：内使侍郎虞世基、御史大夫裴蕴、左诩卫大将军来护儿、秘书监袁充、右翊卫将军宇文协、千牛宇文晶、梁公萧钜……

人杀完，宇文化及以萧皇后名义立秦王杨浩为帝，安心地当起大丞相，之后带着江都六宫和骁果军北上返回长安。

龙舟上的椅子还没被宇文化及坐热，就有人妄图发动兵变。虎贲郎将麦孟才，虎牙郎钱杰和沈光，密谋杀死宇文化及，为隋炀帝报仇。密谋不密，消息走漏。司马德戡率军包围军营，经过一番血战，兵变被扼杀在摇篮之中，麦孟才三人和部下全部战死，无一人投降。杨广如果知道还有人如此忠心，在九泉之下估计也会有些许欣慰。

我们知道杨广没有这个机会欣慰，也知道司马德戡很不欣慰。宇文化及居然夺了他的兵权，他靠着贿赂宇文智及才拿到一万多后军的兵权。宇文化及本人更是一副作死的样子，他的骄奢暴虐比隋炀帝还过分，而他的个人能力可以说是一无是处。司马德戡此时大概在后悔没有和麦孟才等人合作。没能合作的两伙人走了一样的路，司马德戡兵变的消息也走漏了，被杀前他说："我们实在没有想到你比隋炀帝还荒淫暴虐。"

大业十四年（618年）四月下旬，宇文化及因水路受阻在彭城弃舟登陆，走到巩洛（今河南洛阳、巩义地区）一带时遇到了瓦岗军的阻击，转而来到东郡（今河南省滑县）。

杨广死后，自立这个事变得司空见惯。吴兴（今浙江省湖州市）太守沈法兴自立为江南道大总管,以讨伐宇文化及之名攻占了太湖和长江流域十几个郡。

梁王萧铣自立为帝,迁都江陵,向南扩张,军队扩张到四十万,成为南方最大的割据政权。

与他们的急不可耐、凶相毕露相比,老李的戏演得最好。

得到杨广被杀的消息,李渊痛哭不已,说:"我在北面辅佐代王,不能赶去救故主,实在哀痛。"

领兵去打洛阳的李建成、李世民在杨广被杀后也率军返回长安。那洛阳就是块烫手的山芋。

得知李建成、李世民到东都后,洛阳君臣紧闭城门。和城外的李密简单交了次手之后,双方各自按兵不动。兄弟二人商量一番,觉得洛阳城里是隋朝精锐,李密有三十万大军,宇文化及正带着江都的十几万隋炀帝亲卫奔着中原而来,拿着自己的家底在这几股势力中间抢东都,实在不是明智之举,于是班师回了长安,正好参加这场开创了一个时代的政治秀。

隋恭帝杨侑颁布禅位诏书,遣使持节兼太保、刑部尚书、光禄大夫、梁郡公萧造,兼太尉、司农少卿裴之隐奉皇帝玺授予李渊。李渊辞让不受,百官上表劝进,至于再三。

大业十四年(618年)五月十四日,唐王李渊接受隋恭帝杨侑禅位,隋恭帝返回代王府旧邸居住。改大兴殿为太极殿。

五月二十日(618年6月18日),李渊于太极殿登基称帝,命刑部尚书萧造兼太尉,于南郊祭天,大赦天下,改元武德,李渊是为唐高祖。

当五十三岁的李渊头戴黄冕、身披龙袍登上太极殿时,隋的大业彻底去了,一个名叫大唐的王朝陡然崛起。

李渊登基后改郡县制为州县制,改太守为刺史。以黄色为唐朝最高贵颜色。废隋《大业律令》,颁布唐朝律法。设置国子学、太学、四门学。

李渊立李建成为太子,封李世民为秦王,李元吉为齐王,宗室诸人全部封王。

李渊任命李世民为尚书令，裴寂为右仆射、知政事，刘文静为纳言，萧瑀、窦威为内史令，裴晞为尚书左丞，李纲为礼部尚书、参掌选事，窦琎为户部尚书，屈突通为兵部尚书，独孤怀恩为兵部尚书，陈叔达、崔民幹为黄门侍郎，唐俭为内史侍郎，殷开山为吏部侍郎，赵慈景为兵部侍郎，李瑷为刑部侍郎。全部官吏晋爵一级。

建立四亲庙，追封高祖李熙为宣简公，曾祖李天赐为懿王，祖父李虎为景皇帝，庙号太祖，父亲李昞为元皇帝，庙号世祖。祖父母亲都称为王后。追谥妻子窦氏为太穆皇后，追封皇子李元霸为卫王。

李渊称帝后四天，五月二十四日（618年6月22日），以王世充为首的洛阳留守诸官奉越王杨侗称帝，改元皇泰，史称皇泰主。

皇泰主封段达、王世充为纳言，与元文都、卢楚、皇甫无逸、赵长文、郭文懿共同执掌朝政，这七人被称为"七贵"。

皇泰主登基面临一桩大事：眼看宇文化及打过来了怎么办？经过讨论，东都的小朝廷决定招降李密，让李密对付宇文化及。

洛阳，就是李密的噩梦。在杨玄感军中时，李密已经在洛阳城受过一次伤害。现在洛阳城久攻不下，一转眼几个月过去了。

李密知道西取长安是上策，但难以实行。如果向西进军，以山东豪杰为主的瓦岗军定然不愿前往，留下的守军也会各行其是，产生内讧，而李密将失去对瓦岗军的领导权。就这样，他从大业十三年（617年）五月开始，就一直耗在东都洛阳。

隋朝先后派出了两批援军，第一批以庞桂英、霍世举为首，第二批以王世充为首。双方在洛水边展开了旷日持久的拉锯战，就是在这段时间，李渊做好了起兵的准备，入关袭取长安。

经过多次交手，洛阳方面清醒地认识到，李密这个落魄贵族带的这一批草莽，实在是可怕的对手。他们瞄准了这个可怕对手的一个弱点——内部不稳，李密和翟让早晚会内讧，如果翟让把李密干掉，那瓦岗军就会变成乌合之众。

事情没有按王世充等人的预想发展，翟让反而被李密杀掉了。

起义只为活命的翟让胸无大志，把老大的位置让给李密后，他乐得自在，有吃有喝有命在，打打仗还有钱赚。但是跟着他的兄弟们并不这么想，从老大的兄弟变成老二的兄弟，这种感觉实在是不好。

兄弟们时常劝翟让夺回头把交椅，翟让不以为然。翟让这个人可能属于那种只想躺着发财的人。李密元帅府左长史房彦藻攻克汝南郡后，翟让说了这样一番话："我听说你得到了很多金银财宝全给了魏公，你咋一点没给我？整天魏公、魏公的，别忘了你家那魏公还是我立的呢，以后怎样谁说得准呢？"这话传到了李密的耳中。翟让或许只是财迷心窍说的这番话，李密却感到了十足的威胁，仿佛一把利刃悬在头顶，随时会落下斩向自己。

翟让对李密的野心视而不见，却因钱财小事交恶，不死也难！

房彦藻和郑颋都劝李密早日决断。郑颋对李密说："毒蛇螫手，壮士断腕，为的是顾全大局。如果让翟让抢先下了手，我们后悔都来不及！"谁都不能否认，确实有这个可能。

李密准备了一桌丰盛的酒席，邀请翟让和他的亲信赴宴。宴会开始前，李密屏退两个人的随从，命人拿来一把弓箭，对翟让说自己新得了一把良弓，请翟让看看。翟让拿起弓，刚把弓拉满，蔡建德突然从背后砍向翟让的脖子，翟让应声倒地，鲜血喷涌，发出牛吼般的叫声。蔡建德手起刀落，把翟让的亲信全部砍杀。

李密把翟让的军队交给徐世勣、单雄信、王伯当接管。李密的声势越来越大，洛阳附近很多隋朝官员都投降了李密。

本来是两个人的游戏，现在却来了第三个人——宇文化及。

宇文化及现在面临一个严峻的问题，东郡（今河南省滑县）的粮食有限，无法养活他带来的十几万人。武德元年（618年）六月，他率军渡过黄河，围住徐世勣驻守的黎阳仓。李密闻讯赶来增援，率两万人马进驻清淇，从背后牵制宇文化及。

一次对阵时，李密对宇文化及说："卿本匈奴皂隶破野头耳，父兄子弟，并受隋恩，定贵累世，兴朝莫二。主上失德，不能死谏，反行弑逆，欲规篡夺。"（《资治通鉴》卷一八五）

一个造反的人骂另一个造反的人弑君。看来反可以造，但是皇帝不能轻易杀，必得唱唱禅让大戏，演出一个不想篡位勉强为之的戏码才行。

宇文化及闻言沉默了一会儿，低着头，然后突然瞪大眼睛问李密为什么要说文言文。李密大笑，面对这么蠢的宇文化及，李密根本不把他当对手。

一场狗熊对枭雄的决战，胜负已定。所以面对老对手洛阳伸出的橄榄枝，李密愉快地接了过来。

六、困龙痴想上天堂

虽然此前李密和洛阳方面一直在打仗，但是因为宇文化及杀死了隋炀帝，杨侗和宇文化及之间的仇恨注定无法化解。所以当盖琮上疏建议招降李密，令李密和宇文化及互相残杀时，东都众人都觉得这是最佳方案。

李密二话不说就接受了招抚。杨侗任命李密为太尉、尚书令、东南道大行台行军元帅，封魏国公。

李密这边接受招抚，转身却和宇文化及言和。

宇文化及在黎阳仓外被徐世勣打得大败，所有的攻城装备都被徐世勣烧毁，所以他也乐于和李密握手言和。既然成了一伙人，宇文化及想着李密的三个粮仓自然也是他的粮仓，于是让将士们放心吃吃喝喝，眼看粮食就要吃光了，却得知了一个让他震惊的消息：李密是假装议和，就等宇文化及的粮草吃光了再打他。宇文化及暴怒，率军直扑童山（今河南省滑县北）的李密大营。

李密没有准备，被打得措手不及，宇文化及的将士因为粮草已经吃光，都拼死一战。李密率军击退了隋军一次又一次攻击，混战中李密中箭，险些命丧当场，秦琼以一己之力救出李密后又组织了有效的防御。

久攻不下的宇文化及只好退守汲郡（今河南省淇县东）筹措粮草。他筹措粮草的方法有两个：一是在汲郡搜刮，二是派人回东郡严刑拷打逼迫当地官员、农民交出粮食。东郡通守王轨派通事舍人许敬宗去见李密，请求投降。

宇文化及粮草没筹到，又丢了立足之地，只好率军北上。他一路走，部下一路逃，你带走几千，他带走一万，等到达魏县（今河北省大名县西南）时，原来的十几万大军只剩下两万人了。

这两万人中还有很多人是没找到机会逃走的，武德元年（618年）秋天，宇文化及的心腹张恺密谋兵变，被他的耳目侦察到，宇文化及迅速诛杀了张恺及其党羽。

宇文化及的心情越来越不好，自己的部下怎么都爱搞兵变？原来带着几十万大军浩浩荡荡的，现在就剩这么几个人，缺粮少吃地窝在魏县这么个山旮旯里。南面是曾经烧毁了他全部攻城装备的徐世勣，北面是窦建德，他哪儿也去不了，只能每天借酒浇愁，兄弟们互相埋怨，父子抱头痛哭。

和老李一家比一比，真是高下立判。李渊从太原起兵时只有三万人，带着儿子、女儿、女婿、堂兄弟等宗族亲信一路打到长安，发展到二十几万人，个个意气风发。而宇文化及带着隋炀帝的十几万精兵，一路走一路"丢人"，丢到现在剩下不到两万人了，兄弟儿子个个愁眉苦脸。

就这样的人还要当皇帝？"人都是要死的，我就不能当一天皇帝吗？"宇文化及问。

对皇位死了都要爱的宇文化及给杨浩送去了一杯毒酒，然后登基称帝，国号许，改元天寿，设立文武百官。

宇文化及现在就和隋炀帝在江都时一样,一副等死的样子,等着看最后是谁来杀他。

在等死的日子里,他得到了江都兵变成功后的第一个好消息——李密死了!

宇文化及被踢出中原后,东都众臣以元文都为首都欢欣鼓舞,以为从此天下太平。李密的老对头王世充气得咬牙切齿。王世充说元文都是"刀笔吏",元文都传王世充私通宇文化及。政客之间的矛盾最终演化成流血的宫廷政变。

元文都、卢楚密谋在百官上朝的时候干掉王世充。不料被胆小的段达坏了事,他跑去王世充那儿通风报信。

三更时分,圆月中天。王世充突然带兵攻打皇宫的含嘉门,元文都急忙入宫"保护"皇泰主杨侗,王世充攻破太阳门,乱刀砍死躲入太官署的卢楚,又逼着皇泰主下令杀死元文都,继而捕杀了赵长文、郭文懿。只有兵部尚书皇甫无逸跑得快,逃往长安。

立杨侗为帝时的七贵就只剩王世充和段达了。段达怯懦无能,东都的大权全部被王世充掌握。

王世充在皇泰主面前声泪俱下地诉说委屈,赌咒发誓,大表忠心,皇泰主信以为真。就算心里不相信,他也只能假装相信。东都表面上还是隋的东都,实际上已经是王世充的洛阳了。落难的天子,并不比百姓容易活命。

皇泰主封王世充为左仆射,总管内外军事,兄弟子侄都掌握重兵。

李密在打宇文化及时,每打一次胜仗,都派使者向皇泰主献捷。打跑了宇文化及之后,李密准备去东都,走到温县,听说了元文都等人的死讯,只好返回金墉城(今洛阳故城西北)再做筹划。

东都即将断粮,王世充不得不出战。他陈兵偃师(今河南省偃师市),准备渡洛水抢占洛口仓。李密急命王伯当留守金墉城,自己率军驰援偃师阻挡王世充。这一对老对手、老冤家又在战场相遇了。

李密分析了当时的情况，认为应当据城固守，避其锐气，等王世充粮尽自然退兵，但是手下几位大将都急于立功，力主出战。

李密再不是当初那个给杨玄感出谋划策，劝杨玄感不要称帝的李密了，此时的李密坐拥几十万大军，大败王世充，满心骄傲，也想一战破敌。

裴仁基说："公后必悔之。"（《资治通鉴》卷一八六）

果然被裴仁基言中，李密很快就后悔了。

王世充派人渡过洛水袭击单雄信大营，裴行俨、孙长乐等十几名骁将受了重伤。

第二天决战前，王世充又来了个战前演讲，将士们本来已经陷入粮草即将断绝的绝境，又被主帅激励，个个用命。两军在邙山酣战之际，王世充找了一个和李密长得很像的家伙押到阵前，大喊："已擒李密。"前天夜里提前埋伏的隋军又突然从李密大军背后掩杀而来。李密大军军心崩塌，四散逃命，多数战将投降，李密仓皇奔逃。

李密一边跑，他的部下一边叛逃。他想不明白自己怎么落到如此境地。

郾城投降，洛口的邴元真也投降了，李密无处可去，考虑要不要去投奔被他排挤到黎阳的徐世勣。徐世勣是翟让的旧部，单雄信都投降了王世充，徐世勣可以相信吗？

李密选择了投奔退守河阳（今河南省孟州市）的王伯当。

在河阳，李密带着一群大老爷们开了一场哭哭啼啼的会议，讨论出来的结果是：投奔李渊。

李密现在还是满怀信心，他想：以自己的号召力、名声和能力，定能效仿东汉窦融的故事，李渊应该能给他个宰相。

武德元年（618年）十月，在瑟瑟秋风中，李密抵达长安。李渊给他封了高高的爵位——上柱国、邢国公，实职却只给了一个光禄卿，大致相当于管理宫廷宴会的部长。跟他一起归降的王伯当被封为左武卫大将军。

李密对光禄卿这个职位颇有怨念，深刻地体会到人在屋檐下，不得不低头。有官员向李密索贿，自诩人中龙凤的李密真的是憋了一肚子气。

李渊对李密表现得很亲厚，做媒把自己的表妹独孤氏嫁给了李密。独孤氏就是京剧《断密涧》中河阳公主的原型。李渊不是翟让，不会由得他搞鬼拿捏最后丢了性命。

满腹牢骚的李密和同样对现状不满的王伯当一拍即合，两人决心叛唐。李密多次陷入绝境后绝地重生，所以他根本没想过，天命或许不在他这边。他在想，这不过是一次失败而已，只要自己离开长安，回到中原，定能再展宏图，早晚可成大业。

做好打算后，李密向李渊自荐往山东收抚旧部。李渊也正有招降山东诸豪杰的打算，当即同意了李密的提议，命王伯当为他的副手，亲自为他们饯行。

但是李渊很快就后悔了。

李密麾下长史张宝德不想跟着李密遭池鱼之殃，给李渊写了一封密奏，陈述诸多内情，通过自己对李密的了解和掌握的情况，经过缜密的逻辑分析，得出李密必叛的结论。

李密出发之前就有很多人劝李渊不要放虎归山，但是李渊虽然有所顾虑，却只是将李密的一半部众留在华州（今陕西省华县）。

这会儿的李渊意识到有的人宁愿四处流亡也要拼一次，李密就是这样的人。他颁旨让李密暂回京师接受另一个任务，留其部众缓缓而行，等李密接受任务后再会合。

李密一眼识破这招缓兵之计，猛虎归山，池鱼入渊，怎么可能再回头！李密砍杀了李渊的使者。

李密来到桃林县城，谎称自己奉皇帝召令，准备自己返回京师，要把家属暂时安顿在桃林县。桃林县没有理由拒绝，当即表示欢迎。

城门大开，那天冬日的太阳竟然格外刺眼，李密占领县府，裹挟当地士兵，取道熊耳山向东而来。同时，李密又联络旧部伊州刺史张善相，令其出兵接应。

李密攻占桃林县之前，他麾下的贾闰甫力劝李密不要降而复叛，差点被李密挥刀杀死。贾闰甫当天就逃往雄州。

得知李密叛变，驻守雄州的唐右翊卫大将军史万宝忙和行军总管盛彦师商议对策："李密骁勇善战，又有王伯当相助，现在决意叛变，恐怕很难对付。"盛彦师心中已有计较，笑着答道："请给我几千人马，定斩二贼首级。"史万宝问："你有什么好计策？"盛彦师说："暂时保密，等我得胜回来再说。"

此时所有人都以为李密一定会回洛阳，盛彦师却率军来到熊耳山，封锁要道，在两侧高地埋伏弓箭手，又命步兵埋伏在山涧之中。传令三军："等贼兵过去一半，上下同时发动攻击。"

部将问盛彦师："听说李密要回洛阳，将军为什么进山埋伏？"盛彦师道："李密生性狡诈，他去洛阳是假，去伊州投奔张善相（李密旧部）才是真。如果让贼人先行进入山谷，山路狭窄，我军从后追击，就落了下风。现在我们占领谷口，定能一举擒杀贼人。"

李密、王伯当果然率军翻过山向南而来，正好走进盛彦师所设的伏击圈。李密部下走过一半的时候，盛彦师一声令下，山上箭矢突然如雨点般落下，山涧中的刀斧手也冲杀出来，如同鬼魅。一会儿的工夫，一个个鲜活的生命失去生气，李密的部下被斩杀殆尽，李密、王伯当当场战死。

旧年即将过去，在新的一年里，谁会记得这个曾睥睨世人的一代枭雄？

"可叹三十六员将，东跑西奔各一方。"（京剧《断密涧》）

如果李密没有杀翟让，如果李密提前除掉王世充，如果他没有投唐又叛唐，结果会不会不一样？会不会是王者不死终成帝王？会不会成为辅佐新帝的一代名臣骁将？

历史没有如果，一代枭雄李密就这样死了，在武德元年的最后时刻。

第三章

天下底定

一、得来全不费工夫

一个朝代的建立并不都是血腥暴力的。

郭子和，同州蒲城人，隋左翊卫，因罪流放榆林（今内蒙古自治区托克托县）地区。大业末年，榆林郡闹饥荒，郭子和与死士十八人斩杀郡丞王才，开仓赈济灾民，自立为永乐王，年号丑平，追尊父亲为太公，封弟弟郭子政为尚书令，郭子端、郭子升为左、右仆射，有骑兵两千人。之后南联梁师都，北封突厥，以求生存。始毕可汗要册封郭子和为"平杨天子"，郭子和表示不敢担当，突厥于是改授其"屋利设"，留其弟郭子升在突厥做人质。

郭子和在榆林郡固守了一年多，在武德元年（618 年）七月归顺唐朝，被封为灵州（今宁夏回族自治区灵武市）总管、金河郡公，后徙封郕国公。

战乱年代，百姓生存艰难，每天都担心丢掉性命。手中有点兵力固然可以保一时平安，但在群雄并起的夹缝之中，谁也无法一直置身事外，若不能攻城略地不断壮大自己，偏安一隅，早晚会成为别人口中的羔羊。

郭子和起义，求的是活命，不是做霸主，也不想当皇帝。这个时候选一个能保自己和家人性命的大腿来抱十分重要。

武德五年（622 年），郭子和平定刘黑闼有功，被赐姓李，官拜右武卫将军。贞观十一年（637 年）任婺州刺史，改封夷国公。显庆初年，转任黔州都督后请求退休，皇帝批准，晋升为金紫光禄大夫。郭子和一直活到麟德元年（664 年），八十多岁才去世。

郭子和的选择，不仅在乱世保全了自己和家人的性命，还为子孙谋得了爵禄和富贵。

唐朝初年的天下是真的乱，西北的薛举、薛仁杲被平定后，河西大凉王李轨自立为帝，雄踞河西五郡。

李渊本想招抚李轨，封他为凉王，但是李轨想自己称帝，与李唐各据一方。于是李轨派尚书左丞邓晓出使长安，递交国书，自称"皇从弟大凉皇帝臣轨"，拒绝了李渊的册封。

李渊扣留邓晓，想出兵攻打西凉，但是又不能出兵：一是西凉路途遥远，攻击困难，李轨不是无能之辈，他手下十万之众，如果派兵前去，很容易变成旷日持久的消耗战；二是现在长安四周强敌环伺，危机重重。不出兵，自己后方一直有这个威胁存在，实在是难以安心。

此时一封奏疏引起了李渊的兴趣，一个名叫安兴贵的朝臣上疏请求独自前往西凉游说李轨归降唐朝。

李轨割据西北，西凉南连吐谷浑，北接东突厥，山河坚固，据守险要，发大兵前往征讨都很困难，凭一己之力，三寸之舌，就想说动李轨归降，这怎么可能？

李渊大概觉得这个叫安兴贵的大臣十分天真可爱，但是此人愿意只身深入西北，有拳拳报国之心，还是应该见一下，鼓励一番。结果被鼓励的是李渊。

安兴贵见到李渊后说："臣的家族世代居于凉州，在当地很有声望，汉人夷人都很敬畏。臣弟安修仁深受李轨信任，安氏子弟在李轨手下身居要职的不下十人。臣前去游说，如果成功当然最好，如果不成，臣再找机会从凉州内部下手，此举易如反掌，定能成功。"

李渊被他的诚恳和自信打动，觉得似乎可以一试，于是派安兴贵前去西凉。

安兴贵确实有些本事，他以个人名义回到家乡后，很快被李轨拜为左右卫大将军。安兴贵先是不动声色，暗中联络自己族中子弟和对李轨不满之人。

一次李轨向左右询问安境之计，安兴贵借机进言："我们国土面积不过千里，土地贫瘠，百姓穷困，既无险可以固守，又接蕃戎而有外忧。而唐朝起兵于太原，夺取函秦，遏制中原，攻必取，战必胜，乃是天命，陛下如果以河西之地归唐，东汉窦融之功也不能和陛下相比。"

李轨马上警觉地询问："昔日吴王刘濞以江左之兵，犹能自称'东帝'；我现在坐有河右之众，难道不能做'西帝'吗？李唐虽然强大，又能拿我怎么样？你之前是唐朝的官员，难道是为了报答李唐的知遇之恩，来做说客的吗？"

安兴贵马上请罪："臣听说'富贵不还乡，犹如锦衣夜行'，臣合家子弟蒙陛下信任，满门荣庆，怎敢怀有异心？"这次试探后安兴贵知道李轨不可能接受唐朝的招降，毕竟皇位的吸引力是巨大的。

谶言《桃李章》说将有一个姓李的人成为天子。隋炀帝掌控天下时，人人都怕和谶言扯上关系；隋朝动乱，天下分崩离析，有点能力的李姓造反者都希望自己"名应图谶"。李轨想，既然李密已死，那天下不是他李渊的，就是自己的。

安兴贵劝降失败，出宫后他立即带着弟弟安修仁溜出武威城。几天之后，安兴贵拉起一支胡汉混杂、人数可观的队伍。安兴贵果然没有吹牛，安家在西凉确实很有声望。

安兴贵带着刚刚组建的军队攻打武威，李轨率军出战。在此之前，薛举的柱国奚道宜率羌兵三百人投奔李轨，李轨答应给他刺史之职，却没有履行承诺，又薄待于他，导致奚道宜深怀愤怨。安氏兄弟攻打武威，奚道宜率部下和他们共同作战，李轨大败，退回城中，希望能有援兵来救。

安兴贵引兵围困武威，派人绕城大喊："大唐使我来杀李轨，不从者诛及三族！"城中军民争相出逃，投奔安兴贵。李轨见大势已去，带着妻儿登上玉女台，对饮诀别。安兴贵攻入武威，生擒李轨，河西平定。

李渊任命安兴贵为右武候大将军、上柱国，封凉国公，食实封六百户，赐帛万段；安修仁为左武候大将军，封申国公，赐田宅，食实封六百户。中唐名将李抱玉是安兴贵的曾孙。

原来安兴贵是粟特族，父亲安罗在北周开府仪同三司，在隋朝任石周刺史。安家是西域安息王子安难陀的后代，北魏时期安难陀来到凉州定居，成为武威豪族。天下安氏出武威。

天上掉馅饼的事，毕竟是少数，建国战争还是要靠一刀一枪打出来。

二、势如破竹

薛举，陇西土豪，魁梧雄壮，骁勇善射。做过隋的金城府校尉，金城令郝瑗征兵剿匪，薛举趁机扣押郝瑗起兵谋反，自称西秦霸王。大业十三年（617年）七月，薛举在兰州称帝，立长子薛仁杲①为太子，后将都城迁至秦州。同年末，吞并李弘之、唐弼部众，号称有三十万部众，陇西之地尽在其掌握之中。

李渊入据长安之时，薛举也筹划攻取长安。他命长子薛仁杲率军进逼渭水，兵围扶风（今陕西省宝鸡市凤翔区）意指关中。

李渊命李世民率军在扶风反击薛仁杲，李世民率军斩首数千人，大破薛仁杲，一路追击至陇山。

薛举大为惊恐，问他的臣属："自古以来有天子投降的事情吗？"

黄门侍郎褚亮回答："赵佗归附汉室，刘禅入仕晋朝。近有萧琮，至今子孙仍安享富贵。转祸为福，自古有之。"

卫尉卿郝瑗快步上前说："陛下不应有此一问。褚亮之言是何等悖逆！汉高祖经历过多少次逃亡和失败，刘备连妻子都不能保全，他们最终都成

---

① 薛仁杲，两唐书称之为薛仁杲，《资治通鉴》中则记作薛仁果。

就帝业。陛下怎可因一次战斗的失利而做亡国的打算？"

薛举顿觉失言，尴尬地说："我不过是在试探你们。"随后重赏郝瑗，倚为心腹。

这次胜利使李渊在关中地区站稳了脚跟，平凉留守张隆、河池（今陕西省凤县）太守萧瑀及扶风汉阳郡相继归附李渊。

武德元年（618年）六月，不甘心失败的薛举入侵泾州，"谋取京师"。李渊封李世民为西讨元帅，和刘文静、殷开山率八道总兵御敌。

七月，双方于高墌（今甘肃省泾川县东）对垒。李世民命将士深挖壕沟、高筑壁垒，准备等薛举粮草耗尽再战。关键时刻李世民身染疟疾，无法指挥作战，只得将指挥权交给刘文静和殷开山，并且告诫二人："薛举孤军深入，粮食短缺，士兵疲惫。如若薛举来挑战，切记不要应战。等我痊愈后再和诸位一同破敌。"

殷开山对刘文静说："大王是因为担心您不能退敌，才有此言。薛举听闻大王患病，必然掉以轻心。我们应该趁机展示威力。"

于是刘文静率军在高墌西南列阵。薛举大喜，命令士兵在正面列阵，又派一支精锐轻骑从背后包抄掩杀。薛举在浅水原大败唐军，八总管全部溃败，士兵死者十之五六，大将军慕容罗睺、李安远、刘弘基被俘。李世民只好率部退回长安，高墌陷落。刘文静、殷开山因此被革职。

这是李渊起兵以来的第一次惨败，京师骚动，众人惶然不安。卧榻之侧，有人死死盯着你。

郝瑗建议薛举乘胜直取长安，薛举恰在此时生病，一个月后薛举病逝，太子薛仁杲继位。这个儿子比起老子差得太多了，刻薄寡恩，贪婪残忍，嗜杀成性，以至于"众心猜惧"，上下离心。

武德元年（618年）九月，李渊任命李世民为元帅，攻打高墌。

李世民兵临高墌，薛仁杲却营门紧闭，"坚壁不动"。将士们纷纷请战，李世民说："我军新败，士气沮丧，对方恃胜而骄，轻敌好斗。我们坚守营垒，折其锐气，等到他们军心焦躁，而我们再奋勇出战，一战必克。"他传令全军："敢言战者斩！"

唐秦双方僵持了六十余日，高墌城内粮草消耗殆尽，薛仁杲内史令翟长孙率众归降，将领梁胡郎等也率部众向唐军投降。李世民知道秦军内部将士离心，时机已到。

令行军总管梁实进驻浅水原安营扎寨，诱敌出战。薛仁杲部将宗罗睺果然中计，出动全部精锐攻打梁实。梁实固守不出，安营之处没有水源，梁实的人马几天不曾饮水，仍顽强地击退秦军多次猛烈的攻击。

经过数日激战，秦军已是强弩之末。李世民派右武候大将军庞玉在浅水原列阵，宗君睺攻击庞玉，庞玉快坚持不住时，李世民率大军从浅水原北突然杀出。李世民率十几名骁勇骑兵冲入敌阵，唐军呼声震天动地，斩杀秦军数千，宗罗睺大败溃退，李世民引两千轻骑兵追击。

李世民的舅父窦轨扣住马的缰绳，苦苦相劝："薛仁杲仍占据坚固城池，我军虽破宗罗睺，但是万万不可冒进哪！请按兵不动，静观其变。"

李世民说："此战我思虑良久，现在我军势如破竹，机不可失，舅父请不要再说了。"说完，催动战马白蹄乌向高墌城飞奔而去。

薛仁杲在城下列阵，李世民在泾河边安营扎寨。薛仁杲手下骁将浑干等突然率部出阵，居然是到唐军阵前投降来了。接下来的一幕更是让薛仁杲又惊又气又惧，只见他手下秦军居然纷纷扔下武器投降了唐军。薛仁杲只得带着剩下的士兵回城据守。

太阳西沉，李唐大军赶到高墌城下，将其团团围住。

夜半时分，守城的秦军趁着夜色，争相出城投降。

薛仁杲无计可施，第二天（十一月初八）率文武百官出城投降。唐军得薛仁杲精兵一万多，百姓五万多。

战后，诸将向李世民道贺，其中一人问道："大王虽然野战取胜，然后骤然舍弃步兵，不带攻城器械亲率轻骑兵直逼城下，我们都觉得不可能攻克，为什么却能这么快取胜呢？"

李世民笑答："宗罗睺部都是陇西人，将士骁勇，士兵彪悍，我们出其不意将其击败，杀伤不多。如果让他们撤回城中，薛仁杲稍加抚慰，重新组织起来，就不容易战胜了。如果我军迅速追击，他们仓皇逃回陇西，高墌城防备虚弱，薛仁杲惊疑不定，没有时间谋划应对，军心涣散，只能归降。"

李世民说完"众皆悦服"（《资治通鉴》卷一八六）。

李世民听说薛仁杲帐下的黄门侍郎褚亮素有才名，主动求访。褚亮后来成为"秦王府十八学士"之一。

十一月二十二日，李世民班师凯旋，回到长安，薛仁杲被斩首于市之中，余人尽皆赦免。李世民因功被擢升为太尉兼陕东道行台尚书令。蒲州和黄河以北各府兵马都受其指挥。

讨伐薛仁杲的战争解除了唐王朝西北方面的威胁。李世民卓越的军事才华在战争中充分展现，《旧唐书·太宗本纪》中称李密见李世民"天姿神武，军威严肃，惊悚叹服"。这位唐王朝的二皇子秦王殿下，已经成长为一位杰出的军事统帅。

平定薛仁杲后，之前因兵败被革职的刘文静被封为民部尚书，领陕东道行台左仆射，殷开山也恢复原职。

刘文静和裴寂都是太原起兵的功臣。刘文静前期参与谋划，起兵前出使突厥成功与之联盟，帮李渊解除了后患，起兵之后一直在李渊身边辅佐，击败虎牙郎将桑显和、河东留守屈突通，军功实际在裴寂之上。

裴寂和刘文静是李渊麾下除李建成、李世民之外数一数二的人物。但是永远都是裴寂数第一，刘文静数第二。

李渊开设大将军府时，裴寂是长史，刘文静是司马；李渊任大丞相时，裴寂任大丞相府长史，刘文静任大丞相府司马；李渊称帝后，裴寂官拜尚书右仆射，刘文静官拜纳言。刘文静总是被裴寂压着一头，仿佛是个千年老二。

刘文静自认为才干胆略都不比裴寂差且军功累累,对裴寂很不服气。

浅水原兵败后,刘文静被革职,这次跟着李世民平定薛仁杲,因功被任命为民部尚书。但民部尚书和刘文静之前担任的官职相差太远了。纳言,那可是宰相,现在呢?裴寂还照常是第一号,自己仿佛成了一个笑话。

刘文静因此心怀怨怒,经常和弟弟刘文起一起借酒浇愁。一次醉酒,气闷太久的刘文静拔刀猛砍柱子,大喊:"总有一天我要砍掉裴寂的脑袋。"

李渊太原起兵前,裴寂任晋阳令,刘文静任晋阳宫监,二人因职务交往颇多,成为挚友。如今二人情谊不在,公然决裂,反目成仇。

可能是喝酒太多,产生了幻觉,也可能只是赶巧发生了一些奇怪的难以解释的事情,刘文静怀疑家里有妖魅作祟,他让刘文起请巫师到家中作法驱邪。

夜半之时,巫师披头散发,拔刀作法,装神弄鬼,甚是妖异。除妖的人比妖更像妖。

刘文静的一个小妾争宠不成,怀恨在心,一心想整死刘文静。除妖之事给了她一个灵感,她把这个事情添油加醋绘声绘色地加工一番,诬告刘文静谋反。

李渊命人将刘文静逮捕,交给裴寂、萧瑀审理。小妾想整死刘文静,裴寂也想整死刘文静,那把刘文静交给裴寂审理的李渊呢,又是何种想法?

刘文静在供词中诉说自己的功劳和辛苦,陈述自己的真心和付出,还有和裴寂相比时的委屈,他说:"臣确实心存不满,加上醉酒才会发出怨言。"李渊以此供词,断定刘文静谋反。

武德二年(619年)九月初六,刘文静、刘文起被斩首。临刑前,刘文静拊膺长叹:"高鸟逝,良弓藏,果不妄。"

开国功臣,陡然殒命。真的是飞鸟尽,良弓藏吗?不论是李渊还是李世民,从后来的历史来看,都不是屠杀功臣的君主。那刘文静又怎么会因一个小妾的诬告就丢掉性命？其实是因为刘文静和李世民的关系。

刘文静不仅是唐高祖朝堂之上的官员，更是秦王府的头号辅政之人。从私人关系来看，裴寂和李渊关系更近，刘文静和李世民关系更好。

李密起兵的时候，刘文静因为和李密有姻亲关系获罪入狱，李世民去狱中探望。

刘文静感叹："天下大乱，如果没有像汉高祖、光武帝那样的人出现，四海难以平定。"

李世民笑答："先生怎知没有这样的人，我来探望你，就是想和先生共谋大业。"

刘文静闻言大喜："如今天下盗贼多如牛毛，若众望所归之人振臂一呼，那天下英豪将尽皆我所用。太原城中有百姓十万，您的父亲手下也有数万士兵，唐国公一声令下，谁敢不从？我们凭借这些趁虚入关，号令天下，不出半年，帝业可成。"

李渊下令处斩刘文静时，李世民一再出言辩护："刘文静首提义举之策，事成才告诉裴寂，攻克京师之后，二人的待遇却相差太多，刘文静只是有不满的情绪，断无谋反之心。"萧瑀和李纲也坚定地认为刘文静没有谋反之意，替刘文静说公道话求情。

虽然没有谋反之心，但是李世民的势力如果过大，压过太子李建成，必将酿出祸事。当时天下未定，口出悖逆之言的刘文静如果另有所图，确实很危险。刘文静若是个庸人也就罢了，偏偏他又确实有才干。李渊对他"素疏忌之"，刘文静必须死。

贞观三年（629 年），刘文静被恢复官爵，配飨高祖太庙。同样是贞观三年，裴寂被流放静州。

三、光芒万丈

有人无辜被杀，也有人大败亏输，仍能深受宠信。人心都是偏的。

武德二年（619年），裴寂驰援河东，征讨宋金刚，却无力抵抗，一味退缩，屡战屡败，搞得民心丧失，酿出民变。李渊把裴寂召回朝中后，只是做做样子假装审理了一番，官职从右仆射降为左仆射，然后富贵依旧，荣宠不改。

刘文静的不满和怨怒实在是有些道理，他想做一个能臣，但是能臣在皇帝心中的地位总是抵不过宠臣的。

刘文静这时已经被杀，如果没有冤死，此时大概也被气死了。

武德二年（619年）三月，"定杨可汗"刘武周，接受大将宋金刚建议"入图晋阳，南向以争天下"。授予宋金刚西南道大行台，令他率兵三万入侵并州。

宋金刚，上谷郡（今河北省张家口市）人，原在易州起义，手中有一万多人马。他与魏刀儿的起义军联盟，窦建德进攻魏刀儿时，宋金刚救援不成，兵败后带四千人马投奔刘武周。刘武周封他为宋王，宋金刚为表忠心，休了原来的妻子，娶刘武周妹妹为妻子。刘武周对他深为倚重。

四月，刘武周亲率五千突厥骑兵屯兵于黄蛇岭（今山西省晋中市榆次区北），兵指榆次，李元吉命车骑将军张达率部攻击，张达手下只有"步卒百人"，根本无力抵抗，李元吉仍强令张达出战。

以一百步兵对战五千骑兵，结果可想而知，张达全军覆没，怒而投降。投降后张达引刘武周攻打榆次，榆次陷落。

随后，刘武周率部围困并州，因李渊所派援军抵达并州，刘武周转而攻击并州南面的平遥，平遥陷落。

六月，刘武周进逼介州，介州城内沙门（出家人）道澄用佛幡助刘武周士兵入城，介州陷落。

同月，唐援军太常少卿李仲文率部与刘武周部将黄子英在雀鼠谷（今山西省灵石县东）会战。唐军全军覆没，左武卫大将军姜宝谊、行军总管李仲文被俘，后逃回唐。

连丢榆次、平遥、介州三城，雀鼠谷兵败，太原处在危急之中。右仆射裴寂自告奋勇，李渊任命他为晋州道行军总管出兵讨伐刘武周。李渊给裴寂"便宜行事"之权，可以全权指挥战事。

九月，裴寂抵达介休，宋金刚凭借城池抵抗。裴寂大军驻扎在度索原上，营中缺水，又被宋金刚切断水源，唐军因干渴失去战斗能力，裴寂只得转移阵地，另寻有水源的地方扎营。宋金刚借机击溃唐军，唐军几乎全军覆没，裴寂狂奔一日一夜逃回晋州（今山西省临汾市）。

裴寂战败，晋州以北城镇除西河（今山西省汾阳市）外全部陷落。

九月中旬，刘武周第二次兵围并州。

齐王李元吉对司马刘德威说："卿以老弱守城，吾以强兵出战。"（《资治通鉴》卷一八七）

李元吉半夜率精锐出城，不是去打刘武周，而是带着妻妾仓皇逃回长安。刘德威傻眼了，他手下只有一点老弱残兵。

带着妻妾逃跑，还把精锐带走了，这就是齐王李元吉做的事。史书中记载当时满朝文武大为震惊，就是一千多年后的今天，我们看到这样的操作也是"大为震惊"。

李元吉逃走，被遗弃的百姓——城中土豪薛深打开城门迎刘武周进城，被欺骗的臣子——司马刘德威带着老弱残兵投降刘武周，并州陷落，大唐的龙兴之地就这么丢了。

李元吉如果生在普通人家一定会被骂一句"败家子"。生在帝王家，他的家业乃是一个国、一个王朝，是天下万民，是黎庶安危。他所安的应是一地百姓，他所镇守的乃国之边疆。这不是败家，这是败国。

他在李渊的嫡出子女中是一个格格不入的存在。李建成、李世民骁勇善战，平阳公主谋略过人，兄妹跟着父亲开疆拓土，浴血奋战。李元吉就知吃喝玩乐，毫无建树。他酷爱打猎，曾说"宁可三日不食，不可一日无猎"。他视人命如草芥，在闹市之中射杀普通百姓，继而开怀大笑。夜半兴起，就带人出去强奸民女。治下生民，对他深怀怨愤，这导致不管是土豪还是沙门都反唐归附刘武周。

右卫将军宇文歆曾上疏李渊，说李元吉"百姓怨毒，各怀愤叹，以此守城，安能自保"？

据说李元吉出生时，因为相貌极丑，窦氏不想养他，所以李元吉是由奶娘陈善意养大的，估计在成长过程中，备受母亲冷落，没有得到窦氏的教育和辅导。李渊对这个小儿子，又过于娇纵。李元吉丢了太原，李渊居然说"元吉幼弱"，缺乏经验。缺少母亲的关爱，又被父亲骄纵，生长在哥哥姐姐的光环之下，这大概是李元吉暴虐残忍性格的成因。李元吉甚至在一次酒醉后，杀死了把自己养大的奶娘陈善意。

太原丢了。晋州、龙门（今山西省河津市）又接连被宋金刚攻克，镇守晋州的右骁卫大将军刘弘基被俘。长安危矣。

裴寂战败后，上表谢罪，李渊对他"慰谕之"，又令他镇抚河东之地。

裴寂命人烧毁虞州（今山西省运城市东北）、秦州（今山西省万荣县西南）仅存的几座城池外的所有村落，驱赶百姓入城。这导致"百姓惶骇，复思为乱"（《旧唐书·裴寂传》）。

百姓乱世为人，烽火狼烟之中不过求一个活命，你不给我活路，那我只好和你拼命。

李元吉所留之积怨，裴寂所造之忧惧，终于酿成民变，夏县（今山西省夏县）人吕崇茂聚众起兵，杀死县令，自称魏王，同时宣布响应刘武周。裴寂出兵攻击，竟然反被吕崇茂打败。

大唐王朝，在自己的龙兴之地一再失地失人又丢脸。

裴寂兵败后，李渊又命永安王李孝基、工部尚书独孤怀恩、陕州总管于筠、内史侍郎唐俭救援河东。

当时"关中震骇"，李渊甚至想放弃河东，坚守关中。

关键时刻，李世民上疏请战："太原是大唐王业之根基，李唐立国之根本，河东地区物阜民丰，京师之地靠它供给。一旦抛弃，臣深感愤恨，请给臣精兵三万，臣定能平定刘武周，克复汾、晋。"

李渊征发关中所有兵力，全部交给李世民，让他挂帅讨伐刘武周，并亲自在长春宫为李世民饯行。

李世民极富担当精神，打仗时一马当先，不顾生死，国家遇到危难时挺身而出，决不退缩。他的字典里，只有"向前"二字，绝没有韬光养晦，隐忍退缩。这样的性格，加上自身过硬的素质和卓绝的军事才华，让他在大唐开疆拓土、统一天下的过程中成长为唐王朝的中流砥柱。

武德二年（619年）十一月，黄河结冰，李世民带兵从龙门踏冰渡过黄河，进驻柏壁（今山西省新绛县南），与宋金刚对峙。

这时河东的形势对唐朝极其不利。刘武周、宋金刚攻无不克，所向披靡；唐朝接连战败，民心尽失。

李世民进驻柏壁不久，前去围剿吕崇茂的唐军被宋金刚手下骁将尉迟敬德和寻相打得大败。李孝基、独孤怀恩、于筠、唐俭和行军总管刘世让全部被俘。

全是坏消息！

李渊召回裴寂，河东战场只剩下李世民了！

李世民得知唐军在夏县战败的消息，马上派兵部尚书殷开山、总管秦叔宝带一支唐军潜伏在美良川（今山西省夏县北），等待伏击回师浍州的尉迟敬德和寻相。

唐军伏击成功，斩敌两千余人，尉迟敬德、寻相逃走，唐将独孤怀恩在混战中逃脱，跑回了长安。

李世民用兵很重视情报工作,他探知尉迟敬德和寻相奉命驰援蒲坂王行本,于是亲率三千人马连夜从小路直插安邑(今山西省运城市东北),截击尉迟敬德。李世民大破尉迟敬德所部,尉迟敬德和寻相只身逃脱。部众全部被俘,李世民返回柏壁。

两战两胜,李世民没有乘胜追击,而是坚守营垒,不再出战。

麾下诸将都请求出战,李世民说:"刘武周能占据太原,是因为依靠宋金刚。宋金刚孤军深入,兵精将猛,但是他的供应全靠劫掠,没有蓄积,速战对他们有利。我军坚守不出,养精蓄锐以挫其锋,等到他粮尽计穷,自会撤军。我军应等待此机,不宜速战。"

李世民与宋金刚对峙了将近半年。其间,刘武周数次攻打浩州(州府西河郡,现山西省汾阳市区),都被李仲文打败。

武德三年(620年)四月,宋金刚大军粮草告罄,只好撤军。

李世民当即率部紧紧咬住定杨军,一昼夜追出二百多里,大小数十战连战连捷,追到高壁岭时唐军已是孤军深入。

刘弘基抓住李世民的缰绳说:"大王打败贼军,追到这里,功劳已经足够了,如此一再深入,难道就不爱惜自己的生命吗?而且士卒饥疲,等兵粮送到,再追击,也不晚。"

李世民答道:"宋金刚计穷而走,军心崩离,功难成而易败,机难得而易失,我军一定要趁势取之。如若停滞不前,让他们有时间思考应对、休整战备,就不能再攻打了。我竭忠殉国,怎会顾惜自己的性命!"

说完,李世民催动特勒骠,绝尘而去,众人只得跟上,都不敢再提饥饿的事。唐军一路追到雀鼠谷,再次追上宋金刚,于一天之内,连续八次击败宋金刚,斩杀和俘虏部众共计数万人。

宋金刚是员骁将,但是李世民更强。此时双方都陷入了断粮的绝境。谁能撑到最后,谁就能夺取胜利。

宋金刚带着两万残兵逃进介休城(今山西省介休市)。他刚一进城,紧紧咬着他的李世民已经兵临城下，李世民绝不会给他喘息的机会。

宋金刚命尉迟敬德和寻相守城，自己率军在西门外列阵迎敌，李世民的大将李世勣佯装失败，诱宋金刚追击，李世民率精锐骑兵绕到宋金刚阵地之后，两相夹击，斩杀定杨军三千余人。定杨军溃逃，李世民带兵一路追着宋金刚来到数十里外的张难堡（今山西省平遥县西）。

张难堡和西河（今山西省汾阳市）是此时唐在并州以南、晋州以北仅有的两个没有陷落的城市。将士们苦苦坚守孤城，无枝可依。这天突然见城下尘土飞扬，一匹壮硕的战马绝尘而来，马上一人摘下头盔，向城头张望。

"是秦王！"城头传出惊喜交加的呼喊。

守城将士认出了城下之人正是唐朝的二皇子秦王李世民。他如同黑暗中突然到来的天光，给了这些在绝境中苦苦坚守的士兵以希望。

浩州总管樊伯通把秦王迎入城中，城中此起彼伏的都是欢呼之声。直到李世民身边的人悄悄去提醒樊伯通，大家才意识到秦王和他的部众们还饿着肚子，忙吩咐左右备饭。虽然只是极其简单的饭菜，但将士们吃得很香。

李世民派宇文士及前往介休劝降尉迟敬德和寻相。数十场败仗下来，军心崩散，尉迟敬德于是接受劝降，投到李世民帐下。

尉迟敬德素以勇武著称，李世民得此良将大喜过望，任命尉迟敬德为右一府统军，让他和寻相仍然率领自己的八千旧部。唐军将领担心尉迟敬德会叛变，屈突通和殷开山都劝李世民要加以提防，李世民说："昔日萧王（汉光武帝刘秀）推心置腹而能够完成使命，我今日信任敬德又有什么不可？"

尉迟敬德得到李世民充分的信任，在之后大唐统一中原的战争中屡立战功，数次于生死攸关之际营救李世民。

宋金刚大败，刘武周主力尽失，逃亡漠北。后来刘武周策划逃回马邑，因事情泄露被突厥人杀死。

宋金刚本想收拾残部再战，但是部下都不想再和唐军开战。又听闻刘武周逃亡，宋金刚只好带一百多骑兵逃往东突厥，不久他想返回自己初次起兵的上谷，却被突厥追上捉回腰斩。

刘武周、宋金刚出走突厥后，定杨军原所属各州县纷纷归降唐朝。李世民留真乡公李仲文镇守并州后班师凯旋。

长安以北，再无劲敌。

四、王"开明"的政治秀

武德二年（619年），洛阳赤地千里，哀鸿遍野。

洛阳皇宫内的小皇帝，带着惶惑不安的心情命人取了宫中的财物交给寺庙中的和尚布施穷人、赈济灾民。

没有兵权、朝不保夕的傀儡皇帝，能做的也只有拿着财物来给自己消灾祈福了，但是连这样一个寻求心理安慰的权利都要被剥夺。

一日，王世充在宫内用餐返回家中后呕吐不止，他怀疑是皇泰主给他下毒，之后再不敢去宫内了。一个心死，一个怕死。

王世充命人把守各个宫门，严格审查，"宫内杂物，毫厘不得出"（《资治通鉴》卷一八七）。

毕竟这洛阳宫中的财物，以后都是他王世充的！

王世充把支持他的人带出洛阳城，到城外军营之中商讨如何逼皇泰主禅位。

幕僚李世英规劝王世充说："四方之人之所以来投奔我们，是因为我们还打着隋朝的旗号，以为我们可以中兴隋室。现在九州之地，皆是叛军，如果骤然称帝，恐怕大家都会离叛而去。"

王世充表面上说："公言是也！"其实根本没想采纳李世英的建议。

王世充一直都在表演"平易近人"，表面上对皇泰主很恭敬，对下属说话也很和颜悦色，其实真正的问题一个也不去解决。"人人自喜，以为

言听计从，然终无所施行。"（《资治通鉴》卷一八七）

长史韦节、杨续等人对王世充称帝极为赞成，他们说："隋朝气数已尽，新王朝必将诞生，禅位这样的大事不应该拿出来和平常人讨论。"

这是劝王世充乾纲独断，王世充听后暗暗高兴。

太史令乐德融见时机已到，马上说："岁星在郑国之分野，要顺应天意，不要错过时机，否则，王运必衰。"太史令是主管天象的官员，皇泰主给王世充的封号就是郑国公，岁星在郑的分野，就是说星象对应着王世充的封地。

有的人思考的是如何把事做好，有的人想的是怎么把人哄好。这天象出现的正是时候，乐德融观测得也恰到好处。

总是有不识时务的人，说不合时宜的话。本来气氛已经烘托得挺好了，部将戴胄出言警告王世充说："你最好忠心报效朝廷，否则后果自负。"

部众的观点不统一，直接称帝不好实行，王世充于是退而求其次，派段达去和皇泰主谈加九锡的事情。

九锡，是皇帝赏赐给厥功至伟的大臣的九种礼器，于社稷有大功才能加九锡。九锡包括车马、衣服、乐器、朱户、纳陛、虎贲、斧钺、弓矢、秬鬯，它是一种象征。

王莽、曹操、司马昭加过九锡，杨坚也加过九锡。

皇泰主说："郑国公确实立了很大的功劳，但是打败瓦岗军之后没有大的战斗，那次已经给太尉封了郑国公，近日并无特殊功勋，能不能等天下太平些，再加九锡？"

段达冷冷道："太尉欲之。"（《资治通鉴》卷一八七）

太尉想要，理由不过是太尉想要加九锡，和有没有功勋又有什么关系？

皇泰主盯着段达看了很久，才缓缓说："任公。"

听你们的吧！一个傀儡皇帝是多么无奈。

诏命很快颁布：拜王世充为相国，加九锡，假黄钺，总百揆，封郑王。王世充的权势无以复加。

皇泰主知道自己被赶下皇位，甚至被杀掉的日子不远了。

但是王世充要把小皇帝杨侗从皇位上扯下来，还需要一些理由，比如天意。

自己姓王，应不了《桃李章》。巧了，有一个叫恒法嗣的人献了本《孔子闭房记》。这本书和《乾坤万年歌》《推背图》一样，都是介绍谶言的书。书中有一幅图，画着一人手持竹竿赶着羊，羊就是指"杨"，一人执干，是个"王"字，这是说王在羊后，相国将取代隋朝。献书的恒法嗣很快被拜为谏议大夫。

据说还有人汇报黄河水清了，乃祥瑞之兆。

王世充又抓了一批鸟，写了王世充当为天子的小纸卷或者帛书，系在鸟脖子上，再将这些鸟放飞。鸟被百姓抓到，百姓一看，哎呀！这是天降神鸟哇！马上拿去献给王世充。凡是来献鸟的，王世充都厚厚赏赐。

这一波舆论造势之后，王世充派遣太常博士孔颖达等人为禅让典礼做准备。孔颖达是经学、官方儒学代表人物，后来是唐朝官方经学家，著有《五经正义》，这个时候他在隋洛阳城中任职。

一切准备就绪，王世充派段达、云定兴进宫去找皇泰主，说了一堆隋天命已衰，希望您学唐尧虞舜，顺应天下人心的话。

平日里总是不怎么说话的小皇帝勃然大怒。

皇泰主厉声质问："天下，是高祖（隋文帝）之天下。如果隋朝天命尚未衰竭，你们说这些话是大逆不道；如果说隋朝气运已尽，还需要搞什么禅让吗？你们都是先朝旧臣，世受皇恩，现在居然和我说这种话！"

段达等人从来没见过这样的杨侗，都被吓出一身冷汗，一时之间不知道该如何应对。谁也没想到这个毫无实权的傀儡小皇帝会有此一问。

皇泰主是大隋王朝最后的象征，在最后的日子里他想给隋朝、给杨氏皇族争到一点尊严。既然复国无望，那就不再委曲求全，即使失去性命也在所不惜。

王世充派人将十六岁的皇泰主囚禁在含凉殿，自导自演了一场三推三让的独角戏。

武德二年（619年）四月，大隋的洛阳宫殿中举办了一场很不像样的禅让仪式，一场没有前任皇帝出席的禅让仪式。

王世充正式称帝，定国号为郑，改元开明。立儿子王玄应为太子、王玄恕为汉王，封皇泰主为潞国公。隋朝最后一个影子朝廷覆灭，世间再无大隋，连影子都失去了踪迹。

定年号为"开明"的王世充想扮演开明君主，当一个不同以往的皇帝。他说以往的皇帝身处深宫之中，不了解人民的疾苦，所以他要像一州刺史那样努力工作做一个接地气的好皇帝。

王世充在皇宫门阙之下设了坐榻，接见大臣和普通百姓。百姓听说可以去见皇帝，争相前往，"献书上事，日有数百，条疏既烦，省览难遍"，王世充疲于应对，又下了一道新的诏令，谁也不见。发布命令之前也没考虑过政令的可行性，热血只有三分钟。

《旧唐书·王世充传》中记载：世充每听朝，必殷勤诲谕，言辞重复，千端万绪，百司奉事，疲于听受。

朝会上就听着皇帝絮絮叨叨、没完没了，完全不知道皇帝要表达什么。大臣连发言的机会都没有。这样的朝会，什么问题也解决不了，国家机器该如何运转？

王世充的儿子汉王王玄恕、侄子越王王君度和大将郭士横、丘怀义一起饮酒，玩六博，据说其间有妓女陪同，因此遭到御史弹劾。

王世充把王君度、王玄恕召进宫，亲手打了他们每人几十个耳光，然后释放了一起饮酒的两位大将，以示自己约束子弟，宽容待下。

他表演得再好，也骗不过自己的老师徐文远。

徐文远，隋朝国子祭酒，精通经学，尤其擅长研究《左传》，窦威、杨玄感、李密、王世充都曾是他的学生。

徐文远之前被李密属下抓到，李密执弟子礼厚待徐文远，希望得到他的辅佐。徐文远对李密说："当年我做过你的老师，以先王之道教授将军。现在将军权镇万物，威加四海，还能屈体弘扬尊师之义，这是将军的德行，也是老夫的荣幸。既然得到将军的信任，我就应该知无不言、言无不尽。老夫不知道将军最终的目的是什么，你想学伊尹、霍光，还是想学王莽、董卓？你要是想学伊尹、霍光，扶大厦之将倾，虽然我已是迟暮之年，也必全力辅佐于你；要是想学王莽、董卓，那对不起，我年龄大了，概不奉陪。"说得极不客气。

李密兵败后，徐文远回到洛阳，王世充拜他为国子博士，在李密军中慷慨陈词的徐文远每次见到王世充远远地就开始行大礼。有人问徐文远为什么对李密和王世充差别如此之大。

徐文远说："李密君子，能受郦生之揖。王公小人，有杀故人之义。相时而动，岂不然欤？"（《大唐新语》）

此前在李密军中时，徐文远就曾经说王世充"是人残忍，意又褊促"。还是老师了解学生。

看穿王世充的不仅徐文远一人。司隶大夫独孤机看出王世充不是明主，独孤机和杨恭慎、刘孝元等人计划投奔驻守新安的唐军，他派人劝说自己的哥哥马军总管独孤武都："王世充装得一副平易近人的样子，实际心胸狭隘，翻脸无情，我们在他手下不是长久之计，不如去投奔唐军。"独孤武都策划回洛阳铲除王世充，事情泄露，独孤机、独孤武都被王世充所杀。独孤武都是北周独孤信的孙子，唐朝建立后追认独孤武都为上柱国、蜀国公。

大搞政治秀的王世充在对待人才方面，表面着意笼络，内里轻忽怠慢。

罗士信原是隋将张须陀部下，张须陀战死后改投裴仁基，又随裴仁基归降瓦岗军，在和王世充的战斗中身中数箭被俘。

罗士信是一员难得的猛将，王世充给了他很高的待遇，同吃同住以示重视。后来邴元真归降，王世充又和邴元真同吃同住。邴元真和罗士信同为瓦岗旧将，武德元年（618年），李密和王世充在邙山交战之时，邴元真主动献出洛口仓，投降王世充，导致李密失去重要军事据点和粮仓，兵败后走投唐朝。所以罗士信等瓦岗旧将都很看不起邴元真。

罗士信原以为王世充是看中自己的才能所以才给了自己很高的待遇，现在看到邴元真这种人也能获得同样的待遇，罗士信内心很受伤害。

王世充伤人才之心而不自知，还以为靠着自己的"同吃同住"网罗了很多人心。他根本不知道什么样的人是人才，更不懂人才需要的是什么，广撒网，乱捕鱼，可蛟龙怎么会愿意和泥鳅混在一处？

罗士信有一匹高大威猛的战马，被王世充的侄子赵王王道询看中，王道询向罗士信索要遭到拒绝。人才都是有傲骨的，尤其是领兵打仗的人，对战马都极其珍视，当年李渊得到几匹好马，也不舍得进献给隋炀帝，还因此遭到了隋炀帝的猜忌。

王道询索要不成，就去找王世充。王世充竟然强行命令罗士信把马给了王道询。这促使罗士信下定决心，脱离王世充。

不久后，王世充派罗士信攻打谷州的唐军，罗士信率军来到前线驻扎，从军中挑选一千多位信得过的将士，一起投奔了唐朝。

同样看不上王世充为人的瓦岗旧将还有秦琼、程咬金。

程咬金曾说："王公器度浅狭而多妄语，好为咒誓，此乃老巫妪耳，岂拨乱之主乎！"（《资治通鉴》卷一八七）

一次王世充和唐军在九曲对峙，双方刚排定阵势，秦琼和程咬金突然率几十人跃马扬鞭从阵营中冲出，走了几百步二人回头给王世充作揖说："我们受你的厚待，很想报效；但是您爱猜忌，又喜信谗言，我们只好就此别过了。"

说完秦、程二将策马投奔唐军而去。李世民拜秦琼和程咬金为马军总管，让他们负责管理骑兵。程咬金投唐后改名为程知节。王世充只气得咬牙切齿，却无能为力。

就这样，王世充"将帅、州县来降者，时月相继"，唐朝阵营不断扩大。

什么是天命所归？天命不是捉几只鸟造出来的，天命乃人心，人心在哪儿，天命就在哪儿。

人民，才是决定历史最终走向的决定性力量。

王世充根本不是当皇帝的料，却贪心不足生妄想，一心只想做帝王，而最后等待他的只能是覆灭和死亡。

五、智穷力竭

在王世充努力扮演开明君主，白日做梦地想澄清宇内的这段时间，李唐已经打扫好后院，把目光投向了中原大地。

武德三年（620年）七月初一，唐高祖李渊下诏，命秦王李世民统率诸军讨伐王世充。

王世充马上做出反应，命诸王分别驻守洛阳四周军事重镇，自己亲自率军作战。王世充做皇帝不像样子，打仗还是可以的。

秦王率唐军向东挺进，于七月二十一日抵达新安（今河南省新安县）进入东都战场。

秦王命前锋罗士信兵围慈涧，王世充率部救援。交战时双方都派出斥候侦察。除了远置斥候外，秦王经常自己搞侦察工作。

七月二十八日，秦王率一支轻骑兵在慈涧周围勘察地形，王世充部队突然出现，双方实力相差悬殊，遭遇的地方道路艰险，秦王瞬间被包围。

面对从天而降的敌军，秦王策马弯弓带着部下且战且退，弓弦响处郑军应声坠马，秦王一箭将郑军大将燕琪射落马下，唐兵迅速上前将其擒获。郑军畏惧李世民的威势不敢继续追击，镇定自若的李世民一路奔驰，杀开一条血路逃回大营。

回到营门外时，一行人满身尘土，已经无法辨认模样，营中将士误以为是敌军，险些将秦王射杀。李世民摘下头盔大喊，才被迎回大营之中。

秦王身先士卒，带动士兵也都作战勇猛。秦王的胆识，无疑给唐军注入了灵魂。在这场小的遭遇战中，唐军以极少的人数，于突降的危险之中擒获敌军大将，士气大振。而王世充的部下，被勇猛杀敌的秦王和唐军所震慑，军心大受影响。

经过这次侦察，秦王掌握了战场的地形，第二天清晨，他亲自率领五万步骑进攻慈涧，王世充胆怯，率军退回洛阳。秦王令各路兵马从四方迅速向前推进，缩小对洛阳的包围圈。自己率主力大军进逼洛阳，驻扎在洛阳城北的北邙山下。

两军对峙期间，王郑洧州（今河南省扶沟县）长史张公谨、刺史崔枢献城投降唐军。邓州（今河南省邓州市）豪强发动叛乱，逮捕刺史后投降唐军。唐军大将黄军汉派水军攻克回洛仓，捉住守将达溪善定。

唐郑将军在洛阳城北青城宫列阵相对，双方隔着洛水进行了一场对话。

王世充大喊："隋室倾覆，唐在关中称帝，郑在河南称雄，各有分野。我不曾西侵，秦王为什么率军攻打我？"

李世民令宇文士及代为作答："唐为正朔，四海归心，你冥顽不灵，阻碍生教。东都人民正翘首以待王师，劝你早早投降，保存性命。"

王世充："我们休战和平共处岂不更好？"

宇文士及答："我们领取的命令是攻取洛阳，不是讲和。"

一家，想称霸一方；一家，想统一天下。

一场对话，高下立判。

接下来的一连串消息，让王世充越来越恐惧。

显州总管田瓒率下辖的二十五个州，尉州刺史时德睿率辖下七个州相继归降唐军。

对于降唐的各州县，秦王让投降的州县长官仍然在原州县任职，职务不变。河南其他州县得到消息，纷纷献城投降。毕竟隋朝已经彻底没了，选一个真正的开明之主对以后的日子有好处。

秦王对收降的人一直采用的都是用人不疑、疑人不用的政策，文臣武将到他的麾下，都可以放心地施展自己的才华。

在唐军不断缩小包围圈为攻打洛阳做准备的过程中，刘武周旧部叛逃，除尉迟敬德外跑得一个都不剩，唐军将士大为愤怒，立刻囚禁尉迟敬德。屈突通、殷开山再次进言李世民："尉迟敬德骁勇绝伦，这次被我们囚禁，定会心怀怨恨，他日必生祸患，不如现在将他杀了，以绝后患。"

秦王说："不对。尉迟敬德如果要叛逃，早和寻相这些人一起逃了，怎么会在这里等着被抓？"

秦王下令释放尉迟敬德，又拿出一笔钱给他，对他说："大丈夫之间讲的是意气相投，不要因为小事而生嫌隙，我不会因谗言而害忠良，你应该了解。如果你选择离开，这笔钱就给你做路费，聊表这段时间的共事之情。"尉迟敬德本来也没准备逃走，又得秦王如此倾心相待，更是感激涕零，只觉得无以为报。

尉迟敬德回报秦王的机会很快就来了。

九月二十一日，秦王带五百骑兵巡视战场地形，为即将到来的大战做准备。巡视到邙山脚下的景陵（北魏宣武帝陵墓）时，王世充突然率领一万多步骑出现，大将单雄信手持长槊直奔秦王，眼看着槊尖已经抵在秦王身上，单雄信却突然落马。原来是尉迟敬德从斜刺里冲出救下了李世民，他手持长矛，跃马厉声大喊，把单雄信刺下战马。单雄信骁勇矫捷，勇武过人，号称"飞将"，郑军一看连单雄信都被挑落马下，皆大为惊恐。看着唐军首领近在眼前，郑军一时之间却被惊得不敢上前。尉迟敬德保护秦王突围。

屈突通闻听前方来报秦王遇险，率大军赶来救援。秦王李世民，大将尉迟敬德、屈突通又率骑兵反杀回来，出入郑军营地如入无人之境。本就被吓得胆寒的郑军顿时崩溃，四散逃窜。此战唐军活捉郑军大将陈智略，斩敌一千多，俘虏排槊兵六千，王世充带着受伤的单雄信和少量残兵败将逃回洛阳城。

秦王对尉迟敬德说："公何相报之速也。"（《资治通鉴》卷一八八）又赏赐了尉迟敬德一箱金银，此后秦王对尉迟敬德更加信任和器重。

武德三年（620年）的冬天对王世充来说异常寒冷。

在唐军猛烈的攻势下，管州、荥州、阳城、汴州相继归降唐朝。

唐将李大亮攻克樊城镇后连下十四座城寨，接着又攻克了沮州、华州。郑军大将国大安被杀，襄阳成了一座孤城。

之后，许州、亳州等十一州降唐，随州总管徐毅举州降唐。

武德四年（621年）正月，梁州（今河南省睢县）总管程嘉降唐，唐将陈正通攻克梁城（今河南省汝州市）。

与此同时秦王组建了一支"特种部队"。秦王在军中精选骑兵一千多人，给士兵全部穿上黑色战甲，望过去黑压压一片，战斗中如乌云压顶，所以被称为"玄甲军"。

玄甲军分为左右两队，秦叔宝和程知组合为左统领，尉迟敬德和翟长孙组合为右统领。作战时，李世民身披黑色战甲，亲自率领玄甲军冲锋陷阵。"所向无不摧破，敌人畏之。"（《资治通鉴》卷一八八）

玄甲军在武德、贞观年间一直保持着强大的战斗力，曾多次在对突厥的战斗中发挥决定性作用。

组建不久，玄甲军就完成了一次漂亮的亮相。唐将行台仆射屈突通、赞皇公窦轨率部下巡视阵地，王世充率军突然出现，唐军陷于不利地位。李世民亲率玄甲军营救，以一千玄甲军斩杀并俘虏郑军六千余人，生擒郑军将领葛彦璋。

二月，久被围困的洛阳城粮草匮乏。郑太子王玄应率兵士数千人从虎牢关运粮支援洛阳。唐军侦知此事，秦王派将军李君羡截夺粮草，李君羡夺得全部粮草，王玄应只身逃入洛阳。

洛阳已经陷入孤立无援、粮草断绝的境地，攻城的时机已然成熟。

秦王派宇文士及奏请进围东都，高祖对宇文士及说："回去告诉你们秦王，现在攻取洛阳，是为早日结束战争。克城之日，乘舆法物、图籍器械，收存保管起来；子女玉帛，全部分给将士。"

武德四年（621年）二月十三日，秦王率军推进到青城宫驻扎。青城宫原是郑军营垒，已被破坏。王世充趁唐军未及立营，率两万大军出城，凭借原来的马坊垣堑，临谷水以拒唐兵，唐军诸将皆惧。

秦王陈精锐骑兵于北邙山下，自己带众将登上北魏宣武帝陵观察敌情。察看后，李世民对左右说："贼子兵力窘迫，现在倾巢而出，拼死反抗，今日打败此贼，他必不敢再战。"

侦察完毕，秦王命屈突通率五千步兵渡过谷水，以为诱饵，屈突通与王世充接战后立刻放出烟雾信号。收到信号的秦王率主力骑兵从上游过河，与屈突通合势力战。

秦王让主力正面厮杀，自己率数十名精锐骑兵侦察郑军军阵情况。秦王等人向敌人比较薄弱的背后冲杀，所向披靡，斩杀大量郑军。突然前面出现一条河堤，去路被阻断，秦王拨转马头，发现不仅与大军相隔甚远，连所率骑兵也已失散，只有大将丘行恭还跟在身边，两人深陷重围。

郑军骑兵紧紧追击而至，箭矢纷纷射向秦王，其中一箭正中秦王战马飒露紫前胸，"威凌八阵"的神骏倒在地上。丘行恭拨转马头，连发数箭，数箭皆中，追击的郑军骑兵不敢上前。

丘行恭忙把自己战马让给秦王，又想给飒露紫拔箭疗伤，但是飒露紫已因失血过多死在了战场上。丘行恭手持长刀步行在前，大声呼喊，连斩数人，李世民执弓箭在后，二人拼杀出一条血路终与大军会合。

惨烈的战斗还在继续。唐军越战越勇，郑军多次被冲散又重新组织起来继续进攻，大战从早晨打到中午，不擅长野战的郑军终于退回了洛阳城，秦王率军追到城下。

唐骠骑将军段志玄力战过程中深陷敌阵，战马倒地后为郑军所擒。两名郑军骑兵将他挟持在中间，快要渡过洛水时，段志玄突然跃起发力，将两名骑兵拉下马来。段志玄疾驰回逃，郑军数百骑在后追赶，都因惧怕段志玄的勇武而未敢近身。

在这一场殊死搏斗中，唐军斩首并俘虏郑军超过七千人。唐军对洛阳城的包围彻底完成，郑军据城固守，持久且艰难的攻城战拉开序幕。

这时的洛阳城是隋炀帝时作为东都所营建，由将作大匠宇文恺主持修建，是座十足的新城，城墙坚固。

郑军为守城做了极其充分的准备：备好两种大型杀伤性武器——投石机和八弓弩。

投石机，可投五十斤（唐计量单位）石头至二百步。八弓弩，巨型连弩，"箭如车辐，镞如巨斧"，射程达五百步，可连续击发八箭。

这两种重型武器给唐军带来了巨大的心理震慑力。

唐军日夜不停地攻打洛阳城十几天，洛阳城岿然不动，唐军疲惫不堪。众将渐渐萌生去意，士兵均有思归之心，行军总管刘弘基等鉴于当下的情形请求班师回朝。

李世民坚决不允："我军大举进攻，应当一劳永逸攻取洛阳，现在各州县望风归降，洛阳一座孤城又能坚持多久？成功在即，怎能放弃？"

秦王明令诸军："洛阳未破，师必不还，敢言班师者斩。"（《资治通鉴》卷一八八）

唐高祖李渊在长安也收到了前线的战报，下了一道撤兵的密诏给秦王。秦王意志坚决，上表称洛阳必能攻克，又遣军事参谋封德彝回长安面见高祖，汇报战况。

封德彝面见高祖，说："王世充与其手下离心离德，只有洛阳一座孤城在他的掌控之中。现在王世充已智穷力竭，洛阳朝夕之间必能攻克；此时班师，等他重新振作联合各地贼兵之后，再消灭他将会更加困难。"

李渊收回了撤兵的命令。唐军上下一心，发誓拿下洛阳城。

王世充被困孤城，智穷力竭。眼见着，就是一败涂地；眼见着，就是城破人亡。

秦王修书一封给王世充，劝他出城投降，王世充没有回应，因为他还有最后一线希望，有一支援军就要到了。

死守洛阳！王世充现在要做的就是死守洛阳，等待援军。

六、放手一搏

洛阳双方僵持不下时，突然有三十万大军溯黄河而上，出现在唐军背后。

窦建德的大夏军来了。

窦建德，贝州漳南县（今河北省故城县东）人，出身于农民家庭，有侠义之名。大业七年（611年）被征召为二百夫长，因窝藏被官府抓捕的同乡孙祖安被官府抄家，一家老小全部被捕杀，遂率部反隋，投高士达。高士达战死后，自称将军。

窦建德善待属下，轻财重义。历经多次战斗，声威大震，河北郡县尽皆归附，又于境内劝课农桑，使生产有所恢复。唐武德元年（618年），窦建德改元五凤，定国号夏。武德二年（619年）王世充称帝后始建天子旌旗。

窦建德深孚众望，夏政权在河北境内深得民心。后来魏州百姓建夏王庙，每岁祭祀。

唐伐郑前，唐高祖李渊曾派使者出使夏，提议结盟，夏王窦建德没有答应，但为了表示友好，让人带回了攻打黎阳时俘虏的同安长公主。

窦建德不是王世充的朋友，夏也不是郑的盟友。两人都接受过洛阳皇泰主册封，王世充称帝后两家关系恶化，窦建德占领过王世充的殷州，夏郑两方之前并无信使往来。

唐郑中原大战开始后，夏一直坐山观虎斗，窦建德在等一个可以坐收渔翁之利的时机。

夏中书舍人刘斌进言："今唐、郑、夏各据一方，天下成鼎足之势。唐军攻郑，郑日渐衰微，唐强郑弱，唐早晚必将破郑，唇亡则齿寒。为大王考虑，不如与王世充联手，唐军必败，或退回关中，恢复三足鼎立；或唐军退去，郑衰微，我们拿下洛阳，再趁势破潼关，占领都城长安，可成就太平基业。"

唇亡齿寒，帮助王世充也是帮自己。

恰在此时，王世充派使者求援，夏王也派使者去洛阳，表达了愿意救援的意愿，王世充马上派自己的侄子王琬作为特使出使夏，正式提出求援请求，双方达成同盟。

夏王率军南下，攻克周桥（今山东省菏泽市定陶区东南），生擒孟海公，收降孟海公所部。收拾完后方，夏王率众向西驰援王世充。

随后，夏军接连攻克唐军驻守的管州、荥阳、阳翟，水陆并进，泛舟运粮，溯黄河西上，郑将郭士衡部带数千兵马与夏军会合，对外号称三十万大军，实际有十几万。大军于成皋东面平原安营扎寨，遣使与王世充联系。

此时，唐军消灭了郑军诸多有生力量，在外围也多有斩获，但是洛阳城久攻不下，将士疲敝，人心思归。现在郑夏联合，这场中原大战的结果变得难以预料。

窦建德曾遣使到唐军营中，传递书信。信中要求李世民撤出战场，撤到潼关以西，归还郑国土地，以保持夏与唐的良好关系。否则，两军将刀兵相向。

秦王紧急展开一场军事会议，商讨对策。会上，秦王先宣读了夏王的来信，然后问大家应该如何应对。

众人的意见分歧很大。

李世勣副手郭孝恪坚决主张与王世充、窦建德同时决战。他说："郑军日薄西山，抓住他只是时间问题。窦建德远道而来助王世充，不过是上天将两个敌人同时交到我们手里，让他们同时灭亡。而今之计，我们应该据守武牢关（即虎牢关，避李唐祖先李虎讳，改称武牢关），伺机而动。"

记室薛收（薛道衡之子，秦王府十八学士之一）分析形势，也认为不应撤军。他的理由是："王世充占据东都，洛阳城中府库充实，将士多为江淮精锐和久经锻炼的瓦岗降兵。他们现在最大的困难是粮道断绝，城中缺粮，求战不得，守城也难以持久。现在窦建德亲率大军前来营救，意在结精锐之师，置我军于死地。如果我们稍有松懈，让夏军进抵东都，打开交通通道，把河北的粮食运到河南，两股贼寇合到一处，到时候大战重开，偃兵无日，混战无期，统一海内之日将变得遥遥无期。如今应当分兵围困洛阳，深沟高垒，不与之交战。大王您再携精锐占据成皋，进据武牢关，秣马厉兵，以逸待劳，歼灭夏军，之后洛阳城将不战而克。用不了多长时间，郑夏两王都将成擒。"

萧瑀、屈突通、封德彝等持反对意见。他们认为："洛阳宫城坚固，易守难攻；夏军士气正盛，锐不可当；我军疲惫，腹背受敌。不如先退守新安，再图后举。"

这是一个十字路口，将决定唐、郑、夏三支大军的结局，也将决定整个中原及至整个东亚大陆未来的走向。

暂时撤兵，伺机再战？还是两线作战，放手一搏？

秦王说："王世充接连受挫，粮草告罄，上下离心，垂死挣扎，我军无须再战，可于城下坐等其败亡；窦建德刚战胜孟海公，将骄卒惰，我们据守武牢，扼其咽喉，若他火速攻我取之甚易，若他狐疑不战旬月之间洛阳将不攻自溃。洛阳城破，窦建德士气一定低落，我军士气必然大振，再一鼓作气拿下窦建德,这是一次战役收两大强敌的好时机。现在若不速速进军,武牢关必会被夏军攻占,夏郑两军合力,我军再无机可乘。大家不必多言,吾意已决!"

这位二十三岁的秦王决定:放手一搏,毕其功于一役。

秦王将军队分为两部分:齐王李元吉率大将屈突通等人继续围困洛阳,秦王亲率精锐部队抵抗窦建德。

计议已定,秦王先率三千五百名骁勇精兵为前锋,向东急赴武牢关,稳定形势。

武牢关,洛阳八关之一,是洛阳东侧门户,北据黄河,南连嵩山,山岭交错,自成天险。

次日,秦王抵达武牢关。同时,窦建德已驻扎在成皋东原,但尚未发起攻击。

秦王带领五百骑兵,侦察窦建德大营。秦王令李世勣、秦琼带兵在敌人大营附近道路两侧设下埋伏,自己带尉迟敬德和四名骑兵往夏王大营而去。

秦王对尉迟敬德说:"吾执弓矢,公执槊相随,虽百万众若我何?"(《资治通鉴》卷一八九)

"我拿着弓箭,你拿着长矛,就算遇到百万敌军,又能拿我们怎么样?"这是什么样的勇气和自信哪!

二人说话之间,已离夏军大营只有三里远了,正好看到了夏军的流动哨。夏军的将士以为这几个人是唐军的斥候,根本没有在意。

"我乃秦王李世民!"一声断喝之后,自称秦王的人弯弓搭箭,当场射死夏军将领一名。

窦建德的士兵、李世民的骑兵都惊得脸色一变。

夏军这边在想,这是白日见鬼了吗?大战之前敌军主帅会只带了几个人跑到自己大营这来?《资治通鉴》称:"建德军中大惊。"

秦王带的几个骑兵也吓傻了，自己老大这是做什么，您老人家和尉迟将军再勇武，我们就这几个人在人家家门口，这不是送死吗？《资治通鉴》说："从者咸失色。"

转念之间，夏军已出动五六千骑兵冲出营垒，直奔秦王扑来。

秦王让骑兵先撤，自己和尉迟敬德断后。秦王按辔徐行，等夏军将要追到眼前时，"引弓射之，辄毙一人"。夏军追兵因害怕而停下脚步，过一会儿又追上来，追秦王夏军害怕，不追又不忍放弃，就这样追追停停。

秦王百发百中，射杀数人；尉迟敬德手持长枪，杀了十几人。追兵不敢靠近，秦王故意徘徊引诱夏军追赶，两人缓缓后退，将敌人引到了伏兵之处。李世勣等人突然冲杀而出，当场斩首敌人三百多，俘虏夏军骁将殷秋、石瓒。

秦王此次行动，就是为了挫敌锐气，你窦建德不是才打了胜仗，兵锋正盛、士气高昂吗？那就给你降降温，也提提自己军队的士气，让他们看看，夏军号称三十万又如何，我们秦王和尉迟将军两人就可在他们军中来去自如。

窦建德不是给秦王写了一封信吗？秦王决定也给窦建德写一封信："赵、魏之地，原本是我唐所有，后被阁下侵夺，你对待被俘的淮安王李神通和同安长公主，还算尽心尽意，所以我们也不打算与你为难。王世充与你结盟，后又背盟，现在他已朝不保夕，你以三军之众、千金之资来救王世充，实非良策。前日相遇，你已经战败，现在你无法通过武牢关，救不了洛阳，不觉得惭愧吗？你现在若不退兵，之后将追悔莫及。"

对于这封信，窦建德没有回应。唐军和夏军在武牢关僵持不下，夏军屡次进攻，都被挡在城下。

王世充困守孤城，急得要死，估计做梦都能梦到窦建德兵临城下。万分焦急的王世充，得知李世民不在城外，又带走一半兵力，决定冒险出城一战。两军多次交锋，互有胜负，齐王李元吉表现中规中矩，完成了围住洛阳的任务。

王世充困守孤城，艰难支撑；窦建德一筹莫展，进退两难；秦王放手一搏，结果如何？

七、天策上将

窦建德在武牢关下，屯兵累月，都不能前进一步，将士思归。

秦王派王君廓率一千轻骑兵迂回到夏军背后，成功骚扰窦建德粮道，俘虏窦建德大将军张青特，夏军军心震动。

窦建德国子祭酒凌敬建议另辟蹊径，曲线营救洛阳。他指出李世民战斗力虽强，但唐此次出兵乃是倾全国兵力，夏军应北渡黄河，收取河东之地，威胁蒲津渡口，进军长安。这样做有三个好处：一是唐后方空虚，进军将如入无人之境，取胜容易；二是可以扩张地盘，增强自己实力；三是长安危急，关中震骇，秦王必然回军营救。如此洛阳之围自解。

窦建德闻言觉得很有道理，于是准备北渡黄河。郑军使者王琬、长孙安世"朝夕涕泣，请救洛阳"。两人天天哭着求窦建德先去救洛阳，又用金银财宝贿赂窦建德麾下大将。窦建德手下大将本就急于立功，又收了贿赂，都说凌敬不过是个书生，哪懂什么是打仗，他出的主意不能用。

窦建德见将士们士气高昂，以为军心正锐，是决战的时机，放弃了围长安救洛阳的计划。

凌敬苦谏，被"扶出"。窦妻曹氏是位能带兵打仗的女中豪杰，她也支持凌敬的策略，窦建德却说："这不是女子能知道的事情。"

窦建德已下定决心，这确实是个时机，如果能夺下武牢关，打败唐军，顺势吞并王世充，就有了睥睨天下的资本。

夏王准备决战时，秦王也在寻找决战的时机，最好是让夏军出现在自己选定的决战之地。

第三章 天下底定

五月，秦王散布消息，称唐军草料告罄要外出放马，又故意赶着一千多匹战马来到广武附近的沙洲之上，做出牧马的样子。

窦建德中计，倾巢而出，北据黄河，南连鹊山，西临汜水，绵延二十多里，金鼓齐鸣，向前推进。唐军见如此阵势，无不惊惧。

秦王带众将领登高远眺，观察敌情，他对诸位将士说："窦建德在山东起兵，没有遇到过什么真正的强敌，身涉险境却军纪涣散，鼓噪喧哗。窦建德选择城下列阵，有轻我心。我们按兵不动，他们士气定会慢慢衰竭，列阵时间一长，士卒饥饿，士气就会衰颓，到时我们再追击，不过日中，必能破之。"

窦建德轻视唐军，派三百勇骑过汜水挑战，李世民派王君廓率二百长矛手应战，双方交战，不分胜负，各自返回。

王世充侄子王琬此时正在夏军之中，他出阵破口大骂，所骑战马是隋炀帝生前的御马，高大威猛，非常漂亮。

秦王不由得感叹："真是一匹好马！"

尉迟敬德上前请求去抢夺王琬的战马。李世民说："不能因为一匹马伤害我的猛士。"

尉迟敬德势在必得，旋即和高甑生、梁建方三骑冲杀到阵前，把王琬从马上薅下活捉，转眼就牵着青骢马回到阵营之中。

唐军喊声震天动地。面对数倍于己方的夏军，唐军将士原来心存疑惧，现在见到尉迟将军在夏军之中来去自如，还能擒敌夺马，军心大振。

秦王命人召回假装"被放牧"的战马，做好了发动进攻的准备。

窦建德十几万大军在城下旷野之中向唐军挑战，秦王一直不迎战，夏军从早上站到中午，此时正值夏季，士卒又饿又渴，于是三五成群地去喝水，还有一些士卒干脆就地坐下休息，夏军"逡巡欲退"，无心作战。果如秦王所料，夏军是一支后勤保障不力、纪律松散的部队。

动手的时机来了。秦王命宇文士及率三百骑兵从窦建德军阵之西经过，再转而奔驰向南。秦王说："如果敌人不动，就马上撤回；如果敌人动了，我会率军出战。"

宇文士及领命出战，夏军果然动了，沙洲上的战马也已回到营中，秦王说："可以出击了。"

秦王率轻骑兵做前锋，主力跟在后面，过汜水，冲入敌营，直取夏军指挥机关。

此时窦建德正在上早朝，所以窦建德和夏军主要将领全都在后方，唐军骤然攻来，群臣拥阻在窦建德和唐军中间，导致卫队无法冲杀出去，窦建德大声指挥，群臣才分开，卫队得以冲出，一进一退之间，唐军已经冲杀进来。

窦建德在部分卫队的保护下往东侧高坡逃窜，唐军骑兵追击窦建德，窦建德拼死反抗，暂时击退唐军。

李世民带主力赶到再次组织进攻，窦建德主力也向这个山坡聚拢，诸军大战，尘埃漫天。

秦王带着史大奈、程知节、秦叔宝、宇文歆等率一支骑兵，卷起旗帜，摸到夏军后方突然将旌旗展开。夏军见状，以为是一股新的唐军把他们包围，大为惊恐，作鸟兽散，唐军趁势追出三十里远，斩杀敌人三千余人。

混战中窦建德受伤，骑马仓皇逃离，唐军一路猛追，奔跑途中窦建德坠落马下，唐军骑将军白士让、杨武威挺槊便刺。窦建德高喊："不要杀我，我是夏王，抓住我交给秦王，你们能获得荣华富贵。"

虎牢关大战，唐军以生擒窦建德、俘虏夏军五万士兵的战绩落下帷幕。

一场决定了天下归属走向的大战结束。

战后秦王质问窦建德："我讨伐王世充，与你有什么关系，你为什么跑这么老远，主动攻击我？"窦建德回复："我不自己来，将来还要麻烦您劳军远征。"

秦王释放了夏军的普通士兵，让他们返回家乡。窦建德妻子曹王后得

第三章 天下底定

以逃脱，带着数百名骑兵逃回了洺州（今河北省永年区广府镇）。

唐军押着窦建德、王琬、长孙安世、郭士衡，浩浩荡荡返回洛阳城。

王世充终于等到了窦建德，只是此时的窦建德已经是唐军的俘虏。二人一个在城上，一个在城下，都是泪流满面。

唐军放长孙安世入城汇报情况，坐等王世充出城投降。王世充提出冲出重围，去襄阳，再图后举，但是手下将士都不愿再战。

绝望的王世充换上素服，带着太子和文武百官两千多人步行出城投降唐军。

唐军进驻洛阳城，对将士约法三章，严肃军纪。进城后唐军秋毫无犯，洛阳城民心迅速安定。

秦王命记事参军房玄龄到中书省和门下省收取隋朝的图书和档案，但这些已全部被王世充所毁，没有收获；又令萧瑀、窦轨等人封存国库，将所有财物统计后分给手下将士。秦王又命人将单雄信、段达等十几人斩首于洛水之上。

深爱将才，屡屡对降将信任优待的秦王这次为什么会把单雄信作为罪大恶极之人斩首？秦王没有说，后人猜测大概有两个原因：一是单雄信曾险些刺中秦王，二是单雄信素有"轻于去就"的名声。可能是其中一个原因，也可能两个原因兼而有之。总之，"飞将"之名并没有保住他的性命。

武德四年（621年）七月初九，长安。

秦王身披黄金战甲，齐王李元吉、李世勣、程知节、秦叔宝等二十五员大将紧随其后，带着一万铁骑、三万披甲步卒，在军乐声中来到太庙，献上俘虏王世充、窦建德和隋朝的乘舆、御物。

高祖下令将深孚众望的窦建德斩首，却将众叛亲离的王世充流放。两个政权其他余党，均宽大处理。

原以为保住了性命的王世充，踏上了流放之路，却在馆舍中被定州刺史独孤修德及其兄弟杀掉。原来定州刺史独孤修德的父亲正是之前谋划投降李唐的独孤机，独孤机和其兄长独孤武都是被王世充所杀，如此血亲深仇怎能不报？

唐军一战收服两大对手，中原初定，大唐着手进行国家建设。高祖颁布大赦令，全天下给复一年。有七个州给复两年：一是担负唐军输送粮草任务的战场附近的六个洲；二是悬于敌后，艰苦卓绝的幽州，律令下达唐朝沿用隋朝旧制。经济上摒弃隋五铢钱体系，颁行"开元通宝"，唐朝陆续开始履行国家职能。

战后窦建德手下被严厉整治，武德四年（621年）七月，窦建德旧部在刘黑闼带领下发动起义，唐军镇压，刘黑闼被击溃后又重新召集旧部，河北又乱了。

夏王窦建德被斩首，他在河北地区深得民心，窦建德是被秦王所擒，窦建德旧部对秦王深怀怨愤。而且秦王现在功高难赏，不宜再给他机会了！所以当太子李建成主动请求往河北镇压叛乱时，高祖欣然应允。

太子到河北后接受太子洗马魏征建议，释放俘虏，将他们送回家乡。当时刘黑闼军中断粮，手下士兵听说大唐太子善待俘虏，于是不断叛逃投降唐军。

刘黑闼无计可施，准备退回大本营再图后举。在他撤退时，李建成从后追击，刘黑闼部众几乎全部投降唐军，他本人带着一千多人拼命地跑，唐军大将刘弘基紧追不放。几天后，刘黑闼逃到饶阳（今河北省饶阳县），被饶州刺史诸葛德威抓住送给了唐军。

武德六年（623年），刘黑闼被俘，河北平定。不久后徐圆朗也被流民所杀，河南平定。武德七年（624年），李孝恭、李靖大败辅公祏，江南平定……

群雄一一退场，统治中国近三百年的大唐王朝在东亚大陆崛起。

第四章

贞观之治

一、萧墙之内

武德七年（624年），大唐王朝的中心，山雨欲来风满楼。

唐高祖那几个优秀的孩子之间原本隐晦的斗争日渐浮出水面。

大唐的开国皇帝李渊共有二十二个儿子，其中窦氏所生的嫡子共四人，长子李建成、二子李世民、三子李玄霸、四子李元吉。李玄霸是后世小说中人物李元霸的原型，早夭。剩下三个儿子在李唐建立过程中都有功劳。

李建成，太原起兵前在河东招募勇士，起兵后为左军统帅，历经多次战役。数次防御突厥进军，平定河北地区，使人心归附。

李唐入主长安后，李建成因被封为太子，转为以辅助唐高祖李渊处理内政为主，有威望、有能力，从他所任用的人来看，李建成也有识人之明，他所用的王珪、魏征等人后来都成为贞观年间的名臣。合法的政治身份，也让众多大臣乃至皇帝宠妃都站在李建成这边。

太子的地位，本不应该有任何问题。

问题出在他的二弟李世民这里。哥哥光华耀眼，弟弟更璀璨夺目。

太原起兵时，李世民一直跟随在李渊身边，虽然起义到底是父子二人谁先提出来的尚有争议，但是他作为起义最先一批的策划者、参与者的身份是毋庸置疑的。起兵之后作为右军统帅，历次争战，皆有战功。李唐王朝建立之后，李世民剿灭薛仁杲、平定刘武周，中原一战擒双雄，立下赫赫战功，堪称李唐王朝的"核武器"。李世民在军中威望极高，手下大将尉迟敬德、秦叔宝、程知节个个骁勇，谋士房玄龄、杜如晦等人人能干。李世民能力无人可比，势力让人忌惮。

皇子优秀是好事，但是一个不是太子的皇子太过优秀，又有能力和势力，在那个翻手为云、覆手为雨的时代可能随时会触发一场风起云涌的政治风暴。

性情暴虐、丢掉太原的李元吉在两个势力之间选择了投靠大哥李建成。或许他也有个皇帝梦，但二哥太狠了，如果他当太子，自己将永无出头之日。相对于二哥，大哥更好对付一些，当然这只是和二哥对比来说。他的加入让这场博弈变得势均力敌。

双方暗中较量，多次交手。

当时在京城，李渊的天子诏敕、李建成的太子令、李世民的秦王教、李元吉的齐王教都是合法有效的文件，具有同等法律效力。多头领导，必然导致下属无所适从，早晚会出乱子。

一次李世民把长安附近的几十顷良田赐给淮安王李神通。太子得到消息马上鼓动张婕妤到李渊那里讨要同一块田地，李渊于是把地赐给了张婕妤的父亲。有司因为先收到了秦王教，就把土地给了李神通。等到张婕妤父亲来讨要时，李神通手持秦王的赐令，不肯相让。张婕妤趁机对李渊说："秦王夺走了皇上赐给臣妾父亲的田地，转赐给了李神通。"李渊不知道秦王赐地在前，勃然大怒，把李世民召进宫中厉声训斥："朕的诏令还不如你秦王的手令？"

李渊曾对裴寂感叹："我这个儿子带兵久了，在外面自己做主已成习惯，被身边的人教唆，已经不是当年的那个儿子了。"

李渊在李建成、李世民的斗争中，理智上一直支持李建成，但是有时又不忍心打压秦王太过，故左右摇摆。面对儿子们的明争暗斗，曾经在起兵建朝过程中刚毅果决、谋定而后动的李渊心烦意乱。

武德七年（624年）六月，李渊避暑仁智宫。

山中林木深深，让人备感清凉。

来到新建成的仁智宫，李渊苦闷的心情舒展了许多。为了预防兄弟几人闹出事端，李渊让李世民、李元吉陪同前往，令李建成留在京城监国。把他们分开，是最妥帖的。

就在李渊享受着避暑的快乐时，两个人的到来打乱了李渊的休假计划。

郎将尔朱焕、校尉桥公山口口声声指控太子私运铠甲给庆州（今甘肃省庆阳市）都督杨文干，准备趁李渊不在京城，起兵谋反。

杨文干是李建成东宫旧部，太子嫡系。李渊不得不做出反应，他传召太子到仁智宫面圣。

如果是做好了谋反的准备，在这个时候被传召，太子就不应该去仁智宫，而是应该直接起兵，但是太子没有这么做。

这个被指谋反的太子，只带了十几个侍卫乖乖地来到仁智宫，见到李渊后，"叩头谢罪，奋身自掷，几至于绝"（《资治通鉴》卷一九一）。

磕头差点把自己磕死的太子还是没能挽回父亲的心意，李渊下令把他软禁起来。当天晚上李建成只吃到一碗麦饭充饥。麦饭是以野菜或者蔬菜为主混合了面粉一起蒸制的主食，现在人吃那叫养生，给李唐的太子吃，那是一种无声的敲打。

李渊很愤怒。

李渊可以让太子监国，培养太子作为未来帝王的能力，但是老爹在的时候，你得安心做太子，不能对皇位有丝毫觊觎。

李渊命司农卿宇文颖去庆州质问杨文干。

宇文颖一到庆州，"以情告知"，杨文干"遂举兵反"。杨文干的起兵坐实了太子谋反一事，李渊的心和仁智宫中的风一样，冷飕飕的。

伤心的李渊召见了李世民，询问他的看法。李世民说："杨文干不过是个悖逆竖子，不足为虑。他很快会被部将所杀，即使没被杀，派个普通将领过去，兵变也能很快平定。"

李渊摇头道："不然，文干事连建成，恐怕会有很多人跟随。你亲自去讨伐，回来，就立你为太子。我不会像隋文帝一样害死自己的儿子，给建成封个蜀王。日后若他服你，你一定要保存他的性命；如果他不服从，蜀地狭小，你制服他也容易。"

秦王李世民得到了一个承诺，平叛回来，他就会被立为大唐的太子。

平定杨文干，对李世民来说易如反掌，杨文干出兵攻占了宁州城，李世民大军一到，杨文干部下就慑于声威不战自溃。而且正如李世民所预料的一样，杨文干被部下所杀，首级被送回了长安，宇文颖被抓后也被诛杀。

秦王意气风发地班师回朝，满心期待地等着老爹兑现诺言。李世民太子之位没等到，还被李渊"打了板子"，当然李渊不是只打他一个人。

李渊责备李建成、李世民"兄弟不睦"，然后把太子中允王珪、左卫率韦挺、天策兵曹参军杜淹流放巂州（今四川省西昌市）。

太子谋反，为什么流放了秦王府的人？甚至还把谋反的太子放出来，让他回京留守？

因为李渊意识到，所谓太子谋反，大概是他这个二儿子搞出来的阴谋。

太子谋反乍看之下证据确凿，细思起来疑窦重重。

首先，李渊对长安附近各州县有绝对的控制能力，李建成在京城造反，而李渊在仁智宫中，李建成要一座孤立无援的京城能做什么？靠杨文干那点兵马，能在李渊和李世民的千军万马中杀出一条通往皇位的路吗？那还不如把李渊控制在京城，挟天子而号令四方。

其次，李建成的政敌是李世民，不是李渊。此时的李渊对李世民"恩礼渐薄"，而李建成、李元吉"转蒙恩宠"，摆明的扶持太子，压制秦王。李建成只要坐稳太子之位，天下就是他的了，他为什么要造支持自己的父亲的反？

再者，杨文干起兵实在是太蹊跷了。《资治通鉴》中说去召杨文干的宇文颖"以情告之"，告的什么"情"，是实情吗？是实情的话，他就应当知道自己这个时候起兵会置太子于死地，那他就更不应该反。只有太子已经陷于死地，杨文干才会因绝望而起兵。那么，宇文颖到底和杨文干说了什么？我们很想知道，李渊也想知道，而且他应该有了自己的判断和猜测。

最后，我们来看秦王府的杜淹。《旧唐书·杜淹传》中记载："太宗知淹非罪，赠以黄金三百两。"他和这件事有什么关系，高祖为什么要流放他？秦王又为什么要赠送数额如此巨大的黄金？史料中没有记载。

我们能想到的，一代开国之君的李渊更能想到：太子谋反，秦王获益。而且秦王讨伐杨文干叛乱的这段时间，李渊应该做了充分的调查。

在太子之争这件事上，李渊一直站在李建成这一方，从刘文静之死，我们就可以看出这一点。该怎么让父亲的感情天平向自己这边倾斜呢？李世民一直在努力从父亲这里打开缺口，拿到太子之位。李唐这天下大半都是自己打下的，为什么不能由自己来做太子，难道就因为自己比李建成出生得晚吗？

该如何赢得父亲的支持呢？苦肉计不知道可不可行？

《旧唐书·隐太子建成传》中有一段记载："（建成）与元吉谋行鸩毒，引太宗入宫夜宴，继而太宗心中暴痛，吐血数升。"对于这次夜宴下毒事件，《新唐书》《资治通鉴》的记载与《旧唐书》几乎一致。虽然官修史书众口一词，但后人对这段记载仍表示怀疑。

众多研究者认为太子下毒是假，秦王苦肉计是真。

经过杨文干兵变事件，三兄弟之间已经势同水火，只是碍于李渊的诏令，表面上装得兄友弟恭。所以太子邀请李世民赴宴，秦王前往也算合理。令人疑惑的是建成要下毒，李世民也中毒了，被毒到"暴痛""吐血数升"，也就是说下毒成功了。结果被下毒的人没有死，还被淮安王李神通送回了王府。李建成、李元吉是买到了假药吗？只能让人吐血，死不了？

让人不解的还有李渊的态度。事后李渊下诏给太子："秦王不能饮酒，以后不准再举办夜宴。"李渊是敲打太子还是保护太子？是保护秦王还是质问秦王？

我们只能提出疑问，选择相信这段记载或者不相信。这段历史就像蒙上了无数尘埃，无论怎么擦拭，今天的我们也无法知道当年的真相。

这是一段被加工过的历史，后世的研究只能是在浩瀚的史书中探寻真相，却无法给出一个一定是怎样的结论。

但是有些记录是确切的，比如武德九年（626年）六月初一，太白经天。

"太白经天，天下革，民更王。"在古人看来，太白经天，主天下将迎来新的君王。

事情就是这么巧，"太白经天"发生两个月后，李唐真的换了君主。

二、喋血宫门

面对水火不容的两兄弟，李渊曾提出来一个他认为不错的解决方案，让李世民去洛阳，把陕州（今河南省三门峡市）以东的土地都给秦王，允许他使用天子旌旗，仿效西汉梁孝王刘武的做法。

秦王内心窃喜，表面却是泣不成声，悲不自胜，表示他不愿意远离父皇膝下。

李渊劝道："天下乃是一家，东都离长安很近，我想你的时候就去看你，你不必伤心。"

太子和齐王听说此事，大感惊恐。在京城太子府加上齐王府的势力比天策府要强大，但要是李世民离开长安，那就如蛟龙入海，再难节制。

太子马上派人向李渊进言，陈述其中厉害，李渊也担心这样反而会给李世民单独发展的机会，到最后如果两兄弟各占半壁江山，再打起仗来，后果不堪设想。秦王去洛阳的事情就此搁置。

李世民的势力主要在军中，但是天下没有战事，兵马没有唐高祖李渊的诏令不能调动。天策府在长安的日子，并没有想象中的好过。

与太子斗了多年，兄弟阋墙，他日太子登基，会怎么对自己这个二弟？

秦王安排在齐王府的内线率更丞王晊传来一个消息，太子将在昆明池为即将出征的齐王设宴饯行,准备在宴会上派人刺杀秦王,对外说秦王暴卒,高祖李渊也只好相信。齐王出征后会在路上将天策府将士全部挖坑活埋,太子还承诺立李元吉为皇太弟。

如此阴狠毒辣的计谋如果成功,那历史就会是另一个走向。这条《旧唐书·李元吉传》中的记录,使得秦王的弑兄篡位更加合理。赶尽杀绝的太子和齐王,将秦王逼上绝路。就是这段记载让太子饱受诟病,也让很多人从情感上原谅了那段人伦惨剧的缔造者——李世民。

《资治通鉴》对这件事的记载是"听说",是"有人说",并且记录在"考异"中,这说明司马光对这件事情的真实性表示怀疑。

在仅次于皇帝御驾亲征的皇子出征仪式上刺杀武力值爆表的李世民,在众目睽睽之下杀掉一个功勋卓著的秦王,这有没有可操作性?刺杀成功后又如何收场?

在外出征讨的路上,把能征惯战的数位骁将活埋。"活埋"这两个字会让人觉得计策的制定者太过歹毒,把人杀了还不算,竟然用这么残忍的方式对待为李唐开国浴血奋战的功臣?这是多么令人发指,又是多么容易引起人们愤怒的操作。人们的情感天平会不会因此向秦王倾斜?秦王是不是能如释重负,得到良心上的解脱?

不管这件事情是否真的发生过,天策府的羽翼确实在被逐步剪除,房玄龄和杜如晦已被逐出了天策府,并被要求不可私自晋见秦王,不能再听从秦王号令。

"世民腹心唯长孙无忌尚在府中,与其舅雍州治中高士廉、左候车骑将军三水侯君集及尉迟敬德等,日夜劝世民诛建成、元吉。"(《资治通鉴》卷一九一)

朦胧的烛光映得秦王表情晦暗不明:"骨肉相残,古今大恶。我也知道祸在朝夕之间,只是想等他们先动手,然后我们再以义讨之,不也可以吗?"

秦王在反复问自己是不是必须走这一步。秦王也在试探，手下的人是不是下定了决心，跟着自己走这一步！秦王还需要营造一个氛围，营造一个众人拼命苦劝，自己顺应大家心意的场景，这场景和氛围会为秦王赢得更多的理解和同情。

尉迟敬德："大王如果不肯起事，就让我归隐山林吧，省得等太子动手，我们死无葬身之地。"

长孙无忌："大王如果不能听敬德的忠言，臣恐怕也要离去了。"

尉迟敬德："我们的八百勇士已经进入宫城，只等您一声号令了。"

天策府的府僚都说："齐王和太子阴谋没有成功就已经有了夺嫡的心思，如果让他们二人计划得逞，李唐的天下恐怕会有危险。"

众府僚力谏秦王，人人都心急如焚。李世民准备做最后的决断了，他命人取一副龟壳，文臣武将和秦王围坐一处，正准备问天意如何抉择之时，龟壳被匆匆赶来的府僚张公谨一把抓起，摔在地上，说："占卜的目的是抉择没有想好的事情，如今之事已毋庸置疑，我们还卜什么？如若占卜不吉，难道我们就此罢手，任人宰割吗？"

大事已然决断，具体要如何操作还需要更加细致的谋划，秦王命人悄悄请来被逐出天策府的房玄龄、杜如晦。

六月初三，太白金星又在大白天出来晃荡。

"太白见秦分，秦王当有天下！"（《资治通鉴》卷一九一）

太史令傅奕的话回荡在太极宫中。

秦王应高祖之召入宫，看着被摔落在地的太史令奏疏和愤怒质问自己的皇帝大声说道："儿臣也有一事要密奏父皇。"

李渊打开密奏，看到的是太子、齐王淫乱后宫。

老皇帝耳边又响起秦王的声音："臣无丝毫负于兄弟，现在他们要杀为臣，这是为王世充、窦建德报仇！臣将枉死，永别君亲，魂归地下，耻见诸贼。"

李渊的心中不知道是愤怒，还是凄凉，终于还是发展到了兄弟阋墙的地步，必须做出决断了。

"明日召建成、元吉入宫对质。"李渊下令。

对质会有什么结果？宫廷秘事，怎么会有痕迹，没有证据就是诬告太子，对秦王治罪也就顺理成章了。捕风捉影的事情，最多是名义受损，风评被害。

作为大唐的天子，他必须做出决断。

这个夜晚特别漫长……

武德九年六月初四，即公元626年7月2日。

这天的早晨，没有山雨欲来风满楼，也没有黑云压城城欲摧。晨光散在斑驳的城墙上，青草上挂着晶莹的露水，一切如常。

位于太极宫北面的玄武门，在宫城的正北面，出于皇宫安全的考虑，玄武门北驻扎的是保卫皇宫安全的禁军。这里是皇宫守卫最森严的地方，也是皇宫安全的命门所在，掌握了这里，就掌握了太极宫，也就掌握了皇帝和京城。

今日在玄武门当值的是禁军将领常何，李建成一直以为常何是自己这一方的。其实早在两年前，常何就已经是秦王阵营的一员了。早已被秦王收买的禁军将领还有敬君弘、吕世衡等人。这场宫廷政变，恐怕早就在秦王的计划之中。

玄武门已在秦王的掌握之中。

被父亲传召准备入宫的李建成、李元吉，走到临湖殿发现异常，准备返回东宫。

李世民从后面喊话，齐王意识到了什么，巨大的恐惧向他袭来。

曾把射杀移动中的俘虏当玩乐的齐王，在这样关键的生死瞬间，竟然三次弯弓搭箭都没射中。他是个性情暴虐的皇子，也是一位在马背上久经锻炼、勇武过人的将军。他的反应实在反常！

李世民没有理会李元吉,他手中的箭正中这次行动的标靶——李建成。

太子应声倒地,鲜血汩汩流出,浸染着玄武门前的青砖地面,生命一点点剥离,送他去另一个世界的是自己血脉相连、一母同胞的弟弟。

三十八年的岁月,是否在此时滑过那快要消失的神志?眼前是否浮现年幼时母亲的面容,战场上互相救护,入主长安后却逐渐疏离、势同水火的兄弟?

权欲面前,人心已成鬼蜮。

那个皇位,再不会属于他。

那弑杀手足的痛,也不属于他。

太子李建成,就这样走了,天地之间,似有风吹过,拂出一声凄凉的琴音,转瞬即逝。

尉迟敬德带着七十名骑兵随后赶到,李元吉被射落马下。

晨曦陡然而至,格外刺眼。十几岁开始带兵打仗、久经沙场的秦王突然坠马,不能起身,就算心智再异于常人,亲手射杀长兄也足以让他痛彻心扉。

李元吉扑到李世民身边,夺下李世民手中弓箭,要用弓弦勒死李世民,尉迟敬德赶来救下李世民,李元吉在逃跑过程中被尉迟敬德射杀。

哥哥已死,转眼弟弟也死在眼前。

天旋地转,如坠冰窟,噬骨之痛随着李建成和李元吉生命的消逝袭向李世民。

"吾死之年,廿六而已!"

不知出处的杜撰之词,并非没有来由。

太子集团得到消息,东宫翊卫车骑将军冯翊、冯立,副护军薛万彻,齐王府将领谢叔方率太子亲卫长林军和齐王府精锐杀向玄武门。张公谨力大无穷,以一己之力关闭宫门。云麾将军领敬君弘、中郎将吕世衡率部迎战,相继阵亡。

115

薛万彻等人见宫门久攻不下，准备围攻天策府，天策府的精锐现在全部集中在玄武门，王府内只有老弱残兵和家眷妇孺，根本没有抵抗能力。

尉迟敬德突然将太子和齐王的头颅高高举起。太子和齐王的部队见此情景，知道大势已去，四散离去。冯立叹道："我杀了敬君弘，多少算是报答了太子！"说完，他解散了部下，独自离去。薛万彻逃到了终南山中。

大局已定。

浑身是血、手持长矛的尉迟敬德出现在唐高祖李渊面前。

李渊和裴寂、陈叔达、萧瑀等人瞬间脸色惨白。

谁都看得出来，出事了。谁都不知道，尉迟敬德接下来要做什么。

李渊问道："谁人作乱？你来这里做什么？"

尉迟敬德答："回禀皇上，太子和齐王谋反，已经伏诛，臣奉命来保护皇帝。"

尉迟敬德的回答是在告诉李渊，他的建成和元吉没了。噩耗来得这样突然，李渊一直以来担心的事成了现实，此时的他如入冰窟。

作为君王，他没有太多时间悲伤。李渊转过头问身边的几位大臣："发生了这样的事情，诸位卿家以为该如何是好啊？"

陈叔达和萧瑀说："太子和齐王本就没有什么功劳，策划的阴谋已被秦王剪除。秦王功盖宇宙，天下归心，当立为太子。"

已经六十岁的李渊不可能永远坐在皇位上，现在的形势之下，不立秦王为太子难道还有第二个选择吗？

李渊说："这正是我夙日的心愿。"

尉迟敬德马上说："请皇上下令，传令各军，都听从秦王的调遣。"

秦王接管了京畿兵权，刀光剑影散去，玄武门归于平静，是时候进宫了。

扑在父亲怀中的秦王痛哭流涕，到底是真的伤心难过，还是又一场亲情秀，已无从探究。

我们能知道的是秦王的屠刀转而伸向太子和齐王的十几个儿子，斩草除根，不留后患。

这一天之后，秦王走向了属于他的辉煌盛世。

此后数年，当李世民一次一次经过玄武门时，几番午夜梦回，他是否会想起那个曾经唤他为二弟的人？

多年后，当李世民也面对自己几个儿子为了储位你争我夺之时，是不是就能理解这时父亲的难处与帝王的无奈？

武德九年（626年）六月初七，李世民被册立为皇太子，入主东宫。

同年八月初八，李渊下诏，传位于太子李世民。

八月初九，李世民在东宫显德殿登基，大赦天下。

第二年（627年）农历正月初一，改元贞观。

三、贞观之治

贞观，大唐第二任皇帝唐太宗所用年号。

李世民登基，天下初定，等着他的不是歌舞升平，而是内忧外患的重重考验。

太宗登基之时，大唐建国才九年，"霜旱为灾，米谷踊贵，突厥侵扰，州县骚然"（《贞观政要》）。

高祖武德年间，全国人口只有二百万户。隋朝鼎盛时期，全国人口多达九百万户，隋炀帝征辽东时带的军队都能达到一百一十多万。经过隋末动乱，唐初人口还不及隋鼎盛时期的四分之一。

人们连活命吃饭都成问题，更不用说手工业、商业、文化、科技了。说是百业皆废也不为过。

当时，从洛阳到山东，行人必须自备干粮，"崔莽巨泽，茫茫千里，人烟断绝，鸡犬不闻"（《贞观政要》）。

一路上有钱也买不到食物，更不用想住店打尖了。人口严重缺乏，经济遭受重创，很多起义的农民还没有放下武器，也成为社会不稳定因素。

同时，北边的突厥常常袭扰边境。玄武门之变发生时，突厥颉利可汗就曾率大军打到距长安城不过四十里的渭水之北，威逼大唐都城，令朝野震惊。

内忧外患，摆在太宗君臣面前，如何治理好这个庞大的国家，是太宗即位后亟待解决的问题。

对于这个问题，太宗君臣经过了数次讨论、总结、实践。

太宗继位之初，就和群臣讨论如何治理国家，以确定治国路线。

他对群臣说："天下刚经过大乱，社会恐怕不能很快安定下来。"

秘书监魏征说："凡人在危困，则忧死亡。忧死亡，则思理。思理，则易教。然则乱后易教，犹饥人易食也"。(《贞观政要》)

魏征指出大乱之后，人心向往安定，行王道，施仁政，社会很快就会安定。

尚书右仆射封德彝与魏征看法不同。他认为，尧舜以来，人心越来越坏，治理天下很困难，所以秦"任法律"，汉"杂霸道"，现在天下刚刚平定，要使用高压统治让天下服从。很多朝臣和封德彝意见相同。

魏征对封德彝的意见予以反驳，他指出，如果人心日坏，那当今天下应该都是鬼魅，哪还会有人。治理天下的关键是朝廷，而非百姓。

魏征主张行王道，封德彝主张行霸道，太宗对魏征的意见深表赞同，他决定行王道，以德化民。

后来有一次，贞观君臣讨论如何"止盗"，持"霸道"治国理念的大臣主张用重法治理。

太宗笑着说："百姓之所以要去做强盗，是因为赋繁役重，官吏贪求，饥寒切身，才无暇顾及礼义廉耻。朕去掉奢侈的用度，节省开支，轻徭薄赋，选用廉吏，使民衣食有余，自然不会去做强盗，又何须使用重法？"太宗君臣确实是按这一方针去执行的。

太宗对管理机构进行精简，朝廷从两千人精简至六百多人，地方上对州县进行合并，全国划分为关内、河南、河东、河北、山南、陇右、淮南、江南、剑南、岭南十道，减少地方官员的人数。

太宗还对宗室进行降封，郡王等级降为县公，级别降低，待遇自然也降低。通过以上措施，减少了俸禄等方面的支出，从而减轻百姓负担。

太宗本人和长孙皇后都以节俭闻名。贞观年间曾多次释放宫女，宫中工作人员减少，一方面节约了皇室开支，另一方面宫女外放也利于人口繁衍。

不仅皇帝、皇后节俭，大臣也都很节俭，很多大臣家甚至可以用贫困来形容。

中书令岑文本所住的地方非常小。"居处卑陋，室无茵褥帷帐之饰。"（《旧唐书·岑文本传》）

民部尚书戴胄去世时，因家中没有堂屋，无处设置灵堂。太宗让有司现盖了一座庙，为戴胄举行告别仪式。"又以胄宅宇弊陋，祭享无所，令有司特为造庙。"（《旧唐书·戴胄传》）

工部尚书李大亮去世时，想找一块玉做口含都找不到（古代死者入殓时，要给死者在口中含一块珠玉）。家中没有玉，李大亮家人只好在棺中放了五斛米、三十端布。

魏征去世时，太宗命百官九品以上皆赴丧，并给他"羽葆鼓吹，陪葬昭陵"的待遇，魏征的妻子裴氏以"征平生俭素，今葬以一品羽仪，非亡者之志"（《资治通鉴》卷一九六）为由拒绝了过高的待遇，只用布车装载灵柩送丧。

朝廷中皇帝、大臣都勤俭节约，朝廷节俭就能减轻百姓的经济负担，皇帝、大臣带头过能省就省的日子，对社会风气是一种引导。以勤俭自持的人，不会因一己私欲盘剥百姓。

太宗非常重视农业生产，皇太子冠礼恰逢春耕，冠礼要调动府兵做仪仗队，府兵平时为农，有事征召为兵，如果在春耕调用府兵，做仪仗队的这些农民便无法种地。太宗说"农时最急，不可失也"。下令把太子冠礼改在十月举行。

贞观初年，太宗对侍臣说："为君之道，必须先存百姓，若损百姓而奉其身，犹割股以啖腹，腹饱而身毙。"(《贞观政要》)

贞观年间国家推行轻徭薄赋，与民生息的政策。把百姓的利益作为朝廷处理各项事务的出发点，这种"以民为本""以德治国"的治国思想，在"家天下"的君主制度下弥足珍贵。

结果正如太宗和魏征所料，贞观初年，虽然天下频繁灾荒，但朝廷主动组织百姓东西就食（到有粮食吃的地方去），百姓没有怨言，非常配合政府的救灾行动。经过治理与恢复，贞观四年（630年），全国粮食大丰收，流散的百姓回归乡里，米的价格降到三四钱，路不拾遗、夜不闭户，社会安定。

> 元年，关中饥，米斗直绢一匹；二年，天下蝗；三年，大水。上勤而抚之，民虽东西就食，未尝嗟怨。是岁，天下大稔，流散者咸归乡里，米斗不过三四钱，终岁断死刑才二十九人。东至于海，南及五岭，皆外户不闭，行旅不赍粮，取给于道路焉。
>
> 《资治通鉴》卷一九三

当时的治安状况非常好。同样是贞观四年（630年），天下被判死刑的仅二十九人。这得益于当时的法制建设。

贞观元年（627年），太宗命长孙无忌、房玄龄等人在《开皇律》《武德律》基础上，根据省刑、慎刑的原则，修订成《贞观律》。

贞观五年（631年），太宗又下令对死刑的执行实行三复奏和五复奏制度，即凡是死刑犯，在执行死刑之前，京畿地区要上奏五次，地方上奏三次。还规定对依法当死但其情可悯的情况，要上报朝廷。这些规定说明当时对死刑的使用非常审慎，体现了对生命的敬畏。这种思想对于马上得天下，在战场上杀敌无数的皇帝来说，实在难得。这种制度与现在的"死刑复核"制度非常类似，说明在我国古代法制思想已经非常先进。

贞观十一年（637年），《贞观律》已去除一半以上的死刑，重刑改为轻刑的不可胜数。

> 自是比古死刑，除其太半，天下称赖焉。玄龄等定律五百条，立刑名二十等，比隋律减大辟九十二条，减流入徒者七十一条，凡削烦去蠹，变重为轻者，不可胜纪。
>
> 《资治通鉴》卷一九四

《贞观政要》谈到贞观年间的治理成果时说："商旅野次，无复盗贼，囹圄常空，马牛布野，外户不闭。"

除了律法，当时还特别重视对历史经验的总结，二十四史中《晋书》《梁书》《陈书》《北齐书》《周书》《隋书》皆成书于贞观年间。以善谏闻名的魏征受命负责史书的撰修工作。

人们谈起贞观之治，必会提到唐太宗虚心纳谏，魏征直言进谏。这种良好政治风气的形成是有制度保障的。

贞观元年（627年），太宗要求"自今中书、门下及三品以上入阁议事，皆命谏官随之，有失辄谏"（《资治通鉴》卷一九二）。

谏官随宰相入阁议事制度的建立，有利于减少中央决策失误。因为太宗克己纳谏，不仅是魏征，贞观时期大臣大都敢于发表自己的意见。

戴胄做大理少卿时，多次犯颜守法直谏，太宗皆能听从。"胄前后犯颜执法，言如涌泉，上皆从之，天下无冤狱。"（《资治通鉴》卷一九二）

史书中关于太宗虚心纳谏的记录非常多。最出名的是一个关于魏征进谏的故事。

贞观年间，魏征提意见有二百多次，大部分意见唐太宗都虚心接纳。但是意见提多了，也会遇到皇帝不想接受意见的时候。一次朝会，魏征又提意见，太宗拂袖离去，回到后宫对皇后说："会当杀此田舍翁！"长孙皇后听后，换上朝服，对太宗说："妾闻主圣臣忠，今陛下圣明，所以魏征才敢直言，妾幸备数后宫，安敢不贺。"太宗听后怒气渐消。[1]

长孙皇后，史称千古第一贤后，母仪天下，稳定后宫，多次提醒太宗不要重用外戚，在很多关键的大事上，她都能给皇帝提出重要参考意见。

不仅大臣进谏，贤后会劝谏，连后妃都曾上疏谏事。

唐太宗后宫充容徐惠曾上疏《谏太宗息兵罢役疏》，劝谏太宗罢兵高句丽，停修土木，与民生息。上疏结尾，徐惠说："伏愿抑志裁心，慎终如始，削轻过以添重德，循今是以替前非，则令名与日月无穷，盛业与乾坤永大。"（《旧唐书·后妃传》）

这篇奏疏的结尾，说出了当时魏征等大臣做事的出发点，以朝廷的利益为出发点，也就是以国家基业为出发点，不断检省自身，不断地去纠偏、调整。

贞观三年（629年），太宗派李靖、李世勣出击东突厥，次年二月击破东突厥，俘虏颉利可汗。贞观四年（630年）三月，西北各族酋长请立唐太宗为"天可汗"，这代表唐取代了突厥对西北各族的统治，唐太宗不再只是中原王朝的皇帝，他还是西北各族的酋长。

东突厥被灭的消息传回国内，举国欢腾，太上皇李渊听说颉利可汗被擒，感叹道："汉高祖困白登，不能报；今我子能灭突厥，吾托付得人，复何忧哉！"（《资治通鉴》卷一九三）

太上皇李渊在凌烟阁设宴并亲自弹奏琵琶，太宗在琵琶声中翩翩起

---

[1] 长孙皇后救魏征一命的故事，见于唐人所撰《独异志》和《大唐新语》。两部书都是小说，不是正史。但长孙皇后对魏征的肯定和赞扬，《旧唐书·长孙皇后传》有记载。（摘自《易中天中华史》）

舞，君臣欢饮，入夜方归。

东突厥灭亡后，回纥南迁，归附唐朝，唐太宗任命回纥首领为瀚海都督府都督。

贞观十五年（641年），太宗把文成公主嫁给吐蕃松赞干布和亲，唐吐建立了亲密的政治关系，之后两百年吐蕃新赞普即位，必请唐天子"册命"。

太宗，勤政爱民，励精图治，广任贤良，从谏如流，有雅量，有气度；

群臣，居安思危，不惜自身，直言敢谏，有理想，有追求；

后宫，虽在幕后，仍以国家利益为自身行为的出发点，有水准，有节制；

百姓，勤劳勇敢，淳朴可爱，渴望安定，热爱国家，有付出，有收获。

明君、贤臣、贤后、贤妃、百姓，上下内外，一体同心，共同开创了政治清明、人民安居、经济迅速恢复的"贞观之治"。

公元627年至公元649年，二十三年的贞观时期，成为后来历代帝王学习的典范，是历代臣民所向往的时代，及至今日，"为政之要，惟在得人""以人为鉴""以人为本"的思想仍具有非常积极的借鉴意义。这一时期人们所表现出的昂扬向上、积极进取的精神，令人赞叹不已。

太宗及之后几代唐朝皇帝成为一定范围内的天下共主，是国家取得崇高国际地位的体现。政论性史书《贞观政要》在东亚各国多有流传，贞观之治不仅影响了整个唐朝，对周边多个国家都产生了深远影响。

在贞观之治的基础上，唐朝走向了经济高度发展、文化璀璨辉煌、社会各方面无不繁荣的色彩斑斓的盛世。

四、流年不利

贞观十七年（643年），发生了很多事。

二月十一日，股肱重臣魏征与世长辞，时年六十四岁，太宗辍朝五日，以示哀思。太宗追赠魏征为司空、相州都督，谥"文贞"。

在魏征的葬礼上，大唐的天子失声痛哭。送殡当天，太宗召文武百官出城相送，又亲自刻书碑文，陪葬昭陵，极尽哀荣。昭陵是唐太宗和长孙皇后的合葬墓，魏征的墓是昭陵陪葬墓中距离昭陵陵山最近的陪葬墓。

太宗皇帝感叹："人以铜为镜，可以正衣冠；以古为镜，可以见兴替；以人为镜，可以知得失。魏征没，朕亡一镜矣！"（《资治通鉴》卷一九六）太宗命群臣把魏征的遗言写在手笏之上。

那些年屈突通、杜如晦、张公谨、刘政会、柴绍、虞世南、秦叔宝、李孝恭、段志玄相继病逝。

现在魏征也走了，明天会不会又有人离开？面对逝去的生命，谁会不伤感呢？

即使是曾经征战沙场杀人无数的天策上将。

即使是曾在宫廷斗争中，杀伐决断，亲自射杀手足的帝王。

无限惆怅的皇帝收到了一封密报，建朝功臣张亮秘密举报另一位建朝功臣侯君集谋反，太宗感到自己似乎苍老了很多，他实在不希望这消息是真的。但是他是理智的君主，太宗派人秘密调查此事，没有发现侯君集谋反的证据，听到回报的李世民松了一口气。

追忆起和这些股肱之臣金戈铁马的峥嵘岁月，唐太宗决定做一件事来纪念这些功臣。唐太宗命阎立本在太极宫三清殿旁的凌烟阁内描绘了二十四位功臣的画像。这就是著名的"凌烟阁二十四功臣"：长孙无忌、李孝恭、杜如晦、魏征、房玄龄、高士廉、尉迟敬德、李靖、萧瑀、段志玄、刘弘基、屈突通、殷开山、柴绍、长孙顺德、张亮、侯君集、张公谨、程知节、虞世南、刘政会、唐俭、李世勣、秦叔宝。

凌烟阁的功臣画像画好了，太宗的心情稍有好转，没想到又一个坏消息传来，齐王李祐谋反。

这真是一个多事的春天。

齐王李祐，李世民第五子，庶出，母亲阴氏是前隋朝左翊卫大将军阴世师之女。李渊起兵时，阴世师和当时的京兆内史共同在长安辅佐杨侑，听闻李渊在太原起兵于是刨了李渊一家的祖坟，毁坏李氏五庙，李渊入主长安后，处死了阴世师，阴李两家遂成世仇。

李世民没有因为这层关系薄待这个孩子，早早让他外出历练，出任封疆大吏。武德八年（625年）封李祐为宜阳王，同年改封楚王。贞观二年（628年）封燕王，授豳州都督。贞观十年（636年）改封齐王，授齐州（今山东省济南市）都督。太宗还给李祐选了严厉正直的权万纪出任齐王府长史。

然而有些孩子的成长方向总是背离父母教育的初衷，李祐没有成长为一个可以镇守一方的李唐宗室或者是可以安守富贵的太平王子，反而长成了一个整日飞鹰走狗、结交奸邪的纨绔子弟。

李祐的舅舅阴弘智是个阴谋家，他自己仕途不得意，就想着鼓动齐王谋夺皇位，自己好靠外戚身份平步青云。他劝李祐招募壮士保护自己的安全，还举荐了自己的两个小舅子燕弘亮、燕弘信。李祐觉得这两个人是武功盖世的大侠，对他们非常信任，让他们暗中招募死士。

非常听舅舅话的李祐，面对权万纪这位极端严厉的老师，却变成个最不听话的"学生"。权万纪只好经常给家长太宗皇帝汇报李祐的种种劣迹。权万纪没收了齐王的"游戏装备"，不让"玩伴"昝君謩、梁猛彪和他见面。一天晚上，权万纪家中被投掷了几块石头，权万纪怕被谋杀，果断逮捕昝君謩、梁猛彪二人，上疏弹劾齐王及其党羽。

李世民派刑部尚书刘德威到齐州调查，一查发现确有其事。李世民大怒，下令召齐王李祐和长史权万纪共同回京。

权万纪知道齐王的秉性，和齐王一起走自己必然性命难保。所以权万纪先行一步，独自回京。齐王果然在恐惧和怨恨的驱使下命人追杀权万纪。权万纪被杀后，齐王一不做二不休，又杀了齐王府典军韦文振。

这下再没人能管着他了，李祐开始疯狂地作死，给属下封了一堆上柱国、开府仪同三司、拓东王、拓西王之类的官。开府库赏赐众人，驱赶百姓入城为兵，准备与朝廷分庭抗礼。

唐太宗命兵部尚书李世勣发怀、洛、汴、宋、潞、滑、济、郓、海九州府兵讨伐李祐。又亲书手诏谴责齐王李祐。手诏中称权万纪"存为忠烈，死不妨义"，责备李祐"背礼违义，天地所不容；弃父逃君，人神所共怒""汝生为国贼，死为逆鬼""往是吾子，今为国仇"。

写完手诏，太宗潸然泪下。泪水中包含了太多的情绪，除了对儿子李祐的痛心疾首，可能他还想起了自己的父亲李渊。在父亲心中，自己是个什么样的孩子呢？

齐王叛乱很快就被平定了，甚至都没等到李世勣的大兵赶过来。一个名叫杜行敏的兵曹纠集了一千多不想跟着齐王送死的官兵和百姓，突然在齐州城内发动兵变，将居住在府外的齐王党羽尽皆砍杀，而后攻入齐王府，把齐王和燕弘亮兄弟包围在内堂。死到临头的齐王在最后的关头还提了一个条件，要保他的亲信燕弘亮、燕弘信兄弟不死。结果，燕弘亮被抠掉了眼珠子，其他党羽被打断了腿之后又被杀掉，齐王被押送京城。

齐王的谋反，就像一场闹剧般突然开始，又突然结束。

已经是贞观十七年（643年）了，天下太平这么多年，百姓好好地过着日子，军士也可以安心地上班生活，谁会愿意跟着你造反呢？现在不是隋末的大业年间，那时不造反就没有活路，现在造反才是自寻死路。

被囚禁在内侍省的李祐，还天真地以为可以保住一命。当"贬为庶人，赐其自尽"的圣旨传来时，李祐不知道有没有后悔过自己所做的一切。接着，燕弘亮、燕弘信、阴弘智等四十四人被处死。

平叛有功的杜行敏被破格提拔为巴州（今四川省巴中市）刺史，封南阳郡公。追赠权万纪齐州都督、武都郡公，谥号为敬，韦文振亦有追封。

齐王李祐的谋反被平息了，但是他引出了一个更让太宗皇帝伤心的案子，另一个谋反大案。

李祐在长安的余党纥干承基为了保命，转作"污点证人"，告太子李承乾谋反。

贞观十七年（643年），对大唐王朝来说真的是流年不利。

太宗皇帝和长孙皇后共育有三子，太子李承乾，魏王李泰，晋王李治。

李承乾，武德二年（619年）因生于太极宫承乾殿取名承乾，尚在襁褓之中就被封为恒山王，后徙封中山王，李世民登基后，册立年仅八岁的李承乾为太子。唐太宗对这位聪明仁孝、颇识大体的嫡长子寄予厚望，先后择选了陆德明、孔颖达、于志宁、杜正伦等十几位德高望重的老师对其悉心培养。这十几位老师个个都是饱学之士。

身有足疾、不良于行的李承乾小时候尊师重道。每当八十多岁的李纲来给他讲课时，他总是出门迎接，又把老师扶到座位上坐下，恭敬地行礼之后才坐下听课。贞观初期，李承乾的表现都可圈可点，整体来说算得上一位合格的储君。

太上皇李渊去世时，太宗服丧，命太子监国，国事被打理得井井有条，令太宗深感欣慰。以当时李承乾的表现来看，至少可以当个合格的守成之主。

转折可能是出在长孙皇后去世这一年。贞观十年（636年），一代贤后长孙皇后病逝，太宗皇帝悲痛欲绝，在宫内筑楼眺望长孙皇后陵寝。李承乾就是在这一年开始，行事越来越荒唐的。

李承乾会讲突厥话，喜欢模仿突厥人的风俗习惯。人嘛，都有自己喜欢的东西，这本无可厚非，但是堂堂一朝太子在东宫之中正正经经地搞起了角色扮演就不那么正常了。

李承乾穿突厥人衣服，住突厥人帐篷，学突厥人烤羊肉，用佩刀割羊肉吃，选了面貌酷似突厥人的人做侍从，又让突厥人帮他训练军队，在宫内搞些"击刺流血"的"军事演习"，严重时竟然搞出了人命。

上位者的喜好，居然是以普通人的性命为代价，如果这样的人成为一朝君主，不知道百姓会面临怎样的灾难。

折腾了一段时间，有一天李承乾又突发奇想地躺在地上扮演死掉的可汗，让身边的人按照突厥人的风俗给他办丧事，只听到东宫之中哭声一片，配合演戏的侍从们纷纷割破自己的脸，血流满面以示哀悼。

刀没割在李承乾自己脸上，所以他不疼。这样的沉浸式观影，让李承乾很满意，他从地上起来说："等我继承大统，就带着骑兵去给突厥的阿史那思摩（突厥降将）当将军。"

东宫辅臣对太子这种荒诞不经的言行忧虑万分，于志宁、张玄素、孔颖达等对太子苦苦规劝，李承乾不仅听不进去，甚至还骂张玄素："庶子患风狂耶？"（《贞观政要》）

张玄素的职务是右庶子，这话是骂张玄素是神经病。

骂完张玄素，怀恨在心的李承乾又派出刺客刺杀于志宁、张玄素。

两个武夫奉命去执行这次没什么充分理由的刺杀行动，二人到了于志宁府中，看到了一位刚刚失去母亲却为了辅佐太子放弃回家守丧尽孝的老人。

这位老人为了太子殚精竭虑，忧思不已。如此深夜，身穿素服的老人还未入睡。两个刺客实在不忍心动手，回去向太子复命说于府戒备森严无法下手。这两个人一个叫张师政，另一个叫纥干承基。纥干承基正是因齐王李祐案被捕，供出来太子悖逆行径的那个人。

暗杀于志宁的计划暂时搁置，去刺杀张玄素的刺客却险些成功。

一天，张玄素起早去上朝，才走到东宫门口，突然出现一名黑衣人，拦住他的去路，黑衣人举起一种名为"大马棰"的铁鞭向张玄素的脑袋砸下去，老张躲避及时，头偏过去一些，但还是被砸得头破血流，好在正是大臣们赶着上朝的时间，老张被及时救下。

两次刺杀都没成功，李承乾还没放弃，大臣杀不成，那就杀皇子。刺杀的手段不变，标靶换成了他的弟弟魏王李泰。

五、竹篮打水

李泰，李世民和长孙皇后的嫡次子，在李世民的儿子中排行第四，生于唐高祖武德三年（620年）。

李泰一出生就被祖父李渊封为宜都王。两岁时破例进封正一品卫王、授上柱国，继李玄霸后。九岁遥领扬州大都督和越州都督，封地多达二十二州。后来又兼任左武候大将军、鄌州大都督、雍州牧、相州大都督等重要职务。

李泰的长子李欣被李世民接进宫中，由长孙皇后亲自抚养，李欣和自己的叔叔李治经常一起玩耍，感情非常亲厚。

李泰从出生就被祖父爱着，被父亲母亲宠着。而他的才华能力，也担得起这样的偏爱。

李泰才华横溢，聪敏绝伦，雅好文学，工草隶，擅书画，集书万卷。这么一个字写得好、画画得好、书读得好的超级学霸哪个家长能不喜欢呢？

贞观十年（636年），就是李承乾越发不对劲的这一年，李泰被改封为魏王。《旧唐书·韦挺传》中说："时泰有宠，太子承乾多过失，太宗微有废立之意。"

按照惯例皇子成年就要去封地，不能待在京城，李泰改封魏王后，太宗仍特许李泰"不之官"。之官，是上任之意，不之官就是不去上任。

同样是在贞观十年（636年），太宗还特准李泰在魏王府设立文学馆。这让人联想到当年秦王府中的十八学士。

外语课代表李承乾把东宫搞得乌烟瘴气大玩角色扮演的时候，他的学霸弟弟李泰的魏王府门庭若市，荣宠日盛。

有些人忙着抱大腿，看着皇帝的脸色站队，向唐太宗打小报告说朝中有些三品以上的大臣轻视魏王。唐太宗一方面心疼爱子受了委屈，要给他出气；另一方面，也是更重要的，他要给李泰立威，以便将来入主东宫。

太宗召集宰执重臣，严词质问。

皇帝震怒，房玄龄等人吓得不敢作声。只有魏征梗着脖子据理力争："臣不觉得如今的朝臣有谁轻视魏王。按礼制，皇帝的臣属和儿子地位相等，就连皇帝本人也应该对朝廷公卿以礼相待。现在陛下难道要学隋文帝放纵皇子，最后自取灭亡吗？"

被魏征这么一问，太宗也承认自己的确因私爱而忘公。

私爱这种事是发自内心深处的，很难控制。李泰"腰腹洪大"，也就是非常胖，太宗皇帝特许李泰乘坐小轿上朝，他看着这圆滚滚的儿子实在是喜欢。

贞观十二年（628年）春，礼部尚书王珪上奏："朝中三品以上大员遇见宗室亲王都要下车站立路旁，不合礼制。"

太宗十分不悦，说："你们都觉得自己尊贵，却轻视朕的儿子们。"

魏征说："亲王们按礼制地位在三公①之下，现在的三品以上大臣均是九卿②、八座③，遇亲王下轿行礼，确实不合礼制。"

太宗说："人的寿命难以预料，万一太子遇到不幸，谁能知道这些亲王哪个会成为你们的君主呢？你们又怎么能轻视他们？"

魏征答道："自周以来，皇位由子孙相承继，而不传给兄弟，这是为了杜绝庶子们对皇位的觊觎，从根源上阻止祸乱的发生，这是治国者最应当警惕的事情。"

魏征的话道出了嫡长子继承制的好处，那就是稳定。稳定是一个朝代发展的前提，在稳定的基础上百姓才能安居乐业，经济才能发展，综合实

---

① 三公，指太尉、司徒、司空。
② 九卿，指九寺长官。九寺指太常寺、光禄寺、卫尉寺、宗正寺、太仆寺、大理寺、鸿胪寺、司农寺和太府寺，各寺长官为卿。唐以九寺五监为中央事务机构，负责贯彻执行六部所颁发的政令。五监指国子监、少府监、将作监、军器监、都水监。
③ 八座，尚书省通判官左右仆射和六部尚书。

力才能提升。

唐太宗听后觉得讨论太子废立之事确实还没到时机，于是准了王珪的启奏。

王珪的奏折虽然被批准，可唐太宗对魏王的偏爱有增无减。在太宗的偏袒和纵容之下，魏王府的文学馆俨然成了反对东宫的营垒。

当年隋炀帝为了讨隋文帝和独孤皇后的欢心，一直营造勤俭节约、痴情专一的人设，但他和李泰比可差远了。因为李泰确实是和他的父皇有相同的爱好，而且做出了真实而伟大的成绩。

贞观十二年（638年），李泰带着魏王文学馆的著作郎萧德言、秘书郎顾胤、记室参军蒋亚卿、功曹参军谢偃等学士，大张旗鼓地着手编纂一部大型地理学著作《括地志》。

《括地志》详细阐述了唐初各政区的建置沿革、山川、物产、古迹、风俗、人物掌故等，既具有现实意义和政治意义，又可为后世提供参考。

《括地志》在贞观十六年（642年）编纂完成，成书555卷，很多唐宋著作都引用过《括地志》中的内容。

当李泰把《括地志》呈给太宗时，太宗皇帝内心的骄傲无以言表，对这个孩子的宠爱该用什么表达呢？他当即赏赐李泰丝帛一万匹，又提高了李泰的工资补助等标准，甚至超过了当时太子的标准。

褚遂良上疏规劝，大意是想表达不应该给李泰这么丰厚的赏赐，委婉地表达了降低魏王待遇的建议。可能是意见表达得太过委婉，太宗来了个反其道而行之，他不仅没有降低魏王的待遇，反而提高了太子的待遇。

既然说魏王的待遇不应该超过太子的，那把太子的待遇提上来不就好了？想省钱过日子的谏议大夫实在是太难了，钱没省下，反而支出的更多了。

《括地志》完成不久，一项被取消了很久的做法得到恢复——亲王长住太极宫。太宗令李泰移居武德殿，他叔叔李元吉就曾经住在那里。

不久后，太宗收到了魏征针对此事发表谏言的奏章。魏征说："魏王既然是您的爱子，陛下就应该为他的安全考虑，抑制他的骄奢倾向，使他不要处在嫌疑之地。武德殿在东宫的西侧，曾是李元吉的住所，当年就有很多人反对李元吉入住武德殿，结果李元吉果然死在了玄武门。虽时移世易，今天魏王住进来，恐怕会引起非议，而魏王自己的内心，也会感到不安。"

太宗皇帝再次采纳了魏征的谏言，令李泰搬回魏王府。

随着魏王李泰的夺嫡之念愈发明显，太子李承乾变得日益狂悖焦躁。

唐太宗在股肱重臣的轮番劝说下，已经放弃了立李泰为太子的想法，任命魏征为太子太师，让他一心一意地辅佐太子，肯定褚遂良"诸王宜有定分"的提议，还在朝堂之上申明嫡长继承原则。

太宗皇帝的苦心，没有换回父慈子孝的场景。一个名叫"称心"的太常乐人，成了毁掉李承乾的最后一根稻草。

宠爱娈童在古代的帝王将相之家不算什么新鲜事，只是不好拿在明面上来说，一般也就是今日高兴了见见，明日又丢开了。

而当朝太子李承乾对一个乐人竟宠爱到"与同卧起"，东宫之内议论纷纷时，终于有人将这事汇报给了皇帝。

在夺嫡之争的关键时刻，太子竟然不顾舆论爆出这样的丑闻。怒其不争的太宗当即下令处死称心，又召太子入宫，严加训斥。

李承乾的称心没了，他的最后一丝理智也跟着没了！[①]

杀！

一定要杀了他！

就是因为他的告密才让称心惨死！

太子亲自组织了一个一百多人的刺客组织，组织的任务是伺机除掉李泰。刺客头目除了左卫副率封师进，还有此前被派去刺杀于志宁的刺客张

[①]《旧唐书·恒山王承乾传》中记载李承乾在称心死后，"痛悼称心不已，于宫中构室，立其形象，列偶人车马于前，令宫人朝暮奠祭。承乾数至其处，徘徊流涕。仍于宫中起冢而葬之，并赠官树碑，以申哀悼"。

师政、纥干承基。为了方便掌握宫内的动向，太子重金收买禁军将领李安俨监视太宗。

李承乾彻底走上了一条不归路。安排完刺杀李泰的计划，李承乾又联合汉王李元昌（李渊庶出子）、驸马都尉杜荷（杜如晦之子，太宗十六女城阳公主驸马）、陈国公侯君集（攻灭吐谷浑、高昌的功臣）等人策划谋反。

失去挚爱，眼看着要被废黜的绝望太子。

因犯错被责备，心怀怨望的庶出皇子。

性格急躁，错误判断形势的太子近臣。

久被冷落，憋屈苦闷多年的一朝元勋。

…… ……

一群人纠集在一起歃血为盟，紧锣密鼓地准备发动政变。

喋血宫廷的惨案一触即发，却被齐王李祐案牵连出来，胎死腹中。

玄武门前不堪回首的一幕又重现眼前，兄弟反目，父子离心，这样的人伦惨剧一生经历一次已是太多。

太宗召集司徒长孙无忌、司空房玄龄、特进萧瑀、兵部尚书李勣等重臣，还有大理卿孙伏伽、中书侍郎岑文本、御史大夫马周、谏议大夫褚遂良等官员会审太子谋反一案。

调查之下，证据确凿。

谋反之罪，罪无可赦。

太子，必须废黜。但儿子该如何保全，太宗需要一个理由。

他的目光缓缓地、带着期许地落在各位大臣身上。

"该如何处置承乾？"太宗问。

一阵沉默之后，通事舍人来济说道："陛下不失为慈父，太子得尽天年，则善矣！"（《资治通鉴》卷一九七）

贞观十七年（643年）四月，李承乾被废为庶民，流放黔州。两年后于黔州郁郁而终。

汉王李元昌被赐死于家中；侯君集被斩首，太宗感念侯君集的功劳，免了他的妻子和一个儿子的死罪，流放岭南。

太子谋反案其他党羽全部被斩首。

东宫无主，储位空悬。

魏王李泰，在等待太宗的敕令。他怎么也想不到，自己筹谋多年，最后竟然是竹篮打水一场空。

六、谁是继承人

晋王李治，这个像凭空多出来的一位皇子出现在人们的视野中。

储位事关国本，不可空悬。李承乾被废后，唐朝最重要的事情就是册立新的太子，将来承继大统。李泰和他的父亲太宗都没想到，本应该顺理成章的事居然生出变故。

司徒长孙无忌、谏议大夫褚遂良强烈反对立魏王为太子，一致推举晋王李治为太子。

李治，贞观二年（628年）六月出生于东宫丽正殿。贞观五年（631年）封晋王，贞观七年（633年）遥授并州都督。和两位嫡出哥哥相比，年龄尚小的晋王的履历很简单。

在这之前李治一直没什么存在感。

他不是嫡长子，不需要像李承乾一样被悉心培养，也不用承担作为储君的压力。李治幼年学习《孝经》时，太宗曾经问他《孝经》中什么最重要。六七岁的李治答道："夫孝，始于事亲，中于事君，终于立身。君子之事上，进思尽忠，退思补过，将顺其美，匡救其恶。"太宗夸奖他说："能够做到这一点，足以事父兄，为臣子矣。"

他也不像李泰才学横溢，屡有建树。他之前最大的建树大概就是长孙皇后病逝时哭得最是伤心惨绝。悲痛思念之情感动左右，太宗皇帝屡加慰抚，之后对这个儿子更加疼爱了。

贞观十年（636年）长孙皇后去世时李治九岁，太宗皇帝对他的宠爱，是一位父亲对失去母亲的幼子的怜爱，是一种心疼和保护。而太宗对承乾是培养、期许，对李泰是赏识、器重。

正是这样的不涉纷争，让李治在权力的中心保有一颗仁孝之心。也正是因为这样，李治看起来老实、柔弱。

把李泰和李治拉在一起比比看，太宗内心的天平当然倾向于李泰。

把李泰这边砝码拿掉的是他自己。

势在必得、得意忘形的他把戏演得太过了。

李泰和自己的父亲说："我有一个儿子，等我死的那一天，一定为了陛下杀掉他，将皇位传给晋王。"太宗把这段话讲出来，为李泰拉选票。

谏议大夫褚遂良马上反问太宗："陛下您想想吧！陛下万岁之后，魏王如果登基做了皇帝，真的会杀掉自己心爱的儿子，然后传位给弟弟吗？陛下之前立承乾为太子，却宠爱魏王，使魏王礼秩高于太子，才酿成今日之祸。前事不远，足以为鉴。陛下现在要立魏王为太子，臣恳请先废黜晋王爵位，贬为庶人，让他没有继位的可能，远离政治旋涡，以保全性命。"

闻听此言，太宗悚然心惊。

是呀，谁会杀了自己的爱子，把皇位传给弟弟呢？李泰呀李泰，戏演得太过，就矫情了，露了痕迹。等他登上皇位，必然会铲除所有政治上的异己和可能威胁到自己坐稳皇位的力量。

太宗哽咽着说了一句："我，不能……"

为了逼迫李治自己退让，李泰决定威胁一下自己这个柔弱的弟弟。李治自己退让，那支持他的大臣们也就不足为虑了。没了正主，还支持谁？

"太子被废，你觉得能置身事外吗？你和李元昌历来关系友善，李元昌可是太子党的核心人物，他被处死了，你就不担心自己脖子上这颗脑袋吗？"

李治脸上血色尽褪，被吓得惶惶不可终日。太宗皇帝看着异常憔悴的李治，追问他到底怎么了。追问了多次，李治才吞吞吐吐地把李泰威胁他的话一字不漏地复述给太宗听。

太宗皇帝心下一沉，自己最宠爱的儿子居然包藏如此祸心，我还活着他就敢威胁自己的弟弟，等我死了，柔弱的李治、废为庶人的承乾怕是都难以保全性命。

就连李承乾的谋反，李泰也脱不了干系。

"父亲，儿臣已经是太子了，还能有什么所求呢？都是因为李泰的暗算，儿臣为了自保才会被人利用。现在如果父皇立李泰为皇帝，正是中了他的奸计啊！"废太子李承乾的话萦绕在太宗的脑海之中。

李泰，包藏祸心，阴谋夺嫡。

李治，年少无辜，纯孝仁爱。

两仪殿中，房玄龄、长孙无忌、褚遂良、李世勣四人看着侍立在侧的李治，知道这场争论要有决断了。

太宗凄凉地说："我三子①一弟②，所为如是，我心诚无聊赖！"（《资治通鉴》卷一九七）

说完这句话，太宗扑倒在御榻之上，突然拔出佩刀刺向自己。

众人大惊，上前阻止。褚遂良反应迅速，冲上前一把夺下了太宗手中的佩刀。

面对伤心欲绝的皇帝，长孙无忌等人不等他平复心情就再次进言："立储之事，还请陛下早做决断，以免再生事端。"

太宗说："我准备立晋王。"

皇帝一锤定音，群臣一致赞成。发生在贞观十七年（643年）的这场储位之争，终于落下帷幕。

---

① 三子，指李承乾、李泰、李治。
② 一弟，指李元昌。

第四章 贞观之治

太宗说完打算立晋王为太子，长孙无忌马上表示奉诏，并说如果有人提出异议，还请太宗皇帝格杀勿论。

接下来太宗皇帝对李治说了一句耐人寻味的话："汝舅许汝矣，宜拜谢。""为什么说是舅舅许我为太子呢？"李治带着疑惑向长孙无忌跪拜叩谢。

贞观十七年（643年）四月初七，太宗皇帝册立晋王李治为太子，大赦天下。

李治被册封的时候，魏王李泰被软禁在北苑。随后李泰被降封为东莱郡王，一应职务皆被解除。后又改封为顺阳王，徙居均州郧乡县（今湖北省十堰市郧阳区）。贞观二十一年（647年），李泰进封濮王。李治继位后特准李泰开府置官。永徽三年（652年），李泰病逝于郧乡，年仅三十五岁。

离权力的深渊太近，伸手去抓的时候很容易会被吞噬。

太宗在贬黜李泰的诏书中说"魏王泰，朕之爱子，实所钟心"。怜惜之心跃然纸上，钟爱之情溢于言表。为了政局稳定，为了避免骨肉相残，太宗只能忍痛割断对爱子的恩宠。

册立李治为太子之后，太宗又以长孙无忌为太子太师，房玄龄为太傅，萧瑀为太保，李世勣为詹事，左卫大将军李大亮领右卫率，前詹事于志宁、中书侍郎马周为左庶子，吏部侍郎苏勖、中书舍人高季辅为右庶子，刑部侍郎张行成为少詹事，谏议大夫褚遂良为宾客。其中萧瑀和李世勣都为同中书门下三品，设置同中书门下三品正是从这时开始。

除了给太子配备宇宙级超级豪华辅政团队，太宗还竭尽所能地培养李治的执政能力。太宗每次上朝都让李治在一旁学习，看他是如何决断政务、处理事情。太宗还让李治参加议事，其间多次称赞李治的表现。

太宗皇帝晚年东征高句丽，西讨薛延陀，想在自己有生之年解决外患，稳定国际环境，让仁孝的李治接手一个安稳的天下，延续治世。

贞观十九年（645年），太宗征高句丽时，命李治监国。

贞观二十二年（648年），唐太宗作《帝范》十二篇颁赐给太子李治。

《帝范》是李世民对前人执政经验的总结，被称为中国最伟大帝王的沉思录。太宗期待着大唐荣耀可以代代相传。

贞观二十三年（649年）五月二十六日，统治天下二十四年的唐太宗李世民于终南山翠微宫含风殿病逝，终年五十二岁。

太子李治抱着舅舅长孙无忌的脖子恸哭不止。长孙无忌严厉地问李治："主上以宗庙社稷付殿下，岂得效匹夫唯哭泣乎！"（《资治通鉴》卷一九九）李治这才止住哭声。

出灵当日，在朝中任职的胡人官员和前来朝贡的各方使节，无不失声痛哭，他们依照各自民族的习俗，削发割耳，划面自残表达哀悼之情。

突厥处罗可汗之子、唐镇国将军阿史那社尔，原契苾部可汗、唐左领军卫将军契苾何力二人甚至请求殉葬，李治拒绝了他的请求，李治命人雕刻十四位为太宗所擒的外族首领石刻雕像，雕像都如真人大小，石像与昭陵六骏一同被放置在昭陵北司马门内陪伴太宗。阿史那社尔、契苾何力病逝后均陪葬昭陵。

太宗后宫充容徐惠因过度悲痛，哀思成疾又不肯服药，一心求死，祈求魂魄可以入昭陵侍奉太宗，终于在永徽元年（650年）病逝，年仅二十四岁。李治感念她的忠贞，追封徐惠为贤妃，陪葬昭陵石室，是除长孙皇后外距离太宗最近的女子。

悲痛、惋惜、眷恋、不舍种种情绪笼罩着整个大唐。

六月一日，二十二岁的太子李治在太极殿继位，一个上承贞观之治、下启开元盛世的时代拉开帷幕。

第五章

高宗李治

一、假痴不癫　不争是争

高宗这个皇帝当得不容易。

前面是英明神武千古一帝的父亲，再往前是大唐王朝开国皇帝李渊，再往前数是历史有名的暴君隋炀帝和隋朝的开国皇帝隋文帝。

自己在世的时候皇后是武则天，他去世后自己的妻子成了中国历史中唯一的女皇帝，再之后是他那故事特别多又创建了开元盛世的孙子唐玄宗。

在属于他自己的这段时间里，太子之位是从天上掉下来的，之前两个哥哥各种斗法，闹出了谋反案；登基之后，外有权臣内有悍妻。谁的故事都比高宗李治的更能博人眼球，更有热闹可看。

现在走去书店，随手翻上几本唐代的书，高宗统治时期的事件基本都是围绕武则天来书写的，怎么入宫的，太宗皇帝到底宠幸过武则天没有，武则天是如何当上皇后的，又如何牝鸡司晨地当了皇帝。看一眼目录，基本在太宗贞观之治后就是武则天的故事，高宗作为大唐的第三位皇帝连上目录页都不容易。描写皇帝个人的书籍，他爸爸李世民、他媳妇武则天、他孙子唐玄宗各有一大堆，高宗自己的少得可怜。

高宗皇帝在很多人的印象中就像电视剧中的工具人，游戏中的NPC，生活中的小透明。

夹缝中的李治想呐喊："看看我，老子也是皇帝！"

历史上真实的李治到底是个怎么样的人？

李治出生于贞观二年（628年），四岁时被册封为晋王，十六岁被册立为太子，二十二岁继皇帝位，五十六岁去世，在位三十五年。

李治是太宗第九子，长孙皇后第三子，字为善，小名稚奴。

长孙皇后去世后，太宗可怜李治和晋阳公主年幼就失去了母亲，史书记载当时公主估计两三岁的样子，还不能理解母亲去世的含义，李治当时九岁。太宗把两个孩子带到自己的宫中亲自抚养。

所以九岁之后，李治就带着妹妹晋阳公主和父亲李世民住在一起，度过了一段无忧无虑的时光，这段时间他未涉纷争，又要照顾妹妹，所以他对父母兄弟姐妹之间的亲情在表达上不需要有太多顾虑，对情绪的表达不用加以掩饰，更趋于真实，给人以仁孝懦弱的观感。

太宗曾对长孙无忌说："公劝我立稚奴，稚奴仁懦，得无为宗社忧，奈何？"（《新唐书·濮恭王泰传》）

太宗说李治"仁懦"，长孙无忌对李治的评价也是"仁弱"。欧阳修主编的《新唐书》则称李治为"昏童"。

太宗立李治为太子的时候，也是看中了李治温和的性格，可以保全宗室性命。太子时期仍可以看出李治很孝顺，李治上疏请求太宗皇帝增加两个兄长的供应。

孝不等于懦弱，李治真的仁懦吗？从他尽力保全宗室性命这一点来看，确实是仁爱，但懦弱就未必了。

李治的皇后武则天是从何处来的？是太宗病重期间，他出入后宫，见到武则天后"悦之"，之后两人感情迅速升温，这在古代有一个罪名叫"内乱"，属于十恶不赦的大罪，难道仅仅因为多情就敢不顾性命，还是他本来就是胆大心细之人？

在两个兄长斗得你死我活时，李治像一个隐形人，好像什么都没做。后来的结果证明什么都不做是最好的做法，隔岸观火才是上上策。

他什么也没做，但是当李承乾被废后，太子之位像馅饼一样掉下来时，他伸手准确地接住了，同样的情况下，他的哥哥李泰就没接住，眼看着皇位从自己面前溜走。

争夺太子之位的最后时期，李泰威胁李治想让他自动退让，李治被吓坏了，在太宗的追问下才把事情告诉了太宗。

李治为什么不在李泰威胁他的时候就主动上报太宗？因为主动告状，会让父亲疑心。为什么太宗开始问的时候不说，要问了好多次才说？这是表现他对兄长的回护之意。最后在太宗面前呈现的就是一个想维护兄长，又被吓得够呛的皇子形象，实在让人怜爱。

李治很小就带着妹妹跟太宗一起住在宫中，他应该很了解父亲的喜好，也很会把握父亲的心思。

李治成为太子后，太宗处理朝政时，常令太子观政，有时会询问李治对朝政的看法，李治每次发言都能符合唐太宗的心思。

太宗是什么样的皇帝？能让太宗皇帝"数称其善"的李治会是《新唐书》所说的"昏童"吗？

《册府元龟》中也有记载："或时有决罚，令太子评其可否，商榷辩论，深达政要，群臣莫不叹服。"

能令太宗皇帝满意、贞观群臣叹服，这样的储君应该不仅是合格，而是优秀了。

登基后的李治，也证明他不是"昏童"，而是高明的政治家。

李治登基后晨兢夕厉，每天上朝，勤劳国事。古代皇帝不是每天都上朝的，贞观年间，太宗是三天一上朝。

贞观二十三年（649年），登基几个月后的李治开始履行录囚职责。到监狱中视察，审核死刑犯人的情况。

永徽元年（650年）正月，李治亲自接见入京述职的各州长官，"自是日引刺史十人入阁，问以百姓疾苦，及其政治"（《资治通鉴》卷一九九）。

唐朝时每年年底各州长官或主要官员要进京汇报一年的户口、地方治安、官员考核等工作情况。当时天下共有三百六十个州，每天见十个州的领导，这一工作要用时三十六天完成。李治的做法体现了对地方工作的重视,也说明他是位勤政的皇帝。

勤政的李治,执政效果如何呢?

二、开边服远 富贵宁人

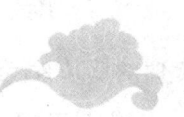

> 开边服远,更阐宇于先基;富贵宁人,重增辉于前烈。
>
> 唐睿宗《改元光宅赦文》

永徽二年(651年),西突厥阿史那贺鲁入侵庭州(今新疆维吾尔自治区吉木萨尔县),高宗先后派梁建方、程知节、苏定方三次西征。显庆二年(657年),苏定方攻灭西突厥。阿史那贺鲁于次年被押送至大唐长安。西突厥灭亡后,原臣服于西突厥的西亚各政权纷纷归附大唐。

显庆四年(659年),大唐在石、米、史、大安、小安、曹、拔汗那、北拔汗那、悒怛、疏勒、朱驹半等置州、县、府一百二十七个。

龙朔元年(661年),大唐在吐火罗、嚈哒、罽宾、波斯等十六国设置都督府八个,州七十六个,县一百一十个,军府一百二十六个,全部隶属安西都护府管理。大唐西部疆域在高宗时期达到极致。

龙朔三年(663年),刘仁轨在白江口战役中大破日军海军。"遇倭兵于白江口,四战皆捷,焚其舟四百艘,烟炎灼天,海水皆赤。"(《资治通鉴》卷二〇一)百济国王流亡高句丽[①],百济归降。

总章元年(668年)九月,李勣率大军攻破平壤,彻底灭亡高句丽。十二月,高宗在大明宫含元殿接受献俘。大唐把高句丽五部、一百七十六

[①] 高句丽,在正史中常被称为高丽,可参看《魏书·高句丽传》《隋书·高丽传》《旧唐书·高丽传》《北史·高丽传》。但高句丽和大唐灭亡后于公元918年建立的高丽并不相同。

城、六十九万余户,分为九个都督府、四十二个州、一百个县,在平壤设置安东都护府统一管理。以右威卫大将薛仁贵检校安东都护,率兵二万人镇抚。

大唐版图达到鼎盛,大唐的奠基时代结束。

取得如此武功的高宗却不穷兵黩武。龙朔三年(663年),高宗考虑到近几年一直在百济用兵,百姓困于征调,士卒伤亡很多,敕令三十六个州停止造船,派司元太常伯窦德玄(窦毅曾孙,窦毅是李渊之妻窦氏的父亲)等人分赴天下十道,视察民生疾苦,考核官吏。

"上以海东累岁用兵,百姓困于征调,士卒战溺死者甚众,诏罢三十六州所造船,遣司元太常伯窦德玄等分诣十道,问人疾苦,黜陟[①]官吏。"(《资治通鉴》卷二〇一)

乾封二年(667年),因高宗时期建造多个宫殿,又因频频发动战争,厩马数量非常多,供养马匹所需要的费用很高,仓库渐渐空虚。大臣张文瓘进谏:"隋鉴不远,不能因此使百姓生怨。"高宗于是减少厩马数千匹。

唐高宗时期的文治也取得了很好的成绩。

儒学方面,太宗时期开始修撰的"五经正义",在高宗时期完成,完成后高宗将其颁行天下,并将其作为科举考试的标准答案。

科举考试方面。高宗时期在科举考试中增加"贴经"考儒家经典,增加"杂文"考诗文创作,推动唐代诗歌创作的发展;高宗首创殿试,对完善科举制做出重大贡献。[②]

史学上,高宗时期编写完成了《南史》《北史》。

律法上,高宗命长孙无忌等人删改《贞观律》成十二卷,为《永徽律》。高宗又命长孙无忌等人对《永徽律》逐条逐句进行注释,撰成《律

[①] 黜陟,指人才的进退,官吏的升降。出自《尚书·周官》。
[②] 《旧唐书·高宗本纪》中有关于高宗主持殿试的记载:(显庆)四年春二月乙亥,上亲策试举人,凡九百人,惟郭待封、张九龄五人居上第,令待诏弘文馆,随仗供奉。

疏》三十卷，颁行天下。《永徽律》和《律疏》统称《永徽律疏》，这就是著名的《唐律疏议》，是中国古代保存至今的最早、最完整的一部成文法典，对亚洲很多国家法治建设都产生了重大影响。

历法方面，麟德二年（665年），颁行秘阁郎中李淳风所撰《麟德历》。《麟德历》在算法上有不少创新，在中国历法史上占有重要地位。

《显庆姓氏录》是唐代最后一次颁定的官方谱牒，打破了旧有的士庶界限，按现任官员的官职品级定等，更好地体现了太宗修《氏族志》的意愿。

陈寅恪先生曾指出，高宗时期以《立武昭仪为皇后昭》的颁布为时间节点，"开启后数百年以至千年后之世局者"。

开边服远，富贵宁人。

太宗想培养一个好皇帝，高宗李治也确实是位好皇帝。

总章元年（668年）夏天，彗星出现。古人认为彗星出现，是不祥之兆，于是高宗迁出正殿，减少日常所用饮食，停止娱乐活动。

许敬宗等人劝高宗大可一切如常，他们说："彗星出现在东北方向，这是高句丽将灭亡的征兆。"

高宗却说："彗星出现，是因为朕失德，怎么能归咎于高句丽这样的小国呢？而且高句丽的百姓，也是朕的百姓。"

这件事虽然和迷信有关，但也能反映出高宗很好地继承了贞观时期太宗君臣"以民为本"的治国思想。

很长的时间内大家都认为高宗被武则天所迷惑，什么事都听武则天的摆布，尤其是《资治通鉴》卷二○一中记载，自麟德元年（664年）上官仪事件后"天下大权，悉归中宫，黜陟、生杀，决于其口，天子拱手而已，中外谓之二圣"。多位历史学家对此提出异议。

吴宗国先生认为，唐高宗在重大政策的制定和宰相的任用上，始终掌握着主动权。唐高宗时期对宰相的任用，完全是根据各个时期政治、经济和军事上的需要来确定的。

唐朝实行三省六部制，宰相对国家大事的影响力非常大，皇帝能根据自己的意愿任免宰相，这是皇帝掌握权力的体现。

同样是《资治通鉴》的记载，显庆五年（660年），"冬，十月，上初苦风眩头重，目不能视，百司奏事，上或使皇后决之。后性明敏，涉猎文史，处事皆称旨。由是始委以政事，权与人主侔矣"。

这段话是说高宗因头风、失明，将一部分国事交给武则天处理，武则天处理朝政符合高宗的旨意，所以高宗才把处理朝政的权力交给武则天。

武则天行使权力的前提是符合高宗的意愿、想法。至于高宗死后，武则天称帝，这在当时不会有人想到。武则天作为非常有执政能力的太后，辅佐新君，对政权平稳交接、国家的稳定和治理都是有益处的。当时武则天年龄已经不小了，正常情况下，武则天去世，朝政自然会回到高宗的子孙手中。因为武则天称帝，以上帝视角来责备高宗是"昏童"，甚至指责太宗皇帝，太不公平。

其实真正在高宗朝曾大权独揽、影响朝局的是以长孙无忌为首的关陇贵族集团，高宗面对当时的政局又是如何夺回大权，独掌乾坤的呢？

三、公主作妖　驸马造反

房玄龄，名乔，字玄龄，齐州临淄（今山东省淄博市）人。出身清河房氏，隋朝泾阳令房彦谦之子。秦王府得力谋士，"玄武门之变"策划者之一。唐太宗即位后，拜中书令、邢国公。累迁尚书左仆射、司空，封梁国公，名列"凌烟阁二十四功臣"。唐太宗去世的前一年，贞观二十二年（648年），房玄龄病逝，终年七十岁，追赠太尉，谥号文昭，配享太宗庙廷，陪葬昭陵。

房玄龄是唐初名相，洁身自好，去世前曾给自己的每个儿子一面屏风，上面写满了历代圣贤的家训。"故集古今圣贤家诫，书于屏风，令各

取一具。"(《旧唐书·房玄龄传》)

房玄龄去世后,长子房遗直袭爵梁国公,永徽初年为礼部尚书、汴州刺史。

房玄龄次子房遗爱是高阳公主驸马,拜驸马都尉,官至太府卿、散骑常侍。

高阳公主,太宗皇帝第十七女,原是李世民最宠爱的女儿。太宗皇帝以为自己这个女儿只是有点刁蛮任性,没想到她会把房家闹得鸡飞狗跳。

她嫁到房家就做了两件事。第一件事是撺掇房遗爱跟他大哥房遗直争家产,太宗因此狠狠地训斥了高阳公主,也不再像以前那样宠爱公主,高阳公主则"怏怏不悦"。

高阳公主做的第二件事是乱搞男女关系,而且乱到满城风雨,天下皆知。

她和辩机和尚私通,同时给房遗爱送了两个女子。夫妻两人心照不宣各自找各自的情人去。没想到她送给辩机和尚的一个枕头被一个小贼偷去,主审官一看这不是一般的枕头,肯定是宫里的东西呀,一个和尚哪来的御用之物呢?

主审的御史提审了辩机,没想到审出了辩机和公主的奸情,又从辩机的住处搜到上亿的财物,皆为高阳公主所赠,朝野哗然。

太宗下令腰斩辩机,又命人砍杀了公主身边亲信的仆人和婢女十几人。公主从此对父亲怀恨在心,太宗去世的时候,高阳公主没有一点伤心的表现。"主益怨望,太宗崩,无戚容。"(《资治通鉴》卷一九九)

太宗皇帝和房玄龄在世时,高阳公主多少有点忌惮,做事还留一些分寸,稍稍顾着点脸面。贞观二十二年(648年)房玄龄去世,高阳公主马上撺掇房遗爱分家另过,她一点也不怕别人笑话相府的两兄弟不和睦。贞观二十三年(649年)太宗皇帝去世,高阳公主从此更加无所顾忌。

高阳公主选情人的口味确实不俗,她偏爱有一技之长的"世外高人"。

老情人辩机和尚,十五岁出家,老师是著名的萨婆多部学者道岳,辩机后来又被玄奘选中翻译经文，是缀文大德九人之一，帮助玄奘编纂了《大唐西域记》。据说辩机容貌俊秀英飒，气宇不凡，才学样貌俱佳，却最终因他的风流被斩成两截。

公主只好"另谋出路"，前后寻觅到了擅长算命的智勖和尚、声称能看到鬼神的惠弘和尚以及医术高明的李晃道士，公主和这些人厮混在一起，给房遗爱戴了一顶又一顶绿帽子。

公主还是个爱情事业两不误的人。与"世外高人"大搞婚外情的同时，高阳公主一直没有放弃对爵位的争夺，人家连情人都得是"高人"，正经名分上的丈夫怎么也得是仅次于亲王的国公吧。她以为现在没了英明神武杀伐决断的父亲管着，皇位上的哥哥仁孝又懦弱，必然不会把自己这个妹妹怎么样。

结果，李治没把自己的妹妹怎么样，但他把房遗直贬为隰州（今山西省隰县）刺史，房遗爱贬为房州（今湖北省房县）刺史。高宗把这两兄弟远远地赶出京城，不让他们在眼前蹦跶。

高阳公主因梁国公的爵位没争到，丈夫还被贬出了京城。爱好和思路都异于常人的她马上想到了一个置房遗直于死地的办法。房遗直死了，那梁国公的爵位自然是房遗爱的，自己也就是国公夫人了。

想到这里，高阳公主的嘴角扯出了一丝笑意。

惯于作妖的高阳公主跑到宫中告状，说房遗直非礼自己，李治一听，头疼不已。

这房家一天到晚都是些什么事，虽然自己的妹妹行为不检点，但她是公主，又是房遗直的弟媳，大伯子非礼兄弟媳妇，在当时是十恶不赦的重罪，公主又把状告到了御前，不可能不管。

房遗直闻讯叹道："罪盈恶稔，恐累臣私门！"（《资治通鉴》卷一九九）

为了保全家中其他人，房遗直对弟弟、弟媳进行了不遗余力的检举揭发。

李治命长孙无忌审理此案。

首席宰相长孙无忌一出手,这起案件已经不可能是简单的风化案了。主审之人不遗余力地把案件的方向导向政治案。

先被审出来的是高阳公主曾经指使内侍省的宦官暗中留意宫禁中的情况,观察星象变化。"主使掖庭令陈玄运,伺宫省机祥,步星次。"(《新唐书·诸帝公主传》)

现在我们看星星是业余看好或者科学研究,但在古代星象只能由朝廷专门机构观测,普通人私自窥测,是非常严重的政治罪。

公主有问题,那下一步当然是审驸马了。

房遗爱一进大牢,这次案件马上走上了长孙无忌想让他走上的轨道。他不仅承认自己妄图谋反,还供出一串同党:荆王李元景、唐初名将薛万彻、柴令武。

这些人的事全坏在嘴上。

李元景,唐高祖第六子,时任司徒,其女嫁房玄龄之子房遗则为妻,他曾经和房遗爱说自己在梦中手把日月。什么人能手把日月?天子!当年武士彟就说曾梦到李渊手把日月。这可是妥妥的谋反之言。

薛万彻,高祖女儿丹阳公主驸马,在平东突厥、定吐谷浑、北击薛延陀、东征高句丽等战役中立下赫赫战功,被太宗誉为当时三大名将之一。他曾"有怨望语",还说过"今虽病足,坐置京师,鼠辈犹不敢动"(《资治通鉴》卷一九九)。

老子虽然脚生了病,但只要我在京师之中,那些鼠辈就不敢怎么样,重点是,鼠辈暗指的是谁?

柴令武,高祖嫡女平阳公主和驸马柴绍之子,娶的是太宗七女儿巴陵公主。李治给他封了一个卫州(今河南省卫辉市)刺史,他说公主身体不适,需要在京城医治,拒绝赴任。赖着不走的柴令武与房遗爱"谋议相结"。

在李承乾被废后,朝廷中对于拥立太子的人选产生了分歧,以长孙无忌、褚遂良为首的支持晋王李治当太子，以房玄龄为首的支持魏王李泰当太子，长孙无忌那时就已经把房玄龄一家视为政敌。

这些人都有一个共同的身份，魏王党羽。魏王在永徽三年（652年）十一月病逝在郧乡，斩草除根才能消除一切隐患。

房遗爱，一个绿帽子都戴出帽子戏法的人哪有胆子去造反？但是他怕死，他不想死，他想像当年齐王案中的纥干承基一样，通过举报别人谋反来获得活下去的机会。

接着房遗爱又交代了四个人：吴王李恪、侍中宇文节、江夏王李道宗和左骁卫大将军执失思力。

吴王李恪，太宗皇帝第三子，生母是隋炀帝的女儿，文武双全，有才干，又有贤王美名，倒霉在太优秀了。

《资治通鉴》卷一九九中记载："恪名望素高，为物情所向，无忌深忌之，欲因事诛恪以绝众望。遗爱知之，因言与恪同谋，冀如纥干承基得免死。"

李治被立为太子后，有一次太宗对长孙无忌说："你劝我立稚奴为太子，稚奴仁懦，恐怕很难守住国家，要怎么办呢？吴王李恪英武果敢很像我，我想立他为太子，你觉得怎么样？"长孙无忌坚持反对，太宗很不高兴，问他是不是因为李恪不是他的外甥才反对。

长孙无忌给出了两个理由：一是太子李治仁爱，适合做守成之主；二是太子之位是国之根本，不能总是换人。太宗皇帝只好放弃立李恪为太子的想法。立太子除了要看皇子本人的综合素质，也是选择他背后的势力，如果一个皇子身后的势力不足以支持他坐稳皇位，必会引发祸患。贞观后期长孙无忌在朝廷上掌握了很强的政治能量，太宗皇帝在很多事情上也不得不对他做出让步。

李治继位后，拜李恪为司空，位列三公，并授梁州都督。永徽二年（651年），加授太子太师。李恪是李治在世的兄长中最年长的一位，是能与长孙无忌势力相抗横的宗室力量，也是曾被太宗皇帝议立过太子的人，长孙无忌对他深为忌惮。

宇文节，祖父是隋朝礼部尚书宇文裔。贞观年间，任尚书右丞。太宗曾说："朕所以不置左右仆射者，正以卿在省耳。"永徽二年（651年）拜黄门侍郎、同中书门下三品。永徽三年（652年），代于志宁迁为侍中。宇文节与长孙无忌同为宰相，他被牵连的理由就更让人无语了，他和房遗爱是朋友，因为是朋友就更知道房遗爱没那个谋反的能耐，积极奔走营救，长孙无忌把他也打包在这个谋反案里。

李道宗，唐太祖李虎曾孙，北周梁州刺史李璋之孙，东平王李韶之子，唐高祖李渊堂侄。李道宗起家左千牛备身，受封洛阳郡公。十七岁起跟随李世民征战四方，灭刘武周、平窦建德、破王世充、退东突厥、定吐谷浑，都有他的身影。与李勣、薛万彻一起被太宗誉为当世三大名将，与李孝恭并称贤王。贞观末年，李道宗改任太常卿，永徽元年（650年），加授特进，实封六百户。太常卿是个闲职，特进是一个散官，均无实权。

一个淡出政坛的开国元勋，一个没有任何过错、战功卓著的宗室亲王，为什么会被无端攀咬到谋反案中？《旧唐书·江夏王道宗传》给出了原因："长孙无忌、褚遂良素与道宗不协。"

执失思力，原是东突厥执失部酋长，东突厥灭亡后，归降唐朝，担任左领军将军。娶唐高祖之女、唐太宗之妹九江公主为妻，官拜驸马都尉，封安国公。他曾奉命招降浑、斛萨等部族，多次随军征战，先后在大败吐谷浑、吐蕃、薛延陀等战役中立功。不知道他犯了什么过错，也不知道他是哪里得罪了长孙无忌，史书中没有记载，无非被长孙无忌看不顺眼罢了。

这件案子的审理结果出来后，李治和满朝文武都陷入了震惊。面对这样的结果，李治放下天子的面子，流着眼泪恳求："荆王，朕之叔父；吴王，朕兄。欲丐（同'乞'，意为乞求）其死，可乎？"（《资治通鉴》卷一九九）

兵部尚书崔敦礼冷冷地说："不可！"

永徽年间唐初名将很多都已辞世，在世的几个，不是事涉此案，就是已经退休或者半退休，这一个案件涉及几位大将，由兵部尚书崔敦礼来出面表态再合适不过。

崔敦礼是得了谁的授意？事件结束后，他因为这次表现获得了升迁，从兵部尚书升为门下省侍中，代替了宇文节的岗位。

李治流着眼泪签下处死叔叔和兄长的诏书时，他和舅舅长孙无忌之间再无任何情感可言。回想起在太宗灵前抱着长孙无忌脖子痛哭的自己，李治心中更多了几分恨意。

案件的结果是：房遗爱、薛万彻、柴令武斩首；李元景、李恪、高阳公主、巴陵公主自尽；宇文节流放桂州，李道宗流放象州，执失思力流放巂州。房遗直被贬为铜陵县尉，房玄龄被取消配享太庙的资格。

朝廷上能与长孙无忌抗衡的力量被一网打尽。

薛万彻在刑场上大喊："薛万彻大健儿，留为国家效死力，岂不佳，乃坐房遗爱杀之乎！"（《旧唐书·薛万彻传》）他在质问，我这样一个大将军，为什么不留着为国家效命，居然因房遗爱连累要被杀害。

大将军何惧战死沙场，这样的死法实在冤枉。薛万彻解开上衣叫监斩官快点动手。连刽子手这种专业杀手，都被薛万彻的气势震慑得手脚不听使唤，连续两次都没能砍断薛万彻的脖子，薛万彻大骂："为什么不用力？"刽子手第三刀才把薛万彻的头斩下来。一代名将就此殒命，连死的时候都是这样的悲壮。

吴王李恪在接到赐死诏书的时候留给长孙无忌一句可怕的诅咒："长孙无忌窃弄威权，构害良善，宗社有灵，当族灭不久！"（《资治通鉴》卷一九九）

李道宗流放象州，病死于途中。

执失思力被流放到巂州（治今四川省西昌市）。九江公主请求削除封邑，与夫同行，后来先于执失思力去世。同样是太宗皇帝的女儿，高阳公主和九江公主的差别太大了。九江公主的事迹并不出名，历史对九江公主的记载极少,只知道她是唐朝第一个下嫁异族的公主。平淡温暖的爱情故事自然没有狗血八卦的出轨丑闻传播得快速而广泛。①

房遗爱的案子了结了,长孙无忌获得了无以复加的权柄,以一朝的名将和李唐宗室的鲜血为代价。

四、皇帝突围　大臣找死

永徽四年(653年)二月,房遗爱谋反案之后,朝堂之上万马齐喑。长孙无忌志得意满,处理了那些碍眼的人,现在的朝堂看起来顺眼多了。

朝堂看着顺眼,家里更舒服。长孙无忌在贞观年间就是个另类的大臣。贞观一朝,臣子多简朴自持,魏征直到去世家中都没有正屋,魏征辞世,太宗曾下诏厚葬魏征,被魏征的妻子裴氏以魏征生平生活俭朴、豪华的葬礼不是亡者之志为由拒绝,一代名臣魏征的灵柩只用一个小布车装载着被文武百官送出城安葬。长孙无忌就不一样了,他的府邸修建得非常豪华,是当时京城的"网红"景点,要是放在现在必然是拍照打卡的胜地。

长孙无忌经常在府邸宴请宾客,能参加太尉府宴会的人当然也都是当朝勋贵。有一天他又在府邸设宴,搞联欢,酒过三巡,菜过五味,主位上的人俯视着众人说:"无忌不才,幸遇休明之运,因缘宠乱,致位上公,人臣之贵,可谓极矣!公视无忌富贵,何与越公?"

这话前半段说的没什么,一个拥立了三位储君又扶两朝天子继位的人,确实厥功至伟,一门之内出了一位皇后、一位宰相、四个驸马,吹吹牛很正常,因为说的也是事实,人家有这个资本。但是后面这句话就让人不知道该如何接了。

---

① 《新唐书·诸夷蕃将传》中关于九江公主在房遗爱案中的事迹记载只用了十个字:主请削封邑偕往。主前卒。
《新唐书·诸帝公主传》中关于九江公主的记载只有六个字:下嫁执失思力。

越公是谁，隋朝的尚书令，越国公杨素，造反的杨玄感的父亲，隋文帝在位时杨素就是宰相，却和杨广勾结，谋夺太子之位，隋文帝的死他有莫大嫌疑。位极人臣没错，但也是乱臣贼子，品行不端。

席上的人有说不及越公的，也有说和越公差不多的，也有说超过越公的。

长孙无忌自己怎么说的呢？"自揣诚不羡越公，所不及越公一而已：越公之贵也老，而无忌之贵也少！"（刘悚《隋唐嘉话》）

这是高级凡尔赛，正话反说，牛皮吹到了九霄云外，我比越公还是有一点比不上的，就是成就同样功业的时候，我比越公他老人家年轻。这话太气人了！

长孙无忌现在如日中天。和大臣长孙无忌志得意满形成鲜明对比的是皇帝李治。

永徽五年（654年）九月的一天，天子李治面沉似水地看着他的朝臣们，这些五品以上的官员，工作在一朝权力机构的核心，理应上承天子，下安黎庶。

李治一改往日温和的语气，高声质问着："顷在先帝左右，见五品以上论事，或仗下面陈，或退上封事，终日不绝；岂今日独无事邪，何公等皆不言也？"（《资治通鉴》卷一九九）

这不是鼓励群臣进谏，这是质问为什么都不进谏，这是一次建立在天子多次下令广开言路都没有效果基础上的诘问。

李治是太宗晚年手把手教出来的接班人，也是贞观一朝政治的旁观者和参与者，他深知言路对于中央机关正确施政的重要性——贞观时期因为广开言路，避免了很多问题，政治清明，社会得到了很好的发展。言路阻塞，是很严重的问题。历代权臣糊弄皇帝的一招就是壅塞言路。

哪个朝代，哪个时期，会没有问题呢？不断的修正才能走得更远。

既然一定有问题，为什么没有人敢于上疏，因为上疏就代表在指责长孙无忌，长孙无忌作为顾命大臣，三省的实际掌控人，有他在没人敢说现在的朝政有问题，否则就要参照房遗爱、宇文节的结局了。

估计也有朝臣在深夜中奋笔疾书，第二天到了朝堂之上又不禁想到死于流放途中的李道宗是皇帝的叔叔，被赐死的李恪是皇帝的兄长，被砍杀的薛万彻是唐朝的将军，自己与他们相比多么微不足道，跟着自己和家人惨死的样子浮现在眼前，准备拼死报效朝廷的人不禁想有什么可以对抗自比越公的长孙无忌呢？除了丧命之外，什么也改变不了。

皇帝一次次的命令，都石沉大海，没有任何回应。

永徽五年（654年）十月，朝廷组织人修建长安的外城，用了四万一千名雍州老百姓，三十天就把这个工程干完了。一个名叫薛景宣的雍州七品下参军，对朝廷短时间内征用大量民力非常不满，上疏批评，在奏疏中说了这样一句："汉惠帝城长安，寻晏驾；今复城之，必有大咎。"（《资治通鉴》卷一九九）

汉惠帝刘盈是个短命的皇帝，病病歪歪的，二十四岁就晏驾了，一个七品下的小官上疏说汉惠帝当年修长城，不久就死掉了，现在也修城，一定也会有大事发生。言语悖逆，诅咒君上，简直是找死。所以于志宁等宰相请皇帝下令杀了这个口出狂言的薛景宣。

李治怎么做的呢？他说："景宣虽狂妄，若因上封事得罪，恐绝言路。"（《资治通鉴》卷一九九）

皇帝坚定地否决了宰相们的提议，他给的理由也无可辩驳，而且这样的小官在长孙无忌这些大人物眼中也翻不出什么风浪来，所以七品下参军薛景宣保住了小命。

天子是借这件事表态：即使是口无遮拦、言辞不逊的人上疏也不会获罪。即使宰相们想处罚，朕作为天子也会保全说话人的性命。

然而，中央机关还是如同往日一样没有任何变化，石头投到水里，没看到一点水花。

前朝的口子没撕开，李治转战后宫。

后宫一直都是李治的第二战场。

时光回溯到永徽三年（652年）七月，王皇后养子李忠被一众老臣请立为太子。永徽四年（653年）初，武则天和李治的第一个儿子，也是李治的第五个儿子出生，李治给这个孩子起名李弘。

小皇子的名字，是李治的一面旗帜。

道教谶言："老君当治，李弘当出。"老君化名李弘降临凡世的时候，世间就会迎来太平盛世。你们非要立李忠，我就给我和武昭仪的孩子起名李弘，李治的进攻从未停止。

王皇后始终没明白一个问题，在她把武昭仪视为敌人，在朝臣的拥戴下收养李忠时，就已经站在了皇帝的对立面上，当李忠被立为太子的时候，王皇后和李治之间的问题已经从家庭纷争升级成皇权和相权之争。

身为妻子的王皇后在争宠，而她的丈夫皇帝李治在夺权，武则天顺水推舟，渔翁得利，成了李治的最佳拍档。

现在前朝的情况很难改变，但这个前朝和后宫相连的后位是个薄弱环节，而且后宫之中还有战友武则天。武则天在前朝没有根基，在后宫只能依靠李治。

永徽五年（654年）年底，高宗李治带着武昭仪来到长安城著名旅游景点长孙无忌府邸。

主宾双方都很清楚这次造访的目的。长孙无忌是百官之首、天子舅父，皇帝要换皇后，行文必须通过中书门下，皇后之位上可能长孙无忌会有所让步，毕竟这是外甥要换媳妇的事。

皇帝和昭仪不断提醒自己一定要保持微笑，态度一定要诚恳良好。长孙无忌也在暗暗告诫自己，不管稚奴说什么、做什么，都不要有半分让步。

太尉府邸的人很快做出一桌丰盛的酒席，天子不常来，但是宴会可是经常办，都是小事情。

席间皇帝亲切地询问太尉一家的情况、舅父家表兄弟的近况，李治给长孙无忌宠妾所生的三个儿子封了朝散大夫,还送了十车金银珠宝绫罗绸缎,长孙无忌坦然接受。等到高宗把话题引到皇后之位时,长孙无忌又不接招。

暗示不成,李治只好明示:"皇后无子,真是让人遗憾哪!是不是可以在其他妃嫔中选一位立为皇后?"收了皇帝官职,又收了人家钱财,长孙无忌还是顾左右而言他。

长孙无忌拿了钱还不办事,皇帝上门去送贿赂还没把事办成。

这个皇帝难道是傀儡吗?在这样的情况下看,难道不是傀儡吗?一个皇帝没有施政的实权,宰相大权在握说一不二。

李治和武昭仪回宫分析这次行动失败的原因,鉴于长孙无忌收下了贿赂,有没有可能是这个事情还需要其他方面的力量再推动一下,宴会上人多口杂,有可能不好明面上答应。

接着李治又派了两拨人去办这件事。武则天的母亲,杨氏夫人登门请求长孙无忌同意废王立武一事,被婉拒了。老臣卫尉卿许敬宗去做说客,被长孙无忌骂了出去。

为什么选这两个人,有可能是在隋朝时,这几家长辈有些渊源,武则天母亲杨氏老夫人的父亲杨达在隋朝时做过纳言,许敬宗的父亲许善心做过礼部侍郎,还曾经作为杨达的副手出使地方。长孙无忌的伯父担任过隋朝的太常少卿。这几家的长辈曾同朝为官,私下可能有过往来。

想想太宗皇帝在的时候,家有贤妻,外有忠臣。

再看看现在的李治,外有权臣,家有间谍。

谁都不想睡觉的时候枕头边还放着前朝的一只眼睛,是时候戳瞎这只眼睛了。

武昭仪的情报系统发挥了作用。永徽六年(655年)六月的一天,王皇后母亲柳氏进入后宫,武则天抓住机会举报王皇后和母亲柳氏行厌胜之术。

厌胜是古代的一种巫术行为,据说能以诅咒制服人或物。诅咒人的方法是用泥或者木头制作人物的形象，也可以画在纸上，然后对其刺心钉眼，系手缚足，诅咒对方患上恶疾或者死亡，是一种非常恶毒的诅咒。

古人笃信此事，无论是宫廷或是民间，都有人利用巫蛊加害他人，所以论罪非常重，《唐律》规定要按谋杀罪减二等论处，如果被诅咒的对象是至亲长辈，则不可减罪，依律当斩。

天子闻听控告，马上下旨将王皇后的母亲柳氏驱逐出宫，严禁她进入后宫。

王皇后、柳氏、柳奭、长孙无忌，这条信息传递链条，中间被拿掉了一环，长孙无忌安在后宫中的监控被断了电源。

一个月后，李治把王皇后的舅舅吏部尚书柳奭贬为遂州（今四川省遂宁市）刺史，等他走到扶风时，岐州长史于承素按天子李治的授意指控柳奭"漏泄禁中语"，柳奭又被贬为荣州（今四川省荣县）刺史，荣州比遂州更加偏远。

"漏泄禁中语"五个字，才是这系列事件的核心。王皇后是否真的行厌胜之术史书记载不一，《旧唐书》中说皇后确实和母亲柳氏"求巫祝厌胜"。《唐会要》《新唐书》《资治通鉴》记载是武则天诬告王皇后。

人们总想找出线索来证明王皇后到底有没有行厌胜之术，她是不是被武则天诬告而蒙冤。但这一点对李治来说一点也不重要，重要的是王皇后和她的母亲柳氏、舅舅柳奭"漏泄禁中语"，皇帝需要把这个情报链条斩断。

李治的不信任，柳奭其实早有察觉，早在永徽五年（654年）六月，"中书令柳奭以王皇后宠衰，内不自安，请解政事；癸亥，罢为吏部尚书"（《资治通鉴》一九九）。

好好的中书令不做，自己请求贬官，皇帝还批准了，把他贬为吏部尚书。柳奭知道后宫的外甥女被李治疏远，恐怕后位难保，自己身处高位，难免登高跌重，家族受到牵连。他虽然已经预见到有今日之事，提前退了一步，但退得还不够远。

第五章　高宗李治

　　王皇后深陷后宫，与外界断了联系，她身边还有武则天的眼线。不管是不是被冤枉的，她这时都应该发现，她名义上的丈夫根本没想过要调查是不是确有其事。回想从成为晋王妃，到萧良娣进入太子府，从自己成为母仪天下的皇后，和萧淑妃斗，和武氏那个白眼狼斗，她早忘了自己是当朝天子的正妻。收养李忠的事没和皇帝商量，那是舅舅柳奭和长孙无忌在前朝推动的。数年间，她与李治恩义负尽，反成寇仇。现在一切已成定局，等待她的是更大的悲剧。

　　这一步棋李治和武则天走得很成功，他们决定以退为进再走一步，废皇后这件事不容易做。不管是小公主之死还是行厌胜之术都没法拿到台面上来，因为可能都是查无此事。唯一能拿到台面上来说的就一件事，皇后没有儿子，这属于七出。

　　在古代，以没孩子这个理由休妻，必须妻子年满五十，王皇后才二十几岁，显然不符合这一条件。

　　立武则天为皇后确实很难。那退而求其次不废后，只升一下武则天的位分这些大臣总不会还有意见吧？

　　武昭仪现在的位分是正二品，九嫔之首，上面正一品四妃子人数已满，一个萝卜一个坑，没坑可蹲怎么办？李治发明了一个封号——"宸妃"。这个封号一定也是深思熟虑过的，《论语·为政篇》中说："为政以德，譬如北辰，居其所，而众星拱之。"如果这次行动成功，那么宸妃就是继李弘之后李治在后宫竖起的第二面旗帜。

　　李治把这个提议拿出来，立刻遭到了朝臣的反对。李治希望朝臣提意见的时候下面没什么反应，李治提出要立武则天为宸妃，反而看到了自己久久盼望的场面——面折廷争。

　　侍中韩瑗，中书令来济明确反对，他们说："妃嫔有数，今别立号，不可。"（《新唐书·后妃传》）

　　按唐朝命妇的制度，每个位分上的人数都是固定的，位置也是安排好

159

的，皇后之下正一品夫人只能有四人，分别是贵妃、淑妃、德妃和贤妃。现在皇帝自己生造出来个宸妃，这不行，大臣们想都没想，直接把皇帝的提议顶了回来。

永徽六年（655年），李治已经登基七年了，这一年他二十八岁，武则天三十二岁。

后世之人大都误解李治是个懦弱的人，估计当时的人也有这样的误解，所以韩瑗、来济才敢对天子寸步不让。

人们认为李治懦弱，多是因为他喜欢哭，史书中对李治哭有多次描述，重要的几次都与亲情有关：一次是长孙皇后去世，一次是唐太宗去世，一次是为叔叔李道宗、兄长李恪向大臣们求情免死。一个人因为至亲离世或者可能马上被夺去生命而痛哭流涕，这可以作为他懦弱的证据吗？

关于李治，我们是不是要重新审视一下？

五、纯臣归位　奸臣出场

以长孙无忌为首的宰相团体，反复试探天子的底线，挑战皇帝的权威。

有人高调找死，也有人在低调潜伏。

永徽四年（653年），一个在李治登基后就淡出政坛的重要人物，悄然回到人们的视线之中。

凌烟阁二十四功臣排名第二位的人物，李勣。

李勣是谁？

李勣，原名徐世勣，字懋功。生在"家多僮仆，积粟数千钟"的富豪之家，其父徐盖和徐世勣都是"乐善好施，拯济贫乏，不问亲疏"之人。隋末动乱徐世勣入瓦岗投翟让，后瓦岗李密归唐，徐世勣据守原李密旧地，在魏征的劝说下徐世勣同意归附。

徐世勣对长史郭孝恪说："人众土宇，皆魏公有也，吾若献之，是利

主之败为己功，吾所羞也。"（《新唐书·李勣传》）

他认为自己现在管辖的这些人民和土地都是李密的，如果以自己的名义献给唐朝，那是用李密的失败给自己谋取功劳，他深以为耻。于是徐世勣把他所管辖的郡县和户口等一一做了登记，让郭孝恪带去交给李密，由李密自己呈交给李渊。

李渊对这件事情的评价是："徐世勣感德推功，实纯臣也。"（《旧唐书·李勣传》）李渊于是将皇姓赐给了徐世勣，此后徐世勣就成了李世勣，李治继位后为示孝道避父名讳，李世勣再次改名为李勣。

李勣归顺大唐之前所管辖的范围"东至于海，南至于江，西至汝州，北至魏郡"（《旧唐书·李勣传》）。如果当时李勣自立为王，割据一方也无不可，以自己所管之地换个宰相当当也是可行的。但他都没有这么做，他随李密归顺了唐朝。李密叛唐被杀，李勣又以君臣之礼为李密举行了隆重的出殡仪式，把他安葬在黎阳山南麓。唐高祖说他是纯臣，他也确实是位纯臣。

归唐之后，李勣跟随李世民平定四方，大败宋金刚、讨伐王世充、占领虎牢关、击擒窦建德、大败刘黑闼、打徐圆朗、攻辅公祏、灭东突厥、平薛延陀、战高句丽，每一战都有李勣的身影。

太宗评价李勣："于今名将，惟世勣、道宗、万彻三人而已。"（《资治通鉴》卷一九七）

太宗还在一次宴会上对李勣说："朕将属以幼孤，思之无越卿者。公往不遗于李密，今岂负于朕哉！"（《旧唐书·李勣传》）

李勣也是太宗皇帝安排给李治的托孤大臣。只是太宗对他做了特殊的安排，在自己病重的时候将李勣贬谪出长安。

"李世勣才智有余，然汝与之无恩，恐不能怀服。我今黜之，若其即行，俟我死，汝于后用为仆射，亲任之；若徘徊顾望，当杀之耳！"（《资治通鉴》卷一九九）

这就很奇怪，前面还说李勣不会辜负自己，后面又说如果李勣徘徊观望就杀李勣，还把李勣贬出了京城，以同中书门下三品为叠州都督。

之后我们看到李勣，居然连家也不回，飞也似的去赴任了。

这一幕让人感觉很奇怪，总觉得中间少了什么，又说不上来。所以我们再倒回去看一下太宗皇帝说的话，找一下重点。

太宗说，"可托孤者，无以逾公"，"汝于后用为仆射"。

关键词：托孤、仆射。

两次都是明令，确认了李勣的身份、名分、职位。太宗明确地告诉了所有人，李勣也是有托孤之命的顾命大臣，如果他被贬之后马上赴任，就任命他做仆射。我们完全有理由推测，太宗在私下里给李勣和李治都有所交代，所以李勣接到命令，都不回家取件衣服、交代一下，就飞一样地走掉了。无非是为了完成"即行"这个动作。

李勣是太宗留给李治的撒手锏。把他贬出京城也是为了先把李勣保护起来。

撒手锏李勣同志在李治继位后以退为进，保存力量，如果朝堂无事，他就退居二线，如果朝堂上发生危及皇帝的事件，李勣就将是拯救李治和唐朝的那棵救命稻草。

他是"威一殊俗，勋书册府"将军，如果他在有天子之命的情况下振臂一呼，军中必定群起响应。

房遗爱案，长孙无忌的做法已经危及皇帝李治，所以在房遗爱谋反案完结后的人事调动中，李勣被李治争取任命为司空。

李勣原来是开府仪同三司，擢升为司空后就和太尉一起位列三公。

三公指太尉、司徒、司空，正一品，是级别很高的荣誉头衔。吴王李恪之前就顶着这个头衔。前面长孙无忌刚把吴王恪赐死，现在李治马上就让李勣把这个空补上。不得不说，李治在可能有所作为的时候，必会精准出手。

李治还是晋王时，李勣就是他的旧部；李治遥领并州都督时，李勣为都督府长史。"勣在并州凡十六年，令行禁止，号为称职。"(《旧唐书·李勣传》)

在立李治为太子时，太宗应该权衡过几位备选皇子的政治资源。李治绝不仅仅是靠哭出来的仁孝就捡了个太子当。

李治命人重新绘制李勣的画像，亲自题写序赞："朕以绮纨之岁，先朝特以委公，故知则哲之明，所寄斯重！自平台肇建……茂德功臣，惟公而已，用旌旗厥美，永饰丹青！"(《李勣墓志铭》)

长孙无忌、褚遂良、李勣同为定策功臣、托孤重臣，李治却说："茂德功臣，惟公而已。"

李治在给李勣发信号："老李醒醒，该干活了。"

永徽四年（653年），李勣以一个不怎么惹眼的方式悄然回到权力斗争的旋涡中心。

朝臣似乎铁板一块，李勣换了个近一点的地方潜伏，可怜的皇帝和昭仪因为宸妃的方案遭到反对，在后宫抱头痛哭。哭过之后，还要继续战斗，为了最高权力而战。

所谓废王立武从来就不是女人之间为了后位的战争，这是一场天子和宰相群体围绕谁来掌握最高权柄的政治斗争。政治斗争，没有战场上的流血漂橹，却更加波谲云诡，今天暗潮涌动，明日笑里藏刀。

朝廷中真的有一把"笑里藏刀"的利刃，一个长相俊美、未言先笑，让人看见就平添几分欢喜的人。李治做太子的时候，他是太子舍人，李治登基后他进入中书省做了中书舍人，负责具体起草诏书。

这个人就是后来被列入奸臣传的李义府，白居易在《天可度》一诗中评价："看不见李义府之辈笑欣欣，笑中有刀潜杀人。"成语"笑里藏刀"说的就是李义府。很多电视剧因为他的奸臣身份就给他塑造一个丑陋的外形，但人的忠奸善恶哪是能通过外貌造型来分辨的呢？

不知道什么缘由，李义府得罪了长孙无忌将被外放壁州做司马，命令已经从中书省到了门下省。三省六部制制度下，中书出令、门下封驳、尚书执行，在门下省形成最后决议后就会发到尚书省执行。文件在"走流程"的过程中被李义府得知，他慌忙找朋友商量，同为中书舍人的王德俭给他出了一个主意："皇帝现在想换皇后，但是宰相们都不同意，如果你现在给皇帝上疏，支持武昭仪当皇后，皇帝就不会把你派出去了。"

王德俭，是卫尉卿许敬宗的外甥，因脖子上有一个大瘤，主意又多，所以外号"智囊"，这也是"智囊"一词的由来。

当天轮到王德俭值夜班，李义府立即和王德俭换了班，晚上值班时李义府写了上表，中心思想是说废王立武是人心所向，快立武昭仪为皇后吧！写完他就叩开宫门直接呈报给皇帝。李治当天晚上就召见了李义府，赐他珍珠一斗，就任原职。不久又给他升职为中书侍郎。

支持"废王立武"等于升官发财。这是一个非常有意义的事件，它标志着李治掌握权力的新路线诞生：用皇帝的权力拉拢一部分官员支持自己，绕开士家大族，启用寒门庶族，培植自己的力量。

这把刀，很好用。

他在朝堂上打开了一个缺口，朝臣的声音不再都是反对废王立武了，皇帝的意愿终于有人支持。

这之后李义府、许敬宗、王德俭、崔义玄、袁公瑜等人开始拉拢官员，你和大理寺聊一聊，他和御史大夫说一说，朝廷中拥护高宗的声音越来越多。

永徽六年（655年）夏天，天热得让人烦躁，朝廷局势不再像往日那样明朗。

长孙无忌、褚遂良等人不能坐看形势再发展下去。

一天，他们秘密开会研究对策，长安令裴行俭参加了这次主题为"如何阻止'废王立武'事件发生"的会议，并发表了如果武则天做了皇后，

天下将永无宁日的重要意见。他说："国家之祸必由此始。"（《资治通鉴》卷一九九）

暗中有双眼睛一直盯着他们，大理寺丞袁公瑜把这些话全听了去，随后将听到的事情告诉了武则天的母亲杨氏，杨氏又告诉了武则天，武则天又汇报给了唐高宗。几天后，裴行俭就被贬为西州（今新疆维吾尔自治区吐鲁番市东）都督府长史，这在当时是一个非常强烈的政治信号。

永徽六年（655年）九月初一，高宗把许敬宗擢升为礼部尚书。许敬宗曾是瓦岗旧臣，因文才被召入秦王府，成为秦王府十八学士之一，是个在宦海中几经沉浮的老臣。

秋高气爽的秋天和山雨欲来的朝局同时到来。

六、君臣决战　武氏上位

永徽六年（655年）九月的一天散朝后，唐高宗把司徒长孙无忌、司空李勣、左仆射于志宁、右仆射褚遂良四人留下，开会。

会议的主题不言而喻，一定是讨论废王立武，在进入内殿前的短暂时间内，几个人忙着商量如何应对。

褚遂良说："看来皇帝立武氏为后，决心已定，谁反对都必死无疑。长孙无忌是皇帝元舅，李勣是开国功臣，我们不能让皇帝和自己舅舅起冲突，也不能让皇帝留下杀功臣的骂名。咱们几个人只有我对国家功劳不大，又是托孤大臣，一会儿由我去说，也算不负先皇的嘱托。如果我不能阻止此事，死后无颜面对先帝。"

这次皇帝通知得太突然，长孙无忌、褚遂良他们来不及商量，而且这四个人里李勣不是长孙无忌这边的人，当着他的面没法商量，另外三个属于他们一边的宰相韩瑗、来济、崔敦礼都不在应召之列，平时有些不好说的话，都可以由这三个人说，现在这三个人不参会，就必须得在长孙无

165

忌、褚遂良、于志宁中选一个出来作为主要发言人。最重要的是他们担心李勣发声支持皇帝，那就不好办了。

李勣一听就明白了，这是不让我说话呀！李勣立刻就病了，病到无法参加会议，要请假休息。

进入内殿的时候，就剩下三位宰相对决高宗。

李治召集了这次会议，所以要由他先说明这次开会要研究什么问题。李治说得也很直白，他直接问长孙无忌："皇后无子，武昭仪有子，我要立武氏为皇后。何如？"

长孙无忌把话筒递给了褚遂良，说褚遂良比较了解这个事情。

褚遂良义正词严地回答皇帝："皇后名家，先帝为陛下所娶。先帝临崩，执陛下手谓臣曰：'朕佳儿佳妇，今以付卿。'此陛下所闻，言犹在耳。皇后未闻有过，岂可轻废！臣不敢曲从陛下，上违先帝之命！"（《资治通鉴》卷一九九）

皇帝说皇后无子，为什么褚遂良却说皇后未闻有过。无子不是过错吗？

《大戴礼记·本命》中有关于七出的解释："妇有七去：不顺父母去，无子去，淫去，妒去，有恶疾去，多言去，窃盗去。不顺父母去，为其逆德也；无子，为其绝世也；淫，为其乱族也；妒，为其乱家也；有恶疾，为其不可与共粢盛也；口多言，为其离亲也；盗窃，为其反义也。"

唐代律法把七出列入法律条文，唐律对因不符合七出，同时也不符合夫妇双方因义绝、和离、违律成婚等法定其他准予离婚条件的离婚之人要进行处罚。

除此之外，古代还有三不去的要求：有所娶无所归、与更三年丧、前贫贱后富贵。妻子父母不在世无家可归的不能休妻；与丈夫一起为父亲或母亲守孝三年的不能被休妻；丈夫娶妻的时候贫贱，后来富贵了不能休妻。

关于七出无子这条，也是有附加条件的，女子过了五十岁还没有生育才算无子。

王皇后确实没能诞育子嗣，但她才二十几岁，而且作为媳妇为太宗守过孝。所以褚遂良才说"未闻有过"。

李治对褚遂良的话一时无法反驳。

厌胜案都没被提及，最大的原因应该是证据不足。

皇帝没有什么新理由可以驳斥他们。他们的理由又都无可辩驳，皇后系出名门，是先皇给您选的媳妇，皇后没有过错。

这天的会议没有再继续下去。长孙无忌、褚遂良、于志宁回家睡了个好觉。

他们没想到，第二天散朝皇帝又召集他们开会，主题不变。

褚遂良昨天发挥得很好，今天继续由他当发言人："陛下必欲易皇后，伏请妙择天下令族，何必武氏。武氏经事先帝，众所具知，天下耳目，安可蔽也。万代之后，谓陛下为如何！愿留三思！臣今忤陛下，罪当死。"（《资治通鉴》卷一九九）

褚遂良这个发言应该是经过考虑的，昨天列举的是为什么不能废王皇后的论据，今天说的是为什么不能立武氏的理由：武氏不是世家大族，武氏曾是太宗后宫。然后得出结论：不能"废王立武"。论证结束！

《新唐书·褚遂良传》记载听到褚遂良说的话，高宗"羞默"。又羞愧又沉默。如果事情就此打住，那就应该和昨天一样，皇帝带着他的不高兴回到后宫去，三个宰相高高兴兴回家睡觉。一切如常，只要保持住现状，长孙无忌他们就是胜利的一方。

褚遂良可能说得太激动了，感觉这个氛围还需要再推进一下，他把笏板放在台阶上说："还陛下笏，乞放归田里。"（《资治通鉴》卷一九九）

然后解下头巾，磕头不止，磕得满头鲜血。长孙无忌、于志宁都傻眼了，心道，糊涂哇。褚遂良冲杀得太勇猛，杀过头了。

高宗大怒，但还是压着怒火命左右把褚遂良拉出去。

这样的节外生枝正是高宗所需要的。长孙无忌在电光石火之间正在想该怎么保住褚遂良的职位，如果皇帝答应褚遂良乞归田里那就不好办了，该怎么把话题引回来。

"何不扑杀此獠？"（獠是对南方少数民族的蔑称。褚遂良是杭州钱塘人）

为什么不杀了他？

一声突兀又狠戾的质问，打断了所有人的思绪，殿内瞬间鸦雀无声，错愕写在了每个人脸上。

大家恍惚觉得，我听到了什么？谁在说话？我幻听了吗？

随着这句质问，武昭仪从帘后窜了出来。

内殿之中，只能听到几个人的呼吸之声。

长孙无忌最先稳住心神，现在，先保褚遂良的命要紧。

长孙无忌说："遂良受先朝顾命，有罪不可加刑！"（《资治通鉴》卷一九九）

于志宁汗流浃背，不敢说话。

所谓穷寇莫追。本来稳操胜券的长孙无忌一方反而陷入了被动挨打的局面。

如果唐朝皇宫的内殿有 LED 屏幕，那上面会依次显示如下内容。

开始是关于要不要"废王立武"的重要会议。

然后是关于要不要让褚遂良"乞归田里"的重要会议。

现在是关于要不要杀掉褚遂良的重要会议。

跑题了！会议的主题从换不换皇后，变成了要不要接受褚遂良辞职，而武昭仪的"一声吼"把主题变成了要不要杀褚遂良。

主动权现在到了高宗手中。

这次交锋后，中书省中书令来济，门下省侍中韩瑗，共同进谏反对换皇后，高宗命人把二人拉了出去。

之后两人锲而不舍，今天写一篇论文，明天写一篇论文，引经据典，诗曰子云地反复论证皇后不能换。高宗都不予理睬。

第五章　高宗李治

当朝七位宰相，长孙无忌、褚遂良、来济、韩瑗坚定地站在反武阵营中。但是褚遂良已经废掉了。左仆射于志宁缄口不言，中书令崔敦礼明哲保身。

还有一位，是请了病假的李勣。

李勣的病该好了，所以李勣的病果然好了，他入宫觐见。

高宗问李勣："朕欲立武昭仪为后，遂良固执以为不可。遂良既顾命大臣，事当且已乎？"（《资治通鉴》卷一九九）

李勣说："此陛下家事，何必更问外人！"（《资治通鉴》卷一百九十九）

《资治通鉴》说：上意遂决。

为什么有了李勣的支持，高宗就能放心决断了呢？李勣在中央机关是仅次于长孙无忌的二号人物，李勣是托孤大臣，又是国家元勋。而且李勣在军队中的威望是长孙无忌所不能比的。一直不表态的李勣后发制人，他的门生、故吏、外甥、子侄、军中旧部必然响应。高宗的心稳了。

许敬宗在朝中四处说："田舍翁多收十斛麦，尚欲易妇；况天子欲立一后，何豫诸人事而妄生异议乎！"（《资治通鉴》卷一百九十九）

李勣的一锤定音和许敬宗看似粗俗的言语，核心都是皇帝话语权的问题。

许敬宗在向满朝文武陈述一个事实：皇帝还不如一个种田的老农民。

武则天命人把许敬宗的话广泛传播。舆论完全倒向皇帝和武昭仪一方。现在大家只关心皇帝有没有实权，没人关心武昭仪以前是谁的媳妇，也没人关心王皇后有没有过错。

永徽六年（655年）九月，皇帝下令贬褚遂良为潭州（今湖南省长沙市）都督（军政长官），褚遂良带着深深的懊悔踏着初秋的落叶走出了长安。

永徽六年（655年）十月十三日，唐高宗李治颁布废黜王皇后和萧淑妃的诏书：王皇后、萧淑妃谋行鸩毒，废为庶人，母及兄弟，并除名，流岭南。（《资治通鉴》卷二百）

十月十九日，文武百官联名上疏，请求立武昭仪为皇后。

同日，高宗李治颁布立武昭仪为皇后的诏书。

立武昭仪为皇后诏

武氏门著勋庸，地华缨黻，往以才行，选入后庭，誉重椒闱，德光兰掖。朕昔在储贰，特荷先慈，常得侍从，弗离朝夕。宫壶之内，恒自饬躬；嫔嫱之间，未尝迕目。圣情鉴悉，每垂赏叹，遂以武氏赐朕，事同政君，可立为皇后。

《全唐文》

诏书对立武氏的合法性进行了解释，贞观末期，太宗感怀太子的孝心，把武才人赐给了太子。虽是欲盖弥彰的谎言，但是又有谁会在意呢？有空想这个事，不如想想自己有几个脑袋，有没有褚遂良命硬。褚遂良是顾命大臣还可以保住一条命，自己可不是顾命大臣。

《立武昭仪为皇后诏》的发布不仅是高宗对权臣之战的胜利，也是中国历史的一个重要节点。

陈寅恪先生曾说："此诏之发布在吾国中古史上为一转折点，……以关陇集团外之山东寒族，一旦攫取政权，久居洛阳，转移全国重心于山东，重进士词科之选举，拔取人才，遂破坏南北朝之贵族阶级，运输东南之财赋，以充实国防之力量诸端，皆吾国社会经济史上重大之措施，而开启后数百年以至千年后之世局者也。"（《记唐代之李武韦杨婚姻集团》）

立后诏书颁布后，高宗大赦天下。

十一月初一，太极宫隆重举行新皇后的册封大典。司空李勣受皇帝命令将皇后玺绶颁发给武氏。

同一天，武皇后在肃义门接受百官朝见。

皇帝和新皇后用这样的方式宣示对唐王朝的绝对领导权。

这一年，是高宗李治登基的第七年。

这一年，距离武则天第一次入宫已过去十八年。

这一年，李治二十八岁，武则天三十二岁。

七、肃清后宫　短暂和解

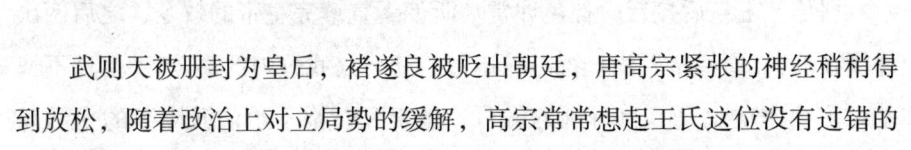

　　武则天被册封为皇后，褚遂良被贬出朝廷，唐高宗紧张的神经稍稍得到放松，随着政治上对立局势的缓解，高宗常常想起王氏这位没有过错的结发妻子，还有萧氏这位给她生育了三个孩子的受宠妃嫔。

　　高宗是个温柔多情的人，他喜欢音乐，据说唐代名曲《春莺啭》就是由他作曲。在音乐上有造诣的人，一定是敏感多情的。

　　王氏和萧氏，被囚禁在别院之中。有一天高宗来到了她们所住的地方，他看到一座被严密封闭的小院，墙上凿了一个洞，用来送食物。昔日的皇后和淑妃居然过得如此凄凉！高宗恻然，泪水流了下来，高宗喊道："皇后、淑妃安在？"

　　隔着墙，高宗听到王氏哭着说："我和萧氏因为获罪，现在的身份是宫婢，怎么配使用尊称？"她又说："如果陛下您顾念往日的情谊，请让我们再见日月，并将这座院落赐名为回心院。"

　　高宗心中伤感，答应着说："朕，回去就处理。"

　　皇后武则天的眼线已经遍布宫中，这个消息很快就传到了武则天那里，一切危险都必须被扑灭在萌芽中，她立刻就去找了高宗，痛陈利害："现在前朝之事刚刚平息，百官还在摇摆观望，皇帝去探望罪人，这是落人口实，如果有人以此为借口兴起风浪，该如何是好？"

　　拿到了皇帝处死王氏、萧氏的旨意，武则天带着怒火命人将王氏、萧氏各打了一百杖，之后命人切断二人手足，放入酒瓮之中，还说这是"令

171

二妪骨醉！"①（《资治通鉴》卷二百）。

过了数日，曾经的高门贵女，一朝之后，天子宠妃凄惨而痛苦地死去，武则天又命人斩下了王氏和萧氏的头颅。

没过多久，高宗下诏追改王氏的姓氏为"蟒"，萧氏的姓氏为"枭"。单纯从肉体上消灭她们还不够，还要从精神上把这两个人彻底打倒，让前朝那些想利用王、萧二人搞事情的大臣看清楚、想明白。

据传，王皇后接旨时神色如常地听使者宣读完皇帝的敕令，之后两次拜倒在地："愿皇帝万岁！祝昭仪承恩。死，是我分内的事。"王皇后不愧是世家出来的女子，自有她的傲骨，她至死，都不承认武则天的皇后身份，在她眼里，武则天永远只是个二品昭仪。

王皇后的悲剧也来源于她的骄傲，对自己的丈夫不知温柔体贴，以和丈夫身边的女人争斗的方式来挽回丈夫，直到被关在那个逼仄的小院，她还让高宗将这小院起名为"回心院"来证明天子的愧悔和真心，眼看失去生命，还在和武则天较劲。自己在政治上站在皇帝的对立面上，还妄想着皇帝能回头。这个可怜的女人，知不知道她只是政治斗争的牺牲品呢？

萧氏则骂道："阿武妖猾，乃至于此！愿他生我为猫，阿武为鼠，生生扼其喉。"（《资治通鉴》卷二百）

据说因为萧氏的诅咒武后不允许后宫养猫，后来武后多次见到王、萧的鬼魂，披发沥血像她们死时的样子。武则天只好搬到了蓬莱宫②，然而还是能看到王、萧的鬼魂作祟，于是武则天常年居住在洛阳，终生不归长安。

---

① 史书中关于王皇后、萧淑妃之死的记载不一致。
《旧唐书·后妃传》：永徽六年十月，废后及萧良娣皆为庶人，囚之别院。武昭仪令人皆缢杀之……遂立昭仪为皇后。
《新唐书·后妃传》：武后知之，促诏杖二人百，剔其手足，反接投酿瓮中，曰："令二妪骨醉！"数日死，殊其尸。
《资治通鉴》卷二百：武后闻之，大怒，遣人杖王氏及萧氏各一百，断去手足，捉酒瓮中，曰："令二妪骨醉！"数日而死，又斩之。
② 蓬莱宫，即大明宫，曾多次改名。

第五章　高宗李治

关于《资治通鉴》此事的记载，有一些不实之处，比如武则天并不怕猫，武则天曾经训练猫和鹦鹉，拿来训诫臣下，武则天后来经常住在洛阳，政治原因居多，和隋炀帝修建洛阳城有类似的理由①。

史书中王皇后、萧淑妃死得实在太悲惨了，一千多年来被世人所同情。武则天杀王、萧的方式与吕后杀戚夫人太相似了，这到底是武则天模仿吕后故意为之，还是后人按照"人彘"的故事，杜撰一个类似的故事，来强化武则天凶狠残暴、没有人性的形象呢？事隔千年，我们透过史书中短短几行的文字，仍能感受到难以承受的痛苦和无以名状的恐惧。

王、萧二人的肉体被消灭了，不会再有人利用她们来翻盘了。后宫之事了结，是时候让李弘入主东宫了。

十四岁的太子李忠，主动上疏请求不再担任太子之位。

礼部尚书许敬宗上疏说了很多冠冕堂皇的理由："永徽初年，国本尚未出生，权且让彗星在太阳的位置发光，现在皇后已经生下嫡子，彗星不能再代替太阳，因此应该让国本正位。我这样是挑拨你们父子关系，所以您可能降罪于我，但为了国家，我已经做好了准备，即使是下油锅，臣也心甘情愿。"

正准备废黜李忠，又觉得时间未到的高宗，收到奏疏后召见了许敬宗，问他还有没有其他理由，废立太子不是小事，需要充分合理的理由。

许敬宗说："皇太子的位置，是国本所在，国本不能正位，天下百姓心无所系。且现在的东宫，出身微末，他知道国家已有正嫡，心中必不自安。窃位而怀自疑，恐非宗庙之福，请陛下三思。"

高宗说："李忠已经自己提出退位。"

许敬宗说："太子明智，愿速从之。"

显庆元年（656年）正月，高宗废太子李忠为梁王，改任梁州刺史。

---

①《资治通鉴》卷二五〇中记载：太后习猫，使与鹦鹉共处，出示百官。传观未遍，猫饥，搏鹦鹉食之，太后甚惭。

立四岁的代王李弘为太子，大赦天下。

二月，高宗下旨追赠武则天之父武士彟为司徒，赐爵周国公，以抬高皇后和太子的身份。

七月，高宗以中书令崔敦礼为太子少师，加同中书门下三品。八月，崔敦礼病逝，时年六十一岁，追赠开府仪同三司、并州大都督，谥号昭，陪葬昭陵，后追赠安国公。

在废王立武决战时期明哲保身的崔敦礼得以善终，那些一直反对高宗立武则天为皇后的人是不是也可以躲过一劫？

显庆元年（656年）十一月五日，高宗和武则天的第三个儿子李显出生。

在武则天被立为皇后的时候，武则天曾上表朝廷，称中书省的韩瑗、来济一心奉国。当初欲立我为宸妃，就是因为他们俩的反对而作罢，他们的出发点是为了国家，希望皇帝能够给予嘉奖。皇帝把武则天的上表拿给了韩瑗、来济，让他们感念新皇后的宽容大量，对皇帝感恩戴德。韩瑗、来济错会了皇帝的意思，以为这是要秋后算账，忧惧之下上疏辞职。后来大概两人终于明白了，皇帝和皇后的意思是往事不要再提，让我们重新开始，携手走向美好的明天。两个人才不再提辞职一事，继续兢兢业业地工作，还和皇帝一起讨论当时的政治问题。

显庆元年年底，韩瑗突然上疏，请求皇帝原谅褚遂良，韩瑗说褚遂良"体国忘家，捐身徇物，风霜其操，铁石其心"，"无闻罪状，斥去朝廷"，现在离开朝廷已经一年，够久了，请求陛下允许他回来。

高宗说我不是因为他犯错贬黜他，是因为他悖戾好犯上。高宗都把原因明说了，而且态度还很温和，韩瑗还是坚持进言，说褚遂良是社稷忠臣，却被谗谀所毁。"昔微子去而殷国以亡，张华存而纲纪不乱。陛下无故弃逐旧臣，恐非国家之福！"

皇帝没有采纳韩瑗的意见，韩瑗还闹起了脾气，要辞职回家种田去，高宗没有准许。

第五章　高宗李治

显庆二年（657年）三月，潭州都督褚遂良再被贬为桂州（今广西壮族自治区桂林市）都督。

七月，许敬宗、李义府得到皇后武则天的授意，联合密告褚遂良、韩瑗、来济"潜谋不轨"，因为桂州是兵家必争之地，才把褚遂良调任桂州都督，是要让他做谋反的外援。

八月，高宗贬韩瑗为振州（今海南省三亚市）刺史，永不许觐见。韩瑗在太宗朝已经做到兵部侍郎，高宗时频频升迁，官至侍中。宦海浮沉，终成大梦一场，显庆四年（659年），韩瑗在振州病逝，时年五十四岁。

贬来济为台州（今浙江省临海市）刺史，两年后调任庭州刺史。

来济，隋左翊卫大将军来护儿之子，进士出身，贞观时期官至中书舍人，永徽年间累迁至中书令，龙朔二年（662年），西突厥入侵庭州，来济一心求死，不解盔甲，连续作战，最后牺牲在战场上，马革裹尸，时年五十三岁。

再贬褚遂良为爱州（今越南清化市）刺史。被贬至爱州的褚遂良，望京城是关山万里，想回头是千难万难。

从繁华京都的一朝宰相，到偏僻之地的小小刺史，短短两年时间，何至落到如此境地？

绝望的褚遂良给高宗上疏陈情，希望高宗念在他往日功劳，哀怜仅余残生的小小蝼蚁。

褚遂良如果不提功劳可能还好一些，高宗忌讳的就是他们居功自傲、大权独揽，想要的无非是他们自认有错，对皇帝有个服软的态度。

褚遂良的上疏没有得到皇帝的回应，他也确实像自己所写的那样，如同一只小小的蝼蚁，在一年后的显庆三年（658年）冬天，病逝在天高地远的爱州，终年六十三岁。

褚遂良的书法空灵飞动，刚柔并济，本人却桀骜不驯。如果字如其人，其人如字，褚遂良是不是也可以像崔敦礼一样，安详地死在长安城的府邸之中。

王皇后的舅舅柳奭也被牵连，贬为象州（今广西壮族自治区象州县）刺史。

长孙无忌的羽翼被一一剪除，孤雁失群，蛟龙离水，离他被清除出朝廷的日子还会远吗？

八、外甥类舅　青出于蓝

"妾托体紫宫，尊贵已极，不愿私亲更据权于朝。汉之吕、霍，可以为戒。"（《新唐书·长孙皇后传》）

长孙皇后的话言犹在耳，她担心的事情，在她死后还是发生了。

长孙无忌和长孙皇后的父亲是隋朝右骁卫将军长孙晟。长孙晟在两个孩子年幼时不幸辞世，长孙无忌和长孙皇后被同父异母的兄长长孙安业赶出家门。长孙无忌的母家是北齐宗室，渤海高氏。他带着妹妹投奔了舅父高士廉，兄妹二人由舅父抚育成人。

高士廉见李世民才华出众，就把长孙氏许配给了李世民。据说长孙无忌的父亲长孙晟曾说李渊的夫人窦氏："此奇人必有奇子，可为婚姻。"长孙无忌和李世民两家早有渊源，两个人是布衣之交，又结为姻亲。

晋阳起兵后，长孙无忌前往投效，跟随李世民征战四方，成为秦王府的心腹谋臣。李世民发动玄武门之变时，他参与策划，是唐太宗最信任的大臣之一。贞观年间，历任左武候大将军，领吏部尚书、右仆射，迁司空、司徒兼侍中、检校中书令，袭封赵国公。

长孙皇后去世后，太宗对长孙无忌愈加倚重，绘制凌烟阁二十四功臣画像时，长孙无忌位列第一。朝廷之上，他是三省领袖；后宫之中他是已故文皇后兄长，太子舅父。太宗去世前，对大臣们说："我有天下，无忌力也。"太宗任命长孙无忌为顾命大臣。高宗继位后，授长孙无忌太尉，同中书门下三品。

高祖建国，太宗夺权，高宗继位，大唐王朝走过的每一步都有长孙无忌的身影。

位极人臣，权倾朝野，长孙无忌无疑是唐初政治舞台上一顶一的风云人物。

唐高宗永徽年间，长孙无忌以辅政之名，行专权之实。高宗李治想起太宗临终时对他说的："汝舅许汝矣，宜拜谢。"终于明白，自己的太子之位是手握实权的舅舅争来的，现在自己做了皇帝，还要躲在舅舅的身后做永远的稚奴，做一个长不大的外甥。

舅甥之间的矛盾，相权和皇权的争斗，在废立皇后事件中爆发。

老鹰被雀儿啄了眼，长孙无忌的外甥不再是那个会抱着他脖子喊舅父的小小稚奴了。唐高宗和武昭仪联手，一外一内，培养起了很多政治打手，他们在同为顾命大臣的李勣支持下，废掉了太宗立的皇后，废掉了长孙无忌拥立的太子李忠。褚遂良、韩瑗、来济、柳奭接连被贬，李义府、许敬宗连续升迁。

稚奴做了皇帝，他长成了苍鹰、猛虎、蛟龙，长孙无忌退回书宅。

显庆三年（658年）正月，太尉长孙无忌上呈《显庆礼》，高宗命大臣们讨论修订后颁布施行。

显庆四年（659年）四月，洛阳人李奉节告发太子洗马韦季方和监察御史李巢结党营私。诡异的是这个案子由中书令许敬宗和侍中辛茂将审理。

大唐的宰相没事做了吗？放着大理寺不用，让个七十多岁的老宰相出来审案？

事出反常必有妖。

永徽三年（652年），京城也曾经发生过一件由宰相牵头审理的小案子，那件起源于家庭纠纷的风化案，最后在首席宰相手中变成了惊天的谋

177

反大案，功臣、宗室、武将、驸马都没能逃出长孙无忌那双翻云覆雨的手。

前事不忘，后事之师。许敬宗年纪虽大，学习能力却依然很强。

许敬宗一出手，韦季方就觉得自己难逃一死，不如自杀，结果自杀未遂。许敬宗借此向高宗汇报："季方欲与无忌构陷忠臣近戚，使权归无忌，伺隙谋反，今事觉，故自杀。"（《资治通鉴》卷二百）

许敬宗说韦季方和长孙无忌勾结，陷害忠臣和皇亲国戚，使长孙无忌重新掌握权力，他们正伺机谋反，现在看事情败露了，所以才要自杀，这是畏罪自杀。

朋党案正式升级改造成谋反案。

高宗做出大惊的样子，问："怎么会呢！舅舅被小人离间，产生小小的猜忌是有的，何至于谋反？"

许敬宗坚定地说："臣详细研究了案情，长孙无忌确实反状已具，陛下却还迟疑不决，恐非社稷之福。"

高宗哭着说："我家不幸，总是有人心怀异志，之前高阳公主与房遗爱谋反，怎么现在舅舅也谋反，这让朕怎么见天下人。这件事如果是事实，该怎么办才好哇？"

许敬宗答道："房遗爱是个乳臭未干的小儿，他和一个女子谋反，怎么会成事呢？长孙无忌曾和先帝一起谋取天下，天下服其智。又做了三十年宰相，天下畏其威。如果他真的谋反，陛下派遣谁去抵挡呢？现幸赖宗庙之灵，皇天疾恶，因为小事捕捉到大奸，实在是天下之幸也。臣担心如果长孙无忌知道韦季方自杀的事，情急之下发动政变，攘袂一呼，同恶云集，必为宗庙之忧。"

诚然，长孙无忌确实有造反的能力。

匹夫无罪，怀璧其罪。

高宗"命敬宗更加审查"（《资治通鉴》卷二百）。

七十几岁的老人家连夜突审韦季方，又加上一夜的冥思苦想，第二天带着逻辑完整的工作报告来见皇帝。

许敬宗说:"昨夜韦季方已承认和长孙无忌一同造反。臣问他:'无忌是皇帝至亲,累朝受到恩宠信任,有什么仇恨非要造反?'韦季方回答说:'韩瑗私下和长孙无忌说柳奭、褚遂良劝您立梁王为太子,现在梁王已经被废,皇帝也怀疑您,所以才让高履行(长孙无忌舅舅高士廉之子,显庆元年十二月被贬为益州长史)外调。'长孙无忌因此心生忧惧,极力谋求自保,后来他看到长孙祥(长孙无忌族侄,由工部尚书任上出为荆州长史)也被贬谪,韩瑗等接连获罪,才和韦季方等人日夜密谋,准备造反。"

许敬宗接着说:"臣参验辞状,都和事实相符,请陛下批准将他抓捕归案,以伏国法。"

高宗的眼泪再次夺眶而出,他哭着说:"如果舅父真的这样做,朕也决不忍杀之;如果真的杀了舅父,天下将会如何议论我呢?后世又会如何看我?"

高宗面前这个老头当年可是秦王府十八学士之一,经史子集无不烂熟于心。

许敬宗马上回答:"薄昭,汉文帝之舅也,文帝从代来,昭亦有功,所坐止于杀人,文帝遣百官素服哭而杀之,至今天下以文帝为明主。今无忌忘两朝之大恩,谋移社稷,其罪与薄昭不可同年而语也。幸而奸状自发,逆徒引服,陛下何疑,犹不早决!古人有言:'当断不断,反受其乱。'安危之机,间不容发。无忌今之奸雄,王莽、司马懿之流也;陛下少更迁延,臣恐变生肘腋,悔无及矣!"(《资治通鉴》卷二百)

《资治通鉴》记载这时的高宗:上以为然,竟不引问无忌。

《旧唐书·长孙无忌传》也称:帝竟不问无忌谋反所由,惟听敬宗诬构之说。

皇帝的政治秀做得很好,堪比国家一级表演艺术家。艺术家高宗一看逻辑通了,理由足了,于是收起眼泪下旨褫夺长孙无忌太尉封号和封邑,

179

任命其为扬州都督，不赴任，到黔州（今重庆市彭水县）安置，按一品待遇供给。

许敬宗继续罗织构陷。高宗下旨追夺已经病逝的褚遂良一切官职、爵位，褚遂良之子褚彦甫、褚彦冲流放爱州（半路就被朝廷派人追杀），开除柳奭、韩瑗官籍，于志宁免职。

长孙无忌之子、时任秘书监的驸马都尉长孙冲（太宗之女长乐公主驸马）等人也被开除官籍，流放岭南；长孙无忌舅父的儿子、益州长史高履行再贬为洪州（今江西省南昌市）都督。长孙无忌族弟长孙诠被流放巂州，当地县令为了媚上竟把他乱棍打死；长孙诠外甥，韩瑗妻子的侄子，时任凉州（今甘肃省武威市）刺史的赵持满（姨母是韩瑗妻子）被捕送长安，遭严刑拷打，亦不认罪，被诛杀后又被抛尸城外，无人敢为他收尸，最后一个名叫王方翼的朋友冒死将其安葬。

而后朝廷再次派出御史前往各流放地重新逮捕长孙恩（长孙无忌族弟）、柳奭、韩瑗，要将他们押回长安，还命州县抄没他们在当地的家产。

七月，高宗命李勣、许敬宗、辛茂重新审理长孙无忌一案。

许敬宗派中书舍人袁公喻前往黔州"再鞫无忌反状"（《资治通鉴》卷二百）。

袁公喻是第一批拥护高宗立武则天当皇后的人，他一到黔州就逼迫长孙无忌自杀，自比越公的长孙无忌下场并没比越公好到哪里去，越公患病不敢医治最终身亡，长孙无忌用一条白绫结束了性命。

长孙无忌死后，高宗下旨处死柳奭、韩瑗。柳奭在象州被杀。这时韩瑗已经病逝，又被挖开坟墓，验明正身。朝廷籍没长孙无忌、柳奭、韩瑗三家财产，近亲全部流放岭南为奴。

长孙无忌族侄常州刺史长孙祥因与长孙无忌通信，被处以绞刑。

长孙无忌族弟长孙恩被流放檀州。

朝廷中有十三位朝臣因受长孙无忌和柳奭的株连被贬官。

洪州都督高履行被再贬为永州（今湖南省永州市）刺史，于志宁被贬为荣州（今四川省荣县）刺史，于志宁在朝中任职的亲戚有九人遭到贬谪。

俗语说"外甥类舅"，这次政治大清洗，比永徽四年（653年）房遗爱谋反案结案时波及更广，打击的人更多，手段更残酷。

李恪那句"长孙无忌窃弄威权，构陷良善，宗社有灵，当族灭不久"果然应验。因果循环，自比越公的长孙无忌落此下场其实是理所当然。

长孙皇后在世时一直反对长孙无忌掌权，她去世之前曾留下遗嘱："妾家以恩泽进，无德而禄，易以取祸，无属枢柄，以外戚奉朝请足矣。"（《新唐书·长孙皇后传》）

做妹妹的了解哥哥，作为一代贤后的她更懂宫廷斗争的残酷性。只是她去得太早，没能阻止悲剧的发生。

富贵时，百官之首、权倾朝野，身后有余忘缩手。

倒台时，机关算尽、家破人亡，眼前无路怎回头？

眼看他高楼起，眼看他楼塌了。曾经红极一时的太尉府已经是一片荒凉。这类真人版《红楼梦》在古代的王室宗亲、豪门世家不知道上演过多少次，然而每朝每代，总有人深陷权力斗争的旋涡，越走越远，直到无法回头。

长孙无忌去世十五年后，上元年间唐高宗给长孙无忌平反，让其孙长孙翼袭封爵位，准长孙无忌陪葬昭陵。

长孙无忌为唐朝典章制度的制定做出了重要贡献，长孙无忌在《贞观律》基础上，主持修订《唐律疏议》，奠定了唐朝二百多年的律法根本。显庆三年（658年）长孙无忌上呈的《显庆礼》是继《贞观礼》之后唐代官修的第二部大礼书。

长孙无忌历仕三朝，为百官之首三十余年，虽于社稷有大功在前，却枉害李唐宗室于后。《旧唐书》《新唐书》都将长孙无忌之死归咎于房遗爱谋反案中对宗室皇亲的迫害。

后来，很多人把长孙无忌之死算在武则天头上，毕竟她以周篡唐，必须多罗织罪名。

武则天到底又是个怎样的一个人呢？

第六章

武氏降临

一、从商人到功臣

唐三世之后，女主武王代有天下。

贞观二十二年（648年）一条来自民间的谶言传入皇宫。谶言不知从何处而来，扰得人心绪纷乱。

让人更闹心的是，太白星又和武德九年（626年）一样，在大白天出来溜达，这次太史令说：太白昼见，女主昌。

谁是女主？女主，武王！

很快这个女主就浮出水面，一个身上应了四个武字（音）的人——李君羡。

官职：右武卫将军。

爵位：武连县公。

驻守地：玄武门。

最关键的是他在一次宴会行酒令时，说出了自己的乳名：五娘。

五娘，不就应了女主？玄武门，没人比李世民更明白玄武门有多重要。

李君羡就这么稀里糊涂地被贬为华州刺史。有人举报李君羡"与妖人交通，谋不轨"，太宗直接下旨将李君羡斩首，家产充公，家人没入奴籍。

妖人，不过是一个名叫员道信的老百姓，爱好佛法，说自己能入定不吃饭。所谓图谋不轨，就是两个人交了朋友，经常来往。皇上盯着你想让你死的时候，没有这个员道信，也会有方道信、长道信、短道信。人生是多么无常，好好的命就这么丢了。

李君羡被杀了，可太白星还明晃晃地挂在天上，盯着太宗李世民。

第六章 武氏降临

太宗召来太史令李淳风，问他对谶言的看法。

李淳风是唐代的天文学家、数学家，他是世界上第一个给风定级的人，所著的《乙巳占》具有极高的文化、科技价值。李淳风在唐朝的太史局工作了四十年，在后世被越传越神。

李淳风对皇帝说："征兆所应之人已在陛下宫中。从现在算起，不超过三十年，此人当有天下，她会把李氏子孙屠戮殆尽。"

"杀光所有可疑的人，能不能免除灾祸？"太宗问道。

太宗不是一个嗜杀的皇帝，但是遇到会威胁李唐国祚延续的事，他宁可错杀，不会放过。

李君羡，那是跟着他讨伐过刘武周、王世充的猛将，也是说杀就杀了。

李淳风看着皇帝眼中毫无掩饰的杀机，平静地说："上天的意志，哪是能力所能对抗？王者不死！为此大肆屠戮，只不过是多伤害无辜的性命而已。此人已在宫中成为陛下眷属，再过三十年，她年岁已老，或许会生出几分慈心，使后果不那么惨烈。如果现在杀了她，上天再令她转世，三十年后她正值壮年，恐怕陛下的子孙一个都留不下了！"

《旧唐书》《定命录》《太平广记》都记录了这个传说，说法略有不同。

贞观二十二年（648年），针对太子李治的宫廷内斗仍未平息。太宗对李治这个太子并不十分满意，嫡出的皇子只有李承乾、李泰、李治三人，但是还有庶出的皇子，太宗皇帝的第三子郁林王。

李恪，性格样貌都很像太宗，太宗又动了废立太子的心思，在长孙无忌等人的反对下，太宗才放弃了立李恪为太子的想法。李恪和长孙无忌因此结怨，埋下了李恪后来被诛杀的祸根。

李泰本人被贬到郧乡去了，但是他的党羽还在朝中，虽然李治已经被立为太子，但是太宗皇帝对魏王的宠爱谁都看得出来，把李泰召回长安也不是没有可能。

这么多人都盯着太子的位置，自然也有人盯着太子李治这个人。这时太宗的后宫中有一个姓武的才人和太子李治的关系非比寻常。如果这种特殊关系被人发现端倪，那他们极有可能编出女主武王代有天下的谶言。会不会有人故意引人关注太宗皇帝后宫的武姓女子，通过这个武姓后宫去牵连太子李治？当然，这只是猜测。

太子李治本人柔弱，但是他有一个大权在握的舅舅长孙无忌，今天的太子就是明天的皇帝，李泰已经被废，李恪毕竟只是庶出皇子，他们和有以长孙无忌为代表的功臣集团维护的李治相比，还是李治的胜算大。两边都不得罪是最好的选择。

这个武姓才人入宫已经十年。岁月蹉跎，时光流逝，最美好的年华一点点流逝。

谁也不会想到，这位普通的后宫才人后来会成了大唐的皇后，更不会想到她真的"代有天下"。

她未出嫁时的名字历史中没有记载，做太宗才人时，太宗赐名"媚"，她自己称帝后自己创造了一个"曌"字，作为名字。现在人们常把她的姓和唐中宗给她的尊号"则天大圣皇帝"并用，称她为"武则天"。

武姓是小姓，武则天的门第并非显赫世家，世系不明。武氏祖父武华。父亲武士彟是山西一代的木材商人，古代社会地位排序士农工商，商人排在最末。按唐代后宫妃嫔皆选自五品以上官员家庭的要求，这样的家世根本不可能成为后宫妃嫔。但是武士彟不仅摆脱了商人的身份，还成为朝廷大员。

为了挤进体制内，武士彟费尽心思，努力多年。

隋炀帝大兴土木、营造东都洛阳之时，武士彟从中发现机会，利用自己木材商人的身份，借营建工程之机，结识观王杨雄，顺利的话武士彟除了赚得盆满钵满，还能得到一个小小的官职。但是他得罪了尚书令杨素，险些丢了性命，靠着杨雄等人的营救逃得一命，回了并州老家。

这次经历更坚定了他的信念，在这个身份等级社会，一定得摆脱商人

第六章 武氏降临

身份，进入官场，不然永远得对着别人点头哈腰，遇到事情只能任人宰割。武士彟借隋末动乱的机会买了个鹰扬府队正的低级军职。

隋末动乱，群雄并起，武士彟从中寻找机会，他看中了李渊。

李渊在一次行军过程中，路过武士彟家，武士彟款待李渊。多年的经商经历，让武士彟拥有毒辣的眼光，他一见李渊就认定这个人"雄杰简易，聪明神武，此可从事矣"。

于是武士彟一会儿说自己听到空中有称唐公为天子者，一会儿又说自己曾经梦见李渊骑马登天，以手扪日月。

后来还自己撰写两部兵书献给李渊。前面那些一看就是自己胡编的谄媚之言，听着舒服但是并不重要。这两部兵书真正是送到了李渊心坎上。倒不是兵书写得有多好，内容也都不重要，重要的是这表明了武士彟鼓励自己起兵，愿意支持自己起兵的立场。一个精明能干、家底丰厚的支持者，正是暗中积蓄力量的李渊所急需的"人才"。

大业十三年（617年），李渊出任太原留守，委任资金雄厚的武士彟为司铠参军，司铠参军是管理武器兵仗的军需官，武士彟从此走上从政之路。

本来只是想借武士彟的家财支持自己事业的李渊没想到武士彟的用处不止于此。李渊起兵前在太原悄悄准备，被隋炀帝埋在他身边的钉子太原副留守王威、高君雅察觉，但是他们没有证据，所以选择对逃避兵役的刘弘基、长孙顺德下手，武士彟出言劝阻："逮捕唐公的亲信，得罪了唐公，没什么好处。"李渊寻找借口大举募兵的时候，这俩钉子又想调查李渊，武士彟再次出言劝阻。

武士彟三言两语就消除了两次危险，两次可能让李渊起兵计划胎死腹中的危险，此后他靠着自己的才能平步青云。

李渊在太原起兵，武士彟一路追随，因功被封为寿阳县开国公，赐食邑一千户。

李渊攻取长安后拜光禄大夫，封太原郡公增食邑一千户，赐宅一所。

唐高祖武德元年（618年），李渊称帝，大唐建国，武士彟名列二等功臣十四人之一，授衔"太原元谋勋效功臣"①，给予有罪可免死一次的特权，任命为库部郎。

武德三年（620年），武士彟升任工部尚书，正三品。

武士彟的飞快晋升，凭借的可不仅仅是他的三寸不烂之舌和手中的钱财，武士彟是个有能力的工作狂。商人擅长投机，武士彟工作起来却一点都不投机取巧，他勤勤恳恳，恪尽职守，而且很有成绩。

武士彟原配夫人相里氏是胡人的后代，两人育有四个儿子，她陪武士彟走过最艰难的岁月。武德三年（620年）他们接连失去两个儿子，白发人送黑发人的相里氏第二年也因病撒手人寰。

武士彟在接连痛失至亲的情况下仍然坚守岗位，李渊亲自下敕书褒扬武士彟："忠节有余，去年儿夭，今日妇亡，相去非遥，未尝言及，遗身殉国，举无以比！"（《册府元龟》卷六二七）

正是在之后的某一年，李渊给武士彟指婚杨隋宗室女为妻。

杨氏出身弘农杨氏，和隋朝皇室同宗不同房。杨氏所在的这一支盛产宰相，伯父杨雄和父亲杨达都曾是隋朝的宰相，伯父杨雄的两个儿子杨恭仁、杨师道分别在武德年间和贞观年间担任过宰相一职。杨雄即隋四贵之一的观王。

杨氏接受了非常好的教育，才情学识都非常出众，就是婚事不顺，又因笃信佛法决定终身不嫁。

如果不是杨达已经在大业八年（612年）死于东征高丽途中，而且婚事由高祖亲自牵线，又有高祖女儿桂阳公主主婚，弘农杨氏的女儿是不会嫁到武士彟这种小姓人家来的。

---

① 武德元年太原元谋勋效功臣一等两人：裴寂、刘文静，给予免死两次的特权。二等十四人：长孙顺德、刘宏基、赵文恪、窦琮、刘政会、刘世龙、殷开山、柴绍、唐俭、武士彟、张平高、许世绪、李思行、李高迁，给予免死一次的特权。

第六章 武氏降临

在极重门第的隋唐年间，关陇贵族连皇子龙孙都不放在眼里。李渊给武士彟指婚，也有借联姻抬高武氏门楣的意思。

大龄剩女杨氏嫁给武士彟时已经年逾四十，婚后她生下三个女儿：大女儿就是后来的韩国夫人，嫁给了贺兰越石；二女儿武则天；三女儿出嫁后不久去世。

武德七年（624年），李渊命裴寂、萧瑀等人以《开皇律》为基础开启唐朝的法治建设。武士彟参与《武德律令》的修订工作，因功晋爵为应国公。这一年，武则天出生在长安①。

武德八年（625年），有人告发镇守扬州的赵郡王李孝恭谋反，李渊把李孝恭召还至长安审讯，又令武士彟驰赴扬州，任检校扬州都督府长史，武士彟离开长安。

武德九年（626年），玄武门事变爆发，武士彟被短暂地召回长安，之后就开始了漫长的外放生涯，历任豫州、利州、荆州都督。幼年武则天从这时开始跟随父亲辗转各地。

贞观九年（635年）五月，太上皇李渊驾崩，消息传到荆州，武士彟痛哭不止，悲恸之下竟至口吐鲜血，而后一病不起。太宗多次派遣名医赴荆州诊治，都没有起色，武士彟因医治无效与世长辞，终年五十九岁。

武士彟去世后，太宗追赠礼部尚书，谥号为"定"，特命时任并州都督的李勣主办丧事，棺木及丧葬费用由官府支出，由朝廷制作灵舆送武士彟灵柩回并州老家安葬。

武士彟和高祖李渊这段君臣情谊，虽从各怀目的、各取所需开始，而

---

① 史书中关于武则天去世时间的记载是一致的，都是神龙元年（705年），但是关于去世时武则天的年龄记载不一致。

《新唐书·后妃列传》：后崩，年八十一。

《资治通鉴》卷二〇八：则天崩于上阳宫，年八十二。

《旧唐书·则天皇后本纪》：崩于上阳宫之仙居殿，年八十三。

多位学者对武则天出生时间进行过考证，结论各不相同。本书采用武则天于武德七年（624年）生于长安一说。

后武士彟冒着身家性命之险陪同李渊自太原起兵,一路走来,历经岁月蹉跎、世事变迁,武士彟为臣,兢兢业业,鞠躬尽瘁;高祖为君,体恤属下,给予信任,堪称一段君臣佳话。

二、见天子庸知非福

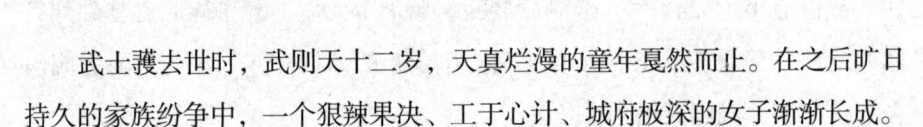

武士彟去世时,武则天十二岁,天真烂漫的童年戛然而止。在之后旷日持久的家族纷争中,一个狠辣果决、工于心计、城府极深的女子渐渐长成。

武则天的母亲杨氏,娘家是出过宰相的名门望族,能下嫁武士彟,是因高祖指婚,公主主婚,不然她宁愿终老佛堂,也不会嫁到这种小门小户来。

武士彟因此对杨氏极其珍视,希望可以把家业传给杨氏所生的孩子,无奈杨氏冒着高龄生产的危险,连生三胎都是女儿,武士彟这才不得已把官爵传给相里氏的孩子武元庆和武元爽,武元庆和武元爽因此对杨氏母女怀恨在心。

武士彟去世后,已经成年的武元庆、武元爽承袭了官爵,他们对杨氏母女非常不好,而且武士彟兄长的儿子武惟良、武怀运对她们态度也非常恶劣。

《新唐书·后妃传》:始,兄子惟良、怀运与元庆等遇杨及后礼薄。

《新唐书·武士彟传》:士彟卒后,诸子事杨不尽礼。

每天面对排挤、冷嘲热讽、各种软刀子,一向性格坚韧的杨氏只能通过抄写佛经追忆亡夫度日来得到慰藉。

武则天的外祖父杨达早已去世,但是杨氏家族不是没有人了,实在活不下去的杨氏带着女儿们投奔了堂弟杨师道。

第六章 武氏降临

杨师道是观王杨雄幼子，高祖皇帝女儿桂阳公主驸马，杨师道出任灵州总管时多次击退突厥入侵，历任吏部侍郎、太常卿，册封安德郡公。贞观十年（636年），杨师道被擢升为侍中，主持门下省事务。

武则天和母亲得到舅舅的照顾，日子好过了许多。

除了在朝为官的舅舅杨师道，武则天还有一个姨娘在宫中做太宗皇帝的嫔妃。不知道是通过哪层关系，也不知道是有心还是无意，可能只是因为是功臣之女循例入宫，也可能是因为某种目的，贞观十一年（637年），时年十四岁的武则天因"美容止"被选入宫廷。

得知女儿要入宫的消息，杨氏老夫人非常不舍。深宫寂寞，皇帝年老，女儿还这么小，入宫后不知是祸是福，杨氏"恸泣与诀"。武则天却说："见天子庸知非福。"（《新唐书·后妃传》）

武则天入宫后授封正五品才人，太宗赐号武媚。

武媚无媚。太宗赐这个号可能是见武才人才思敏捷、举止优雅、长相妩媚。可是武则天是个和媚不沾边的女子。

太宗皇帝爱马如命，一次他得了一匹狮子骢。骢是指青白杂毛的马，因鬃毛很长又带卷，很像狮子，名曰狮子骢。

《朝野佥载》中记载："隋文帝时，大宛献千里马，其鬃曳地，号曰狮子骢。惟郎将裴仁基能驭之，朝发西京，暮至东洛。隋后不知所在。"

宝马都是难驯服的，太宗新得的狮子骢"肥逸无能调驭者"。

武则天恰好当值，在旁边站着。她对太宗说："妾能制之，然须三物，一铁鞭，二铁锤，三匕首。铁鞭击之不服，则以铁锤其首，又不服，则以匕首断其喉。"（《资治通鉴》卷二〇六）

一条铁鞭，一只铁锤，一把匕首。

看着这个长相妩媚、年纪不大的小姑娘，轻飘飘地描绘如此血腥的场面，不知道太宗皇帝内心有何感想。武则天晚年回忆起这件事，骄傲之情溢于言表。

她说:"太宗壮朕之志!"

少年可以轻狂,少女就不能狂妄吗?太宗大概是喜欢她的,只是没把武则天当作一个女子来喜欢。这个武才人如果是个男孩子,放到军中岂不更好?

别的后宫争宠都要或真或假地演一演温柔可人,武才人的路数真的是没有见过。

后人对武则天在太宗皇帝身边的情况做过种种设想,讨论最多的是太宗是否宠幸过武才人。

持不喜欢所以无宠或者少恩宠看法的人认为:唐太宗一生共有十四子、二十一女,武则天后来生育过四子二女,两人生育能力正常,武则天在太宗后宫十几年,如果有恩宠就有机会怀孕生子。再者武则天在此期间位分没有晋升,而和她同时期入宫的徐惠由正五品才人升为正二品充容,位列九嫔。所以太宗皇帝不喜欢武则天,因此没有宠幸过武才人,或者极少宠幸。

另一种观点认为太宗皇帝喜欢武则天,但是没有恩宠,他们的理由是:太宗除了最小的儿子曹王李明出生年份不详外,其他子女全部生于贞观八年(634年)之前。而武则天进宫是在贞观十一年(637年)。分析认为这段时间太宗皇帝的身体可能出现问题,后宫众人皆无恩宠,所以不能通过子嗣数量来判断这个问题。和武则天同时期入宫的年龄相仿的徐惠,位分从正五品晋升到正二品也没有生下子嗣。

武才人的位分虽然没得到晋升,但是她的工作职责决定了她一定会经常出现在太宗面前。如果皇帝不喜欢这个人,就不会给她才人这个岗位。

至于为什么没得到晋升,宫廷宴饮,事关皇家脸面,得是个有能力的妥帖人放在这个岗位上才行,没有晋升可能反而是因为她能力太出众了。

后宫的功能不只是给皇家延绵子嗣。宫廷作为皇帝所在之地,要承担很多功能。

当时唐朝建立"内官"制度，皇帝后宫有一后、四妃、九嫔、二十七世妇、八十一御妻，共计一百二十一人，各有品位，并有一定的职掌。

唐后宫等级

一后：皇后

四妃：正一品，贵妃、淑妃、德妃、贤妃各一人。为夫人。

九嫔：正二品，昭仪、昭容、昭媛、修仪、修容、修媛、充仪、充容、充媛各一人。

二十七世妇：婕妤、美人、才人各九人，分别为正三品、正四品、正五品。

八十一御妻：宝林、御女、采女各二十七人，分别为正六品、正七品、正八品。

宫中妃嫔按品级，各有所司，月例银子不是白发的。后宫中绝大多数人，过的也是上班干活、下班吃饭睡觉，到了时间领工资的日子。

正五品才人职责是"掌叙宴寝，理丝枲，以献岁功"（《旧唐书·职官制》），即负责安排皇帝宴饮、起居，督促低等宫女从事丝、麻纺织等工作。

武则天虽不至于"每夜停灯熨御衣""舞来汗湿罗衣彻"，也得时时谨慎，处处尽心地工作，皇帝跟前的工作，偷不了懒。

天生精力充沛的武则天在后宫工作期间，其组织协调能力，察言观色洞察人心的能力必然得到了锻炼。

武则天能在太宗皇帝生病时经常见到太子李治，说明她是经常跟在太宗身边的，可以近水楼台先得月地学习太宗皇帝如何处理政务，这为她后来辅助高宗李治处理朝政和自己称帝都打下了良好的基础。

在千古一帝身边学习如何治理国家，这个机会千载难逢。师傅领进门，修行在个人，被太宗悉心教导的皇子们也不一定有武则天这个"偷师学艺"的成绩好。

贞观二十一年（647年），太宗皇帝去世的两年前，杨师道病逝，追赠吏部尚书、并州都督，谥号为懿，陪葬昭陵。

失去了娘家的助力，老皇帝的身体眼看着一年不如一年，自己大好年华，难道就这么蹉跎下去？

当一个人无所倚仗、只能靠自己时，平日难以抉择的事情就会变得容易决断。

身份等级社会，男权时代，拿到权力是需要敲门砖的，比如你首先得是个男人。

回想父亲去世之后，自己和母亲品尝过的那些人情冷暖，体验到的那些世态炎凉，所经受的排挤和欺凌，武则天发誓一定要让他们付出代价。

什么才情，什么学识，都不如权力能解决问题，既然没生个男儿身，那就利用男人的心。能有机会出入后宫的哪个不是权势在手的人？而仅次于皇帝的，是太子。

若想在太宗百年之后有机会翻身，除了新任皇帝，不会再有第二人了。连出宫的普通宫女做了别人的外室都要算通奸，谁敢把先皇的妃嫔带出宫去。

《唐会要》卷三记载李治对武则天，"时，上在东宫，因入侍，悦之"。

"悦之"是喜欢上的意思。这是说李治先动了心思。但谁先采取了行动没有记录，如果是武则天先采取行动，而被李治拒绝，那对当时还是太宗后宫的武则天来说，打击一定是致命的，据此推测应该是李治先采取了行动。

但在李治行动之前，心思过人的武则天，一定对这个年轻人的炙热的目光有所察觉，她毫不迟疑地选择了太子李治，如同当年她父亲选择支持李渊。

经常跟在太宗皇帝身边的武则天，寻找机会单独说上几句，传递个消息，磋磨出点情意……

这一段时间太宗后宫之事能确切知道的不多，史书没能留下太多记录。所以很多事情只能靠推测，而如何忖度皆在人心。这段历史中的武则天如同乾陵前那块无字碑，是历史给我们的留白，任凭我们去描绘，去揣摩，去编织。

贞观二十三年（649年）五月，唐太宗李世民病逝。

六月，唐高宗李治在太极殿继位，时年二十二岁。

八月前后，武媚娘随嫔御之例出家，入感业寺为尼，时年二十六岁。

青灯下，古佛前，梵音声声。

三、盟友帝后

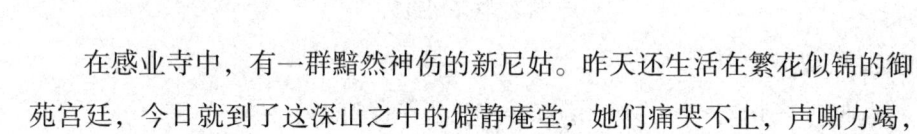

在感业寺中，有一群黯然神伤的新尼姑。昨天还生活在繁花似锦的御苑宫廷，今日就到了这深山之中的僻静庵堂，她们痛哭不止，声嘶力竭，为太宗，更为自己。

进入感业寺，武则天心中那无以名状的恐惧日日蜿蜒攀爬。幼时的无忧无虑，父亲去世后的辛酸苦楚，后宫十几年的蹉跎岁月，苦心谋划，付之东流。

万籁俱静，明灯已灭。天，黑透了……

在绝境中为自己寻找出路，就像是武则天的本能。

占地面积三百余亩的感业寺是唐代禁苑内的皇家寺庙，所以它必然会和宫廷有所往来。

凌乱的思绪，于黑暗中陡然变得清晰。

在太宗身边时，武则天已经发现李治对年长的女性有很强的依赖性，在无数个等待的日子中，武则天主动出手，她有自信拿捏住那个多情敏感的年轻天子。不可否认的是，她也确实对这位年轻的天子心存爱意。一段地下恋情总是更容易激发出更深的情感体验。

不知道武则天在感业寺中写下了多少满怀情愫的文字,鸿雁传书,另一头接到旧日情人书信的李治被她的深情所感动。

沧海桑田变换,历史还是给我们留下了一点痕迹——一首收录在《全唐诗》中的《如意娘》。

如意娘

看朱成碧思纷纷,

憔悴支离为忆君。

不信比来长下泪,

开箱验取石榴裙。

武则天所忆之君,大唐的新皇帝,日子过得很不好。

李治是个新上任的皇帝,他的登基和高祖、太宗都不一样,高祖是开国皇帝,太宗有自己的文臣武将,李治的辅政大臣都是太宗留下来的,他们对太宗皇帝忠心报效,对高宗的感情就没多少了。

前朝,十分想做个好皇帝的李治,却被处处掣肘。

后宫,皇后了无生趣,皇后和萧淑妃的争斗不止,让人头疼。

善解人意的武则天,成了苦闷的李治所能抓住的唯一温情。心有灵犀却没有正面表达的二人等到了一个见面的机会。

五月二十六日,太宗文皇帝的周年忌日,按照当时的风俗,李治要到寺庙之中为太宗举行忌日行香的仪式,太宗皇帝的庙宇就在感业寺旁,所以在举行完行香仪式后,李治来到了感业寺中。

短短一年的时间,已经恍若隔世。郁郁不得志的皇帝李治和身似不系之舟的女尼武则天,相对无言,泪流满面。无语凝噎时,却更胜千言万语。不需要诉衷情，不需要盟誓言，这次见面让两个人的心更近了一步。

不论哪个朝代，八卦的传播速度都很快，流言很快传入了宫中，皇帝和一个寺庙的女尼频频往来。这引起了后宫之主王皇后的注意。

王皇后出身于五姓七望中的太原王氏，美貌出众，品行端正，李渊妹妹同安长公主从孙女。王氏在李治还是晋王的时候嫁给了他，李治被封为太子时，王氏被立为太子妃，李治继位后，王氏被册封为皇后。

太宗皇帝对这个知书达礼的儿媳很满意，曾说李治和王氏是"佳儿佳妇"（《资治通鉴》卷一九九）。

王氏是沉稳端庄的大家闺秀，没有情调，刻板无趣，对上对下都不肯违反心意，曲意对待。"性简重，不曲事上下。"（《新唐书》卷八十九）

多情的皇帝，无聊的妻子。出身、容貌俱佳的皇后没有获得丈夫的爱情，成婚多年的皇后也没能有个孩子。无爱又无子，除了皇后的头衔，她的人生和她的性格一样，没什么生机和乐趣。在深宫之中收获的只有一岁一长的年纪。

当一个女人不幸的时候，常常把这种不幸归咎于另一个女人。

萧淑妃，李治为太子时所娶，在太子府时被封为萧良娣，李治继位后，封萧氏为淑妃，正一品。萧淑妃出身于南方贵族兰陵萧氏，是萧梁王氏后裔，和隋炀帝皇后萧皇后、唐开国功臣萧瑀同出昭明太子一支。萧淑妃家世煊赫，才学修养也不在王皇后之下，和王皇后不同的是她性格活泼灵动得多，长期得宠，给李治生下一儿二女，儿子李素节，女儿义阳公主、宣城公主。

李治有四个儿子，继位后长子陈王李忠（刘氏所生）拜为雍州牧；二子李孝（郑氏所生）封为许王；三子李上金（杨氏所生）封为杞王；四子李素节（萧淑妃所生）封为雍王，后又拜为雍州牧。

雍即长安，雍王按惯例应该封给皇后生的儿子。如今封给萧淑妃的儿子，那不是把萧淑妃的儿子当成了嫡子来重视？萧淑妃这是在觊觎自己的

197

皇后之位吗？无子的皇后妒火中烧。

怒火攻心的王皇后这时得知李治和感业寺的一个尼姑有往来，做出了一生中最令她后悔的决定：接武氏回宫。

武则天找机会回宫的时候，王皇后也在找机会对付萧淑妃。

这个机会，是生机，也是杀机。

王皇后细心地分析现在的形势，萧淑妃生有儿子，她的儿子被封为雍王，这个信号很危险。她和萧淑妃斗了这么多年，如果让她的儿子当了太子，自己还有什么好日子过。

武氏在朝廷中没有外援，一个小姓女，自己如果营救她于水火之中，带她回宫，那她一定会对自己感恩戴德；即使她忘恩负义，过后和自己作对，以她曾是先帝才人这样的尴尬身份自然比萧淑妃好对付。

王皇后向李治表达了接武则天进宫的想法，又通知武则天将头发留起来。

永徽二年（651年），李治为太宗服丧期满后，八月至十月间的一天，王皇后将武媚娘带回了宫中，二十八岁的武则天成了皇后宫中的普通宫女。

再次入宫的武则天尽收锋芒，低调为人，对皇上尽心服侍，对王皇后"卑辞屈体"，对宫女多加笼络。

武则天可不是那种为了什么骄傲、什么面子就矫情的人，她是实用主义者，知道怎么做才能让自己的利益最大化。那就是隐忍、蛰伏，等待时机。

王皇后对武则天的表现很满意，"数称其美于上"。

武则天也很顺利地完成了王皇后交给她的任务，高宗果然对萧淑妃日渐疏远，王皇后获得了暂时的胜利。

没过多久，武则天就被封为正二品昭仪，位列九嫔之首。这时，王皇后才后知后觉地发现，皇帝宠爱的垄断权从萧淑妃转到了武则天的手里。

皇后，还是从前的皇后，无宠，又无子，活得像一个笑话。

王皇后这里唱的是：前门拒狼，后门进虎；饮鸩止渴，抱薪救火。

武则天那边演的是：鹬蚌相争，渔翁得利；螳螂捕蝉，黄雀在后。

第六章　武氏降临

王皇后这次不敢再找什么女尼、什么小户女，她选择和往日的敌人萧淑妃联手，共同对付武昭仪。

王皇后的舅舅中书令柳奭对自己外甥女的处境实在是担忧，他为自己的外甥女谋划在皇帝庶出儿子中选择一个，收为义子入嗣皇后宫中。皇长子陈王李忠的生母刘氏身份卑微，只是一个宫女，收他做义子对双方都有莫大的好处。皇后有了儿子坐稳皇后之位，庶出皇子变成嫡子拿到东宫的入场券，双赢。

永徽三年（652年）七月，王皇后养子李忠被立为太子。

永徽四年（653年）初，武则天和李治的第一个儿子，李治的第五个儿子出生，起名李弘。

这个小皇子的名字，在作为李治政治旗帜的同时，也把武则天的野心暴露在众人面前。

道教谶言："老君当治，李弘当出。"老君化名李弘降临凡世的时候，世间就会迎来太平盛世。

给皇子起名李弘，那不就是想让他当开创太平盛世的皇帝吗？温顺乖巧的武昭仪把她藏在袖中的铁鞭拿了出来，轻轻挥在了皇后的脸上。你的养子被册封为太子，我的孩子却要成为拯救天下苍生的盛世之主。

表面的和睦已无法维持下去，敌人的敌人就是朋友，王皇后和萧淑妃联手一起对付这个毫无背景，却让人莫名胆寒的武昭仪。

武则天很多地方都像唐太宗，这可能是她在太宗身边做才人的时候慢慢学习而来的。比如太宗皇帝在打仗的时候，会将所获得的财物分发给将士，武则天获得李治的赏赐之后会把财物分给宫女；太宗皇帝打仗的时候很重视情报，武则天在后宫争斗中也把情报工作做得非常出众。

具有超强学习能力和实践能力的武则天，在王皇后的后宫建立了一个巨大的情报网，把宫中重要人物的言行尽收眼底。

王皇后把武则天接回宫中的时候不会想到，这个敌人的敌人，不仅不能是永远的朋友，当她变成敌人的时候，自己将面临这世界上最可怕、最残忍的进攻，那就是她的丈夫和这个女人站一起，把她当成了敌人。

永徽五年（654年）二月，李治追赠十三位武德功臣官爵，武昭仪的父亲武士彟名列其中，被追赠为并州都督。

六月，王皇后的舅舅中书令柳奭请求辞去宰相职务，李治欣然批准，把他降职为吏部尚书。

皇帝和后宫的天平已经彻底倒向武则天，是到了笼络前朝的时候了。

武则天在前朝没有势力，武姓是小门小户，父亲和舅舅又都已经去世，借着他父亲功劳得了官职的叔伯兄弟又势同水火，她只能靠自己。如果没有皇帝的爱，她将失去一切。可爱情是多么虚无缥缈，难以捉摸，说不定哪天就没了，到时候的自己就会像现在的王皇后和萧淑妃一样。

不，没有家族势力支持的她，只会更惨。

皇后，只有当上皇后才能有所保障。但是皇后废立不仅是天子家事，更是国家大事，皇帝的婚姻，本身就是一种政治联盟。皇后犯错或者死亡，才能换人。现在的皇后没犯错，又没得什么会死的大病，怎么才能让这些大臣同意废黜王皇后立自己为皇后呢？

李治和武则天决定先去长孙无忌府上探探口风。长孙无忌是百僚之首，又是李治的舅舅，如果得到他的支持，这个事情就好办了。

武则天跟随李治，来到长孙无忌府上。不论李治怎么明示暗示，给舅舅的儿子封官，又送金银财宝、绫罗绸缎，纡尊降贵，好话说尽，长孙无忌仍然大打太极，顾左右而言他。

离开长孙无忌的府邸，一路上皇帝和武则天都没说什么话。

身为皇帝的李治感到胸中压着一口气，已经当了五年皇帝，居然还如此受制于人，"窝囊"二字怕是已经写满了太尉府到太极宫的道路。

幼年时对舅舅的依恋之情，在长期的皇权和相权之争中被磨灭殆尽。他再不是那个会搂着舅舅脖子的稚奴了，他是这天下的主人，大唐的皇帝。

武则天安静地陪着李治。她的身份已经从一个受宠的妃嫔，升级成了皇帝的战友、搭档、同盟。

在一次次共同面对外界压力的过程中，两个人的感情日渐深厚。

永徽五年（654年）十二月，武则天和李治的第二个儿子李贤出生。

永徽六年（655年），二人携手作战，终于彻底消灭长孙无忌集团。再没有人能阻止她走向母仪天下的位置。

十一月初一，武则天在太极宫接过皇后玺绶，册封大典隆重庄严。

武则天和高宗李治在这个典礼之后，加了一项议程，那就是在肃义门接受百官朝见。当朝的新皇后，是在百官请求下才被册封，立武氏为后代表的是民意，代表的是皇权。

四、信任与忌讳

追赠武士彟为司徒，赐爵周国公。封武则天母亲杨氏为代国夫人，后又徙封荣国夫人。荣国夫人是正一品，位分在王公母妻之上，仅次于皇后。

在开创百官朝拜皇后的先例后，高宗又下旨追赠武则天父亲爵位。

通过追赠能抬高皇后一族地位，也能让皇后一族获得很多实际的好处，比如荫官、升学、免劳役。但是这还是改变不了武氏是小姓的现实地位。长孙无忌、褚遂良在"废王立武"过程中多次用出身攻击武则天。

"妙择天下令族，何必武氏。"这句话总是萦绕在高宗和武则天脑海中。

令族如何，寒族又如何？一个人因为出生在等级高的家族，不用做任何努力就能婚配望族，谋得高官；而如果生在小门小户，纵然倥偬一生，也难有进益。

皇后武则天要摆脱寒门庶族身份，皇帝高宗也要以突出皇后身份来立威，你们不让我立武氏，我却非武氏不可，还要让武氏跻身令族。谁敢质疑皇帝的权威，就打谁的脸，如果有必要，还会要谁的命。

许敬宗、李义府体察上意，上表以《氏族志》"不叙武后世，又李义府耻于其家无名"（《新唐书·高士廉传》）为理由，奏请重修《氏族志》。

显庆四年（659年）六月，高宗下令重修《氏族志》，改《氏族志》为《姓氏录》，再次提高武氏一族地位。

《姓氏录》以后族为第一姓，其余各以品位高下叙之，共分为九等。宰相许敬宗、李义府等为第二等，当朝五品以上官员全部录入其中。

太宗皇帝在贞观年间修《氏族志》也是为了压制世族，提高皇族地位。这次重修《氏族志》打破"士庶之际，实自天隔"的界限，对"崔卢李郑王谢"等一概不论，更好地达到了太宗皇帝想要实现的目的。门阀氏族集团的生存空间被大大压缩，寒门庶族的子弟获得了更多的发展空间，皇帝的权力进一步加强，相权被削弱。

武则天，高宗皇帝的皇后，也名副其实地成了大唐王朝最有权势的女人。

胜利不仅没有冲昏武则天的头脑，还让她有了更清晰的目标，她要让所有臣民看到一个不同以往的皇后，一个古今中外最为人称道、最让人啧啧称赞的皇后。

武则天，一方面适时适度地出手配合高宗处理朝廷事务；另一方面她打理宗亲关系，对太宗嫔妃和女儿优礼有加，在皇族内眷中广受赞誉。武则天尽心抚育皇子，组织文人编写教材教育皇子。武则天带内外命妇躬行亲蚕之礼，做天下妇女的表率。

亲蚕之礼始于周代，是一种国家大典。武则天对这个复杂累人的仪式十分热衷。越是重大的典礼，参加的人数越多，越能彰显气度，营造舆论，确立权威，她乐此不疲。

皇后最让皇帝感动的是她能主动抑制外戚掌权。

册立皇后之后，高宗下旨将武士彟兄长之子武惟良自始州长史超迁司卫少卿，武怀运自瀛州长史迁淄州刺史；武士彟原配相里氏之子武元庆自右卫郎将为宗正少卿，武元爽自安州户曹累迁少府少监。杨氏所生长女，武则天同母姐姐，已故越王府法曹贺兰越石妻子，号韩国夫人。

杨氏置办酒宴，庆贺武氏兄弟升迁。席间，杨氏问惟良等人："还记得以前的事吗？今日的荣华富贵是从哪里来的呢？"

武氏兄弟一点也不了解面前这个老人，也不了解自己的皇后妹妹，他们说："我们兄弟都是功臣子弟，早登宦籍，才干有限，不求富贵飞黄腾达，没想到因为皇后的缘故，获得了非分的恩典，现在夙夜忧惧，不敢以此为荣。"

武士彟去世后，这兄弟几个人对杨氏母女极尽刻薄。杨氏只是想让他们认个错，服个软，否则也不会问他们，直接和皇后商量怎么处理这几个人就好了。以前被你们刻薄，现在女儿做了皇后，要个态度平复一下心境，这是多么正常的心理，而且这事本来也是武氏兄弟做得不地道，父亲死了，他们不照顾继母和年幼的妹妹，还把人逼得去投奔娘家。

武氏兄弟为他们的不知好歹付出了代价。杨氏怒不可遏。随后武则天上疏高帝，请求让武惟良兄弟几人改任偏远之地的刺史，以表示对外戚的贬抑。

高宗于是任命武元庆为龙州刺史，武元庆到任后，忧心而死。武元爽被外放为濠州刺史，又因获罪被流放振州，死于振州。惟良被外放为始州刺史。乾封元年（666年），武则天找到机会，陷害武惟良、武怀运，毒杀受高宗宠爱的魏国夫人，武惟良、武怀运被杀，改其姓为蝮，这是后话。

如此裁抑外戚的皇后古今少有，实在是让人放心。

显庆五年（660年）二月，高宗皇帝巡幸皇后故里并州（今山西省太原市西南）。并州是武则天的家乡，也是李唐皇室的龙兴之地，夫妻二人衣锦还乡。

高宗命有司祭祀功臣，佐命功臣子孙、大将军府僚、并州长史、司马等各有封赏，八十岁以上老人赐刺史、县令或郡君爵位。

武则天"宴亲族邻里故旧于朝堂，命妇妇人入会于内殿"（《旧唐书·高宗本纪》)。

皇帝、皇后伉俪情深,执手共看河山。

如果按这个"剧情线"走下去,他们可能会和太宗、长孙皇后一样,成为史书中的名主、贤后。只是,世事无常,"剧本"突然改变了走向。

显庆五年(660年),高宗皇帝得了严重的风疾,当年夺去高祖、太宗生命的家族遗传疾病又将无情魔爪伸向了高宗。严重的时候,高宗"风眩头重,目不能视"。这种慢性心脑血管疾病,只能慢慢将养,不能过度劳累。高宗只好让皇后协助处理朝政。

三十七岁的武则天,聪慧明敏,文史皆通,处理事情非常符合高宗的要求。有她协助,高宗轻松了很多。

龙朔二年(662年)六月一日,高宗和武则天的第四个皇子李旦出生。

高宗看着抱着小皇子的武则天,这是他自己选的皇后,雍容且端庄,温柔而强大。他们共同生育了四个皇子,共同面对后宫、外朝那么多的风风雨雨。现在,他有些迷惑,觉得自己从来不曾了解过皇后,她精神之充沛、行事之果断、权谋之深远,都让高宗隐隐感到担忧。

高宗是太宗手把手教出来的"关门弟子",武则天也是以才人身份在太宗后宫"偷师学艺"了十二年。夫妻二人,师承同一人。

太宗皇帝处理朝政的很多手段,武则天都看在眼中,作为旁观者,更多了几分清醒的判断。在政治上,武则天有着灵敏的嗅觉,生杀予夺的权力在她的手中被用得游刃有余,多少棘手的朝政她都处理得得心应手。

龙朔三年(663年)的一天,高宗突然想起这几年李义府蹦跶得太不像话了,应该敲打一下。

李义府靠什么被提拔到中书令这个位置上的呢?靠的是响应高宗拥立武则天为皇后。可这几年,他响应的不再是高宗,而是皇后。他所做的事也越来越过分。

显庆元年(656年),他垂涎被关押在大理寺监狱中的犯人淳于氏,逼迫大理寺丞毕正义枉法释放淳于氏，而后他纳淳于氏为妾。事情败露，毕正义被捕入狱，李义府竟然狗急跳墙，强迫毕正义自杀灭口。当时高宗还要用他对付长孙无忌，暂时放过了他，反而把弹劾李义府的御史王义方贬为莱州司户参军。

显庆二年（657 年），李义府被擢升为中书令，他实实在在地唱了一出小人得志便猖狂，公然卖官鬻爵，生意好到门庭若市。

显庆三年（658 年），李义府和同为中书令的杜正伦不睦，他就让人密奏杜正伦暗算他，高宗把两人都贬出了京城，杜正伦被贬为横州（今广西壮族自治区横州市）刺史，李义府被贬为普州（今四川省安岳县）刺史。

显庆四年（659 年），在武则天的努力下，李义府被调回京城任吏部尚书、同中书门下三品。吏部尚书主管官员任命相关事务，于是李义府"重操旧业"，又开始卖官鬻爵。李义府就这样在权力中枢蹦跶了三四年。

李义府直直地站着听高宗说话，高宗让他管束一下儿子、女婿，说他们很不检点，做了很多非法的事，皇帝没有把事情公开处理，压了下来，让他回去警告一下儿子、女婿。

这几年李义府被骄纵出了脾气，他居然质问高宗："是谁告诉陛下的？"

刚才还和颜悦色的高宗沉下脸问李义府："你只需要回答朕到底有没有这些事，不必管是谁告诉朕的。"

李义府沉默半晌，然后在高宗错愕的目光中，一声不响地走了。

李义府敢这样得罪皇帝，倚仗的是什么呢？是皇后。

因为权力，皇帝和皇后之间慢慢生了龃龉。

人若作死，是真的一定会死的。

有一个名叫杜元纪的术士告诉李义府他家中有不祥之气，会有牢狱之灾，要用两千万钱化解。为了化解这场灾祸，李义府带着儿子、女婿更加疯狂地收受贿赂，广撒网，不管大鱼小鱼，虾米螃蟹，只要能赚到钱都可以。

李义府的儿子李津，卖给长孙无忌之孙长孙延一个司津监的从六品官，他正在家里数那七十万卖官钱的时候，高宗已经知道得一清二楚，情报战，太宗擅长，武则天擅长，高宗也擅长。高宗早就派人对李家父子进行了监控。李义府还和杜元纪一起跑到郊外的坟包包上，"候望气色"，高宗很快又收到了李义府"阴有异图"的汇报。高宗命司刑太常伯刘祥道会同御史审理李义府，请司空李勣监审。

案子很快审结，证据确凿，龙朔三年（663年）四月，劣迹斑斑的李义府被流放巂州（今四川省西昌市），李义府之子李津被流放振州（今海南省三亚市），儿子、女婿全部被除名，流放庭州（今新疆维吾尔自治区吉木萨尔县）。李义府被流放，"朝野莫不称庆"。

李义府不过是被高宗和武则天利用的怀有野心的政治打手，现在他对高宗不再有用处，又作孽太多，当然会被遗弃。

后来高宗和武则天封禅泰山，大赦天下，李义府不在被赦的名单里，他忧愤成疾，一病而亡。

五、封禅泰山

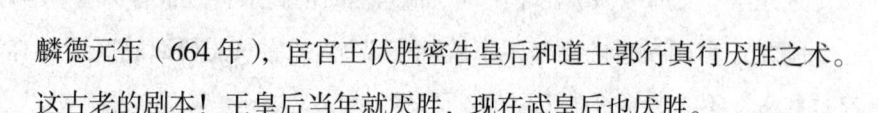

麟德元年（664年），宦官王伏胜密告皇后和道士郭行真行厌胜之术。

这古老的剧本！王皇后当年就厌胜，现在武皇后也厌胜。

我们知道王皇后厌胜，是因为高宗想立武则天为后。现在武皇后厌胜，又是因为什么？"及得志，专作威福，上欲有所为，动为后所制，上不胜其忿。"（《资治通鉴》卷二〇一）

现在的武皇后约等于王皇后加长孙无忌。高宗手里的权力正慢慢被武则天拿走，这是他不能容忍的。

权力旋涡中，人命悬于刀尖之上，每个人都想做执棋之人。

高宗立刻密召西台侍郎、同东西台三品上官仪进入内殿①。

上官仪说:"皇后专权横行,令海内失望,请求废黜。"(《资治通鉴》卷二〇一)

高宗"亦以为然",命上官仪当场起草废后诏书。上官仪文采斐然,才思敏捷,精通经史,废后诏书很快就草写完毕。

皇后身边有皇帝的人,皇帝身边也有皇后的人。上官仪这里在写诏书,那边已经"左右奔告于后"。

皇后赶到皇帝这里为自己辩解时,御案边废后诏书上的墨迹还没有干。

高宗看着突然出现的皇后,"羞缩不忍,复待之如初,犹恐后怨怒"。急忙找说辞欺哄皇后:"我没有这样的心思,都是上官仪教我的。"

上官仪呀上官仪,你哪是替皇帝写了一张废后诏书啊,你这是自己画了一张催命的符箓!

麟德元年(664年)十二月,上官仪和长子上官庭芝,宦官王伏胜被斩首,家产抄没,府中女眷全部没入宫中为婢。上官仪孙女、上官庭芝之女上官婉儿尚在襁褓也随母亲一起没入掖庭。

上官仪、王伏胜都曾是废太子李忠旧部,李忠被诬谋反赐死,时年二十二岁。

与上官仪交情深厚的右相(中书令)刘祥道被牵连,降为司礼太常伯(礼部尚书)。

左肃机(尚书左丞)郑钦泰等一批为高宗信任的官员,都以和上官仪有密切关系的理由被逐出朝廷。

这天下最尊贵的两口子"打情骂俏",赔进去的是别人的性命。高宗

---

① 《资治通鉴》卷二百:(龙朔二年,662年)二月,甲子,改百官名:以门下省为东台,中书省为西台,尚书省为中台;侍中为左相,中书令为右相,仆射为匡政,左、右丞为肃机,尚书为太常伯,侍郎为少常伯;其余二十四司、御史台、九寺、七监、十六卫,并以义训更其名,而职任如故。

《资治通鉴》卷二百一:(咸亨元年,670年)诏官名皆复旧。

废后失败，从此给了武后更多的权力，武后垂帘听政，帝后同时临朝，时称"二圣"。

"自是上每视事，则后垂帘于后，政无大小，皆与闻之。天下大权，悉归中宫，黜陟、杀生，决于其口，天子拱手而已，中外谓之二圣。"（《资治通鉴》卷二百一）

上官仪的父亲上官弘在江都兵变时死在扬州，上官仪为避祸自行披剃为僧。贞观年间上官仪考中进士，授为弘文馆直学士，累迁至起居郎。唐高宗继位，上官仪又升任秘书少监。龙朔二年（662年），上官仪升任西台侍郎、同东西台三品，成为宰相，又加银青光禄大夫，仍兼弘文馆学士。

上官仪开创了新诗体上官体，太宗常命上官仪起草诏谕，侍宴赋诗。上官仪还曾参与《晋书》修撰工作，占尽世间风流的一个人，只是不适合做政治家而已。遇到同样的问题，长孙无忌、李勣、许敬宗这些老宰相会怎么回答呢？

废太子李忠，一个可怜、可悲的生命。因为母亲只是普通宫人，一直没有得到过父亲的疼爱，王皇后没有孩子就认他做养子，拿他当稳固地位的工具。王皇后倒台，他被废为梁州都督，后再贬为房州（今湖北省房县）刺史。他好害怕，觉得随时会被杀掉，所以常常穿着妇人的衣服。因一个名叫阿刘的妇人诬告，李忠又被贬为庶人，流放黔州，被囚禁在前废太子李承乾的宅子里。李承乾有爱他的父皇保他一命，李忠什么都没有。当赐死的诏书送到黔州，李忠终于可以结束这棋子的一生。

高宗为什么在看到武则天之后马上改变废后的想法？从贬黜李义府开始，高宗就应该动了从武则天手里收回权力的念头，却在废后风波后给了武则天更大的权力，这是夫妻吵架之后又和好了要哄哄媳妇吗？政治家，永远先考虑的都是政治因素。

高宗现在"风疾"发作时根本无法处理朝政，平时也需要多休养，如果把武则天废掉，那由谁来帮他处理朝政呢？太子可以监国，但是现在太

第六章 武氏降临

子还小,那就只能由宰相监国。皇帝病弱,太子年幼,宰相里会不会又出一个长孙无忌?要避免出现长孙无忌第二,就只能留下皇后帮他看着江山,等两人百年之后,皇位自然会回到已经长大的李弘手中。

平心而论,武则天这些年帮高宗打理朝政,没有提拔外戚干政,除了"废王立武"时期的翊赞功臣,也没再培养自己的新政治势力,兢兢业业,勤勤恳恳,对宗室和蔼可亲,对自己也尽心尽力,确实也没什么理由把她废黜。

高宗一定想不到她的武后那么能活,活到八十二岁。她也不是王皇后,王皇后一辈子都用来和老公的小妾斗法,想不明白问题症结在渣男老公那儿,拿捏住渣男才能解决问题,光斗小妾,那只能是今天斗倒一个,明天还会再来一个,就算没有武则天,也会有其他人。

武则天从不把希望寄托在别人身上,强者自救,圣人度人,人能信任的唯有自己。

"二圣"临朝这力度还是不够,隋文帝和独孤皇后也曾"二圣临朝",这不是个新剧目,武则天要做别人没做过的事情。

麟德元年(664年)朝廷决定封禅泰山。如此盛典,朝廷要做充分的准备:什么时间封禅,哪些人去封禅,典礼的每个过程都由哪些人参加,各自负责什么职责,一应器具,随行人员安排……

武则天在封禅这件事上找到了新的突破口,可谓"前无古人"的突破口。

封禅,是指古代帝王在太平盛世或天降祥瑞之时祭祀天地的大型典礼,一般由帝王亲自到泰山上举行,"告太平于天,报群神之功"。实际就是天子的工作干得好,他得向派他来的"天地"汇报工作。要是工作没做好怎么办?那就得罪己。

封禅,封为"祭天",禅为"祭地"。所以典礼分为两个部分:第一部分由皇帝行初献礼,祭祀昊天上帝,为封礼,在泰山举行;第二部分由公卿行亚献礼和终献礼,祭祀皇地祇,为禅礼,在泰山附属神山社首山举行。整个过程没有皇后的事。

　　武则天上表对此提出异议，而且她的理由充分，因为在祭祀昊天上帝的时候先皇配享，祭祀皇地祇时由太后配享，彰显后土之德，也就是后妃的德行，由公卿亚献"礼有未安"。提出异议后她又提出了解决方案："至日，妾帅内外命妇献祭。"（《资治通鉴》卷二〇一）

　　武则天想别人所不敢想，唐以前，只有秦始皇、汉武帝、汉光武帝三位帝王举行过封禅泰山的典礼，唐太宗想封禅但是当时经过隋末动乱，唐初的经济还在恢复之中，没有达到可以封禅的经济标准，所以没能封禅。从古代以来，能封禅的帝王才三位，一般的皇帝都不敢想的事，她敢于提出要求行亚献礼，而且提出的理由确实成立，皇帝祭祀昊天上帝和先皇，皇后祭祀皇地祇和太后，理当如此。

　　皇后的提议很快通过，高宗下诏："禅社首以皇后为亚献，越国太妃燕氏为终献。"（《资治通鉴》卷二〇一）越国太妃燕氏是太宗嫔妃中当时唯一在世的一位，是太宗第八子越王李贞生母。随后又确定了典礼使用的礼器、音乐等事。

　　麟德二年（665年）十月，高宗李治和皇后武则天，带着后宫妃嫔、宗室王亲，文武百官，从东都洛阳出发。"文武仪仗，数百里不绝。列营置幕，弥亘原野"。东自高句丽，西至波斯，突厥、于阗、天竺、日本、新罗、百济、罽宾、乌苌等国的元首和使节，"各帅其属扈从，穹庐毳幕，牛羊驼马，填咽道路"。大队人马共走两个月抵达泰山脚下。

　　各地都督、刺史也从各地出发，于十月赶到泰山脚下。

　　"有司于山南为圆坛，山上为登封坛，社首山①上为降禅方坛。"（《资治通鉴》卷二百一）

　　乾封元年（666年）正月初一，典礼在泰山举行，前后五天。声威赫

---

①社首山，泰山的附属神山，古代帝王封禅泰山时多于社首山设坛祭祀后土，而在泰山顶设坛祭祀昊天上帝。

赫，气势恢宏。高宗于泰山南祭祀昊天上帝，又登泰山，封玉牒。

高宗李治已登基称帝十七年。这十七年，他整肃后宫，废立太子，改组外廷，灭长孙无忌集团。大唐平定西突厥叛乱，中亚十六国归附，白江口大败日本，苏定方、刘仁轨前后两次灭百济。疆域臻于极盛。

志向鹏抟九天，功业耸壑凌霄。

封礼完成。皇后率后宫登社首山行亚献礼。

苍天之下，社首山上，身处降禅方坛，武则天遥望的是泰山之巅，心中是万里河山，作为共同治理国家的皇后，她于国家发展所做的功劳应当被铭记。

封禅结束后高宗在朝觐坛接受朝贺，文武百官、四夷君长齐齐叩拜。

高宗下诏大赦天下，改元乾封，改奉高县为乾封县。立"登封""降禅""朝觐"三碑，称封祀坛为"舞鹤台"，登封坛为"万岁台"，降禅坛为"景云台"。

中国历史上成功封禅泰山的帝王只有六位：秦始皇嬴政、汉武帝刘彻、汉光武帝刘秀、唐高宗李治、唐玄宗李隆基、宋真宗赵恒。

两年后，李勣率军攻陷平壤，唐灭高句丽，于平壤设安东都护府以统之。

封禅泰山的典礼是辉煌的华彩序章，整个国家都迸发着蓬勃向上的生机，一个四海承平、百夷臣服的盛世已经呈现。

第七章

至尊红颜

一、步步为营

乾封元年（666年）后宫发生了一件投毒案，备受高宗宠爱的魏国夫人贺兰氏突然中毒身亡。

贺兰氏是武则天姐姐的女儿，武则天为了照顾寡居的姐姐韩国夫人，把韩国夫人接到京城来照顾，结果韩国夫人和女儿贺兰氏都成了高宗的情人。

案子一查发现贺兰氏是吃了武惟良和武怀运（武士彟兄长之子）两人给皇后所献的食物后毒发身亡的。这是想毒害皇后，误杀了魏国夫人，这两人很快就被斩首了。

武惟良和武怀运哪敢投什么毒！武氏兄弟这么多年一直在后悔当年因逞一时口舌之快，被贬出京。他们想巴结这个皇后妹妹还来不及，又怎么会投毒？就是投毒，也不会在自己献的食物里投毒。但是一切都已经晚了，他们的堂妹不仅没给他们回头的路，还给他们铺好了死路。

一个投毒案，武则天既解决了后宫的情敌，又杀了旧日仇人。后宫里明面上是"一夫一妻多妾制"，事实上成了"一夫一妻无妾制"。

当年除掉武元庆等人时，武则天就让姐姐的儿子，也就是贺兰氏的哥哥贺兰敏之做了父亲武士彟的继嗣，改姓武，袭爵周国公，封他做弘文馆学士，左散骑常侍。

武则天有培养提携贺兰敏之的意思，贺兰敏之也确实是个人才，在弘文馆编写了《三十国春秋》一百卷，才名远扬，人也长得玉树临风，《资治通鉴》称"敏之貌美"，《旧唐书》云其"年少色美"。就是这样一个翩翩少年，逼奸太子李弘的准未婚妻，强奸太平公主的侍女，又和自己的祖母荣国夫人杨氏私通。人性扭曲，道德沦丧。

贺兰氏毒发身亡的时候，高宗问左右缘由，在场的贺兰敏之听完，只是号哭，不说话。武则天知道后说："此儿疑我。"

武则天当时只是碍于自己母亲荣国夫人的面子，才暂时没有发作。贺兰敏之懵然不知自己身处危险之中，依然恃宠而骄，任性胡为。

咸亨元年（670年）九月，九十二岁的荣国夫人病逝，武则天悲痛不已，命人给笃信佛法的母亲造佛像追福，贺兰敏之居然贪污瑞锦，还在服丧期间不遵礼制，穿红戴绿，招妓女饮酒。咸亨二年（671年），武则天上表列举贺兰敏之挪用瑞锦、丧礼作乐、诱奸准太子妃、强奸太平公主侍女、与外祖母私通的五大罪状，将贺兰敏之流放雷州（今广东省雷州市），走到韶州（今广东省韶关市）时，才貌双全又无德无行的少年就用马缰自缢而死。

咸亨元年（670年）是个多事之秋，吐蕃攻陷大唐西域十八州，高句丽起兵反叛，又逢天下大旱，京畿地区出现饥荒，朝廷只好组织百姓往各州逐食。连朝廷都准备迁往洛阳，解决吃饭问题。朝中许多对武则天不满的人借机指责天下大旱与皇后专权有关。

这一年三月，亲武派宰相许敬宗因年老致仕还乡。许敬宗还乡，母亲去世，没了外援的武则天，以退为进，主动提出避位，以答天谴。

权利和义务对等，权力和责任相对应，承担责任的前提是行使过权力，避位就是引咎辞职。武则天主动避位，如果高宗准奏，那就是承认武则天和皇帝有同样的权力。所以高宗坚决不允许武则天避位，同时下令大办荣国夫人的丧事，辍朝三日，高宗亲自书写墓碑，命百官前去吊丧，赐荣国夫人尊号鲁国太夫人，谥号忠烈。

上元元年（674年），武则天一改以往抑制外戚的做法，召回流放岭南的武元爽之子武承嗣承袭周国公爵位，授予其尚衣奉御的正五品下官职，一个月后，又升其为从三品宗正卿。

宗正卿一职因为要管理皇族事务，所以一般由李唐宗室担任。随后武元庆的儿子武三思也被召回长安，被任命为右卫将军。

武则天任用外戚担任要职的同时又培养了一批北门学士，北门就是玄武门。这些学士明面上的工作是编纂书籍，实际是武则天的私人谋士。武则天利用他们分割宰相的权力。

北门学士主业、副业都做得相当出色，一边给武则天参政出谋划策，一边还编纂了《列女传》《臣轨》《百僚新戒》《乐书》等一千多卷书，确实都是才学出众、才思敏捷的学士。

武则天上表申请追尊高祖李渊为神尧皇帝，尊太穆皇后为太穆神皇后，尊太宗李世民为文武圣皇帝，尊文德皇后为文德圣皇后，而后又提出避讳先帝先后尊号，皇帝李治改称"天皇"，自己改称"天后"。

武则天的一系列动作表明她已经不甘心只做一个参政的皇后。

上元元年（674年）十二月，武则天上《建言十二事》，高宗非常认同，全部批准施行。

建言十二事

一、劝农桑，薄赋徭；二、给复三辅地；三、息兵，以道德化天下；四、南北中尚禁浮巧；五、省功费力役；六、广言路；七、杜谗口；八、王公以降皆习《老子》；九、父在为母服齐衰三年；十、上元前勋官已给告身者无追核；十一、京官八品以上益禀入；十二、百官任事久，材高位下者得进阶申滞。

《新唐书》卷七十六

吴宗国先生认为："《建言十二事》具有极强的针对性，适应了唐在边疆由进攻转为防御，中小地主和中下级官吏要求在政治上进一步发展的客观形势。"

第七章 至尊红颜

《建言十二事》成为之后一段时间唐王朝的施政纲领，取得了很好的效果。高宗临终前还重申要继续施行这些政策，不可懈怠。

> 比来天后事条，深有益于为政，言近而意远，事少而功多。务令崇用，式遵无怠。
>
> 《唐大诏令集》卷三《改元弘道诏》

上元二年（675年）三月，高宗病情加重，他提议让天后摄政，被中书侍郎同三品郝处俊、中书侍郎昌乐李义琰阻止。

四月，皇太子李弘薨于合璧宫，年仅二十四岁，《资治通鉴》称"时人以为天后鸩之也"。

当时的人都以为是武则天鸩杀了太子李弘。给出的理由是：李弘在后宫见到了萧淑妃的女儿义阳公主、宣城公主，两位公主因为母亲获罪，被幽禁在掖庭，三十多岁了还没有嫁人，李弘对两位公主深表同情，上奏请求允许两位公主出嫁，因而得罪了武则天。武则天为了报复，当天就把两位公主指婚给上翊卫权毅、王遂古。

李弘生于永徽三年（652年）七月，出生于高宗被迫接受长孙无忌集团拥立李忠为太子的那段时间。他的出生给高宗和当时还是昭仪的武则天带来了好运，王皇后无子，而武昭仪有子是"废王立武"事件中高宗能给出的唯一理由。

李弘为人仁孝谦谨，高宗非常喜欢这个孩子。李弘前后有七次监国经历，为了让李弘在监国时顺利行使权力，高宗任命朝中宰相兼任太子府幕僚。

武则天曾经也非常喜欢李弘，但李弘是横在武则天和王朝最高主宰权中间的最大障碍。因为这个原因，还有萧淑妃二公主事件，所以经常有人怀疑李弘是被武则天毒死的。

关于李弘之死，《旧唐书》记载得很简单："太子从幸合璧宫，寻薨。"

《唐实录》的记载更简单："暴卒。"《资治通鉴》使用了"时人以为"这样耐人寻味的四个字。

李弘死后，高宗李治颁布《皇太子谥孝敬皇帝制》，制书破例追赠李弘为孝敬皇帝，也点出了李弘的死亡原因：太子李弘"沉瘵婴身"，高宗见太子病重就承诺等太子病好一点传位给太子，结果太子因为孝心纯确，感动太过，"旧疾增甚"，自然死亡。

皇太子谥孝敬皇帝制

皇太子弘，生知诞质，惟几毓性。直城趋贺，肃敬著于三朝；中寝问安，仁孝闻于四海。自琰圭在手，沉瘵婴身，顾惟耀掌之珍，特切钟心之念，庶其瘳复，以禅鸿名。及滕理微和，将逊于位，而弘天资仁厚，孝心纯确，既承朕命，掩欻不言，因兹感结，旧疾增甚。亿兆攸系，方崇下武之基；五福无征，俄迁上宾之驾。昔周文至爱，遂延庆于九龄；朕之不慈，遽永诀于千古。天性之重，追怀哽咽，宜申往命，加以尊名。夫谥者，行之迹也；号者，事之表也。慈惠爱亲曰"孝"，死不忘君曰"敬"，谥为孝敬皇帝。

——《旧唐书·孝敬皇帝传》

实际上李弘从小体弱多病，很早就患上了肺结核。肺结核在古代是极重的病，只能长期用药物控制，几乎没有治愈的可能。

咸亨元年（670年），李弘在给典膳丞邢文伟的回信中说自己的病情越来越重了，皇帝下旨让他不要过度劳累。

咸亨二年（671年），太子留守京城监国期间，因为疾病无法打理朝政，只好交由宰相戴至德代为决策。

皇帝还下诏命沛王李贤帮太子李弘处理朝政。

种种迹象表明李弘病得很严重，到上元二年（675年）时，李弘已经病危，高宗才说出等李弘好一点传位给他的话。

太子弘的存在阻挡了武则天掌握更多权力，但是没有太子弘马上就会有太子贤补上来，没有李贤还有李显、李旦，阻挡在她面前的是太子不是儿子。

按皇位继承的顺序来说，如果李弘去世，就应该由嫡次子李贤继任太子，李贤身体强健，性格更加积极进取。

是让病弱的李弘当太子乃至日后登基为皇帝对武则天有利，还是让健康的李贤继任太子对武则天有利呢？答案显而易见。

冒险杀一个快病死的儿子对武则天来说又有什么意义？

武则天诚然具备杀子杀女的狠绝心性，但是她为什么要冒险去做毫无益处的事呢？

后代史官们担心自己的王朝再出一个武则天，所以把武则天的形象进行了再加工，因为：作为一个谋夺了李唐社稷的人，她必然是心狠手辣的；作为一个女性掌权的代表，必须让她成为泯灭人性的代表。

二、流言杀人

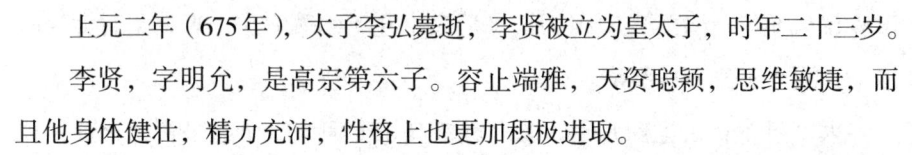

上元二年（675年），太子李弘薨逝，李贤被立为皇太子，时年二十三岁。

李贤，字明允，是高宗第六子。容止端雅，天资聪颖，思维敏捷，而且他身体健壮，精力充沛，性格上也更加积极进取。

李贤继任太子后，高宗大赦天下，命李贤监国。久在病中，刚经历了白发人送黑发人伤痛的高宗急于培养新接班人。

李贤不负所望，出色地完成了监国任务，仪凤元年（676年），高宗手敕表扬李贤"家国之寄，深副所怀"（《旧唐书·章怀太子传》）。

高宗对李贤的表现深感欣慰。

为了巩固李贤太子之位，高宗擢升整个宰相班子，由他们集体兼任东宫属官。

四月，高宗再次提出让武则天"摄知国政"。

上元二年（675年）三月，高宗也曾提议让武则天摄政，因被中书侍郎同三品郝处俊、中书侍郎昌乐李义琰阻止，作罢。当时高宗病重，太子李弘也病重，现在高宗虽然病重，但是太子李贤身体健康，表现优异，为什么要重提让武则天"摄知国政"？

是天后给的压力，还是有意试探群臣对太子和自己的忠心程度，史书没有给出理由和目的，只知道结果是因为中书令郝处俊的强烈反对又一次搁置。

不久之后，武则天命北门学士编纂《少阳正范》（少阳指东宫，范是模范、榜样之意）和《孝子传》送给太子李贤。

类似的场景在贞观二十二年（648年）也曾出现过：唐太宗自撰《帝范》十二篇，赐给当时的太子李治作为遗训，教导其为君之道。

高宗的病已经很重了，所有人都在为政权的顺利交接做准备。

李贤除了锻炼执政能力，他还组织太子左庶子张大安、太子洗马刘讷言、学士许叔牙等人为《后汉书》作注。这部著作质量极高，成为《后汉书》最为权威的注本之一。

仪凤元年（676年）十二月，《后汉书注》编纂完成，高宗阅后大为欣慰，赏赐李贤三万匹绸缎。

太宗皇帝在去世前几年，悉心教导高宗如何做一个好皇帝。李贤比他的父皇更加幸运，他除了父亲的培养，还有母亲的教导。

如果事情一直这样发展下去，李贤将会顺利继位。

"你听说了吗？太子的生母不是天后，是天后的姐姐魏国夫人。"

流言悄悄扩散，像长了脚一样传得尽人皆知。

李贤也听到了。

他想起了去世的哥哥——李弘。

第七章 至尊红颜

李弘生于永徽三年（652年）七月，自己生于永徽五年十二月，自己和李弘中间还有个夭折于襁褓的安定公主。

想到这里，李贤如遭雷击。

宫中的另一个流言也在他脑中浮现。

永徽五年（654年），武则天生下他和李治的第一个女儿，高宗下朝之后经常要来看看粉团一样软糯可爱的女儿。当时的王皇后虽然对武则天恨之入骨，但是作为小公主嫡母，按例也是要去探望一二。

一天，王皇后照例看望小公主，她强压着嫉妒不满，强颜欢笑地演着母仪天下。王皇后抱起了小公主，逗小公主笑。

旁边的武昭仪，她在做什么？她的表情为什么那样恐怖？

阴谋的乌云把王皇后和小公主笼罩在一起。

王皇后走后，小公主也"走"了。

最残忍冷酷的一幕在短短的时间内结束，一个刚降临世间不久的小小生命在自己母亲的手中消逝。

太宗皇帝，亲手射杀哥哥李建成。武则天，也会亲手杀死自己的亲生女儿吗？也许是吧。

这一刻，人间即鬼蜮；这一刻，人心成鬼魅。

鲜血淋漓的宫廷斗争，在屡屡跨越伦理的漫长时间里终于超越了人类所能容忍的极限！虎毒尚不食子呀！

高宗散朝回宫，他带着满满的欢喜却触摸到一具冰冷的尸体。武则天从笑靥如花到发出凄厉的惨叫，刚刚那被压抑的不敢露出丝毫破绽的巨大悲痛，如翻江倒海袭来，瞬间将她吞噬。

高宗问："谁来过？"

负责伺候公主的宫女们筛糠一般，抖出一句："刚刚……只有……只有皇后来过。"

所以高宗以为是皇后杀了他疼爱的女儿，一个襁褓中的婴儿。

悲痛中的李治愤怒地咆哮："是皇后？！"

高宗和武则天同仇敌忾，他们要向那个夺走女儿生命的人讨还性命。

想到这里，李贤恍惚地呓语：自然是王皇后杀了小公主。在回想谁来探望过小公主的时候，谁会去想小公主的母亲有没有来过呢？她的母亲身份，让她在众人从记忆中搜寻凶手的时候，自动地被屏蔽掉了。那么，在命案现场众人的意识里杀小公主的只能是王皇后。

麟德元年（664年），武则天追封夭折的长女为"安定公主"，谥号"思"。"追悔前过曰思"，她在追悔什么？

李贤又想到武则天为安定公主举行的那场隆重的迁葬仪式，仪式规格逾制使用了亲王才能使用的"卤簿鼓吹"。

原来她是在赎罪。

李贤的思绪回到了现实之中，看到桌案上的《少阳正范》和《孝子传》，那是武则天命人特意编纂的，本以为这是母亲对自己的谆谆教诲，现在看来这是天后在敲打自己作为太子不称职，身为儿子不孝顺。

东宫！是什么样的地方？

李贤哪李贤，你居然敢安心地住在这里！

后宫真是一个盛产流言的地方。

明崇俨，一个深受高宗和武则天信任的道士，积极入世，喜欢发表政治言论。明崇俨说"英王（李显）貌类太宗"，"相王（李旦）相最贵"，"现在的太子不行，难以继承大统"。

实际高宗和武则天对他的信任更多是依赖他的医术和道家法术，并不一定在意他说的这些无稽之谈。

李贤囿于身世之谜，听了明崇俨的话后"愈不自安"。李贤觉得必须做点什么来改变这种局面。

调露元年（679年）五月，皇帝皇后的近臣，朝廷五品命官正谏大夫（谏议大夫）明崇俨被杀死在家中。天子脚下，东都洛阳，居然有人刺杀朝

第七章 至尊红颜

廷命官。皇帝皇后震怒，下令严查，御史台抓了很多人，但都不是凶手。

案子未破，传言又起。有人说明崇俨把鬼神逼急了，被鬼神所杀；有人说明崇俨是被流窜的强盗意外杀死。经过一段时间的调查，御史台以"盗杀"结案，高宗下旨追赠明崇俨门下省长官侍中，谥号庄。

案子结了，但事情没有完结。

调露二年（680年）八月，因太子"颇迩声色"，东宫谏官、司议朗韦承庆上疏劝谏太子李贤："博览群书，以广其德。屏退声色，以抑其情。"（《旧唐书·韦思谦传》）

屏退什么声色，抑制什么感情呢？

东宫有一个名叫赵道生的户奴，两人同床共寝、出双入对，搞得大家都知道太子有一个同性小情人，李贤对赵道生太过恩宠，赏赐丰厚，引人侧目。破绽暴露的太子遭到指控，太子的风化案被迅速立案。

大唐皇室的风化案好像特别多，有风化案不怕，就怕风化案由大人物来审。高阳公主、房遗爱遇到太尉长孙无忌，结果性骚扰案变成了谋反案。

很不幸，李贤这次遇到的是加强版长孙无忌，一个由宰相担任组长的专案组——中书侍郎薛元超、黄门侍郎裴炎，会同御史大夫高智周共同审理此案。

赵道生很快就一五一十地招认了，他招认的比预想的要多。赵道生供出李贤唆使他刺杀明崇俨，指控太子教唆杀人，专案组马上展开深入调查，一查之下，竟然在东宫马坊中搜出几百副甲胄。

风化案果然不能让宰相审！唐朝对甲胄的使用有规定，用之前要申请，用后要及时归还。

李贤从纵情声色的嫌疑人，变成了教唆杀人又密谋反叛的罪犯。

古代贵族男子养娈童的并不鲜见，但李贤不是普通贵族，他对赵道生也不是简单的宠幸。他太过招摇了，身为储君，总得顾忌大的舆论环境。这事情也不完全是因为赵道生的同性身份，就算赵道生是个奴籍身份的女子，与太子天天出双入对，太子今天赏赐金银，明天赏赐绫罗绸缎，也会惹人非议。

李承乾有称心，李贤有赵道生，大唐太子连续栽倒在同一件事上。当年太宗直接下旨诛杀李承乾的娈童称心，何尝不是在保护他，只是父母的苦心子女未必理解，"爱情"已经让他们变得疯狂。

高宗对太子心怀不忍，他向武则天求情，希望能够宽宥李贤的过错。

武则天却说："为人子怀逆谋，天地所不容，大义灭亲，何可赦也。"（《资治通鉴》卷二〇二）

明艳如骄阳的太子，跌入了无底深渊。李贤免于一死，被废为庶人，幽禁于长安。一年后又改为流放到巴州（今四川省巴中市）。与太子关系密切的宗室和朝臣多受株连。

东宫储君变成幽禁中的庶人，肉体上失去自由，精神上饱受折磨。以为自己是高贵的嫡出皇子，原来是个私生子，母亲不是母亲，姨娘不是姨娘，这太可笑了。

父亲高宗病逝，李显继位又被废黜，李旦登基后，武则天临朝垂帘听政。

当左金吾卫将军丘神勣说他奉太后命令来搜查李贤住宅以防不测的时候，李贤知道自己的生命走到了终点。李贤被囚禁别室，逼令自杀，年仅三十一岁。

赵道生不如称心死得干脆，李贤更不如他的伯父李承乾，李承乾有亲生父亲护着性命，有嫡亲的弟弟关心饱暖。李贤的父亲走了，母亲不是母亲，一个弟弟被逼退位，另一个弟弟是囿于宫中的傀儡。

李贤生命的最后时光，人被幽禁远地，心里全是悔恨、忧伤。"家国之寄，深副所怀。"唯一值得怀念的是父亲对他的殷殷期待。现在，他去找父亲了。

死讯传来，武则天在显庆门为李贤举哀，追封为雍王，贬丘神勣为叠州刺史，不久就再次起用。

种种迹象表明，李贤确实不像武则天的儿子。

对比武则天对几个孩子的态度，李弘是病重自然死亡，李显和李旦第一次登基后虽然先后被废，但是生活上还是享受了比较好的待遇。徐敬业造反、契丹叛乱都打着"匡扶庐陵王"旗号，但是庐陵王李显还好好活到了再次登基，李旦活得比李显时间还长。

高宗在的时候，李贤暂时保住了性命，高宗去世，武则天已经决定称帝，所以她清除有可能被利用的前太子李贤。逼杀李贤的丘神勣被再次起用。但安定公主可是武则天的亲生女儿呀！她为什么会被自己的母亲亲手扼杀在襁褓之中？

一直以来这个原因被说成是"为了扳倒王皇后"，可细查史料会发现，小公主死后，高宗没有以此为理由的任何动作，武则天也没有。

在整个"废王立武"过程中，高宗和武则天从未提起过小公主之死，一句也没有。杀小公主不就是想以这件事为武器来打击王皇后吗？为什么不把武器亮出来？

前朝：从太尉府贿赂长孙无忌，到高宗和长孙无忌、褚遂良较量的两次会议，高宗给出的废后理由都是皇后无子而昭仪有子。褚遂良拒绝高宗提议的理由是王皇后没有过错，高宗无话可说，也没有提起过半个字。

后宫：王皇后母亲被要求不可再进入宫中，舅舅被贬的理由是"厌胜"，王皇后被废理由是"谋行鸩毒"。

献祭女儿生命炼成的武器却不使用这可能吗？武则天是目标明确、行动力强、思维缜密的人，她付出这么大的代价，却没有任何作用，这不合理。更大的可能是小公主属于自然死亡。

小公主有极大的可能是死于婴儿猝死综合征，也被称为"摇篮死亡"，发病率一般为千分之一至千分之二。这种病指外表似乎完全健康的婴儿突然意外死亡，而且几乎所有婴儿猝死综合征的死亡都发生在婴儿睡眠之中。

当高宗和武则天发现好好的小公主突然死亡时，高宗责问谁来过，得知皇后来过，悲痛欲绝的高宗或者武则天脱口而出说皇后杀了小公主，这个反应非常正常。过后两个人恢复理智，也知道这是不可能的。

王皇后按例探望新出生的小公主，做的是面子工程，演给别人看的，所以她一定会带着人去，至少也会带上几个宫女，王皇后根本没有作案的时间，而且要杀也是杀皇子，杀一个公主只会给自己带来麻烦，所以王皇后也没有作案动机。因此，高宗和武则天之后才会绝口不提这件事。

王皇后没有作案的可能，武则天杀掉小公主同样不会给自己带来任何好处，还可能因为行动被发现，而失去高宗的信任。

小公主活着，更利于武则天稳固皇帝的宠爱，还是一无所用地死去对武则天更有利呢？当然是活着对武则天更有利。

徐敬业叛乱，骆宾王列举编造武则天罪状，说她迫害王皇后，杀了姐姐、哥哥、丈夫和母亲，武则天的母亲和唐高宗李治都是因病自然死亡，这都可以编造成是武则天杀死的，如果真有小公主一事，又怎么不会被拿来做文章呢？

因为把假的故事掺杂在真的信息中间，更容易让人相信。武则天任用酷吏是真，武则天屠杀李唐宗室是真，武则天杀子（虽然可能不是亲生的儿子）是真，再加上一条杀死自己生下的孩子，一个完全无害的襁褓婴儿。

试问，谁会原谅一个杀死自己孩子的母亲？

在让天下男人惧怕失去权力的同时，也让天下女人恐惧于这令人发指的行径，从而达到让所有人厌弃武则天的目的。

和她划清界限！

指责她！

唾骂她！

流言杀人亦诛心！

很多朋友在计算李弘、安定公主、李贤出生问题时，认为武则天两年生下三个孩子，算法有误。要计算这个问题，必须把李弘在武则天肚子里的时间算上，按足月生产计算，武则天应该是在永徽二年（651年）十月或十一月怀上的李弘。也就是武则天在三年多的时间里，怀孕并生下三个孩子。虽然孩子密了点，但也不无可能，而且我们也不能排除李贤是早产儿的可能。

虽然本书作者倾向于认为李贤不是武则天的孩子，但是仍不能否定这种可能性。1971年，位于陕西省乾县的章怀太子墓被发掘，将来有一天我们或许可以通过DNA技术侦破这桩疑案。

然而流言从何处起，当年不知，现在的我们更加无从探查。

三、废黜中宗

公元680年八月，太子李贤被废为庶人，左卫大将军、雍州牧英王李哲[①]被立为太子。

武则天加紧了动作，她频频出手，经过大换血的宰相班子亲武派、反武派势均力敌。

武则天提出封禅五岳，从河南的嵩山开始。

封禅五岳！已经病入膏肓的高宗心动了。一直生活在太宗的阴影下，高宗需要被认同。高宗和武则天夫妻俩都热衷于大的典礼活动。

永淳元年（682年），关中发生旱灾，按惯例朝廷前往洛阳就食。武则天正好借机把朝廷带离长安。天子出行，需要军队护送，而当时军队的最高领导是坚定的反武派裴行俭。

武则天已经打定主意在高宗死后夺权，长安的军队不能带过去。

武则天把这个重大的难题塞给了新上任的监察御史魏元忠。接过任务的魏元忠目瞪口呆，他是个文官，连个打手都不认识，去哪儿找人保卫天

[①] 李哲，高宗第七子，显庆元年（656年）出生时起名李显。仪凤二年（677年），改名李哲。圣历元年（697年）又改名李显。为叙述方便，下文称李显。

子的安全？

人被逼急了，就会爆发出平时没有的能量。魏元忠命人打开长安县和万年县的牢房，瞪大眼睛，从囚犯里选出一个气场强大、言谈举止都像江湖大佬的人。这人一听是要给天子保驾护航，哈哈大笑，他向魏元忠保证，不用担心，自己会把天子安全护送到东都洛阳。

魏元忠给他包装一翻，换上官服，骑着高头大马，走在浩浩荡荡的队伍前面。路上的山贼、悍匪一看护送的人居然是自己老大，这趟买卖不能干了。老大出门赚外快，接了这么大一单生意，不仅不能动手，甚至还要支持一下老大，把路上不识趣的小贼打发了。

四月二十二日，皇帝皇后、朝廷大臣、随行人员全部安全抵达洛阳，生命和财产全部安全抵达。

这要命的大事，武则天敢扔皮球，魏元忠敢用黑老大，江湖大佬也敢揽这个活。满朝文武庆幸自己还活着的同时也只能感叹一声"活久见"了。

高宗对封禅五岳满怀期待，他知道自己的身体撑不了太久，不能全部完成，但是把眼前的嵩山封禅顺利举行，再回到长安，也就没什么遗憾了，他这一生，做的事够多了。

高宗的身体越来越差，封禅的时间从永淳二年（683年）十月推迟到下一年正月。

御医用尽浑身解数，高宗的身体还是不可挽回地持续恶化，永淳二年（683年）十一月，高宗再次出现失明的症状。御医秦鸣鹤医术精湛，擅长针灸，他认为高宗失明是风气上逆所致，也就是血管堵塞，压迫视神经，导致暂时失明，所以用针放出瘀阻的血液就能恢复视力。

秦鸣鹤提出治疗方案："刺头微出血，可愈。"（《旧唐书·高祖本纪》）

天子的头怎么能说刺就刺，武则天马上出言阻止。搞"微创手术"，家属不同意。

高宗说："吾苦头重，出血未必不佳。"（《旧唐书·高祖本纪》）

第七章　至尊红颜

不管是医生还是家属都得尊重患者自己的决定。

秦鸣鹤动手施针，谨慎地用针刺入高宗头上百会、脑户二穴。

稍等片刻，高宗高兴地喊起来："朕看到了。"

秦鸣鹤暗暗擦汗，没一会儿就看到天后武则天喜不自胜地亲自扛着百匹彩帛赐给秦鸣鹤。

武则天的精力异于常人也就算了，这体力也太惊人了。按武则天生于武德七年（624年）算，永淳二年（683年）已经近六十岁，还能自己扛起一百匹彩帛。

成大事者，需要有健壮的身体做基础。武则天身体够好，寿命够长，有天分，又努力，想不成功都难。

生老病死，是自然界的法则，再好的医生医得了病，也医不了命。

知道自己时日无多，高宗下诏命太子监国，宣布改元弘道，大赦天下。

弘道元年（683年）十二月初四，唐高宗李治病逝于神都洛阳贞观殿，时年五十六岁。

十二月十一日，太子李显继位，时年二十八岁，是为唐中宗。李显尊天后为皇太后。

属于高宗李治的时代结束了，属于中宗李显的时代却没能到来。

高宗薨逝前最大的遗憾是没能回到长安。大赦天下之后，高宗曾说："苍生虽喜，吾命危笃。天地神祇，若延吾一两月之命，得还长安，死亦无恨。"（《旧唐书·高宗本纪》）

没能回到长安，是高宗死前最大的也是唯一的遗憾。除此之外，他"死亦无恨"，有几个人去世前能说出这样的话？

高宗遗命，指定侍中裴炎为顾命大臣，并留下遗诏安排身后事：

> 天下至大，宗社至重，执契承祧，不可暂旷。皇太子可于枢前即皇帝位，其服纪轻重，宜依汉制。以日易月，于事为宜。园

陵制度，务从节俭。军国大事有不决者，兼取天后进止。

《唐大诏令集》

一封诏书，把太子何时何地继位、如何服丧、权力分配全部交代得清清楚楚。高宗算无遗策，这两年他放纵爱妻给宰相班子大换血，对武则天在朝中安插亲信视而不见，不是病糊涂了。

李显不仅资质平庸，而且糊涂任性，当时国家内部发生了大的旱灾，外部边疆也不稳定，李显根本没有能力治理好天下，高宗百年之后，需要武则天的天才执政能力稳住政局。

武则天以太后身份辅助李显，后果可能是太后专权。但武则天权力再大，她也是李家的媳妇，武则天已经六十岁了，她百年之后权力自然会回到李治儿孙的手中。如果是大臣专权，那就可能会出现第二个长孙无忌。如果大臣的权力达到一定程度，再来个加九锡、总百揆，搞个禅让，那就真的糟了。

高宗谋划得很好，但是没筹谋过他命长的老婆。

武则天用生命演绎了"多活几年，一切皆有可能"。

按礼制，父亲去世，儿子需要守孝二十七个月，皇帝需要处理国事，以日易月，需服丧二十七天。李显按高宗遗诏于灵柩前即位，并在高宗去世后第七天接受册命，接受册命就意味着可以正式行使皇帝权力。

武则天需要多争取一点时间，来为自己掌握权力铺路。

她亲切地对李显说："儿呀，你没了父亲，实在是太伤心了，多休息几天吧！等服丧期满再亲政，这段时间我来帮你看着朝政就好了。"

李显能说我不伤心吗？李显只能继续去伤心了。

时间短，任务重，武则天频出大招，说干就干。

第一招：和气生财。

唐朝中央职官中最高的是太师、太傅、太保、太尉、司徒、司空，即三师三公,全部为正一品衔。太后一上来就批量发放三师三公。

高祖第十一子韩王李元嘉为太尉,高祖第十四子霍王李元轨为司徒,高祖第十八子舒王李元名为司空,高祖第十九子鲁王李灵夔为太子太师,太宗第八子越王李贞为太子太傅,太宗第十子纪王李慎为太子太保。

好酒红人面,财帛动人心。武则天用这些虚衔,安抚"地尊望重,恐其为变"的李唐宗室,然后大家一起"和气生财"。

第二招:投桃报李。

提拔顾命大臣门下省侍中裴炎为中书省长官中书令,同时把宰相集体议事的机构政事堂从门下省跟着裴炎一起迁到中书省,裴炎既是托孤大臣、首席宰相,还掌握了审核驳议的权力,位极人臣。政事堂迁到中书省,强化了中书省的同时也削弱了门下省制约皇权的能力。

提拔刘祎之为中书侍郎。这个人有双重身份,既是北门学士又是高宗亲自为李旦选的幕僚。

第三招:高高挂起。

刘仁轨出将入相,高宗巡幸东都时,留太子李显监国,刘仁轨辅助。武则天擢升刘仁轨为从二品左仆射,因为刘仁轨不是亲武派,所以武则天让他继续留守长安,把名震天下的将军变成困守西京的留守老人。

第四招:以武服人。

要想掌握中央权力,就必须控制中央禁军,必须有军队支持,武则天提拔程务挺、张虔勖为左右羽林将军,赴洛阳稳定局势。

第五招:地方保卫中央。

武则天派遣四名心腹武将左威卫将军王果、左监门将军令狐智通、右金吾将军杨玄俭、右千牛将军郭齐宗分别前往并州(今山西省太原市)、益州(今四川省成都市)、荆州(今湖北省荆州市)、扬州(今江苏省扬州市),镇守东南西北四大军事重镇。

经过武则天周密妥帖的安排,高宗去世后的权力真空期顺利度过,新的制约和平衡已经建立，所以，李显也不用再伤心了。

亲政的李显放眼一看，整个朝廷中除了他的老丈人韦氏一家，太后已经无处不在。李显没能力其实倒在其次，他性格还不好，脑子也不清楚，很喜欢出昏招，这个时候他应该做的是忍耐，但是他偏要拿鸡蛋去碰石头。

中宗上来后做的第一件大事就是提拔外戚。把皇后韦氏的父亲韦玄贞，从六品的普州（今四川省安岳县）参军提升为从三品豫州刺史；把宗族韦弘敏从三品左散骑常侍提拔为太府卿、同中书门下三品。新皇帝破格提拔外戚，也还算好，毕竟他确实没什么可以用的人。

没过几天，中宗又来找中书令裴炎，让他提拔韦玄贞为门下省长官侍中，再给自己乳母的儿子一个五品官，这个官给得实在是太荒唐了，裴炎态度坚决地出言规谏，中宗看裴炎态度强硬，一时气冲脑门儿，竟然说："我把天下给韦玄贞又有什么不可？何必吝惜一个侍中的职位！"

中宗视朝政如儿戏的态度让人大跌眼镜，这皇帝合法，但是太不合格了。大唐交给他，早晚要出大乱子。裴炎不禁对大唐的前途深感忧虑，他旋即出现在了太后宫中，将这些事一五一十地讲出来，请太后定夺。高宗遗诏"军国大事有不决者，兼取天后进止"，皇帝都要把皇位给老丈人了，这是一等一的军国大事。

武则天等待的时机到了，武则天和高宗从来不会贸然出手，他们都擅长等待时机、创造机会。但是"伺机而动"这个词，高宗和武则天可能是忘记教给儿子们了。

知子莫若母，武则天知道中宗根本不是做皇帝的料，鲁莽、任性的显儿迟早会犯错的。但是中宗这么快就送分也是有一点让人意外。

武则天决定废黜中宗，立李旦为皇帝。

弘道二年（684年）二月初六，中宗和大臣上朝来一看，首席宰相和中书侍郎怎么旷工了？百官疑惑不解之际，中书令裴炎、中书侍郎刘祎之、羽林将军程务挺和张虔勖一起走进大殿，跟在他们后面的是全副武装的羽林军，气氛瞬间紧张起来。

裴炎高声宣读太后诏书："宣太后令，废李显为庐陵王。"

中宗难以置信地问："我有何罪？"

武则天冷冷地问他："你要把高宗和太宗打下的江山送给韦玄贞，难道不是大罪吗？"

此时，距离中宗继位仅仅五十五天。

武则天以雷霆万钧之势，轻而易举地把幼稚可笑、不堪一击的中宗从皇位上赶了下来。

废黜中宗后，武则天将他幽禁起来，把皇太孙李重照废为庶人，李显岳父韦玄贞流放钦州（今广西壮族自治区钦州市）。

武则天立其第四子，二十二岁的雍州牧、豫王李旦为皇帝，即唐睿宗。立豫王妃刘氏为皇后。立嫡长子李成器为皇太子。改中宗弘道二年（684年）为睿宗文明元年。大赦天下。

武则天扶李旦继位后，朝廷之事全部由武则天掌控，李旦不能参与政事，住在别殿之中，形同软禁。

空担着皇帝之名的李旦实在不明白，世间想做皇帝之人如恒河沙数，为什么偏偏是自己这个不想当皇帝的人坐在了皇位上。

他多想看看宫墙外的天空，感受宫外自由的轻风。

四、谁家天下

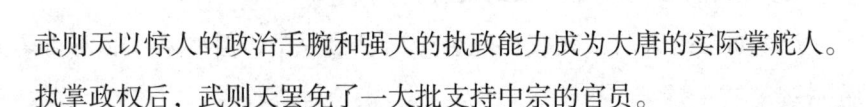

武则天以惊人的政治手腕和强大的执政能力成为大唐的实际掌舵人。

执掌政权后，武则天罢免了一大批支持中宗的官员。

九月，改睿宗文明元年为武则天光宅元年（684年），大赦天下。

从光宅元年（684年）开始，这个国家的年号开启了报菜名模式，自684年到705年，二十一年间共使用了光宅、垂拱、永昌、载初、天授、如意、长寿、延载、证圣、天册万岁、万岁登封、万岁通天、神功、圣历、久视、大足、长安、神龙十八个年号。

不仅改了年号，武则天颁布《改元光宅诏》，改东都为神都，改洛阳宫为太初宫，将所有旗帜旌幡改成金色，改官名、官署名。

改尚书省为文昌台，左仆射为文昌左相，右仆射为文昌右相，吏部尚书为天官尚书，户部尚书为地官尚书，礼部尚书为春官尚书，兵部尚书为夏官尚书，刑部尚书为秋官尚书，工部尚书为冬官尚书。

门下省改为鸾台，中书省改为凤阁，侍中改为纳言，中书令改为内史。

另外，太常寺改为司礼寺，鸿胪寺改为司宾寺，宗正寺改为司属寺，光禄寺改为司膳寺，太府寺改为司府寺，太仆寺改为司仆寺，卫尉寺改为司卫寺，大理寺改为司刑寺，农寺依旧，左右卫亦依旧，左右骁卫改为左右武卫，左右武卫改为左右鹰扬卫，左右威卫改为左右豹韬卫，左右领军卫改为左右玉钤卫，左右金吾卫依旧。

诏书如同绕口令一样改革官职名。

改宫名，改旗易帜，改洛阳为神都，全都是危险的信号。

改元光宅后不久，礼部尚书武承嗣上表朝廷，奏请追封祖先爵位，并按《礼记·王制》中"天子七庙[①]"的制度建立武氏七庙祭祀武氏先人，这是摆在明面上想僭越天子特权。

所有人，都明白，天要变了。

所有人，都低估了太后的野心。

太后她不是要做垂帘听政的太后。

太后如果是太后，政权早晚会交回皇帝手中，但如果太后不再是太后……

裴炎意识到自己犯了一个严重的错误，他亲手把李唐神器交到了一个

---

① 七庙，祭祀七代祖先的宗庙。

想做皇帝的女人手中。不，这个问题无关男女，重要的是她要做皇帝，而且她也有这个实力成为皇帝。

随后的一次朝会上，裴炎力谏："太后是天下黎民的母亲，应以盛德临朝，大公无私，不能因追尊远祖，示自私于天下。太后难道没看到吕氏之败吗？"

百官之首、一直支持太后的裴炎居然和太后唱起了反调，让太后以天下为公，不要只想着追尊远祖，还用西汉的吕后之事影射武则天。

武则天冷冷地问："吕后把实实在在的权力交给了活着的人，才会败亡。我只是追尊亡者，能伤及什么？"

裴炎坚持说："防微杜渐，不可不防。"

满朝文武大气都不敢出，手心里全是汗。大佬之间的斗争经常误伤小卒，太后和宰相大人你们两位老人家，可都悠着点。

武则天做出了让步，她只追封了五代祖先，又建五代祠堂于家乡文水。

裴炎和武则天站到了不同的阵营中。

神都暗流涌动，扬州城的一个小酒馆里聚集着一群人，他们或因贪污，或因受贿，或因失职，被撤职、削爵。官场失意的人最爱发牢骚，觉得自己一身本事，壮志难酬。他们边喝酒边骂朝廷，骂到激动处，一个人提议，干脆造反。

这群人很快支巴起一个草台班子，推举已故英国公李勣之孙李敬业为首领，以"匡复庐陵王"为旗号，设立匡复府、英公府、扬州大都督府。宣布恢复中宗嗣圣年号。李敬业自称匡复上将兼领扬州大都督，唐之奇、杜求仁为左、右长史，李宗臣、薛仲璋为左、右司马，魏思温为军师，骆宾王为记室。众人连开牢房，搜罗兵马，十几天就拼凑出十余万人大军。

谋反，谋反，总说这个谋反，那个谋反，这回是真的有人认真谋反了。

为营造声势，匡复府传檄天下，大才子骆宾王一篇《代李敬业讨武氏檄》传遍神州，也传到了武则天的手中。

代李敬业讨武氏檄

  伪临朝武氏者，性非和顺，地实寒微。昔充太宗下陈，曾以更衣入侍。洎乎晚节，秽乱春宫。密隐先帝之私，阴图后房之嬖。入门见嫉，蛾眉不肯让人；掩袖工谗，狐媚偏能惑主。践元后于翚翟，陷吾君于聚麀。加以虺蜴为心，豺狼成性，近狎邪僻，残害忠良，杀子屠兄，弑君鸩母。神人之所共疾，天地之所不容。犹复包藏祸心，窥窃神器。君之爱子，幽在别宫；贼之宗盟，委以重任。呜呼！霍子孟之不作，朱虚侯之已亡。燕啄皇孙，知汉祚之将尽；龙漦帝后，识夏庭之遽衰。

  敬业皇唐旧臣，公侯冢子。奉先帝之遗训，荷本朝之厚恩。宋微子之兴悲，良有以也；袁君山之流涕，岂徒然哉！是用气愤风云，志安社稷。因天下之失望，顺宇内之推心，爰举义旗，以清妖孽。南连百越，北尽三河，铁骑成群，玉轴相接。海陵红粟，仓储之积靡穷；江浦黄旗，匡复之功何远？班声动而北风起，剑气冲而南斗平。喑呜则山岳崩颓，叱咤则风云变色。以此制敌，何敌不摧；以此攻城，何城不克！

  公等或居汉地，或叶周亲，或膺重寄于话言，或受顾命于宣室。言犹在耳，忠岂忘心？一抔之土未干，六尺之孤安在？倘能转祸为福，送往事居，共立勤王之勋，无废旧君之命，凡诸爵赏，同指山河。若其眷恋穷城，徘徊歧路，坐昧先几之兆，必贻后至之诛。

  请看今日之域中，竟是谁家之天下！移檄州郡，咸使知闻。

文章立论严正，先声夺人，文采斐然，传诵千古。

读到"一抔之土未干，六尺之孤何托"，武则天拍手叫好，问左右："这是谁写的？"

第七章　至尊红颜

身边的人答道："骆宾王。"

武则天不禁惋惜地叹气，说："这样的人才居然没有被发现，是宰相的过错。"

武则天命左玉钤卫大将军李孝逸为扬州道大总管，以李知士、马敬臣为副总管，魏元忠为监军，率三十万大军讨伐徐敬业[①]。

李孝逸是淮安王李神通之子，唐高宗堂叔，现任皇帝李旦的叔爷爷。武则天用李孝逸宗室亲王的身份打脸徐敬业。真正用兵打仗靠的是监军魏元忠和两位副总管。

裴炎却对叛乱毫不关心，裴炎现在只关心一件事：请太后还政。

武则天质问裴炎，身为宰辅重臣，为什么对叛乱毫不在意？

裴炎借机说："请太后还政皇帝，则叛乱自然平息。"

监察御史崔察说："裴炎是顾命大臣，大权在握，若无异图，为什么要请太后归政？"

武则天命人把裴炎下狱。

首席宰相入狱，百官人人自危，纷纷上疏，称："裴炎对大唐忠心耿耿，如果连他都谋反了，那我们人人都是反贼了。"

武则天一句话安了所有人的心："朕知裴炎反，知卿等不反。"（《资治通鉴》卷二〇三）

不久后，武则天下令斩杀裴炎于洛阳都亭驿，抄没其家产，抄家时发现裴炎家中竟毫无积蓄。

曾为裴炎申辩过的官员也相继获罪。徐敬业叛乱结束后，大将军程务挺也因为裴炎求情获罪，而被斩于军中。突厥人听说程务挺被杀，宴饮庆祝，他们为程务挺立祠祭祀，每次出师之前，还要到祠堂中祷告以求胜利和平安。

---

① 徐敬业，即李敬业，因叛乱国姓被夺回，恢复原姓徐。

裴炎刚入狱时曾有人劝他低头认错，以他的功劳武则天应该会原谅他。裴炎说："宰相下狱，安有全理？"（《资治通鉴》卷二〇三）

是啊，宰相入狱，哪会有活着走出去的？

裴炎早年在弘文馆苦学，参加科举考试，以明经及第，因才学和能力受到重用，因支持武则天摄政获得了百僚之首的权力，又因借叛乱要挟武则天还政睿宗被杀。裴炎为政治利益与武则天做政治交易，在武则天野心暴露后表现出身为士大夫的政治操守，是武则天执政期间说出"请太后还政"的第一人。北宋与欧阳修一起修《新唐书》的宋祁评价裴炎：知唐中宗之不君，不知武后之盗朝。

李孝逸、魏元忠率领的三十万大军扑向徐敬业，徐敬业却在政治路线上犯了大错，他放弃北上，也放弃了洛阳，采纳薛仲璋的主张南下。

徐敬业起兵以"匡扶庐陵王"为旗号，以"志在勤王，匡扶李唐"为口号。南下之举置睿宗于不顾，弃庐陵王于远地。最荒唐的是徐敬业找人假扮已经去世的李贤。李贤已死，天下皆知。李贤在世，又哪来的"燕啄皇孙"？这是自毁基石，暴露了他们假勤王真叛逆的嘴脸。

李孝逸胆小无谋，武则天的军队开局不利，打了败仗。但之后魏元忠屡出奇谋，李孝逸又善于听取意见，于阿溪（今江苏省扬州市高邮湖以西下阿一带）火烧徐敬业大军，斩首七千余人。徐敬业惨败逃到海陵（今江苏省泰州市），被部将割掉首级，徐敬业叛乱被平定。

徐敬业叛乱前后历时仅两个多月，"海内宴然，星尘不动"，武则天准备的后备力量左鹰扬大将军黑齿常之还没赶到战场，叛乱就平定了。

天下承平已久，从高祖时期到现在都实行轻徭薄赋的政策，减轻农民负担，百姓们日子过得好好的，哪是有人空喊一句口号就能发动起来的！没有群众基础的叛乱，就是逆天而行。自绝于人民，必会败亡，骆宾王的文章写得再好也是无用。

五、燕啄皇孙

"朕事先帝二十余年，忧天下至矣！公卿富贵，皆朕与之，天下安乐，朕长养之。及先帝弃群臣，以天下托顾于朕，不爱身而爱百姓。今为戎首，皆出于将相，群臣何负朕之深地！且卿辈有受遗老臣，倔强难制，过裴炎者乎？有将门贵种，能纠合亡命，过徐敬业者乎？有握兵宿将，攻战必胜，过程务挺者乎？此三人者，人望也，不利于朕，朕能戮之。卿等有能过此三者，当即为之，不然，须革心事朕，无为天下笑。"在一次朝会上，武则天对朝臣做了一次极其严厉的批评。

武则天声回殿内，群臣跪伏于地，不敢仰视，同声说道："唯太后所使。"

徐敬业叛乱、裴炎逼宫，都没掀起大的风浪，但对武则天内心造成了巨大的冲击。

《资治通鉴》卷二〇三中记载："太后自徐敬业之反，疑天下人多图己，又自以久专国事，且内行不正，知宗室大臣怨望，心不服，欲大诛杀以威之。"

武则天正式完全独立掌握权力以《改元光宅诏》开始，诏书中下令免除两京当年的课税，放宫女出宫，大赦天下，赐粟和绵帛给八十岁以上老人，赈恤"孝子顺孙、义夫节妇、咸表门闾、鳏寡孤独笃疾不徒，不能自存者"。饱含对天下苍生的呵护之情。但是徐敬业叛乱、裴炎逼宫让她明白不管自己如何全力治理国家，拥护李唐王室的人总会跳出来反对她。

垂拱元年（685年），武则天撤销朝堂外登闻鼓肺石的防守，只要有人击鼓，御史就要接受状纸，上呈太后。

垂拱二年（686年）三月，武则天铸铜匦置于朝堂前，铜匦分为四格，分别面向东南西北。

东方延恩匦，青色，用于"献赋颂、求仕进者"。

南方招谏匦，赤色，用于"言朝政得失者"。

西方申冤匦，白色，用于"有冤抑者投之"。

北方通玄匦，玄色，用于"言天象灾变及军机秘计"。

虽然铜匦面向四方，然后只有北方的通玄匦经常满满当当，负责管理铜匦的知匦使每天会取出铜匦的投书、奏表，报送太后处置。

告密之门被打开。武则天又下旨对于进京告密之人，臣下不得询问，还要免费提供车辆驿马，按供给五品官员的待遇提供餐食，安排在官方馆舍中休息。

告密之人即使是普通的农夫樵人，武则天都会亲自召见。所告之事不实，也不追究，如果官员阻拦告密者，则会被处罚。一时之间四方告密者蜂起，朝堂上噤若寒蝉。

王世充也曾下过类似的旨意，因每天要接见的人过多而放弃。从告密兴起到接近尾声，武则天共接见了近万人，每次都能做到：亲切接见，耐心询问。

在告密之风裹挟之下，一群酷吏进入朝廷的中央机关。这群以周兴、来俊臣为代表的酷吏酿成无数惨案。

太子通事舍人郝象贤被诬告谋反，株连九族。

左史江融被指控与徐敬业曾有联系，立遭杀害。

魏玄同被诬称曾说过："太后老了，还是支持皇上长久些。"武则天令魏玄同自杀。

宰相韦方质被诬告谋反，被流放，在被贬地遭杀害。

广州都督冯元常被诬陷下狱处死。

周兴指控燕国公黑齿常之叛国，黑齿常之被绞死。

来俊臣诬告大将军张虔勖、大将军给使范云仙，张虔勖被乱刀砍死在洛阳州官署中，范云仙被割去舌头……

麟台正字陈子昂上疏说："遂使奸恶之党快意相仇，睚眦之嫌即称

有密，一人被讼，百人满狱，使者推捕，冠盖如市。"(《资治通鉴》卷二〇三)

周兴发明了"定百脉""突地吼""死猪愁""求破家""反是实"等十号大枷和种种骇人听闻的残酷刑法，使人"战栗流汗，望风自诬"。

来俊臣与党羽朱南山等人，编制《告密罗织经》，专讲如何罗织罪名，陷害杀人。

人人惊恐，个个胆寒。"中外畏此数人，甚于虎狼。"(《资治通鉴》卷二〇三)

这些酷吏在武则天权力彻底稳固前被当成恐吓朝臣、宗室的屠刀，最后也被武则天弃如敝屣。周兴被来俊臣"请君入瓮"，而流放岭南，于途中被杀。神功元年（697年），武则天决心结束酷吏政治，来俊臣被处死，其党徒全部流放岭南。这些都是后话，现在的武则天正为自己登基称帝做准备。

垂拱四年（688年），武则天命面首薛怀义拆除洛阳太初宫乾元殿，于旧址上建造明堂。

明堂，是古代天子布政、祭祀的礼制建筑，朝会、祭祀、庆赏等大型典礼都要在明堂举行。南北朝民歌《木兰辞》中有"归来见天子，天子坐明堂"。建造明堂是武则天借神道称帝的重要一步。

无论是王室宗亲，还是朝廷大臣，大家都知道太后已不仅仅满足于临朝称制。更有一批武则天的支持者不遗余力地配合太后的行动。

一个名叫唐同泰的雍州百姓，一路跋涉来到神都洛阳，声称在洛水中获得神物，特来献给太后。说着拿出一块白色的石头，上赫然刻着"圣母临人，永昌帝业"八个大字。接待他的官员不敢怠慢，毕恭毕敬地把神物和唐同泰一起请进宫，送到武则天面前。

武则天十分高兴，给宝物赐名为"宝图"，封唐同泰为游击将军。

明堂在建，洛水献图，武则天下诏宣布要亲临洛水朝拜，举行受图大典，大典结束后在神都南郊举行告谢昊天大帝仪式，然后再到明堂接受百官朝贺。诸州都督、刺史，宗室，外戚于敬拜洛水大典前十日赶赴神都。

太后武则天加尊号为圣母神皇，命人铸造神皇玉玺。将"宝图"重新命名为"天授宝图"，称洛水为"永昌洛水"，封洛水神为显圣侯，禁止到洛水钓鱼，按四岳规格祭祀洛水神，将打捞到"天授宝图"的地方命名为"圣图泉"，设置永昌县，改嵩山为神岳，封嵩山神为天中王，禁止到山上樵牧。

造神活动进行得如火如荼，李唐宗室的心却越来越凉，手中拿着让他们赴洛阳参加受图大典的诏书，惊惧不已。

韩王李元嘉（高祖李渊之子）给李唐宗室送了内容相同的密函："神皇欲于大飨之际，使人告密，尽收宗室，诛之无遗类！"（《资治通鉴》卷二〇四）

如果江山易主，自己就变成了前朝旧臣，不仅要失去特权，更是连性命也无法保全。

当时高祖之子仍在世的仅四人：韩王李元嘉、霍王李元轨、舒王李元名、鲁王李灵夔。

太宗之子尚存两人：越王李贞、纪王李慎。

高宗之子尚存四人：庐陵王李显和睿宗李旦都被软禁，李上金、李素节如同废人。

高祖之子、太宗之子都在各地担任刺史，具备起兵条件。

在武则天下诏让诸王进京之前，韩王李元嘉让儿子李撰给李贞写了一封密函说："内人病渐重，恐须早疗，若至今冬，恐成痼疾，宜早下手，仍速相报。"（《旧唐书·越王李贞传》）暗示太后要篡夺李唐江山，大家要早点儿起兵。

李元嘉的密函传给诸王后，李撰伪造睿宗李旦书信一封敦促诸王起兵，信中说："朕遭幽絷，王等宜各救拔我也。"（《资治通鉴》卷八十）

信送到李贞之子琅琊王李冲手中，李冲修改成"神皇欲倾李家之社稷，移国祚于武氏！"（《资治通鉴》卷八十）之后，传送诸王。各宗室王亲结成联盟，约定从各地同时起兵，直取神都洛阳。如果起兵计划顺利进行，必将掀起血雨腥风，武则天的皇帝梦很可能成为泡影。

就在诸王暗暗着手准备起兵的时候，鲁王之子李蔼想到了武则天的狠毒，已经有那么多和太后作对的人惨死，起兵万一失败，她会用什么样的手段对付自己？他越想越怕，正值告密之风盛行，他检举揭发了自己的父亲、自己的叔叔、自己的堂兄弟。

李蔼把李唐宗室皇亲送入了无底深渊。

得知计划败露，李冲紧急招募五千人马，在博州（今山东省聊城市）仓促起兵。武则天以左金吾将军丘神勣为清平道行军大总管出军讨伐叛乱。

李冲意图渡过黄河占领济州（今山东省聊城市茌平区西南），他一出博州，就在武水县（今山东省聊城市西南）遭遇顽强抵抗。

武水县令郭务悌往魏州求援，魏州莘县县令马玄素率一千七百人驰援武水县，与郭务悌合兵死守武水县城。李冲久攻不下，又见正刮着南风，于是命军士用装满干草的车堵住南门，准备纵火攻城。未承想火起之后，风向陡变，城没烧成，自己的士兵却被烧死大半。

李冲的部将董玄寂见此情景，对军士们说："琅琊王和国家交战，这是谋反！"李冲怒斩董玄寂。士兵惊恐，趁夜出逃，只剩下十几个人护着李冲仓皇逃回博州城。

李冲刚逃到城门处，就被手下孟青棒砍下了脑袋，李冲的头颅滚落在地，坐骑载着无头的尸体直直地冲入城中，这时距离李冲起兵只过去了七天。

丘神勣抵达博州的时候李冲已死，无叛可平。博州官吏素服出迎，丘神勣居然将博州官吏和家属全部杀害，"凡破千余家"，而后带着李冲的首级回神都邀功请赏。

杀良冒功，天理难容！事后，丘神勣因功被擢升为大将军。

李冲起兵之后，原约定共同起兵的宗室见事出变故，惊疑不定，迁延观望，只有李冲之父越王李贞在豫州（今河南省汝南县）举兵响应，攻入上蔡县（今河南省上蔡县）。

武则天派左豹韬卫大将军麹崇裕为中军大总管，夏官尚书岑长倩为后军大总管，宰相张光辅为诸军节度，发兵十万赴豫州讨伐李贞。

上蔡城中的李贞得知儿子李冲兵败被杀，诸王无人响应，朝廷的十万大军不日就将兵临城下，绝望的李贞决定放弃抵抗，往长安请罪。恰在此时，新蔡（今属河南）县令傅延庆携两千名勇士赶来投奔，李贞重燃斗志，决定拼死一搏。

李贞谎称李冲拥兵二十万，已经攻破魏州和相州，不日即将和李贞军队会和。他将女儿许配给汝阳县令裴守德，任命裴守德为大将军、内营总管，还一口气封了五百多人为官。但是所属官吏都是被胁迫跟随起兵，根本没有斗志。

李贞为鼓舞士气，找来和尚、道士诵经祈祷，给军士们佩戴"辟兵符"，说是可以刀枪不入。

麹崇裕兵临城下，李贞命小儿子李规、新女婿裴守德出城迎战，结果军士死的死，逃的逃，李规和裴守德几乎成了光杆司令，他俩逃回城中。李贞不敢再战，紧闭城门。豫州的百姓和官员纷纷出逃，败局已定，左右劝李贞自行了断，以免城破之时被杀受辱，绝望的李贞服毒自杀，李规缢死母亲而后自杀，裴守德和新婚妻子双双自缢。李贞从起兵到自杀身亡，前后不到一个月的时间。

武则天把李贞、李冲父子的头颅悬挂在太初宫门前的旗杆之上。

李元嘉、李灵夔、李撰、高祖之女常乐公主被逼于狱中悬梁自尽[1]，武则天改其姓为虺，诛杀亲党族人。

---

[1] 李唐宗室准备起兵时，李贞曾联络过高祖第七女常乐公主驸马、寿州刺史赵瓌，赵瓌答应起兵。

告密的李蔼暂时免于一死，被擢升为右散骑常侍，仅仅几个月之后就死于酷吏之手。

李元嘉、李灵夔等人的死只是一个开始，一场针对李唐皇室的大清洗随即展开，公主、驸马、亲王皆遭屠戮。

据统计，《旧唐书》中记载李唐宗室从大唐建立到灭亡非正常死亡的共113人，其中死于武则天统治时期的将近70人。

《资治通鉴》评价：李唐之宗室，于是殆尽矣！

六、睥睨天下

垂拱四年（688年）十二年二十五日，武则天举行祭祀洛水、拜受宝图的大典。两天后，明堂竣工，赐名万象神宫。

万象神宫一共三层。第一层是正方形，四面墙分别配青、红、白、黑四色，象征春夏秋冬；第二层为十二边形，象征一天之中的十二个时辰，上面覆盖圆形宝顶，层顶四周雕刻有九条金龙；第三层是二十四边形的高柱，象征二十四节气，柱顶栖有一只镀金凤凰，扶摇直上。

万象神宫高耸入云，象征着武则天的无上权力。

垂拱五年（689年）正月初一，武则天在万象神宫举行祭祀大典。她身穿天子衮服，手执帝王专用的祭祀玉器大珪行初献礼，皇帝李旦行亚献礼，太子李成器行终献礼。

典礼完毕，武则天宣布大赦天下，改元永昌。

这年十一月，武则天宣布废夏历，用周历，以十一月为岁首，改永昌元年十一月为载初元年正月，而后武则天新造了一批文字，自名武曌。

在登基之前武则天还需要准备两样东西：一是天意，二是民意。

面首薛怀义对外的身份是和尚，他组织东魏国寺僧人法明等人，夜以继日地翻找经书，终于在一本《大云经》中找到了女主称帝的依据。

《大云经》中记载:"佛告净光天女言,天女将化为菩萨,即以女身当王国土。"找到了"天意",大家又开始对天意进行加工,最后武则天就被包装成弥勒的化身。

天意有了,民意来得也很快。

第一批请愿的老百姓来自关中,由从七品侍御史傅游艺率领,共有九百多人,请求武则天改国号为周,自立为帝。武则天没有答应,但是傅游艺被提拔为正五品给事中。

傅游艺的飞速升迁,给了"民意"一个大大的鼓励。第二批请愿很快到来,这次人数增加到了一万二千余人,希望圣母神皇顺天应人。武则天仍然未许。

大家都懂,推让必须得凑够三次。第三次请愿不仅来得很快,而且声势浩大,共有五万多人,这五万多人中有文武百官、宗室外戚、远近百姓、四夷君长,为首一人正是皇帝李旦。李旦率众人站在则天门下,他亲自上表,请求圣母神皇赐他武姓。

九月初九,在天意的召唤和万民的期待中,六十七岁的武则天正式登基,宣布以唐为周,定都洛阳,改元天授,大赦天下,接受百官叩拜朝贺。

武则天自称圣神皇帝,降睿宗为皇嗣,赐姓武,皇太子改为皇太孙,立武氏七庙于神都。

武则天十四岁进宫,三十二岁为皇后,四十一岁与高宗并称"二圣",五十一岁称天后,六十岁成为皇太后,六十七岁称帝。

武则天能力非凡,御下有术,多年筹谋终于登临帝位。

她端坐于龙榻之上,俯瞰群臣,心中是万里江山、天下百姓。

君临天下的武则天,已经绝对掌握了至高无上的权力,她不再需要酷吏,以周兴为代表的酷吏接连被杀。天授二年(691年),曾杀良冒功的酷吏丘神勣被杀。周兴被来俊臣"请君入瓮",而后流放岭南,于途中被杀。而后索元礼也被杀。神功元年(697年),来俊臣被满门抄斩,其党徒全部

第七章 至尊红颜

流放岭南。

从垂拱二年（686年）开始的长达十一年的酷吏政治终于结束。

武则天一登基，她的第一男宠薛怀义的野心也跟着膨胀起来。

薛怀义，本名冯小宝，原是洛阳城中一个卖药的壮汉，被千金公主（唐高祖之女）发现送入宫中。为了方便冯小宝出入宫禁，武则天让他出家为僧，取名怀义，在洛阳白马寺中当住持。为了抬高他的身份，武则天让他认太平公主驸马薛绍为族叔，改薛姓。

薛怀义开始了为武则天鞍前马后效劳的日子。

武则天命他督建明堂，他仅仅用了十个月就把富丽堂皇的万象神宫建成，还在万象神宫之后建了一座天堂，成功打造了武周政权的象征。他被拜为左威卫大将军，封梁国公。

在武则天登基前，他从《大云经》中寻找到女主称帝的理论依据，又组织人作《大云经疏》对理论详加阐述，穿凿附会地证明了武则天称帝乃是天授皇权。

武则天称帝前一年，东突厥骨咄禄可汗袭扰边境，薛怀义以左威卫大将军的身份出任新平道行军大总管，率军二十万前往平定，结果骨咄禄可汗的主力不知去向，薛怀义一路打到了单于台，刻石记功，凯旋还朝，被加封为辅国大将军、柱国。

武则天称帝，他又被封为右卫大将军，赐爵鄂国公，人的运气好起来真是挡不住。

后来东突厥在新可汗默啜的带领下再犯边境，武则天封薛怀义为伐逆道行军大总管，派出两位宰相、十八位将军陪同出征。大军出征前，突厥自行撤兵。

这次出兵没有成行，但是薛怀义已经不再是以前的薛怀义了，他开始自命不凡，醉心于建立自己的功业，他不想再做日夜操劳的"贤内助"了，他要有自己的事业。

247

正当薛怀义忙得不亦乐乎时,侍御史周矩把薛怀义手下的一千多野和尚全部流放。薛怀义惊呆了!周矩流放他的手下居然得到了武则天的批准,自己不是皇帝最宠爱的人吗?这时他才发现皇帝身边已经有了新人御医沈南璆。为了重新获得皇帝的关注,薛怀义策划了一场元宵庆典,武则天看了不为所动。他又命人用牛血画了一幅巨大的佛像,说那是自己磕破膝盖所画,还是没能挽回武则天的心。

太初宫突然燃起大火,火从天堂而起,很快点燃了前面的万象神宫,皇帝武则天上承天命的标志被大火吞噬。薛怀义的疯狂彻底惹怒了武则天。

武则天命薛怀义重建天堂和万象神宫,等人们慢慢淡忘这把大火,连薛怀义都以为自己已经被皇帝原谅,谁知武则天突然出手,让薛怀义永远消失了。

不管是酷吏还是男宠,都只是工具而已,他们对于武则天来说有用时可以荣宠一时,无用时就会被一脚踢开。

天册万岁(696年)二年,武则天在嵩山举行封禅大典,向天地告成功、求福佑。封禅之后,武则天改元万岁登封,大赦天下,免除天下百姓一年的租税,让百姓喝酒吃肉狂欢十天。

普天同庆,举国欢腾。武则天睥睨天下,是当之无愧的至尊红颜。

神功元年(697年),武则天七十岁,张易之、张昌宗兄弟成为女皇的新内宠。

张易之、张昌宗,"美姿容,善音律","傅朱粉,衣锦绣"。当时人称呼他们为五郎、六郎。二张兄弟出身官宦世家,知书达理,不仅能在后宫侍奉皇帝,还能在前朝处理政务,成为炙手可热的朝廷新贵。

盛世之下,有一个问题一直困扰着武则天,她薨逝后,皇位传给谁,是传给儿子还是传给侄子。李旦现在的身份是皇嗣,但皇嗣不是太子。

武则天的侄子魏王武承嗣,官拜文昌左相,武则天一直没把皇嗣李旦立为太子,也让武承嗣看到了自己成为继承人的可能。为了夺取储君之位，他四处奔忙。

天授二年（691年），在他的指使下，洛阳百姓王庆之组织了几百人上疏，请求皇帝废皇嗣李旦，立武承嗣为太子。

武则天当时没有答复。事后，武则天找文昌右相岑长倩商议此事，岑长倩坚决反对立武承嗣为太子。岑长倩因此得罪武承嗣，被诬告谋反遭到诛杀，五个儿子同时遇害。

武承嗣受到激励，让王庆之屡次求见，请求武则天立自己为太子，导致武则天心生厌恶，她召凤阁侍郎李昭德教训王庆之，李昭德把王庆之架出宫门，对大家说："此贼欲废我皇嗣，立武承嗣。"（《资治通鉴》卷二〇四）

之后李昭德命左右侍卫一起扑打王庆之，最后将其杖杀。

杖杀王庆之后，李昭德借向武则天复命之机劝谏，说："天皇，陛下之夫；皇嗣，陛下之子。陛下身有天下，当传之子孙为万代业，岂得以侄为嗣乎！自古未闻侄为天子而为姑立庙者也！且陛下受天皇顾托，若以天下与承嗣，则天皇不血食矣。"（《资治通鉴》卷二百四）

这一番话讲了道理，皇位应该给血缘关系最近的人，儿子和侄子比当然是儿子的血缘关系近；又说了感情，武家子孙继位，作为姑父的高宗皇帝就没法得到祭祀了，这是武则天不愿意看到的；还谈了利益，一家的宗庙只能祭祀父系祖先和父系祖先的配偶，如果武承嗣继位，武则天因为是已经出嫁的姑姑，是得不到祭祀的，儿子继位则武则天作为先皇帝的配偶可以得到祭祀。

武则天听后暂时放弃了改立武承嗣的想法。但是事情又出现了变化，一个叫韦团儿的看门婢女，勾引李旦不成，因爱生恨陷害李旦的正妃刘氏和德妃窦氏，说她们行厌胜之术诅咒武则天。

武则天先是不动声色，等到长寿二年（693年）正月初一，万象神宫举行祭祀大典，武则天行初献礼，让魏王武承嗣亚献，梁王武三思终献，用行动打压李旦。

初二，刘氏和窦氏进宫到嘉豫殿给武则天拜年之后就再也没有出来，两个大活人从此消失。伤心的李旦不敢问，也不敢哭，只能装作什么也没有发生，如常地给武则天请安问好。

武则天对继承人的问题左右摇摆，给觊觎太子之位的武承嗣增强了信心。他觉得只要再加把火，自己就能入主东宫了，那就是彻底整死李旦。

一封检举李旦谋反的告密信适时地出现在了武则天的龙案前。心中一直担心李旦会搞复辟的武则天让酷吏来俊臣到东宫主审李旦谋反一案。

李旦对皇位根本没有兴趣，又一直生活在母亲的权力高压之下，他的东宫中除了一些侍奉的宫女、侍从，就剩下只会摆弄乐器的乐工，这些人不知道要怎么造反。

抱着琵琶，扛着古琴，演奏魔音，跳着战舞攻打皇宫吗？这又不是修仙小说的世界。

这些对于来俊臣来说不是问题，他是酷吏，只要是他出手，不管什么案子都可以办成谋反案。

乌云蔽日，东宫之内各样刑具摆了一地，受刑的乐工凄厉地惨叫。

李旦闭上双眼，完了，一切都完了，谁也别想活着走出这吃人的东宫了。

"皇嗣没有谋反！"

太常乐工安金藏越步上前，大声说："皇嗣不可能谋反，我愿剖心为证。"

话音未落，安金藏举起匕首，反手刺向自己。

武则天安插在东宫的眼线急忙向武则天做了汇报，武则天命人把乐工安金藏抬进宫中，让最好的御医给他诊断治疗。

武则天对安金藏说："吾有子不能自明，使汝至此。"（《资治通鉴》卷二〇五）

安金藏的君臣之义打动了武则天，武则天的本意是打压李旦，预防复辟，但不是想把儿子逼死，一旦她确认李旦没有谋反之意，对这个儿子的怜爱又重新萌发了出来。

皇嗣李旦谋反案不了了之，武承嗣的夺嫡大梦再次破灭，但他没有放弃，还显现了锲而不舍的精神。武承嗣开始大搞请愿活动，他吸取王庆之请愿失败的教训，不再请求立自己为太子，而是给武则天加尊号。

长寿二年（693年），武承嗣组织五千人请愿，为武则天加尊号"金轮圣神皇帝"。

长寿三年（694年），武承嗣率两万六千人请愿，为武则天加尊号"越古金轮圣神皇帝"。

圣历元年（698年），武承嗣又安排人说："自古天子未有以异姓为嗣者。"（《资治通鉴》卷二〇六）

尊号武则天接受了，话也都听了，但是一直没有表态。

宰相狄仁杰觉得再拖下去，恐生变故，他思虑再三决定主动找皇帝沟通此事。

狄仁杰说："现在的天下是高祖、太宗打下的天下，高宗皇帝将两位皇子托付给陛下，陛下却想把江山传给外人，有违天意。何况姑侄和母子比起来哪个更亲呢？陛下立儿子，千秋万岁之后，还能配飨太庙，受到子子孙孙的祭祀；要是立侄子，从没听说过侄子做了天子，会在太庙祭祀姑姑的。"

狄仁杰的地位不同于其他人，被武则天称为国老，同样的话他说出来更有分量。

武则天其实已经被说动，但又不想承认，于是说："这是我的家事，国老就不用操心了。"

狄仁杰反驳道："王者以四海为家，四海之内，又有什么事不是陛下的家事呢？君为元首，臣为股肱，义同一体，臣居宰相之职，怎么能不过问呢？"

无话可说的武则天，只好让狄仁杰退下。

大概是思虑过重，年龄也大了，一天晚上武则天梦到一只大鹦鹉，两个翅膀都折断了，无法起飞。梦醒后，武则天召狄仁杰入宫，问他为什么会做这样的梦。

狄仁杰见机会又来了，马上说："陛下姓武，这鹦鹉就是陛下您啊！折断的翅膀就是陛下的两个儿子，陛下起用两位皇子，那两个翅膀自然就能振翅飞翔了。"

酷吏转型的吉顼，料定天下总有一天会回到李唐的手中，武则天虽然一直在立子还是立侄中摇摆挣扎，但是她心里的天平仍偏向自己的儿子，朝中元老重臣也都心向李唐。武则天的两个儿子中，李旦已经是皇嗣，他当太子顺理成章，拥立他不会有什么功劳；而如果能说动皇帝立庐陵王李显，这个拥立之功就非常大了。

吉顼通过二张给武则天吹枕头风，希望能在武则天百年之后，因拥立之功而获得好处。

武则天终于下定决心。圣历元年（698年）三月，武则天以庐陵王患病，应该回洛阳治疗为由，把李显秘密接回神都。得知李显回到洛阳，武承嗣万念俱灰，多年筹谋成了笑谈，他深受打击，一病不起，当年八月病死在家中。

九月，李旦逊位，搬出东宫，李显被立为太子，入主东宫。武则天放下了心中的挣扎，安心地过起了晚年生活。

圣历二年（699年）七月，武则天安排李武两家子弟盟誓。武则天同意接回李显并不全是听了五郎、六郎的枕头风，李显这些年一直在外地，在京城没有自己的势力，和武家没仇，他继位，应该能对武家子孙好一些，至少不会赶尽杀绝。

久视元年（700年），武则天宣布恢复唐朝使用的夏历，不再使用周历，这说明武则天已经准备放弃自己一手建立的大周王朝。

这年九月，狄仁杰去世，矢志匡复李唐社稷的狄阁老没能看到李显重登皇帝之位的那天，好在他看到武则天已经在为还李唐江山而做准备。

大足元年（701年），武则天带着太子李显、相王李旦和文武百官返回长安。同时大赦天下，改元长安。第二年，武则天下令不再追究参加徐敬业和李唐诸王叛乱的人，并开始为酷吏制造的冤假错案平反。

事情如果按这个方向发展下去，不久的将来，当武则天离开人世的时候，国家的权力就可以顺利平稳地回到李氏皇族手中。

七、神龙政变

武则天回到了长安。

二十年前，武则天和高宗李治从长安出发，由一个江湖黑老大护送的事情好像就在昨天。而现在回到长安的武则天感到孤独和不安。

她想起那些年和高宗夫妻一体，同心勠力，斗权臣，肃后宫……后朝政清明，百姓安乐……那是多难忘的日子呀！这个皇宫里再也没有那个和她携手共治天下的李治了。她自己也已经白发苍苍，虽然她用高明的化妆术掩盖着岁月留下的痕迹，但是身体一日日衰老下去，心力不足的感受只有自己能体会。

万丈红尘终会有落幕的一天，自己见李治的日子不远了。

人生的最后日子，武则天想安心地享受生活，她这一生，做的事够多了。

武则天开始怠于政事，对张易之、张昌宗兄弟愈加宠爱，二张因为担心武则天死后自己的处境，拼命频频参与政事，妄图抓住手中的权力。

二张对李显重登太子之位有拥立之功，本不用如此担心，但是他们在朝廷返回长安之前，得罪了太子李显。

李显的嫡长子李重润和妹妹永泰郡主、郡主的丈夫魏王武延基议论二张被他们得知，二张跑到武则天那里告了刁状，导致李显回到东宫逼着李重润、武延基自杀，怀有身孕的永泰郡主遭受打击，早产而亡。现在他们

253

势倾朝野,李显不会拿他怎么样。如果武则天驾崩,李显登基,他们兄弟二人定会死无葬身之地。

围绕二张的斗争,很难界定性质。他们先拥立太子,后害死皇孙,又和大臣斗得不可开交,作威作福、权势熏天,朝廷大臣对他们俯首帖耳,连太子、公主都对他们心怀忌惮,请封二张为异姓王。

可以肯定的是,他们引起了极大的民愤,大臣中有很多耿介之士不愿与之同流合污,宰相魏元忠就是其中一位。早在魏元忠担任洛州长史的时候就得罪过二张的弟弟张昌仪,因此二张设计陷害魏元忠,导致左肃政台大夫、同凤阁鸾台三品魏元忠被贬为高要(今广东省肇庆市高要区)县尉,不肯为二张做伪证的凤阁舍人张说也被流放岭南。

魏元忠被贬,东宫官员崔贞慎等人为他饯行,二张又借机诬告魏元忠、崔贞慎合谋造反。负责审理案件的监察御史马怀素不为二张权势所屈,直面武则天的诘责,不肯制造冤案,坚持魏元忠、崔贞慎谋反之事查无实据。

案件最后虽不了了之,但诱发了一个让人不安的后果——长安三年(703年)十月,武则天带着文武百官离开长安,再次来到洛阳。

回到洛阳后,拥李派大臣和二张之间博弈不断,武则天则对二张宠爱如旧,朝臣深感不安。如若皇帝崩逝,二张在内廷作乱,将产生不可预料的后果。

为了阻止这种可能的发生,在宰相张柬之的谋划之下,以宰相兼太子右庶子崔玄暐、中台右丞敬晖、司刑少卿桓彦范、相王府司马袁恕己为核心力量,以除二张、清君侧、保李显太子之位为目的的政变小组成立。

政变小组策反右羽林大将军李多祚,安插心腹进入北衙禁军,获得禁军的支持。南衙禁军是由时任左卫大将军的相王李旦管理,不需要策反。

为了解宫中情况，张柬之还派人策反宫女①，监视皇帝行踪，建立了情报系统。

神龙元年（705年），武则天赦免自文明元年（684年）起至今获罪的在押和流放的政治犯，扬州叛乱和诸王兵变主犯除外。

武则天在寻求和解，也在为政治的平稳交接做准备。但是武则天仍然没有表达传位的意思，她长期卧病不起，身边只有二张兄弟侍奉，一旦山陵崩，结果实难预料。

对太子李显和拥李派大臣来说，情势已十分危急，张柬之等人决定发动政变。

神龙元年（705年）正月二十二日，张柬之等人兵分三路，开始行动。

第一路，由张柬之本人和崔玄暐、桓彦范、左威卫将军薛思行等人率五百多名北衙禁军直扑玄武门，控制入宫通道。

第二路，由李多祚率领部分禁军将领赴东宫迎太子至玄武门，与张柬之会合攻占皇宫。

第三路，由李旦和他的司马袁恕己率南衙诸卫控制政事堂和各中央职能部门，逮捕诛杀二张在外朝的党羽，稳定京畿局势。

相王李旦率人顺利逮捕二张党羽宰相韦承嗣、房融，司礼卿崔神庆，从外面封锁皇宫，迅速控制了整个京师。

但，本应非常顺利被控制的玄武门，却没能拿下。

当晚负责值守的是殿中监田归道和由他管理的千骑。千骑名义上属于羽林军，实际只是挂名在羽林军中，这是一支由皇帝直接管理的军事力量。

百密一疏哇！

张柬之心急如焚，进不能进，退无可退。

---

① 洛阳北邙山出土的唐代宫女墓志中有"遂使我唐复命，我皇登基"，证明确实有一部分宫女参加了神龙政变。宫女的策反活动，极有可能是由太平公主和上官婉儿进行的。

太子呢？现在只有太子的身份能让田归道打开宫门。

太子怎么还没到？

外面李旦已经控制了整个京畿，玄武门前张柬之焦急地等着太子李显。

太子在哪儿呢？

太子在掉链子！

李多祚按计划率羽林军来到东宫，只要接上太子，再到玄武门就可以了，他这一路的任务应该是最容易达成的，但是，他却遇到了这次政变最大的阻碍——太子李显本人。

李显临阵退缩，不肯离开东宫。一想到母亲，李显就害怕得双腿发软，万一事情不成，那就是滔天大祸呀！

强烈的恐惧把他绑在东宫，动弹不得。

太子的离谱行为大大出乎羽林军将领的意料，如果太子不出面，他们今天的行为就是谋逆大罪，所有人都将死无葬身之地。

李显的女婿王同皎是来接应的羽林军将领中的一员，他先开口劝李显。

王同皎说："先帝以李唐神器托付于殿下，却遭无端罢黜，人神共愤，至今已经二十一年！好不容易历经艰难等到今天，北门和南衙禁军愿意同心勠力，诛杀奸佞，匡复李唐社稷，殿下怎能在此时放弃？请殿下速往玄武门，号令军队。"

李显想走又不敢走，他开始给自己的懦弱无能找理由。

李显说："奸佞理当夷灭，然而圣上正在病中，我们贸然进宫，会不会惊吓到她老人家？不如，先缓一缓，从长计议？"

从长计议！再等下去，这些人可能连明天的太阳都看不到了！

宫廷政变，你死我活，每一秒都是生死瞬间，再让这位倒霉悲催的太子耽搁下去，兄弟们的小命全得交待。

怒火和杀机同时在众人心中升起。

右散骑常侍李湛厉声责问："阁老和诸位将军冒着灭族的危险，为殿

第七章 至尊红颜

下尽忠。殿下为何要置我等于死地?现在将士们都在这里,如果殿下执意不去,就请自己和众将士说清楚吧!"

这话的意思很明显,再不出发,这次政变最先做掉的就是你这个太子。

不出发,现在就得死;出发,就算失败也能晚点死,还是先保眼前吧!

李显终于走出来跨上了早已为他准备好的高头大马。他一上马,担心太子再反悔的禁军就一鞭子抽在马屁股上,骏马带着颤巍巍的老太子绝尘而去,众将士紧随其后。

张柬之这边被田归道挡在玄武门外,一筹莫展之际,太子被簇拥而来,众人大喜过望。

太子驾到,田归道只得开门,田归道不是二张党羽,这大概是他被漏算的原因,守卫宫门是他的职责,如今太子有令,他也只得开门。

太子李显一行人直奔太后所在的迎仙宫。

张易之、张昌宗听到外面有动静,出来想看个究竟,走到回廊被禁军砍杀而亡,任你是什么六郎似莲花,还是莲花似六郎,此刻也都成了死花,世间绝色就此凋零。

众人进入太后所住的长生殿,年迈的女皇从龙床上坐起,看着他们,问:"是谁作乱?"

张柬之上前一步回答:"张易之、张昌宗谋反,臣等奉太子之令将其诛杀,恐有漏泄,未敢先行奏报。臣等在宫禁擅自用兵,罪当万死!"

武则天却没看张柬之,她的目光落在李显身上,说:"是你呀!作乱的人既已伏诛,你可以回东宫了。"

老虎垂暮,余威犹在。李显瞬间汗流浃背,想拔腿就跑,之所以没动,乃是被吓到动弹不得了。

桓彦范见状上前答话:"太子安能返回东宫?昔日先帝以爱子托付于陛下,现在太子年龄已长(当时李显已经五十岁),却仍久居东宫。天意人心,久思李氏。群臣不忘太宗、天皇(李治)之德,故我等奉太子、诛贼臣。愿陛下传位于太子，以顺天意、应人心！"

武则天环视诸人，看到李湛时停下了目光，问："你也是诛杀易之的将军吗？我待你父子不薄，才会有今日之祸。"

李湛惭愧不已，无言以对。李湛是李义府之子。

武则天又对崔玄暐说："其他人都是因为别人才坐到今天的位子上，唯有卿是朕亲自提拔上来的，你怎么也在这里呀？"

崔玄暐说："臣这么做，正是为了报陛下之大德。"

武则天言犹未尽，却不再说话，她闭上双眼，躺回龙床之上。

她累了！

政变军队又斩杀了二张的三个弟弟张昌期、张同休、张昌仪，然后将兄弟五人的头颅割下，悬挂在洛水桥南岸示众。

张氏兄弟横行多年，深受百姓憎恶，一夜之间，头颅上的肉就被老百姓割光切完。

政变的第二天，武则天下诏，命太子李显监国，大赦天下，以袁恕己为凤阁侍郎、同平章事，分遣十使赍玺书宣慰诸州。

第三天，武则天传位于太子李显。

第四天，李显第二次登基，即大周皇帝位。大赦天下，唯张易之党羽不予赦免。昔日被周兴等酷吏迫害诸人，全部昭雪平反，他们被发配为奴的子女全部释放。相王加号安国相王，拜太尉、同凤阁鸾台三品。太平公主加号镇国太平公主。李唐皇族之前被发配籍没者及其子孙全部恢复属籍和官爵。

第五天，太后徙居上阳宫，由李湛负责宿卫，实际是软禁起来。

第六天，皇帝李显率百官到上阳宫，向太后进献尊号：则天大圣皇帝。

第八天，以张柬之为夏官尚书、同凤阁鸾台三品，崔玄暐为内史，袁恕己同凤阁鸾台三品，敬晖、桓彦范皆为纳言，以上五人都赐爵郡公。李多祚赐爵辽阳郡王，王同皎为右千牛将军、琅琊郡公，李湛为右羽林大将军、赵国公，其他有功之臣也按功加官晋爵。

神龙元年（705年）二月，李显宣布恢复大唐国号。郊庙、社稷、陵寝、百官、旗帜、服色、文字皆恢复永淳（682年）以前旧制。①恢复神都为东都，北都为并州。

武周的痕迹被逐步抹除。

神龙元年（705年），李唐归来。

八、双碑并立

中宗李显每十天率领文武百官到上阳宫向武则天问安，以尽孝道。

探望时，武则天"不复栉沐，形容羸悴"（《唐统纪》）。

李显看到自己的母亲突然就成了一位衰老的妇人，默默地坐在偌大的宫殿之中，十分吃惊。

武则天对李显说："我把你从房州（今湖北省房县）接回来，就是为了把皇位传给你，张柬之这些人贪功求荣，才把我吓成现在这副模样。"

李显心中愧悔，觉得对不起母亲，泪水从他那并不年轻的脸上蜿蜒而下，他跪伏叩头，希望母亲可以原谅自己。

政变之前的正月初一，武则天赦免了除扬州叛乱和诸王兵变主犯以外，自文明元年（684年）起至今获罪的所有在押和流放的政治犯，改元神龙。

文明元年（684年）是武则天废黜中宗的那一年，武则天可能是想在这一年找一个合适的时机把皇位传给太子李显。

神龙可能是她给李显选的年号，但李显没有等到那个时候。

或许她早料到了这一天，也在等着这一天。没人知道上阳宫中女皇的

---

① 高宗病逝于永淳二年，公元683年。

内心在想着什么。

失去了权力的武则天以无可挽回的趋势骤然衰老。她的政治生命走到了尽头,她作为人的生命也随之凋零。

神龙元年(705年)十一月二十六日,武则天在上阳宫仙居殿病逝,享年八十二岁。

武则天在弥留之际,遗制:"祔庙、归陵,令去帝号,称则天大圣皇后;其王、萧二家及褚遂良、韩瑗等子孙亲属当时缘累者,咸令复业。"(《旧唐书·则天皇后本纪》)

武则天直到去世都还是武周皇帝,所以才会在遗制中"去帝号","称则天大圣皇后"是恢复她作为高宗李治皇后的身份,然后以皇后身份与高宗李治合葬乾陵,并将自己的神主(灵位)供奉在李唐宗庙之中,享受万世祭祀。

临死之时,武则天赦免了自己的情敌王皇后、萧淑妃二族,也原谅了自己的政敌褚遂良、韩瑗,她在生命的最后时间里选择了和解、放过。

次年五月,李显亲自护送武则天灵驾返回长安,安葬于高宗陵寝乾陵之中,乾陵成为唯一一座埋葬着两位帝王的陵墓。

武则天称帝之后,从未停止过乾陵的营建工作,周朝的皇帝,一刻不停地修唐朝皇帝的陵墓,这显然不合常理,合理的是她从立国开始就已经做好了死后和唐高宗合葬的打算。

历经世事变迁,走过万丈红尘,在生命的终点,她所思所念的不再是家国天下、君位皇权,而是她和李治相遇的那天,是他们互相扶持所走过的那些峥嵘岁月。这份感情历久弥坚。

君埋泉下泥销骨,我寄人间雪满头。两位帝王之间的爱情,只有他们自己能懂。

我们对武则天的误解很多,比如乾陵朱雀门外东侧的"无字碑"相传是武则天自己所立,留下一块无字的石碑任后人评说。实际上,无字碑是中宗李显为母亲所立,碑身上已经刻好规整密布的方框,准备刻写碑文,最后没能篆刻,可能是李显觉得对母亲的一生不知道如何评价。历史无意中造就的留白,给后人留下了可以无尽想象和发挥的空间。

与"无字碑"相对而立的是唐高宗的"述圣记碑",碑文全篇五千六百余字,由武则天亲自撰写,中宗李显书写。在此之前帝王陵前不立碑,帝王墓内不放墓志铭。武则天开了帝王陵前树碑之先河。武则天的存在,在中国长达两千一百年的封建社会中独树一帜。

现在到乾陵参观,仍能见到两座石碑遥相呼应立于朱雀门前。

两位帝王,两座石碑,高大巍峨,耸立了一千多年,历经风雨洗礼,历史的真相已然莫衷一是,不复当初,我们只能在浩瀚的史书和这些文物遗迹中窥见当年的蛛丝马迹。

当我们伫立于朱雀门前时,不禁想问:

如果,贞观十一年(637年)十四岁的武则天不是进入唐朝皇宫,而是以李唐皇子的身份入主东宫,由太宗皇帝亲自教导,以正统承继李唐帝业,那后世就不会将她视为篡位李唐的妖人。

如果,武则天不是女性,她只是中国古代众多男性帝王中的一个,以武周时期那屈指可数的后宫人数,一定会被史官大加赞誉。经常有人以"牝鸡司晨"贬损武则天,这是绝对的性别歧视。

作为皇帝,历史给武则天的待遇是不公平的。但也是历史选择了武则天,她有成为帝王的天分和能力,而她又恰好身处离皇权最近的后宫,遇到了对她信任和宠爱的高宗李治。

中宗李显对母亲的评价是:"内辅外临,将五十载(从当皇后算起),在朕躬则为慈母,于士庶即是明君。"(《全唐文》卷十七)

当时的大臣崔融所作的《则天皇后挽歌》中说:"前殿临朝罢,长陵合葬归。山川不可望,文物尽成非。"

狄梁公祠碑中对武则天有"天下晏如,不让贞观之世"(《全唐文》卷七九九）的评价。

能得到当时受传统儒家文化教育的士人给予如此之高的评价，足以说明武则天的人格魅力。

宋庆龄先生曾说："武则天是封建时代杰出的女政治家，但就家族角色而言，不难看出武则天也是个好妻子。"

贞观之治到开元盛世之间的六十四年，大唐经历了高宗、中宗、睿宗、武则天四朝天子统治，这段时间起着承上启下的作用，高宗和武则天的统治也被评价为"上承贞观之治，下启开元盛世"，在这六十四年中，武则天的执政时间最长。

这六十四年，大唐呈现出一种昂扬向上的时代精神，社会经济迅速发展。

史载，唐太宗逝世后三年，唐高宗永徽三年（652年），全国人口有380万户。到神龙元年（705年），全国人口增至约615万户，人口增长近一倍。长安三年（703年），有一个官僚上疏，"神都帑藏储粟，积年充实"（《唐会要》卷二十七）。

高宗和武则天统治时期延续了太宗休养生息的政策。全国户数，武德年间有200余万户，贞观年间的一次统计数据为不满300万户，永徽元年（650年）为380万户，到武则天去世的神龙元年（705年）全国共有615.6141万户。

在高祖、太宗所开拓疆域的基础上，高宗时期，伐百济、平高句丽、白江口全歼日本援军，设立安北、单于、安西、安东、北庭、安南六大都护府，疆域达1200万平方公里，这是唐朝疆域最大的时期，如此丰功伟业，令人赞叹。

高宗、武则天泰山封禅时，东自高句丽，西至波斯、突厥、于阗、天竺、日本、新罗、百济、罽宾、乌苌等各国的元首和使节皆跟随前去。那会是怎样一幅天下安乐、万国来朝的盛景！

开元盛世文化开放和自信包容与这一时期所展现出的蓬勃向上、自由豪放的精神一脉相连。

这还是一个寒门庶族兴起、人才辈出的时期。高宗为打压权臣，武则天为夺权称帝，都采取了限制门阀、提高庶族地位的政策。

显庆四年（659年），修改《氏族志》为《姓氏录》打破"士庶之际，实自天隔"的界限，给了寒门庶族子弟发展的机会。高宗时在进士科加试诗赋、首创殿试。武则天时期，进一步提高进士科地位，扩大殿试规模，"武太后载初元年二月，策问贡人于洛城殿，数日方了"（《通典》卷一五《选举典三》）。武则天创立武举，这些措施完善了科举制，大大拓宽了广大寒门子弟向上发展的空间。

在选贤任能方面，武则天开辟自我举荐的途径，多次下令"咸令自举"，垂拱二年（686年）所设铜匦中延恩匦有让天下求仕之人自荐的功能。武则天时期选拔了一批非常优秀的人才，狄仁杰、娄师德、魏元忠、李昭德、张柬之都在这一时期被拔擢起用，武则天还为开元盛世的到来建立了一个宰相人才储备库，张说、姚崇、宋璟、张嘉贞、张九龄都在唐玄宗时期登阁拜相。

在文化昌盛、经济取得长足发展的同时，我们也要看到，当时社会存在的诸多隐患：府兵制的基础均田制瓦解，逃户现象严重，造成国家税收来源减少，社会不稳定因素增加；武将凋零，唐初所展现出的尚武精神慢慢衰落，汉人将领越来越少，士兵厌战；酷吏政治也是一个不能抹去的阴暗面，尤其酷吏曾导致手无寸铁的无辜百姓惨遭屠戮，更是不可原谅。

最大的隐患是中宗继位之后，众多势力崛起，角逐不断，统治集团内部的斗争导致了多次喋血宫廷的政变。

第八章

你方唱罢我登场

一、重蹈覆辙

神龙元年（705年），李显第二次登上大唐天子的宝座，距离他第一次登基已经过去了整整二十一年，第一次即位他仅仅当了五十五天皇帝，现在的他已经五十岁。

李显回想起在房陵时，每当母亲的使臣到来，无以复加的恐惧就会驱使他想结束生命，结束那凄风苦雨的日子，结束惶惶不可终日的折磨，结束内心的苦难，结束生命也就结束了那如同炼狱一样的人生。

是妻子韦氏及时抓住了自己："祸福无常，宁失一死，何遽如是！"（《资治通鉴》卷二百八）

她说得对，祸福果然无常，大不了就是一死，何必当时就要寻死。如果当时自戕，又哪来今天的登临帝位？

韦氏和李显一同被幽禁，两人备尝艰辛，相濡以沫，情爱甚笃。李显被贬房州时韦氏身怀六甲，舟车劳顿，陪他远赴贬所；李显被召回洛阳重新被立为太子之后，韦氏唯一的儿子李重润，又因私议女皇宫闱之私被逼自尽。所以李显对韦氏充满感激、依赖和愧疚之情。

他曾私下向韦氏许诺："一朝见天日，誓不相禁忌。"（《旧唐书·后妃列传》）

现在是李显兑现承诺的时候了。

神龙元年（705年）二月，李显为韦氏举行了隆重的皇后册立大典，大赦天下，追赠韦氏父亲韦玄贞为上洛王、母亲崔氏为王妃。大典过后，李显每次朝会，韦氏都会垂帘听政。

第八章 你方唱罢我登场

折腾了这许多年，通过政变重新夺回李唐神器的满朝文武惊愕地发现，他们又回到了原点。

一切居然不过是重蹈覆辙。

韦氏的野心和当年的武则天并无二致。李唐江山难道要再次倾覆于妇人之手吗？

他是武则天的儿子，难道不知道这会带来什么后果吗？他仅仅因为一句承诺就把江山拱手相让，不爱江山爱美人吗？

神龙政变之后，五位在政变之中起决定作用的大臣张柬之、崔玄暐、袁恕己、敬晖、桓彦范同时被封为郡王，神龙政变也因此被称为"五王政变"，五王全部位列宰相。

相王李旦在政变后加号安国相王，拜太尉、同凤阁鸾台三品。李旦又曾以皇嗣身份入主东宫多年，在朝中人脉广布。

太平公主在政变后加号为镇国太平公主，这位妹妹多年来在母亲身边参谋政事，折节下士，其政治影响力不容小觑。

权臣环伺，功高震主。宗室王亲，各霸一方。天子羸弱，孤掌难鸣。

李显面对的是和他父亲李治登基时类似的局面。可惜，他没有李治的忍耐力和智慧，他的韦皇后也不过是一个东施效颦、祸乱朝纲的女人。

皇帝李显都做了什么呢？

无计可施的李显昏招频出。

第一招，放纵韦后乱政。这招他第一次登基时，大家就已经领教过了。这次他比之前更上一层楼，直接让韦后垂帘听政，追赠韦后父亲韦玄贞为上洛王、母亲崔氏为洛王妃。韦后堂兄韦温累迁礼部尚书，封鲁国公。

第二招，重用妖人、佞臣。李显加封慧范为银青光禄大夫，赐爵上庸县公，术士郑普思封为秘书监，擢升尚衣奉御叶静能为国子祭酒。

这三个人是何方神圣呢？慧范是个胡僧，曾是二张党羽，一心结交权贵，以求飞黄腾达；郑普思妄称有长生不老之术，以旁门左道得到宠幸；

叶静能是个只会说漂亮话讨好皇帝的佞臣。大唐这么重要的岗位就送给了这类人。

第三招足以让人惊掉下巴，李显重新启用武三思（武元庆之子），妄图用武三思在朝廷中的势力制衡五大臣。他擢升武三思为司空、同中书门下三品，武攸暨（武则天伯父武士让之孙，太平公主驸马）为司徒、封定王。李显还将武攸暨、武三思、郑普思列入神龙功臣名单，赐铁券，免死十次。

大臣们频频进谏，请求李显废黜武氏爵位。但在李显看来，功臣们是妄想独揽朝纲，架空皇帝。

事实上，他们只是想保住性命，五大臣和武三思是多年的政敌，神龙政变更是让双方势同水火，武三思得势，五大臣的脑袋早晚要搬家。

斩草不除根，春风吹又生。武三思这棵草生长得野蛮又旺盛。他的儿子武崇训娶的是李显的女儿安乐公主，他的情人是中宗的皇后韦氏。这两个女人轮流在李显耳朵边吹风，武三思又活跃在了政治权力的中心。

武三思出入宫禁，经常和韦氏玩一种名叫双陆的棋类游戏，李显常在一旁为二人计算筹码，端茶递水，对二人的私情懵然不知。

武三思、武攸暨假意推掉皇帝给他们的官爵，专心对付神龙政变的功臣。

神龙元年（705年）夏日的一天，李显将七位东宫旧臣同时封为宰相：魏元忠为兵部尚书，韦安石为吏部尚书，李怀远为右散骑常侍，唐休璟为辅国大将军，崔玄晖为检校益府长史，杨再思为检校杨府长史，祝钦明为刑部尚书，全部为同中书门下三品。其中，崔玄晖兼有政变功臣和东宫旧人两重身份，但是李显的力量仍然超过了五大臣。

李显和武三思都把五大臣视为要剪除的对象，五大臣的结局可想而知。

五人全部被封为王，明升暗降罢去了宰相之职，失去实权。还被要求只能在初一和十五进宫，其他时间不用上朝。

随后，崔玄晖被贬为梁州（今陕西省汉中市）刺史，敬晖被贬为滑州（今河南省滑县）刺史，桓彦范被贬为洺州（今河北省永年区广府镇）刺史，袁恕己被贬为豫州（今河南省汝南县）刺史。张柬之主动上表请求回老家襄州（今湖北省襄阳市）养病，李显封他为襄州刺史，不主持政事，薪俸等待遇按刺史供己。

神龙政变中力劝李显从东宫出发的驸马王同皎被宋之问、宋之逊兄弟二人出卖，遭武三思陷害，以谋反罪被处斩。

神龙二年（706年），五大臣因被郑愔诬告与王同皎同谋造反，再遭贬黜。李显下诏贬敬晖为崖州司马；桓彦范为泷州（今广东省罗定市南）司马；张柬之为新州（今广东省新兴市）司马；袁恕己为窦州（今广东省信宜市南）司马；崔玄暐为白州（今广西壮族自治区博白县）司马，削其勋封。

郑愔，宋之问、宋之逊兄弟原来皆是二张党羽，现在全部党附武三思。

秋风萧瑟，五位政变功臣就这样全被贬到了岭南。

随着秋风传遍京城大街小巷的还有韦皇后和武三思的私情，一张传单贴在了洛水桥头，谁能想到这是故事主角武三思自己炮制的杰作？

御史大夫李承嘉很快向李显汇报了调查结果：这是张柬之等人以废黜皇后为幌子，实行谋反之举而做的。

五大臣因为有神龙政变后获得的免死铁券被免于一死，全部被终身流放：敬晖于琼州，桓彦范于瀼州，张柬之于泷州，袁恕己于环州，崔玄暐于古州，宗族子弟年龄在十六岁以上的全部流放岭南。

八十二岁的张柬之和六十九岁的崔玄暐死于流放途中。敬晖、桓彦范、袁恕己被武三思派去的大理正周利贞虐杀而死，死得极其凄惨。

与五大臣关系亲近的大臣多受株连，或贬官或被杀，都被清除出朝廷。

早早察觉到危险气息的相王李旦，在神龙元年（705年）二月就辞去了太尉和知政事的职务。李显还提议立他为皇太弟，李旦坚决辞让。

五大臣被除，相王退出，朝廷中到处都是武三思的鹰犬。

大唐王朝兜兜转转又回到了皇后垂帘听政、武氏把持朝纲的原点。

但这一次的重蹈覆辙实际并没有回到原点，而是走向了更可怕的深渊。

二、政变盲盒

神龙二年（706年）十月，李显从东都出发将朝廷迁回长安。

跟着李显一起回到长安的有想当女皇的韦皇后，想当皇太女的安乐公主，应该在将来继位当皇帝的太子李重俊，有可能被推上皇帝之位的李旦，有能力一搏帝位的太平公主，因为李显的放纵而权倾朝野的武三思父子。

从东都洛阳回来的哪是什么治理天下的朝廷，这就是一组政变盲盒。不知道触碰到哪里，就会引发一场动乱。

最先被触发的是太子李重俊。

李显一共只有四个儿子：长子李重润就是因得罪二张被逼自杀的那个孩子；次子李重福在李显重登帝位后遭到韦皇后陷害诋毁，被贬到均州（今湖北省丹江口市）软禁；三子是李重俊，按顺序排到了李重俊当太子；李显的第四子李重茂年龄还小。

太子李重俊既不是嫡出，也不是宠妃所生，身为太子却经常受到排挤。李重俊不受宠，幼子李重茂也不受宠，李显最疼爱的是小女儿安乐公主。

安乐公主，出生在李显被贬的途中，出生时连一块像样的布都找不到，李显只好脱下了身上的衣服把刚出生的女儿包裹起来，因此李显给这个孩子起名为裹儿。裹儿的幼年、童年、少女时光是李显生命中最灰暗的日子，可怜的皇室公主一天好日子都没过上。李显对这个小女儿深感愧疚，十分溺爱。《新唐书》中称安定公主"姝秀辩敏，后尤爱之"，韦氏对这个小女儿也非常溺爱。

安乐公主在颠沛流离的放逐生活中吃尽苦头，回到洛阳后她看到端坐在龙榻之上的祖母，权力的欲望开始在心中生根发芽。中宗复辟后，安乐公主在父母的宠爱中，长成了觊觎皇位的野心家。

在东都时，李显下诏给太平、长安、安乐、宜城、新都、定安、金城七位公主开府，置官属。这是皇子的待遇。

开府后，公主有了自己的办公场所，有官属，也就有了和皇子一争高下的实力。安乐公主开始培植自己的党羽，甚至干起了卖官鬻爵的勾当。

"恃宠骄恣，卖官鬻爵，势倾朝野。"（《资治通鉴》卷二〇八）

"侯王柄臣多出其门。"（《新唐书·诸帝公主传》）

安乐公主根据自己的需要先行拟写好诏书，然后来到父亲面前，将诏书内容挡住，让李显在上面签字同意，李显"笑而从之"。

一封诏书就能哄裹儿开心，李显乐在其中。安乐公主利用父亲对她的宠爱拨弄乾坤，而且她的野心不止于此。

安乐公主正式向中宗李显提出自己要当皇太女，当时的左仆射魏元忠劝谏中宗，安乐公主却说："阿武子不过是个木材商人的女儿，都能做天子，我是天子的女儿，为什么不能当皇太女？"安乐公主诋毁已经去世的祖母，称武则天为"阿武子"，又提出当皇太女，如此忤逆不孝，李显都没有生气。

李显虽然没有应允这个荒唐的请求，但也只是笑着把安乐公主哄走而已，在李显这里，安乐公主只是个任性的孩子，是他宠坏的小裹儿，裹儿不管做什么，父亲都不会生气。

李显没放在心上的一件事，却点燃了太子李重俊的怒火。虽然在神龙二年（706年）七月他就被立为太子，但是父亲不喜欢他，嫡母嫌弃他，武三思排挤他，安乐公主轻视他，甚至称呼他为奴，上官婕妤[①]事事推尊

[①] 上官婕妤，即上官婉儿，祖父是西台侍郎上官仪，父亲上官廷芝，上官仪父子因草诏废后被杀，上官婉儿随母亲郑氏没入掖廷。

据《旧唐书·后妃列传》记载，上官婉儿十四岁时，得武则天赏识，开始掌管诏命等事。而据2013年出土的上官婉儿墓墓志记载，上官婉儿十三岁时已被封为唐高宗后宫正五品才人，学者分析是因为内官比宫官品阶高，宫官最高为正五品，而内官最高可以升到正一品，高宗当时已经病重，上官婉儿的第一次婚姻应为形式婚姻。

中宗第二次登基后上官婉儿被封为婕妤，"又令专掌制命，深被信任"。

景龙二年（708年）十一月，上官婉儿晋升为昭容。上官婉儿在宫外设有外宅，学者据此推测她和中宗的婚姻仍为形式婚姻。

武氏，抑制李唐宗室。自己的太子身份没给自己一点荣耀，却俨然成了这些人攀登权力顶峰的绊脚石，他们的欲望之火迟早会烧到东宫，会把自己烧成灰烬，与其坐受屠戮，不如放手一搏。

李重俊很快寻找到了和自己有共同目标的两个人，神龙政变的功臣左羽林大将军李多祚、郁林王李恪之子左金吾大将军李千里，三个人都有共同的敌人武三思。他们很快确定了以诛杀武三思还有武三思支持者上官婉儿为行动目标的军事行动计划。

神龙三年（707年）七月初六，李重俊伪造皇帝诏书，和李多祚调集羽林千骑兵三百多人，带着将军李思冲、李承况、独孤祎之、沙吒忠义等人一起杀进武三思府邸。武三思和他的儿子武崇训以及亲党十余人被杀。

而后，李重俊让李千里和其子天水王李禧分兵守住宫城诸门，他和李多祚引兵自肃章门斩关而入，一路搜寻上官婉儿。

上官婉儿得知太子带人进宫要杀她，马上想到应该和皇帝在一起，才有可能保住性命。上官婉儿找到皇帝，气喘吁吁地对李显说："我看他们的意思是要先抓我，再抓皇后，然后再抓陛下。"李显忙带着韦皇后、安乐公主、上官婉儿奔向玄武门。

玄武门外是皇家禁军的屯兵之地，位于整个皇宫最北侧，在唐朝的皇宫发动政变，先控制住玄武门才是上策，太宗皇帝、张柬之发动政变都是选择从玄武门进入皇宫。

事出紧急，李显他们匆忙登上玄武门门楼躲避，左羽林大将军刘景仁率飞骑百余人屯于门楼下保卫皇帝等人。

转眼李重俊就带着三百千骑冲到了玄武门下。看到父皇也在城门之上，李重俊顿时傻了。以保命为第一要务、以诛杀武三思及其党羽上官婉儿为第一目标的李重俊，是个政治幼稚、毫无用兵经验的太子。他从一开始就没搞清楚政变为何物，他从没想过要和父皇为敌，所以他根本没思考过要把李显这个皇帝如何处理。

第八章　你方唱罢我登场

按"惯例"应该是软禁起来，但他根本没有想过要抄自己太爷爷李世民的作业，也没想过学习一下父亲李显的神龙政变。两个成功的例子摆在前面，奈何李重俊是个学渣。

已经带兵杀进皇宫，这就是谋反，难道还想着杀完武三思和上官婉儿，还回东宫当太子吗？李重俊在玄武门前停下了脚步，没有继续进攻，他没有意识到自己的迟疑是个致命的错误。

李重俊犹疑之际，宫闱令①杨思勖（宦官）主动请命，他提出要主动进攻叛军。李多祚的女婿羽林中郎将野呼利是李重俊的前锋，自恃勇武，见皇帝派出一名宦官，心中暗笑，上前迎战，没想到被杨思勖"挺刃斩之"，叛军士气受挫。

李显见机，在城门上向下面的叛军喊话："你们都是朕的宿卫之士，为什么跟着李多祚谋反？如果能斩杀谋反之人，不用担心没有富贵。"

兵变开始时一个致命的疏漏在这时发作起来，三百千骑是矫诏召集而来的，开始他们都以为是在执行皇帝的命令，等到了玄武门才知道自己成了叛军，又被杨思勖的勇猛所震慑，现在皇帝许诺如果能及时改变立场，还有富贵可图。

三百千骑掉转刀锋，李多祚、李承况、独孤祎之、沙吒忠义全被乱刀砍死，剩下的四散逃溃。

负责"守住宫城诸门"的李千里、李禧父子进攻右延明门。兵部尚书宗楚客、左卫将军纪处讷和杨再思、苏瑰、李峤拥兵二千余人屯于太极殿前，闭门自守。双方激战，宗楚客等人居高临下，组织弓箭手抵抗，李千里、李禧没能打进宫门反而被杀，部众死的死，降的降，李重俊的行动彻底失败。

李重俊带着一百名残兵准备逃进终南山，跑到鄠县（今陕西省鄠邑

---

①宫闱令，官名。宫闱局掌管宫内门禁，设令二人，从七品下，丞二人，从八品下。

县）时只剩下几个人了。李重俊在树林中休息，被左右所杀。跟着这个没用的废太子只有死路一条，杀了他是大功一件，这账谁都会算。

李重俊身边，没有一个能为他效命的人，除了他自己，他没有任何可以依仗的势力，可怜的太子发动政变居然只召集到三百人。他的同盟李多祚是一介武夫，有勇而无谋；李千里是个偏躁无才的落魄王爷，因为没有能力才在武则天清洗宗室时保住性命。

> 初，武后诛唐宗室，有才德者先死，惟吴王恪之子郁林侯千里褊躁无才，又数献符瑞，故独得免。
>
> 《资治通鉴》卷二〇八

这两个人手上虽然有禁军，但那是皇帝的禁军，不是他们的禁军。李重俊没有给这些禁军足以卖命的理由，也没有足以号召他们的政治立场，更是使用假传圣旨的手段骗他们为自己所用，导致他们临阵倒戈，自己命丧荒野。

皇帝将李重俊的首级献于太庙，又用他的首级祭祀了武三思、武崇训的灵柩，最后李重俊的首级被悬挂在朝堂上示众。成王李千里被改为蝮氏，所有同党全部被逮捕诛杀。

李重俊发动政变，是因为受安乐公主想被立为皇太女一事刺激，但他的政变却帮了安乐公主的忙，因为武三思死了，原来依附于武氏的力量要寻找新的靠山，他们都转而投向了皇后韦氏和安乐公主。

神龙政变的功臣集团已经覆灭，武三思的死又使武氏一族衰落，大臣中虽有魏元忠这样的元老重臣，然而在各方势力的挤压之下，只是徒有宰相之职，没有什么权力。现在朝廷上能和韦后分庭抗礼的只有相王李旦和太平公主。

安乐公主及兵部尚书宗楚客日夜想着怎么诬陷相王李旦，他们唆使侍御史冉祖雍等人上疏诬陷相王李旦、太平公主与李重俊是同党。李显素来忌惮他们，正好借势弹压，他马上命吏部侍郎兼御史中丞萧至忠严查此案。

让李显和韦后没想到的是，萧至忠居然是个骑墙派。他声泪俱下地哭着劝李显："陛下您富有四海，难道还容不下一弟一妹，要让人罗织罪名害他们吧？相王昔日为皇嗣，一再向则天大圣皇后请求，把天下让给陛下，累日不食，此事海内皆知。怎能因冉祖雍一句话就猜疑至此？"

右补阙吴兢[①]也劝皇帝不要因外人而猜忌骨肉，要保全所剩无几的宗室皇亲。他说："陛下您登基不久，一子被贬，一子兵变被诛，只剩这一个弟弟在身边了，要谨防有小人借题发挥，慎之又慎，以防兄弟阋墙之祸。"

鉴于大臣们的态度，李显不再追究此事。他也害怕把那一弟一妹逼急了，这两人来个玉石俱焚，真的谋反。保持现在的状态也挺好。

从此，李显致力于维持现状。

三、维持现状

构陷相王李旦和太平公主不成，韦后等人又把矛头对准了右仆射兼中书令魏元忠，诬陷他与李重俊同谋反叛。魏元忠被一贬再贬，七十岁的老宰相死在了被贬的途中。

把首席宰相折腾死的韦后还致力于模仿婆婆武则天。她为自己将来登基大造声势，先是让宫女说看到有五色祥云在皇后的裙子下缭绕，又编了一首名叫《桑韦条》的谶言，让人四处传唱："桑条韦也，女时韦也……"更让她感到兴奋的是，景龙三年（709 年），她在南郊祭祀中行亚献礼。她仿佛看到了自己已经成为新一任女皇。

如果说韦氏是自以为是的样板，那安乐公主则堪称骄横跋扈的典型。

[①] 吴兢，《贞观政要》作者。

安乐公主对官员的任命不加节制，屠夫商贩花了钱也一样可以买到官职，当时的人蔑称这类官为"斜封官"[①]。

当时在李显的纵容下，斜封官已到了满天飞的地步，您是买不了吃亏，也买不了上当，您花了钱就能买到相应的官，诚信经营，明码标价，童叟无欺。

公主、后宫嫔妃，连韦皇后的妹妹郕国夫人、上官婉儿的母亲沛国夫人以及后宫女官，都参与到这场卖官活动中，其中安乐公主的收获最多。

这些人卖官赚得盆满钵满，朝廷却被拖累得运转艰难。为了安排数量庞大的斜封官，吏部只好在长安和洛阳各设两个吏部侍郎，每年安排四次铨选工作。

不知道这些人到任后将如何履行职责，恐怕都是鱼肉百姓，大肆敛财，以图再买更高的官职。可以想象当时的吏治混乱到了什么地步。

安乐公主和姐姐长乐公主在长安城大兴土木，营建府邸，竞相攀比，以奢侈华丽一较高下。营建的豪宅，模仿皇宫建造，虽然因场地限制建得没有皇宫大，但是其精巧程度却超过皇宫。

长安城内当时有一昆明池，始建于西汉汉武帝元狩四年（前119年），汉朝时用于训练水军。《唐会要》卷二十七记载：（武德）九年三月，幸昆明池，习水战。说明到唐朝初时，昆明池仍有训练水军的功能。

唐中宗时期，昆明池除蓄洪外，还是附近百姓的重要经济来源。安乐公主看上了昆明池，去找李显讨要，没想到却被李显拒绝。"上以百姓蒲鱼所资，不许。"（《资治通鉴》卷二〇九）

恼羞成怒的安乐公主跑到城外强占民田，开凿了一方比昆明池更大的水池，延袤数里，命名为"定昆池"。

[①]"斜封官"，始于中宗时期，天子授官不经中书、门下，直接下敕，任命状是斜封的，要从侧门交付中书省办理，而且它上面的"敕"字是用墨笔所写，这与中书省黄纸朱笔正封的敕命是不一样的，"斜封官"由此得名。

安乐公主、长宁公主等多位公主放纵家奴在京城当街抢人,把人抢回府做奴婢或仆役,公然践踏国家法律。

侍御史袁从一将抢人的公主家奴送入狱中,安乐公主去找李显求情,李显当即下手敕免罪。袁从一力劝中宗处置抢人的家奴。

袁从一说:"陛下纳主诉,纵奴驺掠平民,何以治天下?臣知放奴则免祸,劾奴则得罪于主,然不忍屈陛下法,自偷生也。"(《新唐书·诸帝公主传》)

侍御史不忍屈国家之法度,但是架不住皇帝李显乐意,抢人的公主家奴还是被释放了。

可以想见当时安乐公主会恃宠而骄到什么地步。卖官鬻爵,抢占百姓土地建豪宅,开凿定昆池,强掳百姓子女为奴仆,李显全部听之任之。

一天,"光艳动天下"的安乐公主突发奇想,要做一条能匹配她美艳容貌和至高无上地位的裙子,最后花了一亿钱织成了一条百鸟羽毛裙。"花卉鸟兽,皆如粟粒,正视旁视,日中影中,各为一色。"(《资治通鉴》卷二〇九)

为这条裙子,山上、谷中,各种珍禽异鸟声声哀鸣,被猎杀之后,拔去羽毛,越是漂亮的鸟就面临越大的危险。"山林奇禽异兽,搜山荡谷,扫地无尽,至于网罗杀获无数。"(《朝野佥载》卷三)

大唐有这样的公主,连鸟兽都不得安宁。

李重俊叛乱,杀死了安乐公主的丈夫武崇训和她的公公武三思,但是她一点也不伤心。她嫁给武崇训,是因为祖母武则天的安排,为了武李两家联姻。这种政治婚姻,为的是宗族利益,本就没什么感情可言。安乐公主真正所爱的是武崇训的堂弟武延秀。

武延秀,武承嗣之子,容貌俊美,尤擅歌舞,是当时知名的美貌少年。他在武则天执政时期被送往突厥,准备迎娶默啜可汗的女儿为妻,但因不是李唐宗室,遭到默啜可汗拒绝,滞留突厥多年,武延秀因此学会了突厥语。神龙初年默啜可汗再次提议通婚和亲，为表诚意，放回了武延秀。武延秀返回大唐后被封为桓国公，拜左卫中郎将。

因为是武三思的亲侄子，又是武崇训堂弟，武延秀经常出入安乐公主府邸，两个人眉来眼去，偷趁云雨，暗度春风。武崇训一死，二人再无避讳，竟如夫妻一样生活。李显见女儿有了新欢，深感欣慰，马上安排女儿的二婚典礼，大张旗鼓地为他们补办手续。

景龙二年（708年），长安百姓得以观看了一场盛况空前的典礼。

天之娇女安乐公主端坐在华美的花轿之中，皇后仪仗彰显威严，皇家禁军盛其仪卫，相王李旦亲自出马护送侄女出嫁，大唐的天子和皇后亲自到场观礼，礼会使是雍州长史，傧相是弘文馆学士，嫁妆不计其数。

公主成婚后，李显宣布大赦天下，加封驸马武延秀为太常卿，兼右卫将军。李显大宴群臣于两仪殿，公主拜谢天子，而后又拜谢公卿，公卿全部伏地叩首。安乐公主觉得拥有权力就能便所有人都臣服在自己的脚下。

宴会上，太平公主和驸马武攸暨还跳起了双人舞祝皇帝福寿安康。

被李显纵容的不止她的女儿，他的后宫在皇后的带领下集体红杏出墙，韦氏有两个美貌的男宠散骑常侍马秦客和光禄少卿杨均。以上官婉儿为代表的妃嫔在宫外建有外宅，出入皇宫无人管理。

皇帝自己想得开，但是有一些大臣看不下去了。一个名叫燕钦融的低级军官，向皇帝进谏，说皇后淫乱后宫，干预朝政，安乐公主、武延秀和宗楚客这些人都图谋不轨。

燕钦融得到了李显的接见，随即被宗楚客矫诏杀死于皇宫之中。

李显是位海量的皇帝，他的原则是大家开心就好。

他回避一切矛盾，沉迷于声色犬马。

他麻痹自己，不正视问题，就没有问题。

中宗李显的昏庸懦弱已经到了无以复加的地步。他放弃的不只是原则，还有伦理纲常、法治道德、人性底线。这最终酿成了难以挽回的后果。

第八章 你方唱罢我登场

李重俊叛乱后李显一直没有册立太子，李旦几次劝兄长早立储君，李显均未采纳。

空悬的储君之位，时刻都在向安乐公主招手，在她看来，这是父亲要立自己为皇太女的信号。但是过去了那么久，父亲居然还是没有把皇太女之位给她。

既然从父亲那里继位没有可能，为什么不支持母亲做皇帝，母亲做了皇帝，那皇位一定会传给自己。

韦氏此时也不想再等了，武则天是在高宗因病去世后才走上了自己的女皇之路，但是自己的丈夫李显，一点也不像他的父亲，他的体质完全遗传了母亲武则天，健康得好像还能再活上几十年，自己和李显谁会先蹬腿都不一定。

李显，大唐的皇帝，已经成了他的皇后和他的女儿最大的障碍。他对自己的妻子和女儿显然并不了解，甚至可以说是一无所知。他不知道在韦后和安乐公主所策划的未来里根本没有他这个丈夫，没有他这个父亲。

景龙四年（710年）六月二日，李显吃下了一碗汤饼后不久暴毙于太极宫神龙殿，终年五十五岁，庙号中宗。

"一朝见天日，定不相禁忌。"

李显以天下为代价，用生命完成了对爱妻韦氏的诺言。多年来，他置臣民于不顾，毁坏朝纲，道德沦丧，后宫乱套，吏治腐坏，整个朝廷已经从根上烂掉了。

李显一生两次立储，两次登基，在位时间不足六年，他人生的大部分时间被焦虑、压抑、恐惧所笼罩。当终于能自己做主时，这位昏于治国、庸于齐家的天子用行动证明了女子掌权并不可怕，可怕的是让昏聩愚蠢且无能之人掌握权力。

一碗汤饼送走了中宗李显，韦氏和安乐公主很快选好了傀儡，那就是李显最小的儿子，十六岁的温王李重茂。

韦后秘不发丧，派左金吾大将军赵承恩和宦官左监门卫大将军薛思简率兵五百人赴均州（今湖北省丹江口市），严密监控谯王李重福。李重福是李显在世的另一个儿子，现在已经三十一岁。

接着，韦后命其侄子、驸马都尉韦捷（李显之女成安公主驸马），驸马都尉韦灌（李显之女定安公主驸马），卫尉卿韦璿，左千牛中郎将韦琦，长安令韦播，以及外甥郎将高嵩率征调进京的府兵五万人全面控制京城；又命其宗族亲戚中书舍人韦元在城内"徼巡六街"。

韦后提拔其党羽刑部尚书裴谈、工部尚书张锡为同中书门下三品（宰相），继续担任东都留守，控制洛阳；又擢升吏部尚书张嘉福、中书侍郎岑羲、吏部侍郎崔湜为同中书门下三品，在长安协助稳定朝局。

至于怎么让李重茂成为名义上的合法继承人，韦氏已经想好对策，她命上官婉儿起草诏书。上官婉儿从武则天执政时期就执掌宫中制诰，李显复辟后命她专掌起草诏令，由她来做这件事再合适不过。

上官婉儿起草的诏书很快就被送到中书省。

"立温王重茂为皇太子，皇后知政事，相王旦参谋政事。"（《资治通鉴》卷二〇九）

韦后党羽宗楚客发现上面多了一句"相王旦参谋政事"。

这是上官婉儿和太平公主精心设计的杰作，用李旦制衡韦后，谁都没想到上官婉儿居然是太平公主的人。

宗楚客等韦后党羽眼看到手的权力要被分走，当然不能答应，马上提出异议，一翻唇枪舌剑，以"叔嫂不通问"为理由罢除了李旦的辅政之权。

六月初四，韦后公布皇帝死讯，召集百官，为李显发丧。同时宣布由韦后临朝摄政，大赦天下，改元唐隆。进相王李旦为太尉，雍王李守礼（高宗李治之孙，章怀太子李贤次子）为幽王，寿春王李成器（李旦嫡长子）为宋王。

三天后，李重茂登基，尊韦后为皇太后。

韦后命韦温（韦氏堂兄）总知内外兵马。韦濯、韦播、韦捷、韦璿、高崇和武延秀分别统领左右屯营、羽林、飞骑和万骑（禁军）。

韦氏子侄陡然空降到禁军中，为了快速树立威信，他们使用高压手段，鞭打士兵，禁军将士个个心怀怨愤，反不为其所用。

几天之后韦后的走狗们就开始"共劝韦后遵武后故事"，宗楚客则直接秘密上疏"称引图谶，谓韦氏宜革唐命"（《资治通鉴》卷二〇九）。

这真是要人命了，李唐王朝的命，都想来革一下，才把武太后送走，这又来个韦太后。

韦氏想革唐命，做女皇，安乐公主想做皇太女，为什么不在李显死后直接宣称李显传位于皇后韦氏？因为拥护李唐的大臣不能同意，更重要的是相王李旦和太平公主不会同意，虽然这些年他们兄妹一直低调为人，不露锋芒，但是这也让他们的手中保全了相当大的权力。而且韦氏一族在军队中的力量不足，贸然称帝引发强烈反弹他们无力镇压。

武则天不也是这样分三步的吗？当皇后、当太后、当女皇。韦氏的前两步已经走完，现在她急不可耐地要做女皇了，这就必须把李旦和太平公主铲除，之后就再无阻碍了。

决心已下，韦氏开始与宗楚客、韦温、安乐公主密谋铲除李旦、太平公主兄妹。韦氏仿佛已经看到自己身穿天子衮服坐在龙榻之上。

如果计划成功，那实在是一个让人紧张又兴奋的时刻。

四、又见玄武门

唐隆元年（710年）六月二十日，见惯了鲜血和杀戮的玄武门，静静地矗立在黑夜中，凝视着大唐的首都。

李隆基和葛福顺、李仙凫等人潜伏在禁苑官舍中，所有人的心都提在半空中。

突然，一颗颗流星划过黑暗的天空。

宫廷政变撞上天文奇观，大家都不禁兴奋起来，看来天命在自己这边。

刘幽求激动地对李隆基说："天意如此，时不可失！"

李隆基一挥手，众人按预先计划开始行动。

葛福顺率万骑卫士拔剑直入玄武门羽林军营地，将韦璿、韦播、高嵩斩杀，然后提着三人首级对羽林将士们说："韦后鸩杀先帝，谋危社稷。今夕当共诛诸韦，马鞭以上皆斩之！立相王以安天下。敢有怀两端助逆党者，罪及三族！"（《资治通鉴》卷二〇九）

羽林将士欣然听命，葛福顺迅速取得了北门禁军的指挥权。

随后李隆基等人兵分三路，葛福顺和李仙凫率左、右万骑分别从玄德门、百兽门杀入禁中。李隆基和刘幽求等人则从御苑南门来到玄武门外等待总攻信号。另外，钟绍京带领手下园丁工匠二百余人，拿着他们的劳动工具斧子、锯子以为策应。

葛福顺和李仙凫顺利抵达凌烟阁，从两翼完成了对皇宫的包围，将士们爆发了胜利的欢呼，唤醒了太极宫中的所有人，葛福顺等人杀掉守门将士，斩关而入。

李隆基勒兵于玄武门外，听到喊声率军杀入太极宫，中宗梓宫（棺材）前的守灵侍卫听到喊声，知道发生了兵变，也穿上盔甲毅然加入政变队伍。

韦后从睡梦中惊醒，政变发动了，计划实施了，但原来那不是她的计划，而是太平公主和她的侄子临淄王李隆基的计划。

惶惑间韦后向飞骑营逃去，因为她早就安排了侄子、外甥在飞骑营中任职掌管玄武外的禁军，这时正好可以保命。韦后刚逃进飞骑营，以为还可以上演一次玄武门反杀，却被一名飞骑斩去首级献到李隆基面前。她的侄子、外甥早在政变刚开始就被砍掉了脑袋。

此时的皇宫喊声震天，韦后被杀，乱兵扑向安乐公主府邸，驸马都尉武延秀与安乐公主手持宝剑,在内宅格战良久,双双被杀[①]。

图谋不轨的韦后和安乐公主被杀后,身高在马鞭之上的韦姓族人全部被斩首。

一夜之间,昨天还踌躇满志的太后韦氏和不可一世的安乐公主都香消玉殒,归于尘埃。

韦氏,京兆万年(今陕西省西安市)人,是李显做太子时,武则天为其择选的太子妃。韦氏格局狭小,轻浅浮躁,结党营私,祸乱朝纲,她踏着亲人的鲜血,踩着人性的底线,以黎庶安危为代价,妄图走上权力的巅峰,也终被权力所吞噬。

安乐公主,骄纵美艳,在尊崇儒家宗法制度的时代,敢于创造性地提出"皇太女"一词,挑战封建继承法则。她是李唐皇室公主,皇后韦氏所生嫡女,所嫁两任丈夫皆是武氏族人,可谓集李唐、武周、外戚三种力量于一身,本应是天选之女,却一再自毁前程,既自绝于李唐宗室,又在百姓中怨声嚣然,最后杀父弑君,把自己送上了绝路。

韦氏母女,视中宗李显为她们问鼎权力巅峰的绊脚石,却不知道自己的所有权力都来源于中宗李显的给予和放纵,一旦失去这块基石,她们所笼络的那些党羽都是些小人、庸才,没有一位堪当重任的辅国之臣。韦氏的子侄用打骂的方式控制禁军,导致羽林将士全部快速倒向政变一方。她所用的心腹则将她要发动政变的消息提前告诉了李隆基,让李隆基抢占了

[①] 正史中对安乐公主之死的记载有所不同。
本书采用《旧唐书》中的记载。
《旧唐书·后妃列传》:武延秀、安乐公主皆为乱兵所杀。
《旧唐书·外戚列传》:及韦庶人败,延秀与公主在内宅,格战良久。皆斩之。
而按《资治通鉴》记载,住在宫中的安乐公主闻听兵变,揽镜自照,对镜画眉,一如往常,军士闯入,手起刀落,杀死公主。政变军士在肃章门外杀死驸马武延秀。
《资治通鉴》卷二〇九:安乐公主方照镜画眉,军士斩之。斩武延秀于肃章门外。
《新唐书》中记载和《资治通鉴》大体一致,略有不同。
《新唐书·诸帝公主传》:主方览镜作眉,闻乱,走至右延明门,兵及,斩其首。

先机，先下手为强。

母女二人，手段不高，心机不深，能力很差，期待很高，死得很惨。

再看她们的对手，太平公主和相王李旦，这兄妹二人在局势对自己不利时都像自己的父亲、母亲一样隐忍不发、积蓄实力，当危险袭来，又能当机立断，发动政变。当太平公主和李旦之子李隆基举起"拥立相王，诛灭逆党"旗帜之时，应者云集，连守卫中宗梓宫的卫士都跟随其后加入战斗。

李旦，武则天第四子，能从东宫活着走出来，又在禁军中担任重要官职，神龙政变中他发挥重要作用，难道他会是一个只会明哲保身的无用皇子吗？

他还养了一个好儿子——临淄王李隆基。

史料记载，李隆基自幼聪颖果决，志存高远，是李旦第三子，因此后来杨贵妃称呼他为三郎。垂拱元年（685年），李隆基出生于洛阳，那时他的祖父高宗已经去世，祖母武则天以太后身份彻底掌握了朝政大权，父亲李旦虽是皇帝但被软禁宫中。李隆基的生母是李旦的侧妃窦氏。

父亲是傀儡皇帝，自己是庶出皇子。

虽然是庶出，在天授三年（692年）十月，五岁的李隆基已经开府置官属。七岁那年的一天，李隆基带着侍卫觐见祖母，当天在宫门口执勤的是武则天的一个侄子金吾将军武懿宗。武懿宗是骄横胆小、欺软怕硬之徒。他见来的是位庶出小皇子，不正是可以欺负的软柿子吗？得赶紧捏一下，抖抖威风，毕竟一般情况下他也找不到比他软的柿子。

武懿宗走上前去对着李隆基的侍卫大声呵斥。

李隆基怒叱武懿宗说："这是我家的朝堂，关你什么事，居然敢来教训我的随从。"

武则天听说此事，哈哈大笑，觉得自己的孙儿小小年纪就如此了得，所以"特加宠异之"。

祖母对他的宠爱，并不影响祖母的铁腕无情，九岁那年的正月初二，

第八章　你方唱罢我登场

他的嫡母刘氏和生母窦氏进宫给武则天请安，之后再也没有回来。当天，一群人闯进了父亲的宫中，把父亲没有进宫的妃嫔也尽数赐死，从那天起他所有能称为母亲的人都离开了人间[1]。

生母窦氏、嫡母刘氏，去了哪里没人知道，死在何处无人知晓，如何死的无人敢问[2]。

九岁的李隆基还被父亲要求在任何时候不能再提起自己的母亲，骤然的打击让他体会到了政治斗争的残酷和身为皇室王子的无奈。

皇宫，是会吃人的，想要不被吃掉，只能自己去做那只吃人的猛兽。

失去母亲后，李隆基兄弟五人都被降封为郡王，他们和父亲一起被囚禁在东宫中。

圣历元年（698年），李旦搬出东宫，结束了软禁生活，武则天赐了一座位于东都积善坊的府邸给十三岁的李隆基。大足元年（701年），武则天带着朝廷搬回西京长安，将兴庆坊中的一座宅院赐给李隆基居住。之后李隆基历任右卫郎将、尚辇奉御、卫尉少卿、潞州别驾，得到了充分的历练。

李隆基二十一岁这一年，神龙政变爆发，他的祖母被赶下台，伯父李显再次登基，五大臣势力一夜之间崛起，父亲李旦和姑母太平公主也因功受到封赏，之后武三思复兴武氏力量五大臣被迫害，堂弟太子李重俊发动

---

[1]《旧唐书·后妃列传》记载刘氏和窦氏：长寿二年，为户婢团儿诬潜与肃明皇后（刘氏）厌蛊咒诅。正月二日，朝则天皇后于嘉豫殿，既退而同时遇害。

另据 2005 年出土的《大唐安国相王已故孺人晋昌唐氏墓志铭并序》，墓主人唐氏去世于长寿二年正月初二，这和刘氏、窦氏去世时间完全相同。和唐氏墓相邻的是安国相王已故孺人崔氏的墓。

专家推测，崔氏应该是和唐氏同时去世，同时安葬。导致唐氏和崔氏死亡的原因，都是团儿诬告事件，杀死她们的应是武则天。

据此推测，武则天当时极有可能处死了李旦所有的妃嫔。

[2] 李旦第二次登基后，派人到洛阳宫中掘地三尺寻找刘氏、窦氏的尸骨，仍然没能找到。

《旧唐书·后妃列传》：梓宫秘密，莫知所在。

《新唐书·后妃列传》：并杀之宫中，葬秘莫知。

政变杀死武三思,却因实力不足、临阵迟疑兵败被杀。

李隆基在这些波谲云诡的政治斗争中,成长为一个政治成熟、心机深沉的成年亲王。他暗中刻意培植自己的政治势力,不遗余力地结交智勇之士为自己所用,宫苑总监钟绍京、尚衣奉御王崇晔、利仁府折冲麻嗣宗、朝邑(今陕西省大荔县)尉刘幽求等人均和他结为莫逆。

景龙三年(709年),李隆基回到长安,加银青光禄大夫。他通过府中一位名叫王毛仲的官奴与万骑(禁军)卫士取得联系,自己与万骑营统帅葛福顺、陈玄礼、李仙凫成为朋友。这些人都对李隆基发动政变,诛灭韦氏起到了重要作用。

刻意结交禁军,这说明他早就在为发动政变做准备。

在他结交的这些人中,钟绍京的职务只不过一名看管皇家园林的五品官员,这样的职务看起来对李隆基用处应该不大。实际上钟绍京的作用非常突出,因为皇家禁苑位于太极宫北,毗邻玄武门,从禁苑的南门出来,就是皇宫的玄武门,进入玄武门,就是皇帝居住的后宫,政变"指挥部"正是设在钟绍京居住的禁苑官舍。

李隆基早就做好了政变的准备,当原本是韦氏一党的崔日用反水,派宝昌寺僧人普润来告知他韦氏计划时,他果断出手,谋划周密,精准打击,成功完成了这次被称为"第二次玄武门之变"的政变。

黎明来临,是时候迎相王入宫了。

五、权倾朝野

李隆基在接到有人要谋害他们的消息时,没有第一时间告诉自己的父亲。他首先联络了自己的姑母镇国太平公主(以下简称"太平公主")。

唐高宗李治和武则天共育有四子两女,太平公主年龄最小,在几个孩子中最像武则天。"公主丰硕,方额广颐,多权略,则天以为类己。"(《旧

唐书·外戚列传》）

太平公主小时候曾替母亲武则天出家做女道士，为去世的祖母荣国夫人祈求冥福，太平是她的道号，后来以她的道号建造太平观一座，但公主的名字，史料中没有记载。

太平公主倍受宠爱。"二十余年，天下独有太平一公主，父为帝，母为后，夫为亲王，子为郡王，贵盛无比。"（《旧唐书·外戚列传》）

太平不仅是武则天最疼爱的孩子，而且还非常受武则天信任。武则天与太平"每预谋议，宫禁严峻，事不令泄密"。她的心机、谋略、资格、能力、政治智慧等都在母亲身边得到锻炼。她参与政事的方式是在后台出谋划策，在母亲的威势下，太平公主行事非常低调，只是把府邸装饰得很豪华。

太平公主的第一任丈夫是薛绍，结婚时为让宽大的婚车通过，拆掉了万年县衙的围墙。婚后两个人育有二子二女，薛绍在垂拱年间，被李唐宗氏谋反案牵连，死于狱中。

武则天登基前两个月，将寡居的太平公主赐婚给武攸暨，婚后育有二子一女。

赐婚时，武攸暨已有妻子，为实现武李联姻，武则天赐死武攸暨之妻。

神龙政变后，太平公主被册封为镇国太平公主，实封五千户和安国相王李旦相同。安乐公主实封三千户，长宁实封二千五百，李显的其他女儿实封二千户。

神龙二年（706年），太平公主和长宁、安乐、宜城、新都、定安、金城公主开设官署，任用府僚，仪比亲王。长宁、安乐公主府不设长史，另五位公主府官员减半。

太平公主和相王、卫王、成王、长宁公主和安乐公主府外都实行与皇宫相同的保卫级别。

开府置官属是唐朝公主们得以参政议政，走到历史前台的制度基础。

太平公主的三个儿子崇简、崇敏、崇行，均官拜三品。

太平公主"推进天下士，谓儒者多婺狭，厚持金帛谢之，以动大议，远近翕然响之"(《新唐书·诸帝公主传》)。

当时韦后和上官婉儿"皆以为智谋不及公主，甚惮之"(《旧唐书·外戚传》)。

太平李唐公主、武家媳妇的双重身份让她得以平稳躲过多次风波，哥哥李显暴卒，韦氏野心天下皆知，如果让韦后彻底掌握局势，她将再无立足之地，政变已经是唯一可走的路了。

太平公主最应该找的是哥哥相王李旦，两人处境相同，又是一母同胞的亲兄妹，在神龙政变中还曾联手行动，这次两人再次合作应是顺理成章。但李旦性格谦柔冲淡，对皇位权力没什么兴趣，而且李旦为长，又是亲王身份，曾登基为帝，多年位处东宫，如果和李旦联合，太平公主的威望、实力都无法与之匹敌，政变之后自己必然处于次要位置。

正当太平公主纠结之时，她的侄子李隆基主动找到她，太平公主足以稳定前朝的能量，李唐皇室镇国太平公主的身份，都是李隆基所需要的，至于他为什么没找自己的父亲，很简单，他是庶出皇子，要通过政变来建立功勋，才有资格和嫡长子李成器一较高下。

政变谋划过程中曾有人提出如此重大的行动，是否应先禀明相王，再做处置，李隆基当即予以否定，他说："我发动政变，是为了拯救社稷，如果事成，功劳归于相王，事败我一人身死以全忠孝。如果先行请示，相王同意，那是陷相王于危险之中；如果不同意，我们的计划将难以实施。"

太平公主派儿子薛崇简配合李隆基兵变的行动。

姑侄二人各怀心思，一拍即合。

六月二十一日黎明，李隆基带着一身鲜血出现在相王府，他跪拜于地，请父亲原谅他没有事先禀明政变之事。李旦抱住儿子哭着说："李唐社稷没有倾覆，是你的功劳。"

第八章　你方唱罢我登场

李旦以皇帝叔父身份带着小皇帝李重茂登上安福门，宣布韦后篡权乱政，已经伏诛，请百姓不要恐慌。大赦天下，免除天下半年的赋税。

安抚完人心，李重茂战战兢兢，提出让位于相王，李旦固辞。

可最终视皇位为枷锁的他，还是不得不接受儿子和大臣的劝说，被迫接受皇帝之位。

身在谋局之中，他无法脱身，只能被权力裹挟。

唐隆元年（710年）六月二十四日，太极殿。

相王李旦站在中宗李显的棺椁旁，少帝李重茂坐在宽大的御座上。

姑母太平公主的声音传入李重茂耳中："皇帝要把这个位置让给叔父，大家以为如何？"

李重茂还没明白发生了什么，又听到刘幽求在说："国家多难，皇帝仁孝，诚心以尧、舜为榜样，行禅让之事。相王接下如此重责大任，真是一片慈心。"

前几天叔父还固辞皇位，现在发生的事情让李重茂愣住了。

太平公主向他走过来，看着他说："天下之心已归相王，这不是你这孩子的座位了。"

说完，太平公主抓着李重茂的衣领，将其"提下"。

太平公主正式从幕后走向前台，如果她能在此时急流勇退，或许就不会有后面的事发生，但那就不是太平公主，也不是武则天的女儿了。

睿宗李旦又被推上皇位，距离他第一次登基已经过去二十六年。第一次登基时在他脑中盘旋的问题还是没有得到解答：世间想做皇帝之人如恒河沙数，为什么偏偏是自己坐在了皇位上？不，是又坐在了皇位上。

李旦即位后，于承天门大赦天下，一个月后改元景云。

李隆基被擢升为殿中监、同中书门下三品，兼领左右万骑禁军，进封平王，京城的卫戍部队全部掌控在平王手中。

功高权重，李隆基成为李唐宗室最为强悍的后起之秀。按其功劳应该被立为太子,但他是庶出,而且他还有一个嫡出的哥哥——李成器。

李成器才气过人,精通音律,在李旦第一次登基时,曾被立为太子,按当时的继承法统来讲,李成器才是理所应当的继承人。

这情形太像当年的太子李建成和秦王李世民了。处理不好,顷刻间又将是一次喋血宫门、兄弟反目的政变。玄武门见过的鲜血已经够多了。

储位是国之根本,空悬在那里一样会引发问题,李旦焦虑万分,困于局中。

李成器主动找到父亲,他抗表固让:"储君,是国家之公器,国家无事则先立嫡长,国家有危难则先立有功,如果违背这个原则,会令四海失望,儿臣誓死不能居于平王之上。"

李旦这个嫡长子的命保住了。

唐隆元年(710年)六月二十六日,政变后第七天,李旦正式颁下诏书,立李隆基为太子,授予李成器雍州牧、扬州大都督、太子太师。

这个问题解决了,还有一个问题无法解决,太平公主已经走到了前台,她再也不想退居幕后,她想开创属于她的时代。

对于姑母的野心,李隆基早有预料,所以在发动政变清除韦氏一党时,他也把上官婉儿顺带清除了,这个女人留下来会是个很大的麻烦,她太聪慧了,留下她,无异于给姑母太平公主留下一个女宰相。

果如李隆基所料,政变之后太平公主加实封至一万户,三个儿子崇行、崇敏、崇简封异姓王,其他儿子也位列九卿。《新唐书》称太平公主的权力"由此震天下"。

李旦对这个妹妹十分倚重信任,太平公主以前辅助武则天执政,执政能力久经锻炼,她所分析之事无有不中。每次太平公主入宫奏事,都要等更漏换过数次才结束,而且李旦对太平公主"所言皆从"。如果遇到太平公主没上朝的时候,李旦就让宰相到公主府中咨询,拿回意见后,李旦在上面直接签字。

第八章　你方唱罢我登场

为了打压李隆基，太平公主命人散布"太子非长，不当立"的谣言。又在太子监国，宋王、岐王管理禁兵期间，乘车辇至光范门，拦住下班的宰相提出应废掉太子。

宰相们大惊失色，只有宋璟直言抗辩，说："东宫有大功于天下，真宗庙社稷之主，公主奈何忽有此议！"（《资治通鉴》卷二一〇）

当时宰相共有七人，其中五人都出自太平公主门下。左羽林大将军常元楷、知羽林军李慈皆依附太平公主。

皇帝决策时总要问上两句："尝与太平议否？""与三郎议否？"

李旦夹在姑侄两人中间，左右为难，心力交瘁。

景云三年（712年）七月，天上有彗星出现，太平公主借此向李隆基发难，她指使术士入宫对睿宗李旦说："根据星相来看，帝座及心前星（指太子）皆有变，太子应为天子，不适合再居住在东宫之中。"

一般皇帝听到有这样的星相，都会疑惧太子，打压太子的势力。但李旦不是一般的皇帝，他一听天象说应该让太子做皇帝，开心而干脆地说："传德避灾，吾志决矣。"

李旦下旨传位于太子。皇位于李旦就是枷锁，他在这个位置上，还要整天想着怎么平衡妹妹和儿子之间的关系，实在是太累了。

这些年，李旦眼见着自己的兄长、子侄一个个投入权力的旋涡中，被权力吞噬，他实在不想再面对骨肉相残的悲剧，体会那种锥心蚀骨之痛了。不管怎样倾轧、争夺、机关算尽，最后不都是魂归天地，身埋黄土？能在活着时轻松快乐一点不好吗？

李旦终于找到机会和理由逃离皇位，摆脱皇位带给他的痛苦，以后的事都交给三郎吧！

景云三年（712年）八月初三，睿宗李旦自任太上皇，传位于李隆基，是为唐玄宗，同月改元先天，大赦天下。立王氏为皇后，以王氏之父王仁皎为太仆卿，立皇子许昌王李嗣直为郯王，真定王李嗣谦为郢王。

姑侄二人的斗争没有随着李隆基的登基而结束。

六、先天政变

李隆基终于做了皇帝，但面临的情况并没有改善，三品以上官员的任免权、重大刑事案件、国家的大政仍掌握在太上皇李旦手中。

自己所信用的大臣姚元之、宋璟、崔日用、张说、郭元振等被贬的被贬，降职的降职。太平公主一方面怂恿太上皇李旦和李隆基分权，一方面积极笼络大臣。

面对不利的局面，李隆基想再来一次先下手为强，他和时任右仆射、同中书门下三品的刘幽求，右羽林将军张暐谋划再次发动政变，不幸事情泄露，张暐不小心将计划泄露给侍御史邓光宾。李隆基不得不丢车保帅，主动向太上皇李旦举报，说他们只是挑拨离间，请李旦免他们一死，结果是刘幽求被流放封州（今广东省肇庆市封开县），张暐被流放峰州（今越南河内），邓光宾被流放绣州（今广西壮族自治区桂平市）。

先天元年（712年）十一月，太上皇李旦下诏派皇帝李隆基巡边，好在当年没有成行。第二年，李旦下旨将巡边的时间改到当年八月。让李隆基外出巡边，这说明太上皇李旦动了废立皇帝的心思，但又没有下定决心，才会将巡边时间推迟。如果到了八月份，李旦下定决心，让李隆基巡边，那他的皇位和小命都难以保全。

李隆基感到危险随时会降临，王琚劝李隆基早做决断："事情紧迫，要早点动手！"

尚书左丞张说从东都洛阳派人送来自己的佩刀，劝李隆基割断亲情的束缚。

六月，荆州长史崔日用赶到长安面见李隆基当面劝谏："太平公主随时可能发动政变，陛下以前在东宫，是臣子，想要讨伐她，需要使用谋略。现在陛下光临大宝，只需要下一制书，谁敢不从？万一逆党先行出手，我等将追悔莫及！"

李隆基说："事实确实如卿所言。我只是怕惊动到太上皇。"

崔日用继续劝说："天子之孝在于安四海。若奸人得志，江山社稷都会沦为废墟，那时又要到哪里去尽孝呢？请陛下先收管禁军，再收捕逆党，就不会惊动太上皇了。"

李隆基当天就任命崔日用为吏部侍郎，着手准备发动政变。

这时的太平公主又是什么情况呢？

宰相左仆射窦怀贞，侍中岑羲，中书令萧至忠，检校中书令崔湜，中书侍郎、同平章事陆象先全部出自太平公主门下。

太子少保薛稷、雍州长史新兴王李晋、左羽林大将军常元楷、知右羽林将军事李慈、左金吾将军李钦、中书舍人李猷、右散骑常侍贾膺福、鸿胪卿唐晙及僧人慧范等全是太平公主麾下的能臣干将。

太平公主只需要等到八月，李隆基外出巡边，她就可以一家独大，掌握全局。

但是《资治通鉴》记载太平公主没有等到八月，书中声称太平公主密谋动用之前安排在李隆基身边的元姓宫女，在李隆基经常服用的赤箭粉（天麻粉）中下毒，想要毒死李隆基。又和窦怀贞、岑羲、萧至忠、崔湜等人谋划废立皇帝。太平公主将政变的时间定在七月四日。

从后来的结果看，投毒方案没有成功。七月一日，宰相魏知古入宫将太平公主要发动政变的消息禀报给了李隆基。

唐隆政变的时候李隆基就因韦氏一方有人反水告密，得以先发制人，不仅逃过一劫，还扶父亲坐上了皇位，这次他又提前得到了消息。还真是王者不死。

虽然史书中口口声声说是太平公主先行谋划政变，但是政变的时间实在是太让人怀疑，太平公主完全可以等到八月份看清形势再动手。很多学者都指出这一事件存在诸多不合理之处，这些可能都是为铲除太平公主而找的借口。

李隆基火速召集岐王李范（李旦四子）、薛王李业①（李旦五子）及兵部尚书郭元振、龙武将军王毛仲、殿中少监姜皎、太仆少卿李令问、尚乘奉御王守一、内给事高力士、果毅李守德等确定诛灭太平公主及其党羽的计划。

七月三日，李隆基宣左羽林大将军常元楷、右羽林将军事李慈入宫觐见。两个禁军将领走到虔化门，王毛仲就带着三百将士突然冲出将二人当场砍杀。

李隆基在清晨的薄雾中带着王毛仲等人从武德殿冲入虔化门，朝堂上的太平公主党羽贾膺福、萧至忠、岑羲、李猷皆被捕杀，窦怀贞逃入沟中自缢而死。

太上皇李旦惊闻政变，在几个宦官簇拥下向南奔逃，登上承天门门楼。郭元振随后赶到，李旦还以为郭元振是来护驾的，没想到郭元振跪拜在地，说："皇帝奉太上皇命令，诛杀逆党窦怀贞等人，没有其他意图。"李旦这才知道郭元振是李隆基派来的，不过好在他们还没想要自己的性命。

李隆基也赶到了承天门，李旦下诏宣布窦怀贞谋逆已经伏诛。大赦天下，但参与谋逆这些人的亲党不予赦免。

七月四日，太上皇李旦下诏："自今军国政刑，一皆取皇帝处分。朕方无为养志，以遂素心。"（《资治通鉴》卷二一〇）

当天，太上皇李旦徙居百福殿，再次淡出权力中心。

靠山李旦退居二线，麾下文臣武将全部被杀，太平公主除了一府的财产已经一无所有，孤家寡人的太平公主逃入终南山的一座寺院之中。

三天后她返回府邸，侄子李隆基的赐死诏书旋即送到。

---

① 李隆范、李隆业为避玄宗李隆基名讳改名为李范、李业。

第八章　你方唱罢我登场

三尺白绫，权倾天下的太平公主自缢身亡，除长子薛崇简外的儿子全部被杀[①]。

太平公主集团的覆灭，宣告了唐朝乃至以后的整个封建王朝时期的政坛上，一个女性走到历史前台的时代结束，唐朝中后期不仅对公主权力进行限制，多数的皇帝也都不再立皇后，以此来避免外戚专权。及至宋朝，公主不仅淡出朝堂，甚至出现了被婆家虐待至死都无法离婚的极端事件。

这些公主站在离权力最近的地方，却始终无法突破封建宗法的束缚，在那样的时代她们注定与皇位无缘，连女皇武则天都从未考虑过让最像她的太平公主即位，而是在几个不成器的儿子和侄子中挑来选去，犹豫不定。如果太平公主是皇子，可能会被武则天果断立为太子，但是，她不是。

儿子会祭祀母亲，女儿供奉的却是公公、婆婆，而且女儿再传位下去时，太子一定又是外姓，这是以男权为主的时代所无法容忍的。父系社会下，女性当皇帝，皇位要怎么传是一个死结。

时至今日我们也没能解开这个结。虽然法律规定"子女可以随父姓，可以随母姓"，明确了父姓、母姓具有同等的被选择权，但现实中有几个孩子是随了母亲姓氏呢？随了母亲姓氏的孩子，在提及姓名时，又总会被注解一句，他是随母姓。

一代女皇武则天，乱政的韦后和安乐公主，权倾天下却死在侄子手上的太平公主，她们敢于在封建宗法时代挑战男性至高无上的权力，这种精神在以后的历史长河中激励了无数女性去打破不合理的制度和过时的偏见，从这个角度来说她们应当被铭记。

先天二年（713年）十二月，李隆基改元开元，唐玄宗时代开始。他又会为我们书写怎样的天命传奇？

[①] 薛崇简在诛灭韦后时配合李隆基行动，又多次因劝说母亲不要与李隆基为敌而遭到鞭挞，所以得以幸免。

第九章

开元盛世

一、名相接力

人间几度春秋，宫廷几度喋血。

李隆基彻底掌握政权。在中宗、睿宗两朝朝廷吏治已经非常混乱，亟待整治，朝廷之中党派林立，朝廷勋贵广占田园，侵剥民众。

李隆基怀柔宗室亲王，不再给亲王实职，而是"专以良色蓄养娱乐之"，以避免再次出现王室政变事件。

先天政变的功臣，开始也都是登阁拜相，但是这些功臣，多数没有长时间在中央通览全局的执政经验，骤然担任宰辅重职，能力不足的缺点马上显现出来。功臣们因为一起发动过政变，彼此之间形成小团体，不利于团结更多的人上下一心地治理国家。

李隆基也视这些功臣为不稳定分子，寻找机会将他们一一逐出了朝廷。张说被贬为相州（今河南省安阳市）刺史，刘幽求被贬为睦州（今浙江省建德市）刺史，钟绍京被贬为果州（今四川省南充市）刺史。

郭元振在政变三个月后的阅兵式上因过被流放新州（今广东新兴县），后虽遇大赦，重新起用为饶州（今江西省上饶市鄱阳县）司马，但他没能走到饶州，就在半路上病故了。

不用功臣，不用宗室，李隆基用什么人呢？

李隆基召回此前被排挤出朝廷的同州刺史姚元之，拜为兵部尚书、同中书门下三品。

姚元之，姓姚名崇，字元之，陕州硖石（今河南省三门峡市陕州区）人，生于永徽元年（650年），在武周时期官至同凤阁鸾台三品，夏官尚书，深得武则天赏识和信任。神龙年间，姚元之与张柬之等人一同发动政变，看到武则天被迁往上阳宫，时任太仆卿、同中书门下三品的姚元之呜咽流涕。

桓彦范、张柬之对他说："今天哪是你哭的时候？恐怕你的祸患要由此而始。"

姚元之说："我侍奉则天皇帝那么长时间，现在要辞别她，悲不能忍。元之前为公而诛奸逆，这是人臣之义也；今日别旧君，也是人臣之义也，虽然获罪，实所甘心。"

当天，他就被贬为亳州刺史。

睿宗继位后，将时任许州刺史的姚崇和洛州长史的宋璟召回朝廷，任命姚崇为兵部尚书、同中书门下三品，宋璟为检校吏部尚书、同中书门下三品。两人"协心革中宗弊政，进忠良，退不肖，赏罚尽公，请托不行，纳纪修举，当时翕然以为复有贞观、永徽之风"（《资治通鉴》卷二〇九）。

在李隆基提出再次任命他为宰相时，姚崇要求李隆基答应十个条件，才肯出任宰相之职。这就是著名的"十事要说"。

"十事要说"就是十条施政建议：为政先仁义、不求边功、中官（宦官）不预公事、国亲不任台省官、行法治、租庸赋税之外杜塞贡献、寺庙宫殿止绝建造、礼接大臣。

这十条全部是治国的良策，正适合当时的政治形势，李隆基当即应允。

姚崇拜相后，助李隆基贬逐功臣，抑制外戚，整顿吏治，尤其是整治已经泛滥的"斜封官"，一改中宗朝的奢靡风气，大力倡导勤俭节约。

姚崇处事果决，雷厉风行，效率极高，被誉为"救时宰相"。

开元三年（715年），山东（今崤山以东）暴发蝗灾，大量的蝗虫吞食禾田，农业生产遭受严重破坏，如果引发饥荒，百姓将因此流离失所。

古人认为发生蝗灾是受到上天谴责，人力无法抵抗，灾区的农民都在田地旁边焚香膜拜设祭，根本没人敢捕杀蝗虫。姚崇收到奏报，立即上奏，请求皇帝派出御史分别前往各州县，由官方组织捕杀蝗虫。大臣们多认为蝗虫太多，难以除尽，李隆基也表示怀疑。

姚崇马上反驳众人，他说："现在蝗灾已经遍布山东，河南、河北的百姓流亡殆尽。我们岂能坐视蝗虫啃噬禾苗，而不出手相救！即使除之不尽，犹胜养以成灾。"

卢怀慎认为杀蝗太多，恐伤和气。

姚崇当场诘问："昔楚庄吞蛭而愈疾，孙叔杀蛇而致福，奈何不忍于蝗，而忍人之饥死乎？若使杀蝗有祸，崇请当之！"（《资治通鉴》卷二一一）

姚崇确定了朝廷组织捕杀蝗虫的原则，还提出了具体的捕杀方案："夜中设火，火边掘坑，且焚且瘗（yì，掩埋，埋葬），除之可尽。"（《旧唐书·姚崇传》）

在姚崇的指挥下，蝗灾蔓延的趋势被止住。姚崇确定的治蝗方针和方法在后来的历次蝗灾中都被推行，虽然接连几年都暴发蝗灾，但是没有造成大的饥荒。

后来，姚崇因受儿子和属下牵连，提出辞去宰相之职，当时李隆基要调整治国政策，开始法制建设，擅长处理棘手政务、善于变通的姚崇不适合新的政治需要。开元四年（716年）闰十二月，李隆基免姚崇宰相一职，改任为开府仪同三司。

姚崇虽然退居二线，李隆基仍对他礼遇有加，"令崇五日一参，仍入阁供奉，甚承恩遇"（《旧唐书·姚崇传》卷九十六）。

开元九年（721年），姚崇病逝，享年七十二岁。姚崇历仕武则天、中宗、殇帝（少帝李重茂）、睿宗、玄宗五朝，三次拜相，吏事明敏，夙夜孜孜，被追赠扬州大都督，谥号文献。开元十七年（729年），李隆基又追赠姚崇为太子太保。

姚崇辞职时向皇帝推荐了继任之人——自己的老搭档，时任广州都督的宋璟。

宋璟，邢州南和（今河北邢台市）人，生于龙朔三年（663年），进士出身，博学多才，工于文翰。耿介有大节的他特别适合主导国家的法制建设。

宋璟因为官持正、执法严明、不阿权贵，受到武则天的赏识重用。中宗时期，被武三思排挤出朝廷，睿宗时被重新启用，又因和姚崇上书劝睿宗将太平公主迁往东都，两人均被贬出朝廷。

长安年间，张易之诬构御史大夫魏元忠有不顺之言，威逼凤阁舍人张说作证，张说惶惑迫惧。

宋璟对他说："名义至重，神道难欺，必不可党邪陷正，以求苟免。若缘犯颜流贬，芬芳多矣。或至不测，吾必叩阁救子，将与子同死。努力，万代瞻仰，在此举也。"（《旧唐书·宋璟传》）

张说被其说动，力证魏元忠无罪，魏元忠得以免死。

宋璟历任上党县尉、中书舍人、御史中丞、吏部侍郎、检校吏部尚书、州刺史等职，在中央和地方都有丰富的工作经验。

宋璟持身公正，刚直不阿，不论是面对铁腕无情的武则天，还是唐玄宗，都敢于犯颜直谏，只要有理决不让步。

武则天"惮其公正"（《大唐新语》）。

唐玄宗对宋璟"甚敬惮之"（《资治通鉴》卷二一一）。

开元八年（720年）正月，玄宗罢免宋璟宰相之职，改任开府仪同三司。宋璟被罢相，也是因国家政策改变，他和姚崇一样，仍然受到玄宗的信任和尊重。

开元十七年（729年），玄宗拜宋璟为尚书右丞相、上柱国、开府仪同三司，晋爵广平郡公。开元二十五年（737年），宋璟病逝于洛阳，享年七十五岁，追赠太尉，谥号文贞。

宋璟先后历仕武则天、中宗、睿宗、殇帝、玄宗五朝，一生为振兴大唐励精图治，与姚崇同心协力，一前一后辅佐唐玄宗拉开了"开元盛世"的大幕。

《旧唐书》称："姚、宋入用，刑政多端。为政匪易，防刑益难。谏诤以猛，施张用宽。不有其道，将何以安？"

姚崇、宋璟和唐初的房玄龄、杜如晦被并称为唐朝四大贤相。

开元八年（720年），重视人才培养的张嘉贞短暂继任了宰相一职。不久，文武双全又精明自负的张说取代了张嘉贞的位置。开元九年（721年），李隆基以时任并州长史、天兵军大使的张悦为兵部尚书、同中书门下三品。

张说，字道济，范阳方城（今河北省固安县）人。永昌元年（689年），参加武则天在洛阳南门举行的制科考试，策论为天下第一，授任太子校书，后任左补阙。张说曾参与《三教珠英》编纂工作，文采斐然，被誉为一代文宗。

武周年间时任凤阁舍人的张说，因不肯受张昌宗等人胁迫诬陷魏元忠，被流放钦州。神龙政变后，返回朝中，景云年间，晋封为同中书门下平章事，再次拜相后，又因不肯党附太平公主，再遭贬黜。

张说拜相后，唐朝在军事上裁撤边防军二十万，有利于农业生产，促进经济发展；整顿府兵，改府兵制为募兵制，将兵农合一的制度变成了雇佣兵制，使兵源得以恢复，军人的职业化使军队的战斗力得到提升，也保证了农业经济的正常发展。

政治上，将政事堂改为中书门下，原来在政事堂议事后还要到中书省、门下省分别用印，改为中书门下后，宰相们议事完毕，直接做出决议，当场用中书门下之印。中书门下成为集最高决策权和最高行政权为一体的机构，使权力高度集中，这有利于皇帝和宰相命令的高效执行，但也为后来宰相专权埋下隐患。

文治上，创办丽正书院，后改名为集贤殿书院，张说担任修书使，开展对古籍的编校工作，集贤殿书院是中国最早的官办书院。

开元十二年（724年），张说倡议唐玄宗封禅泰山。唐玄宗定于次年封禅泰山。

十月十一日，唐玄宗从东都洛阳出发，带着文武百官、皇亲国戚、儒生文士、四夷酋长、各国王子、使节出发前往泰山。

一路上旌旗招展，弥亘原野，有关部门携带各类物资的车辆，数百里不绝。当队伍停下来休息时，数十里内人畜被野，蔚为壮观。

唐玄宗继位初年，国家有牧马二十四万匹，以太仆卿王毛仲为内外闲厩使，少卿张景顺副之。到唐玄宗封禅这年，国家已经拥有牧马四十三万匹，这次封禅携带了牧马数万匹，以颜色区分编队，"望之如云锦"。

十一月初六，封禅队伍抵达泰山脚下。

十一月初十，玄宗君臣正式举行隆重的封禅大典，唐玄宗祭祀昊天上帝于上坛，有司祭祀五帝百神于下坛。焚柴展礼，群臣称万岁，呼声自山顶传至山下，震动山谷。

所有仪式结束后，唐玄宗于御帐内接受朝贺，大赦天下。

二、风度得如九龄否

泰山封禅，大唐王朝海晏河清、物阜民丰、四方宾服，影响远及亚欧大陆诸国。

宰相张说在达到一个官员荣耀顶点的时候，突然被捕入狱。身为百僚之首、文坛领袖的张说难免恃才傲物，得罪了太多人。

开元年间随着均田制瓦解，逃户现象严重，农民脱离原来所在的土地，逃到外地，不再给国家缴纳赋税，也不履行兵役、徭役，成为社会的不安定因素。宇文融是个理财专家，他理的是国家财政，时任监察御史的宇文融发现这一问题后上报玄宗，建议开展户口清查工作，玄宗任命宇文融为特使专门管理这项工作。

三年半的时间宇文融清查出八十多万农户和相应的田亩，开元十二年

（724年），宇文融升为御史中丞，加封"劝农使"，成为直接对皇帝负责、不受三省六部管理、不受宰相节制的特殊存在。

首席宰相张说不可能坐视这种游离于制度外的人打乱正常行政秩序，两人的矛盾由此产生。

最开始提议封禅时，另一位宰相源乾曜从节省民力、财力的角度，对封禅一事提出过异议。张说却在劝说玄宗封禅的上疏中给源乾曜强行署名。

封禅大典前后，张说对事务大肆包揽，最后陪同皇帝登山的基本全是张说的门生故吏、亲戚朋友。封禅结束后，得到封赏的基本都是张说的人，参加封禅的普通士兵甚至都没能得到赏钱，只给了荣誉称号。

荣誉称号这种东西对于地位高的人那是锦上添花，对于基层士兵来说，还不如给一张大饼来得实在。

《资治通鉴》记载：扈从士卒，但加勋而无赐物，由是中外怨之。

一次封禅，张说把朝廷上下得罪了个遍。

关于张说在封禅一事中以权谋私的行为，唐代笔记小说集《酉阳杂俎》还记载了一个小故事。按照旧例，如果官吏跟随皇帝参加封禅，就可以官升一级。张说的女婿郑镒本来是九品官，却在封禅结束后连升四级，一跃成为五品大员。

一次宴会上唐玄宗看到郑镒身穿浅绯色五品官服，觉得奇怪，就把他叫过来问他升官的原因，郑镒支支吾吾，不知如何作答。

这时，皇帝身边一位名叫黄幡绰的宫廷艺人替他回答说："此泰山之力也！"

妙语双关，唐玄宗心照不宣。后人因此称妻子的父亲为"泰山"。

事情貌似过去了，张说作为宰相的日子也要到头了。

玄宗要调河南尹崔隐甫入朝做御史大夫，张说却说此人粗鄙无文，反而推荐了因贪污受贿被贬的崔日用。崔隐甫还是被玄宗调回了朝廷，职位是御史大夫，张说这次不仅仅得罪了崔隐甫，更得罪了皇帝。

御史台是可以得罪的吗？御史是做什么的？监察百官。张说是百僚之首，但也是百官之一。

御史大夫崔隐甫、御史中丞宇文融、李林甫齐齐盯着张说，攒够了证据之后，三人联名上疏，弹劾张说，指证他引术士占星、徇私僭侈、受纳贿赂三项罪名。

首席宰相下狱，有资格审理他的当然是另一位宰相了，就是之前被张说"强制署名"的源乾曜。

玄宗命侍中源乾曜、刑部尚书韦抗、大理少卿明珪与御史大夫崔隐甫共同审理张说。

这些人勠力同心，同仇敌忾，定要把此案办成证据确凿的铁案。在潮湿的牢房里，张说意识到，自己已经见弃于所有人。

玄宗派宦官高力士到狱中去探视张说，高力士看到昔日风华卓绝的宰相蓬头垢面，坐在草席上，惶惧待罪，甚至要用瓦罐喝水。

高力士把看到的情况回禀了玄宗，他说："张说对陛下还是忠心的，而且有功于社稷。"玄宗深以为然，命人将张说放出御史台，免去中书令职务，其他待遇照旧。而且"朝廷每有大事，上常遣中使访之"（《资治通鉴》卷二一三）。

开元十五年（727年），张说以尚书右丞相之职退休，致力于学术研究工作。

开元十八年（730年），张说患病，唐玄宗每天都派宦官去探望，并为张说亲自书写药方。这一年十二月，张说病逝，终年六十四岁。唐玄宗伤心了很久，在光顺门为他举哀，亲自撰写神道碑文，并罢元旦朝会，追赠太师，赐谥文贞。

张说被罢相后，宰相换了一个又一个。

开元二十一年（733年）年底，上一任宰相韩休和萧嵩同时罢相，同时新的宰相班子诞生，唐玄宗将居丧期间的张九龄调回朝廷，任命其为中书侍郎、同中书门下平章事。开元二十二年（734年）五月，又提拔其为中书令，兼修国史，同时擢升黄门侍郎平章事裴耀卿（经济专家）为门下省侍中，黄门侍郎李林甫为礼部尚书、同中书门下三品。

张九龄，字子寿，今广东韶关曲江人，曾祖张君政曾任韶州别驾，近几代都是普通百姓。张九龄年幼时非常聪明，能写得一手好文章。十几岁时，张九龄给当时的广州刺史王方庆上疏，王方庆看后大加赞赏，说："这孩子以后前途不可限量。"

几年后，张九龄进士及第，拜校书郎（负责国家图书管理、校订）。玄宗做太子时，在东宫举行策问考试，招募天下人才，张九龄对策高第，晋升为右拾遗。

张说被贬岭南时，看到了张九龄的文章，认为这个年轻人定能成为将来的文坛领袖，他还和张九龄认了同宗。

开元中期，张九龄担任中书舍人（负责起草皇帝诏书），后因张说罢相一事牵连，被贬外地。玄宗再次起用他时，张九龄因母丧回乡丁忧，当时以孝治天下，将居丧期间的官员召回朝廷，说明朝廷急于使用此人，这是极大的信任。

张九龄担任宰相期间，秉公执法，刚正不阿，重视人才工作，朝廷之上风清气朗。

当时，契丹在边境为患多年，赵含章、薛楚玉等都不能讨伐。幽州节度使张守珪于开元二十二年（734年）六月大破契丹，又于当年十二月斩契丹王屈烈及可突干，并将其首级传送京城。玄宗大喜，提出任命张守珪为宰相。

当时人人都为打了胜仗而欢欣鼓舞，感觉大大出了一口恶气，没想到张九龄却对张守珪出任宰相一事提出异议。

他说："宰相乃是代天子治理国家的人，不是拿来当奖品赏赐的官职。"

玄宗让了一步，说："只给他宰相的名分，不给他宰相的实权，不管事,可以吧?"

"不可以!"张九龄说,"名与器都是不可以乱给的,张守珪大破契丹,陛下就让他当宰相,如果明天他又灭了奚和突厥,又拿什么官赏赐呢?"

玄宗被噎得无话可说,只好作罢。开元二十三年(735年)二月,张守珪奉旨于东都洛阳献捷,被封为右羽林大将军兼御史大夫。

开元二十三年(735年),洛阳发生了一个案子。殿中侍御史杨汪在一个案件中处死了张审素,将张审素的两个儿子张瑝、张琇流放岭南,之后杨汪更名为杨万顷。

张瑝、张琇二人认为父亲是被冤杀,兄弟二人在流放途中逃回都城,手刃杨万顷。二人被捕后,人们可怜他们的父亲无罪被杀,觉得两个孩子为父报仇,如此孝烈,应该酌情予以宽宥。

张九龄主张二人应免于死刑。裴耀卿、李林甫认为这么做会坏了国法,玄宗也认同裴、李二人的意见。

玄宗说:"能不顾生死,确实是孝子;但赦免杀人之人,这个先例不能开。"这是说其情虽感人,但开这个先例,于国家法治不利。

玄宗命河南府将张瑝、张琇杖杀。很多人作诗表示哀悼,百姓出钱安葬了两位孝子,为防杨万顷家人报复,还给两个人立了数处疑冢。

开元二十四年(736年)十月,当时朝廷在东都洛阳,玄宗想提前返回长安,据说是因为洛阳宫中闹鬼,玄宗非常不安,武则天喜欢住在洛阳,玄宗不喜欢住在洛阳,皇帝也和人一样,喜欢在自己有安全感的地方待着。

当时正是农忙时节,皇帝出行,人多、车多、马多,所经之处,必会影响农民秋收。张九龄、裴耀卿两位宰相都坚决反对当时返回长安,建议等冬天农闲时再走。

李林甫故意走得很慢,等文武百官退出大殿后,他对玄宗说:"长安和洛阳,不过是陛下的东宫和西宫,想住哪个就住哪个。至于沿途受到影响的百姓,免除他们今冬的租税就好了。"

玄宗一听，对嘛！这事就该皇帝自己说了算，马上就下令返回长安。

玄宗才离开洛阳，长安就地震了；才回到长安，洛阳也地震了。玄宗觉得这是上天示警，宰相不合格。

牛仙客在河西节度使期间勤于政务，把地方治理得井井有条，他调任朔方节度使，接任河西节度使的官员把他的政绩上报给朝廷，玄宗想把他调到京城提拔到尚书这个职位上。

张九龄对此提出异议，他认为此人不过是个边疆小吏，不堪担当如此重要的职务。

玄宗退而求其次，说："那加个爵位总可以吧，不给实职。"

张九龄还是坚决反对说："爵位是给有功之臣的赏赐，牛仙客所做的不过是恪尽职守，不能称为功勋。如果要嘉奖，给点金银之类的赏赐就可以了。"

第二天重提此事，张九龄还是坚决反对。

玄宗震怒，说："天下的事难道都要由你来做主吗？"

张九龄跪地叩首，仍坚持说道："臣愚昧，但臣既居相位，不敢不实话实说。"

玄宗冷笑着问："你嫌牛仙客出身寒微，那你自己又是什么名门望族？"

张九龄正色，说："牛仙客生于中原，臣生于蛮荒的岭南，但是臣历仕多年，入阁拜相，牛仙客只是边境小吏，胸无点墨，难担重任。"

事后李林甫让宦官悄悄传话给玄宗，他说："有才识，不一定要会写文章。天子要用谁就用谁。"

很快，牛仙客被加爵陇西县公，实封三百户。

皇帝和宰相执政理念相左，张九龄大大高估了玄宗的容人之量，开元末期，玄宗对自己取得的成就非常满意，已经开始懒政、怠政。现在的玄宗需要的是奉承和赞美，不是质疑和反对。

开元二十四年（736年）十一月，因被王元琰贪污案牵连，张九龄被罢为尚书右丞,裴耀卿被罢为尚书左丞,李林甫从三号人物擢升为首席宰相中书令,牛仙客也被擢升为工部尚书、同中书门下三品。

对于玄宗来说,你张九龄觉得牛仙客是边疆小吏,那我偏要让他做宰相,因为我是皇帝。

张九龄后来又遭李林甫陷害,被贬为荆州(今湖北省荆州市)长史,开元二十八年(740年)张九龄病逝于任上。

张九龄去世的消息传到长安,唐玄宗怅然若失。他虽将张九龄贬出朝廷,却总在选任官员时问:"风度得如九龄否?"(《旧唐书·张九龄传》)

安史之乱发生后,玄宗为张九龄谱长笛曲一首,取名为《谪仙怨》。

随着张九龄的去朝和离世,唐朝贤相辈出的时代一去不复返。

像张九龄这样志虑忠纯的宰相再也没能出现在朝堂之上。

三、后宫风云

朝会上再不会有像宋璟、韩休、张九龄这样的人天天梗着脖子和自己过不去了。玄宗醉心于欣赏自己创下的辉煌盛世,哪听得进什么逆耳忠言!

有为君主开始怠于政事,沉溺于皇宫的莺歌燕舞和能求长生的神仙之术中。

张九龄刚被贬为荆州长史,李唐王朝就在一天之内失去了三位皇子。

开元二十五年(737年)四月二十一日,玄宗将太子李瑛、鄂王李瑶、光王李琚全部赐死。

一日杀三子!

帝王的狠绝确实非常人所能想象。他们被杀的理由,当然又是谋反。他们为什么会谋反?因为皇帝的宠妃武惠妃容不下他们,就必须让他们谋反。

武惠妃,武则天侄孙女,恒定王武攸止的女儿,开元元年(713年)被玄宗纳入后宫,宠冠后宫,接连怀孕生子。但非常不幸,生下的二子一女都夭折了，生到第四个孩子时，武惠妃担心悲剧再次发生，请旨将孩子送到了玄宗的大哥宁王李宪（李成器）家中抚养。宁王的元妃亲自为小皇子哺乳，将他养大。这个被寄养在大伯家的孩子就是寿王李瑁[①]。

寿王李瑁，玄宗第十八子，宫中常呼为十八郎。初名李清，后改名为李瑁。开元十三年（725年），封为寿王。开元十五年（727年），遥领益州大都督、剑南节度大使。开元二十三年（735年），加开府仪同三司。

有皇子就有了争权的资本，在武惠妃的攻击下，王皇后被玄宗无情地废黜，这个陪玄宗同受苦、共患难的女人，被痛恨女人掌权的玄宗猜忌、抛弃。

王皇后在孤寂的冷宫之中郁郁而终，至生命逝去，她的丈夫才生出一丝悔意。"废后王氏卒，后宫思慕后不已，上亦悔之。"（《资治通鉴》卷二一二）

史书中记载王皇后为王妃时，曾助李隆基策划唐隆政变，可能正因她的智谋足以辅导一代帝王，才会为玄宗所忌惮。他太害怕再出现一位像祖母武则天，或者姑母太平公主式的人物了。必须把危险扼杀在萌芽之中，甚至连萌芽都不能出现，王皇后被废后，玄宗再没立过皇后。

一心想当皇后的武氏自然没能成为第二位武皇后，玄宗给了她"宫中礼秩，一如皇后"的待遇，但名分是武惠妃。怕正妻就不娶正妻，毕竟那个年代可以纳妾。

武惠妃自己的晋升之路无望，但她的儿子寿王李瑁如果成为太子，以后再登基为帝，武惠妃就是太后。要让李瑁成为太子，就必须把现在的太子拉下来。

玄宗长子李琮因小时候被野兽抓伤了脸，而与太子之位无缘，这也不

[①] 根据考古发现，寿王李瑁的名字应为李琩，本书仍按史书记载使用李瑁一名。
《唐故阳城县主墓志》：玄宗妃武氏生寿王瑁，王第二十二女宫字曰应玄，母妃韦氏，贞元二年五月十二日封阳城县主。

失为一件好事,远离了纷争,做个安乐王爷。

现任太子李瑛是玄宗第二子,赵丽妃所生;第五子鄂王李瑶,皇甫德仪所生;第八子光王李琚,刘才人所生。赵丽妃、皇甫德仪、刘才人都是李隆基做临淄王时纳入王府的,在武惠妃出现之前都很得宠。武惠妃的出现、寿王李瑁的出生,夺走了原本属于这三个女人的宠爱和原本属于其他皇子的父爱。

太子李瑛、鄂王李瑶、光王李琚三人经常聚在一起怨天尤人,大发牢骚。他们的话被武惠妃女儿咸宜公主的驸马杨洄侦听去了,传到了武惠妃耳中,又传到了皇帝的耳朵里。

玄宗见太子等人胆敢对他心怀怨怒,聚在一起不知会有什么图谋,马上召宰相商议废黜太子一事。当时的宰相张九龄讲道理,举例子,力劝皇帝不可废黜太子。

玄宗虽然根本没听进去他的话,但是宰相反对,废黜太子之事也只好先缓一缓。

每到张九龄和玄宗发生冲突的时候,退出大殿的李林甫总是走得很慢,他让一位宦官带了一句话给皇帝:"此乃陛下家事,非臣等所宜豫。"(《资治通鉴》卷二一四)

心急的武惠妃却等不及了,她派人威逼利诱张九龄。

张九龄一个在朝堂上经常顶撞皇帝的宰相,怎么会被一个后妃所辖制,他马上将此事汇报给皇帝。这引起了玄宗的警觉,废太子之事暂时被搁置。

但是没多久张九龄被罢相,又被贬往荆州,失去保护的太子立刻遭到废黜,太子李瑛、鄂王李瑶、光王李琚三人同日被废为庶人,继而被赐死,太子妃的兄弟驸马都尉薛锈被长流瀼州,继而也被赐死。三皇子母族、妻族数十人被贬谪或流放。

无罪被废,无罪被杀,诬陷他们的固然是武惠妃,而真正下旨处死他

311

们的是其父亲也是皇帝玄宗，让玄宗下定决心的是李林甫那句"此乃陛下家事"。

斗赢了的武惠妃没有品尝到胜利给她带来的喜悦，她实在是低估了皇帝、高估了自己。她低估了皇帝的狠心，居然可以一天之内下旨处死三个亲生的儿子；她也高估了自己的心理承受能力，宫廷斗争是残酷的，是要流血的，是以人命为代价的。

武惠妃噩梦连连，梦中冤魂向她索要性命，在被梦魇折磨了八个月后，她在噩梦中交出了生命。

开元二十五年（737年），武惠妃薨逝，玄宗下旨以皇后之礼将其安葬。

武惠妃死了，她的儿子寿王李瑁也没能当上太子，这次还是因为李林甫，因为李林甫对李瑁当太子表现得太过积极，玄宗不想看到一个在朝廷中有重臣支持的太子。玄宗心中不断摇摆，是立三子李玙还是寿王李瑁为太子？

长子李琮因破相失去继承资格，二子李瑛被杀，三子李玙是有资格做太子且年龄最长的皇子。后宫没有皇后，所以也不存在嫡庶的问题。

关键时刻，一直陪在玄宗身边，深深了解玄宗心事的高力士找了一个机会对玄宗说："但推长而立，谁敢复争？"（《资治通鉴》卷二一四）

武惠妃生前死后都享受的是皇后待遇，但毕竟没有正式的皇后名分，她的儿子也是庶出，又是十八皇子，在按长幼排序的继承法统前，一个死人的荣宠起不到丝毫作用。

开元二十六年（738年）六月，皇三子忠王李玙被立为太子，李玙后来又改名李亨，他就是安史之乱中登基的唐肃宗。

高力士一生对玄宗非常忠心，他总是致力于为玄宗分忧，而且此人不徇私、不贪财，与我们对一般宦官的印象大相径庭。

储位不再空悬，玄宗后宫却显得空虚。

武惠妃不仅温婉美丽、博古通今，还擅长跳舞、才艺双绝。《旧唐书》

中说武惠妃"少而婉顺,长而贤明,行合礼经,言应图史"。想再寻这样一个人,殊为不易。武惠妃死后,后宫佳丽三千没一个能入玄宗眼的,高力士自当为玄宗分忧[①]。

开元二十八年(740年)十月,骊山,温泉宫。

五十六岁的老皇帝李隆基见到了二十二岁的寿王妃杨氏。

"春寒赐浴华清池,温泉水滑洗凝脂。侍儿扶起娇无力,始是新承恩泽时。"(唐·白居易《长恨歌》)

长眠地下的武惠妃怎么也想不到,她离开的第三年,自己为儿子精心挑选的媳妇,代替她这个婆婆成了她丈夫后宫中最受宠的妃子。

杨氏,父亲杨玄琰,任蜀州司户。因杨玄琰去世得早,杨氏在叔父河南府士曹杨玄璬家中长大。杨氏姿质丰艳,擅长歌舞,精通音律,活泼的性格和爱玩的玄宗更是绝配。

但是杨氏之前嫁入寿王府为王妃,天下皆知。唐玄宗本人并不在意此事,妃子之前是什么身份对李唐王室来说一直不是问题,太宗也曾纳自己的弟媳为妃,武则天是高宗父亲的才人。不过,社会舆论还是要顾及。

开元二十九年(741年)正月,玄宗以为母亲窦太后追福为名,命寿王妃杨氏出家度为女道士。

大明宫中多了一座道观,道观里有一位女道士,道号"太真"。

女道士太真的主要工作是陪皇帝唱歌跳舞玩乐器。这年秋天,两人又到骊山泡温泉,之后太真脱去道袍,离开道观,住进了兴庆宫,杨氏和当年的武惠妃一样仪同皇后,宫中人都称呼她为"娘子"。

开元二十九年(741年)十一月,司空邠王李守礼和太尉宁王李宪先后薨逝,玄宗"哀惋特甚"。李守礼、李宪[②]辞世后,和玄宗同一辈分的李唐皇室,只剩下他一人了。

[①] 史书中没有记载杨贵妃的推荐人,但据众多学者分析应为高力士。
[②] 李旦登基后追谥李隆基母亲窦氏为昭成太后,为避讳,李成器改名为李宪。

可能是出于对亲人去世的哀思之情，也可能是因为和杨氏之间如胶似漆的爱情，第二年正月初一，唐玄宗改元天宝，过了两年，他又改元为载。

天宝三载（744年）三月，李白在兴庆宫写下了《清平调》三首。

清平调

其一

云想衣裳花想容，春风拂槛露华浓。

若非群玉山头见，会向瑶台月下逢。

其二

一枝红艳露凝香，云雨巫山枉断肠。

借问汉宫谁得似，可怜飞燕倚新妆。

其三

名花倾国两相欢，长得君王带笑看。

解释春风无限恨，沉香亭北倚阑干。

诗成后，玄宗亲自调玉笛以倚曲，李龟年纵声歌唱。

风流潇洒的多情帝王，倾国倾城的娇艳娘子，狂放不羁的年轻诗人，歌动天下的音乐大家。

当时之人，为之惊叹；当时盛景，令人心向往之。

天宝四载（745年）八月，杨氏被册封为贵妃，玄宗特意为她恢复了贵妃这一称号。当时没有皇后，贵妃实际就是后宫之主，又因不是皇后，少了许多限制，可以让玄宗和杨贵妃更好地过二人世界。

玄宗相信时间已经冲淡了大家对杨氏身份的印象。

于是乎，后宫诸人开启了看言情小说模式。书名大概可以写成《逍遥皇帝快乐妃》《霸道总裁和他的小娇妻》《皇宫老夫少妻二三事》。

《长恨歌》中说："承欢侍宴无闲暇，春从春游夜专夜。后宫佳丽三千人,三千宠爱在一身。"

寒冬时节,杨贵妃玩房檐下的冰溜子,玄宗问贵妃拿的是什么,贵妃答:"冰箸。"玄宗听到贵妃把冰溜子当"冰筷子"玩,又对左右说:"妃子聪慧,比象可爱也。"

还有一次,玄宗对宫人说:"朕得贵妃,如得至宝。"又称杨贵妃为"解语花""忘忧草"。

六岁时,玄宗曾男扮女装,在祖母武则天登基的宴会[①]上登台献艺,表演舞戏《西河女》。玄宗和杨贵妃都是活泼的个性,又有共同的爱好。玄宗痴迷音乐,擅长羯鼓,根据《婆罗门曲》改编出《霓裳羽衣曲》。贵妃乐舞双绝,是琵琶高手,擅长跳胡旋舞。

> 风树离离月稍明,九天龙气在华清。宫门深锁无人觉,半夜云中羯鼓声。天阙沉沉夜未央,碧云仙曲舞霓裳。一声玉笛向空尽,月满骊山宫漏长。
>
> 唐·张祜《华清宫》

玄宗享受着恣意潇洒的晚年生活。
春宵苦短日高起,从此君王不早朝。

四、权相当政

皇帝逍遥,朝政总要有人来管。

玄宗为什么能把日子过是如此快活?因为他找到了一个能高度领会皇帝精神,准确把握皇帝脉搏,以皇帝陛下的意志为最高指示,以全面贯彻

[①] 大唐代国长公主碑,系唐玄宗之妹李华的神道碑,碑文中有这次宴会的记录。

玄宗皇帝的精神为己任的宰相李林甫。

> 上晚年自恃承平，以为天下无复可忧，遂深居禁中，专以声色自娱，悉委政事于林甫。
>
> 《资治通鉴》卷二一六

李林甫，小名哥奴，高祖叔父弟长平王李叔良的曾孙，是现任皇帝玄宗的远房叔叔，属于李唐宗室。

玄宗的宠臣楚国公姜皎是李林甫的舅舅，姜皎在世时，李林甫靠着舅舅提携，从千牛直长升为正五品太子中允。后姜皎因泄露玄宗有废后之意，被杖责六十流放岭南，死于流放途中。失去依仗的李林甫，开始寻找新靠山。

李林甫与侍中源乾曜的儿子源洁结为好友，他通过源洁求取司门郎中一职，因为司门郎中比较有实权。没想到源乾曜说："郎官需要有才有德的人担任，哥奴哪有做郎官的德行？"

后来几年，李林甫先后做过太子谕德、国子司业。开元十四年（726年），李林甫找机会攀上了宇文融这个皇帝面前的红人，在宇文融的提携下很快被任命为御史中丞，又历任刑部侍郎、吏部侍郎。

李林甫结交宦官、讨好妃嫔，以便了解皇帝的需求，对症下药。

当时武惠妃宠冠六宫，皇帝对太子"益疏薄"。李林甫见皇帝喜欢寿王，就让宦官送话给武惠妃，说"愿保护寿王"。

高力士是内宫高延福养子，高延福出自武三思家，所以高力士经常往来武三思府邸。侍中裴光庭的妻子是武三思的女儿，与李林甫有私情，裴光庭死后，武氏请求高力士想办法，让李林甫代替亡夫出任侍中。

高力士当时并未答应，在玄宗让中书令萧嵩推荐宰相人选时，萧嵩推荐了韩休。高力士把这个消息告诉了武氏，李林甫在任命书下达前，提前去恭喜韩休。韩休以为自己能做宰相是李林甫推荐的，对李林甫很感激，而与萧嵩不和。

韩休推荐李林甫出任宰相，武惠妃也设法相助，李林甫被拜为黄门侍郎，玄宗对他眷遇益深，后来李林甫与张九龄同时拜相。

在张九龄做首席宰相时，李林甫看出玄宗不想再听谏言，所以劝玄宗自己做主，不管群臣的意见。他给玄宗的意见就是：您是皇帝，您做主。

所以，直言进谏的张九龄被赶出京城，口蜜腹剑的李林甫成为首席宰相。

善于利用人心的李林甫文化水平却不高，常闹出笑话。

李林甫的表弟太常少卿姜度之妻生了儿子，李林甫遣人送贺礼时，手书贺函一封一同送去了姜府，贺函中写道"闻有弄獐之庆"。"弄璋之庆"本是祝贺人家生了男孩，很珍贵，"璋"是一种玉器，李林甫写成了"獐头鼠目"的"獐"。大家忍俊不禁，李林甫因此被称为"弄獐宰相"。

类似的事还有很多，比如将"伏腊"读成"伏猎"，"杕杜"认成是"杖杜"。

他自己文化水平不高，也因此不喜欢文人雅士。李林甫奉行实用主义，而且确实有很强的行政能力。一个粗通文墨的人，能掌控权力中枢十几年，当然有他的过人之处。

李林甫任宰相之职近二十年，其中十六年担任首席宰相。

玄宗在安史之乱发生后曾评价李林甫："李林甫之材，不多得。"（《唐语林·品藻》）

他是精明能干的行政官员、制度专家。

李林甫主导颁布《长行旨条》，固定征税办法，每年征税时只需下发当年税收总额等少量内容，给予地方一定的自由裁量权。节约了度支司每年颁布旨符使用的大量纸张和抄写旨符所需的大量人力，提高办事效率，节约人力和物力。

均田制瓦解，人口增长快，耕地增长速度赶不上土地增长的速度，大量农户逃亡，土地兼并现象严重。开元二十五年（737年），朝廷颁布新的田令，提高户税和地税在税收中的比重。

他兼领兵部尚书，在大唐对吐蕃作战时兼任河西节度使、河东节度副使，调兵遣将，调拨粮草，也显示出了很好的军事才干。

他的搭档牛仙客也并非全无建树，当时西安地处关中，而京城中人口众多，朝廷的行政机构和军队每遇灾荒，就要到洛阳就食解决吃饭问题，牛仙客提出在丰年大量收购粮食，灾年拿出来使用。天宝年间，朝廷再也没有离开长安，这项措施一定程度上缓解了丰年谷贱的问题，于农于民皆有利。

开元二十二年（734年）开始，李林甫、牛仙客，会同当时的法学专家，继续开展法典的整理和修订工作，汇编为《唐六典》。到元代，《唐六典》中有些法条仍被使用，它是我国第一部行政法典。

开元二十五年（737年），天下死刑犯只有五十八人。大理寺的监狱都没了肃杀之气，引得喜鹊前来筑巢。有这样的政绩，又出了祥瑞之兆，玄宗赐爵李林甫为晋国公，牛仙客为豳国公。对死刑的审慎使用，体现了人道主义思想。

当时府兵逃匿，到了无兵可交的地步。在这种背景下，李林甫奏请停兵府上下鱼书，府兵制名存实亡，募兵制成为主导。

李林甫奏请玄宗启用寒族胡人将领，因为寒族没有家族势力做靠山，胡人又善战有勇，玄宗认为很有道理，大量使用寒族胡人将领，安禄山就是其中之一，这为后来的安史之乱埋下了隐患。

和李林甫搭班子的牛仙客，是位天选妙人，对于下级的请示回答基本都是：按制度办。对李林甫的高论，他的态度则是：好好好，是是是。

唐初几代帝王苦心建立的宰相集体议事制度形同虚设，三省六部成了李林甫的一言堂。

朝堂上下空前"团结"，连御史台都安静起来。李林甫上台之后第一件事就是让御史管好自己的嘴。

李林甫："你们看，现在的皇帝神明英武，臣子们应该做的是顺从陛下，不要多说话，你们没看到宫廷仪仗队里的立仗马吗？它们的食料是按三品大员的标准，但是一旦发出嘶鸣，就会被驱逐出去，到时候后悔都来不及。"

个别御史无视李林甫的"马料论"，尝试"嘶鸣"，很快就被赶出了朝廷，从此言路闭塞，万马齐喑。

当时获得做官资格的人很多，但是空出来的新职位很少，获得官职后，又面临长久不得升迁的问题。李林甫做吏部侍郎时和当时的吏部尚书裴光庭设计了"循资格"制度，按年限资历排队授予官职或者升迁，大家都有盼头，铨选、提拔的标准又好把握。他当宰相后把这个制度推广开来，解决问题的同时邀买人心。

李林甫重视情报系统的打造，他通过后妃、宦官掌握唐玄宗的一举一动，迎合上意，阿谀奉承。对于和自己政见不一的人，则料敌于先，打压迫害。

安禄山对李林甫十分畏惧，他每次见李林甫，即使在寒冬腊月，汗都能把衣服打湿。安禄山的使者每次进长安，必先探听李林甫口风，如果李林甫表扬了他，他就开心得像个孩子拍手大笑，如果李林甫说他要小心行事，他就跌坐于地，说我不活了，我得死呀！

因为李林甫通过个人情报系统侦察安禄山的动向，每次都能点破安禄山的所思所想，让安禄山以为李林甫有神灵相助，对他心生畏惧。

李林甫迫害起人来，肆无忌惮又花样百出。

咸宁太守赵奉璋列举李林甫罪状二十余条上报朝廷，还没送到玄宗手上，就被李林甫先行得知。李林甫指使御史逮捕赵奉璋，说他妖言惑众，赵奉璋被杖杀。

在李林甫的阴招之下：

三皇子被杀。

御史杨慎矜满门抄斩。

大将王忠嗣流放外地，郁郁而终。

大将皇甫惟明和外戚韦坚（太子妃兄长）兄弟三人被赐死，酷吏罗希奭在流放地和贬所分别将他们杀死。

杜有邻（太子妃嫔杜良娣之父）、柳勣（杜有邻女婿）及一批知名官员被酷吏吉温杖杀于大理狱。

李适之（李承乾之孙，天宝元年出任宰相）饮毒酒自尽，儿子李霄被酷吏活活打死在河南府衙。

先天政变前力劝玄宗早做决断的王琚上吊自杀……

连太子都在李林甫的打压之下一年之间两度被迫"离婚"，先休弃太子妃韦氏，后又将杜良娣逐出宫门。

当时"中外震栗"。

李林甫之子李岫对此深感担忧，他对李林甫说："父亲，您掌握权势日久，怨仇满天下，一朝祸至，恐怕我们连仆役都做不成。"

李林甫说："势已如此，将若之何？"（《资治通鉴》卷二一五）

诚然，李林甫所说的话，很多都是揣摩玄宗心中所思所想后上奏。他所做的事，比如打压太子，不正是玄宗搞政治平衡所需要的吗？

李林甫当年支持寿王，已经不可能再投到太子门下，玄宗是位年老的皇帝，他不希望已经壮年的太子有过高的人望和势力。

在剪除太子羽翼过程中，玄宗使用了以吉温、罗希奭为首的一大批酷吏。酷吏的再度复活，说明玄宗已不仅仅是奢侈怠政，他本人已经老迈昏聩，他的统治已经由明变昏。

唐朝当时文治武功已臻极盛，农业、工商业、文化和科技事业仍空前繁荣。

盛世掩盖之下，潜伏的危机慢慢靠近……

随着一个后辈的崛起，李林甫的危机也悄然降临。

五、奸臣误国

三千宠爱在一身的杨贵妃也和皇帝闹过别扭，还两次被送出宫。

天宝五载（746年），贵妃被送回兄长杨铦家。贵妃一出宫，皇帝就闹起了小脾气，不吃饭，不高兴，坐立不安，甚至"暴怒笞挞左右"。高力士体察圣意，给两个人找了台阶下，玄宗半夜开宫门接回了贵妃，贵妃"伏地谢罪"，玄宗"欢然慰抚"。

天宝九载（750年），贵妃再次被送出宫。玄宗又命人赐御膳，杨贵妃见到御膳，对着中使又是剪头发，又是哭着说自己罪当万死，除了发肤是受之父母，其他都是皇帝恩赐。玄宗看到贵妃的一缕青丝，不禁"惊惋"，慌忙把贵妃接回宫中，之后两个人更加恩爱。

杨家自贵妃入宫后鸡犬升天，权势无以复加。父亲杨玄琰，累赠太尉、齐国公；母亲封凉国夫人；叔父杨玄珪，封光禄卿；堂兄杨铦封鸿胪卿，杨锜封侍御史，杨锜娶武惠妃之女太华公主为妻；杨贵妃的三个姐姐，分别被封为韩国夫人、虢国夫人、秦国夫人，四姐妹并承恩泽，出入宫掖，势倾天下。

韩、虢、秦三夫人与杨铦、杨锜五家，"四方赂遗，其门如市"。"开元以来，豪贵雄盛，无如杨氏之比也！"（《旧唐书·杨贵妃传》）

姊妹弟兄皆列土，可怜光彩生门户。遂令天下父母心，不重生男重生女。（唐·白居易《长恨歌》）

天宝四载（745年）秋，杨贵妃的一个远房堂兄带着几十车礼物，从蜀地赶到长安，来到韩、虢、秦三位夫人府中，献上了剑南节度使章仇兼琼的孝心。

这个人就是后来臭名昭著的杨国忠，此时他还叫杨钊。

杨钊，杨贵妃远房堂兄，蒲州永乐（今山西省永济市）人，虽属弘农杨氏，但属于家族中非常败落的一支，父祖辈都没能混上一官半职。母亲是张易之的妹妹，张易之得势时，杨钊还太小，等他长大了，武周已经变回李唐。

杨钊这个人喝酒、好色、赌博，是个十足的小混混儿。杨钊赌博属于人菜瘾大的那种，但他在赌博过程锻炼了极强的运算能力，这种算数能力成为他后来发迹的关键。

小混混儿也有大梦想。杨钊跑到四川当兵，希望能在军中立功，出人头地。上级发现了他算数理财的能力，把他留在后方管理屯田工作，靠着这一技之长，杨钊混到了新都县尉，三年任期一晃而过，赋闲在家的杨钊很快就花光了家里的钱。喝酒、好色、赌博，杨钊的恶习个个烧钱。

人在穷困潦倒时，生命常会遇到转机。采访支使鲜于仲通认为杨钊不是久居人下之人，准备做个长线投资。靠鲜于仲通的接济，杨钊活了下来。

天宝四载（745年），杨氏被封为贵妃，天下都想巴结朝廷新贵，剑南节度使章仇兼琼准备在送贡品入朝时给杨氏姐妹几个多送些蜀地特产和珍宝，这事必须得让一个伶俐妥帖的人去办，章仇兼琼准备让心腹鲜于仲通去一趟京城，鲜于仲通推荐了杨钊，章仇兼琼任命杨钊为推官，押送贡品入朝，还带上了几十车礼物。

杨钊不负所托，章仇兼琼后来被提拔到中央做户部尚书；鲜于仲通后来也接了他老上级的班，出任剑南节度使，后来也进了京城做京兆尹。

杨钊靠着杨家三姐妹的裙带关系得到了金吾兵曹参军一职，又因擅玩樗蒲，玄宗给了他供奉官的身份，以便出入宫禁。

樗蒲是古代一种博彩游戏，好赌的遇上爱玩的，真是好不热闹。玄宗玩樗蒲时，让杨钊专掌樗蒲点数的计算，杨钊就像个人形电子计算器一样，算得又快又准。

第九章 开元盛世

玄宗不禁赞叹："好度支郎！"①

杨家三姐妹抓住皇帝这句话，撒娇卖萌哄着玄宗把杨钊调到了户部，在御史中丞、京畿采访使王𫓧手下做了度支郎中（从五品上）兼侍御史。鲜于仲通确实没有看走眼，杨钊理财圈钱的本事真的很厉害，比宇文融和裴耀卿更有办法，小混混儿办事无所顾忌，当然效果就会更好。

杨钊一到户部，就让空虚的国库迅速充盈，他的官职也一路升迁，天宝七载（748年），杨钊被擢升为给事中（门下省官员，正五品上），兼御史中丞，专判度支事。

天宝八载（749年）二月，玄宗带着文武百官参观金银财宝堆积如山的府库。

> 春，二月，戊申，引百官观左藏，赐帛有差。是时州县殷富，仓库积粟帛，动以万计。杨钊奏请所在粜变为轻货，及征丁租地税皆变布帛输京师；屡奏帑藏（国库）充牣，古今罕俦，故上帅群臣观之，赐钊紫衣金鱼以赏之。
>
> 《资治通鉴》卷二一六

国库日益充盈，玄宗的生活奢靡无度，赏赐官员挥金如土。可他哪知道国库里的钱财有很多是在正常赋税之外，从百姓手中搜刮而来的，这不是杨钊开的先例，此前王𫓧等人为供应玄宗赏赐之用，早就做过类似的事。

他们敛财有术，无视民生疾苦。

天宝九载（750年），杨钊请求为舅舅张易之、张昌宗平反昭雪。玄宗以张易之、张昌宗曾提议从房陵迎回中宗为由下旨追复二张官职、爵位，并赐一子为官。

---

① 《旧唐书·百官志》：（户部）度支郎中、员外郎各一人，掌天下租赋、物产丰约之宜、水陆道涂之利，岁计所出而支调之，以近及远，与中书门下议定乃奏。

当时流传的图谶中有"金刀"二字，"钊"字暗合图谶，杨钊以此为由请求皇帝赐名，玄宗赐名国忠。

一番操作下来，乱臣外甥变成了忠良之后，小混混儿杨钊没了，取而代之的是野心家杨国忠。

杨国忠本就是玄宗放在朝中制衡李林甫的一颗棋子，这颗棋子刚被放到棋盘上时力量太小，他选择先和李林甫狼狈为奸。

李林甫、杨国忠借口杨慎矜结交术士史敬忠一事，动用酷吏卢铉、吉温，栽赃杨慎矜藏有阴谋造反的谶书，导致杨慎矜和两个哥哥被赐死，一家老小流放岭南。原因不过是杨慎矜"为上所厚"，李林甫想一家独大，杨国忠需要慢慢培植羽翼。

杨慎矜垮台后，杨国忠选择单飞，朝中李林甫、杨国忠、王鉷三方势力鼎足而立。多方势力互相制衡，正合玄宗心意，但却不是李林甫、杨国忠想看到的。

还没等二人想好要不要出手，王鉷的弟弟户部郎中王焊开始了坑哥之路。

王焊找了一个术士任海川到家里，让任海川看他是否有王者之相，吓得任海川连夜逃跑，王鉷连夜追杀。处理掉术士任海川后，王鉷又得知还有一个莫名知情人士韦会（中宗之女定安公主之子），只好再次出手，勒死了韦会。

王焊不知道是哪根神经出了问题，就是把脑袋放进脚后跟去想问题，也很难做出他所做的事情。

他居然结交禁军士兵，策划谋杀龙武将军，然后带上禁军去刺杀李林甫、陈希烈（宰相之一）和杨国忠。

谁也不知道他的目的是什么，如果只是要杀几个文臣，用得着禁军吗？花钱雇几个靠谱的刺客，或者派人投毒，可能更好得手吧？章怀太子李贤要杀明崇俨，不是派出个小情人赵道生就搞定了吗？

如果不是这个目的，难道他想做皇帝？谁给他的勇气？

第九章 开元盛世

    如果不想做皇帝，结交禁军计划发动兵变难道只是为了杀这几个大臣，让他哥当宰相？

    那杀了这几个人之后，他已经成了政变反臣，他哥还有宰相可当吗？

    事情没有任何逻辑可言，离奇的是他居然还有同党，名叫邢縡，甚至他们还纠集到了十几个人。

    事情败露后王焊躲到邢縡家中，玄宗命王鉷带兵去捉拿王焊，王鉷让人提前通知王焊逃跑，然后磨蹭到太阳要下山了才去抓人。

    诡异的事情又发生了。这伙人居然没跑，等官兵到了，十几个人才"持弓刀格斗突出"，大喊："不要伤到王大夫（指王鉷）。"

    配合剿贼的杨国忠担心王家两兄弟勾结，不敢追击，王鉷有意放走弟弟自然也不会去追。

    王焊、邢縡顺利逃到皇城西南角，被玄宗安排的第二路人马截住了去路，高力士率飞龙禁军四百人及时赶到，砍杀邢縡，余党皆被擒获。

    这么好的机会杨国忠当然不会放过，他复命时和玄宗说："王鉷必定参与了这次谋反。"

    玄宗认为对王鉷恩遇颇深，他不应该一起谋逆。这次谋反本来就是莫名其妙，他们又不是太子或者哪个皇子的党羽，谋什么反呢？李林甫也为王鉷辩解。

    玄宗希望王鉷能自己上表请求治王焊的罪，他让杨国忠把这个意思转告王鉷，王鉷却不忍心这样做，兄弟情深的王鉷惹怒了玄宗。

    玄宗让杨国忠兼任京兆尹，命陈希烈、杨国忠共同审理此案。

    王焊被他的两个刺杀目标审理，谋反案坐得实实的。王鉷谋杀任海川、韦会的事也连带着审了出来。王鉷被赐自尽，王焊被杖死于朝堂上。王鉷之子王准、王倧流放岭南，没几天就被杀死在流放的路上。

    有司奉命查抄王鉷家产，一连数日都没清点完，玄宗又有了一批可以赏赐爱妃、宠臣的财物。

王铁之前所有的职务，都打包给了杨国忠。

杨国忠，京兆尹（从三品），御史大夫，京畿、关内采访使，兼任二十几个职务。

这一局王铁被家人连累提前出局，杨国忠捡漏上位。

现在棋子也想坐下来下棋了，他开始向李林甫发动攻击，想将王铁案扩大化，拉李林甫下台。李林甫不可能坐以待毙，他借南诏入侵把杨国忠调出朝廷，没想到，才过了几天玄宗又把杨国忠召回朝中。

这时，李林甫已经病得无法起身。天宝十一载（752年）十一月，执掌朝政近二十年的李林甫病逝，赠太尉、扬州大都督，给班剑、西园秘器，极尽哀荣。

天宝十二载（753年）正月，杨国忠伙同安禄山诬告李林甫和突厥降将阿布思谋反。李林甫被从坟墓中挖出来丢入一口小棺材，胡乱埋进了城郊的乱葬岗。李家所有财产充公，子孙流放。

李林甫固然对安史之乱的发生负有难以推卸的责任，但当时均田制崩溃、府兵制瓦解，是历史发展所致，并不是人力所能阻止。

玄宗昏聩，大臣弄权，小人当道，没人真正地直视问题，从根本上予以解决。

李林甫死后，玄宗以杨国忠为右相（即中书令，正三品），兼文部尚书（即吏部尚书，正三品），其他职务不变。杨国忠成为宰相后，朝纲进一步崩坏[①]。

李林甫至少在行政管理和法制建设上做了贡献，出了实实在在的成绩，在位时对于多数的官员任免能秉持公正，为相素有威望，当时很多人很佩服李林甫的才干。

[①] 天宝十一载（752年），改吏部为文部，兵部为武部，刑部为宪部。

自处台衡，动循格令，衣寇士子，非常调无仕进之门。所以秉钧二十年，朝野侧目，惮其威权。

《旧唐书·李林甫传》

杨国忠则"为人强辩而轻躁，无威仪"（《资治通鉴》卷二一六）。

他当政后，台省之中有才有名不能为他所用的，全被踢出朝廷。谄媚逢迎之人，不学无术之辈纷纷借机上位，只要巴结上新任首席宰相，官职会有的，金银财宝也会有的。

朝廷中再没人能与杨国忠一较高下，但杨国忠的心还是一直提着，唐朝有出将入相的惯例，有军功的大将回朝廷任宰相的很多。

他盯上了下一个目标——安禄山。

已是死局，有人还要让结局来得更快。

六、禄儿忠心

安禄山，营州柳城人，父亲康国（今乌兹别克斯坦撒马尔罕）粟特商人，母亲是突厥巫师阿史德。他是母亲在阿荦山下祈祷后生下的，阿荦山是战神的意思，译成汉语是禄山，所以起名为禄山。阿史德后来改嫁给突厥人安延偃，所以姓安。

安禄山和小伙伴史思明在幽州边境上做互市牙郎，类似于现代的中介服务。安禄山会讲几种番语，很会看人脸色。他还有一条来钱的路子——偷羊，偷羊卖羊一条龙，来钱比做互市牙郎快。

一天，他又去偷羊，遇上幽州节度使（地方军政长官）张守珪整治当地治安，严打偷盗行为。安禄山被绑得结结实实，眼看大棒打下来，就要一命呜呼。安禄山大喊："将军不是要灭两番（奚和契丹，是当时唐东北地区主要边患）吗？为何要打杀禄山？"

张守珪定睛一看，是个白白胖胖的壮汉，听这话有几分胆色，便留他和同乡史思明在帐下做了捉生将。捉生将，是到敌人地盘上抓活口的低级军官，属于侦察兵的一种。安禄山熟悉地形，胆大心细，屡立战功，升到了平卢讨击使、左骁军将军，张守珪还收他做了养子。

从偷羊贼变成政府军的将军，安禄山难免心高气傲，之后的一次战斗中，安禄山轻敌冒进，导致全军覆灭，按军法应当斩首。张守珪觉得人才难得，想留他一命，以后还能为朝廷效力。

张守珪在给朝廷的上疏中将安禄山的功劳过失都一一列明，将他押送东都，请朝廷发落。张守珪怎么会想到留下的不是人才，是祸害。

时任中书令张九龄觉得此人绝非善类，力主将其斩首；玄宗看了张守珪的上疏后坚持特赦安禄山，让他以"白衣"回军中效命。

张九龄说："禄山狼子野心，面有逆相，臣请因罪戮之，冀绝后患。"（《旧唐书·张九龄传》）

玄宗却说张九龄不要害了忠良。

说张九龄提前二十年就预料到安禄山谋反，应该没这么神。一身正气又累掌选官、刑狱，张九龄敏锐地感觉到这个白胖的胡将没有表面看起来那么无害。他用痴憨的外表所隐藏的必然不会是一颗忠心。一正一邪两种气场互相排斥，人的直觉有时是很准的。

安禄山再次捡回一条小命，他总结经验教训，再次一路高升，这次不只是靠军功，他"厚赂往来者，乞为好言"（《旧唐书·安禄山传》）。

朝廷派来视察的人，安禄山都多多地送上贿赂，让他们在皇帝面前多多美言，去了洛阳一次，他找到了升官的新门路。

天宝元年（742 年），朝廷针对突厥、吐蕃、南诏、奚和契丹等周边族群活跃的问题，在唐朝边境划分出十个藩镇，设置安西、北庭、河西、朔方、河东、范阳、平卢、陇右、剑南九个节度使和岭南五府经略使，即十节度、经略使。

十个藩镇总兵力达四十九万，马八万余匹。当时大唐的总兵力大概是五十七万。唐朝军事布局由唐初的内重外轻变成外重内轻。

玄宗任命安禄山为平卢节度使，主要任务是镇抚室韦和靺鞨，统辖平卢、卢龙二军。军队屯于营州（今辽宁省朝阳市）、平州（今河北省卢龙县），治所设在营州，兵力三万七千五百人。

天宝二年（743年）正月，平卢节度使安禄山奉召入朝奏事，感慨长安是如此繁华富庶，皇帝的宫殿是如此气势恢宏。

谁能在见过长安和大明宫之后，不为所动呢？

长安，世界上最繁华的都市！

大明宫，世界上最壮丽的宫殿！

平卢节度使安禄山迅速化身成最优秀的演员。

"去年秋天营州闹蝗灾，臣焚香祝告上天：'臣如果操心不正，事君不忠，就让蝗虫吃掉臣的心；如果臣不负神祇，请上天看在臣忠心一片，让蝗虫快些散去。'臣说完，就有一群鸟从北边飞过来，把蝗虫全吃掉了。这样的事情，应该请史官记录下来。"安禄山给玄宗讲了一个故事，史官拿着纸笔认真记录下安禄山口述的祥瑞事件。

皇帝需要祥瑞装点盛世，需要别人对他绝对的忠诚，需要能打仗，又没有野心的大臣，皇帝需要的是条听话又能看守好羊群的牧羊犬。

牧羊犬的眼里只有主人，要做的事只有一件，帮主人看好羊群。

牧羊犬勇敢、忠诚、富有责任心。

安禄山笑了，大明宫里的天子需要什么，那我就是什么！

天宝六载（747年）正月，再次来到长安的安禄山已经是平卢、范阳节度使，兼领御史大夫。

四十五岁的安禄山身体越发肥胖，肚子垂下来能到膝盖，他说自己的肚子有三百斤重。

玄宗笑着问："你肚子里都有什么，这么大？"

安禄山说：没有别的，全是赤胆忠心。

玄宗对这个回答很满意，让他见过太子。

安禄山没有奉命拜见太子，左右见状，觉得这个胡人实在有趣，好心提醒他，快些拜见太子。

安禄山说："臣是胡人，不懂朝廷礼仪，不知道太子是个什么官。"

玄宗耐心解释说："太子就是储君，朕千秋万岁后，会由他来接班管理天下。"

安禄山说："臣愚蠢，只知有陛下，不知有储君。"

最后不得已，安禄山才拜见了太子。

玄宗更加喜欢这个胡人了，不结交太子的武将才是好武将。

勤政楼宴会，百官都坐在楼下，只有安禄山一人坐在御座旁，玄宗又命杨铦、杨锜、贵妃的三个姐姐和安禄山约为兄弟姊妹。

安禄山得以出入禁中，他提出做贵妃的儿子。玄宗与贵妃一起坐着，安禄山先拜贵妃，玄宗问他原因，安禄山说："胡人不知有父，只知有母。"

玄宗很开心。

看，这只边境牧羊犬，他忠心、可靠，又单纯、可爱。

天宝十载（751年）正月，玄宗命有司在长安亲仁坊给忠心可靠的安禄山建了一座豪宅。

玄宗说："但穷壮丽，不限财力。"

玄宗还说："胡眼大，勿令笑我。"（《资治通鉴》卷二一六）

皇帝担心丢面子，大家只好穷尽所能。建成后，府邸中所用之物连皇宫都无法与之媲美。

安禄山生日后的第三天，杨贵妃召安禄山进宫，亲自主持洗儿礼（民间有洗三的习俗），安禄山被锦绣绸缎缝制成的巨大襁褓包裹着，装在彩色轿子中抬着走。

玄宗听到后宫一片笑声，也过来凑热闹，看到这个搞笑的情景，开心大笑。

吐蕃（在今西藏地区）崛起，南诏（在今云南一带）反叛，大食（古阿拉伯帝国）东进，东北和华北地区必须稳定[①]。

还是贵妃懂朕对这个胡人将领的笼络之心哪！

玄宗赏了贵妃洗儿钱，又给了安禄山很多赏赐，"一家三口"玩到尽兴才散去。

这天开始，宫中都称安禄山为"禄儿"。

禄儿，表现一直很好。

"岁献俘虏、杂畜、奇禽、异兽、珍玩之物，不绝于路，郡县疲于递运。"（《资治通鉴》卷二一五）

这些军功从何而来？

安禄山为了以边功邀宠，以吃饭为名诱杀奚和契丹的酋长，又将其部下收为养子，并告诉他们自己是奉朝廷之命诱杀了他们的首领，有账你们找朝廷算。

安禄山数次主动侵掠奚和契丹，奚和契丹这才杀掉和亲公主，反叛大唐，安禄山再去讨伐他们，击破他们作为自己的军功。

十月，"禄儿"提出要兼任河东节度使，玄宗宠"儿"无度，一口答应。

安禄山一人兼任河东、范阳、平卢三镇节度使，河北采访使，受封上

[①] 吐蕃、南诏、大食在当时的情况如下。

吐蕃：开元后期，吐蕃向青藏高原以西地区发展，同时试图从青海以西进入西域，唐在天宝六载、天宝八载，由高仙芝、哥舒翰前后两次发兵征讨，暂时占了上风，但仍需重军予以镇守。设置剑南、陇右、河西三镇，其任务就是抵抗、防御、隔断吐蕃和突厥等势力。

南诏：天宝九载，南诏王阁罗凤反叛，攻取唐三十二州，臣服于吐蕃。天宝十载，剑南节度使鲜于仲通在云南与南诏作战，大败。天宝十三载，侍御史、俞南留后李宓领军击南诏，全军覆没。

大食：天宝九载，阿拉伯帝国阿巴斯王朝建立，中国史称东大食，又称黑衣大食。安西四镇节度使唐将高仙芝攻阿拉伯军队于怛罗斯（今江布尔）城，大败而归，唐朝失去对帕米尔高原以西地区的控制权。被俘唐军中有造纸工匠，造纸术传入阿拉伯。

柱国，赐爵东平郡王。

平卢节度区治所在营州，范阳节度区治所在幽州（今北京市），河东节度区治所在太原府（今山西省太原市）。其麾下总兵力达十八万五千人，占藩镇总兵力的十分之四，是大唐总兵力的四分之一。

高祖从太原起兵时，手里只有三万人，很多兵士还是临时招募的没有打过仗的难民。安禄山手下这十八万五千人却都是长期戍守边关，身经百战的将士。

好大的地盘！

好多的兵马！

好高的爵位！

除朝廷所配备的兵力，安禄山还收编了突厥阿布思的精锐骑兵；豢养同罗（回纥诸部之一）、奚、契丹降者八千余人，取名为"曳落河"（曳落河，是胡语壮士的意思）；养家僮一百余人，骁勇善战，一可当百；畜养战马数万匹；在边境利用贸易获取数百万利润作为军费。

安禄山手下爪牙、心腹众多：史思明、安守忠、李归仁、蔡希德、牛廷玠、向润容、李庭望、崔乾祐、尹子奇、何千年、武令珣、能元皓、田承嗣、田乾真、阿史那承庆、高尚、严庄、张通儒、孙孝哲……

有这样的实力，怎么会不想造反？

有李林甫在，安禄山还是害怕的，玄宗对他也确实太好了，安禄山还没有下定最后的决心。

一年后，李林甫病逝，杨国忠那个小混混儿坐上了宰相的位子。

哼！

杨国忠是个什么货色，安禄山当平卢、范阳两镇节度使兼任御史大夫时，杨国忠还只是一个小小侍御史。

凭他也配做宰相吗？对手太差了，再不出手都对不起这盘好棋。

偷羊贼对小混混儿，谁比谁高贵到哪里去呢？

安禄山看不起杨国忠，杨国忠瞧不上安禄山。越是出身类似，越要一较高下。

杨国忠十分担心安禄山被调回朝廷出任宰相，要是安禄山做了宰相，那还有自己什么事，必须得把安禄山搞垮。

杨国忠再次拿出万能的整人罪名"谋反"。

他一再和玄宗说，安禄山要谋反哪，陛下，您听臣一句忠言吧。陛下如果不信，您可以召安禄山进京，他一定不敢来。

天宝十三载（754年）正月，华清宫。

安禄山拖着一身的肥肉匍匐于地，富有弹性的肚子让他的头很难垂到地上。

他痛哭流涕地说："臣是个胡人，连字都不认识，全是仰仗陛下恩宠，才有今日，可是臣就要死在杨国忠手上了。"

玄宗看着禄儿，心中生了几分愧疚和怜悯之情，这么忠心的臣子还要被怀疑，他的禄儿真是好可怜！

玄宗对安禄山"赏赐巨万"！

玄宗"由是益亲信禄山"（《资治通鉴》卷二一七）。

玄宗提出要擢升安禄山为宰相，已经让人草拟了诏书。杨国忠没把安禄山整垮，反倒要把他整进朝廷了。

杨国忠马上进谏，他说："陛下，安禄山虽然有军功，但不识字，怎么能用目不识丁的人做宰相呢？制书若下，恐怕四夷会轻视大唐。"

玄宗想了想，宰相不识字，确实不像话，但是心里的愧疚之情无法平复，所以转身还是给安禄山加了左仆射一职，又给安禄山的两个儿子一个三品官、一个四品官。

安禄山觉得应该充分利用玄宗现在这不好意思的心理，他向玄宗请求兼领闲厩、陇右群牧等都使，还有三镇内的人事权。

玄宗亦不负禄儿之期待，他下旨由安禄山兼领闲厩、群牧和牧总监等职，还给了他一大把盖好印章的空白委任状。

安禄山密遣亲信到国家牧场里选了健壮能战的马匹数千，自己偷偷饲养起来。

在京城里，安禄山除了自己手下的将领刘骆谷经常驻留京师帮他打听朝廷动静，原御史中丞、现武部侍郎、闲厩副使吉温（著名酷吏）也是他埋在京城的奸细，长子安庆宗在长安既是人质也是卧底。

皇帝的疑心已去，好处又捞了大把，安禄山担心日久生变，以离开驻地太久、恐边关不稳为由，向玄宗辞行。玄宗解下御衣披在禄儿身上，又让高力士送安禄山出城。

安禄山在玄宗满怀希冀的眼神中离开京城。

一出京城，安禄山躲开杨国忠可能设伏的陆路，日夜兼程从水路疾驰返回范阳。

所有人都知道安禄山要反了，只有玄宗不信，他甚至对宰相和封疆大吏之间的对抗感到很满意，他们之间不合才会都寻求皇帝的支持，内斗比结党好。

最近几年，说安禄山会造反的不止杨国忠一人。太子看出安禄山早晚必反，向玄宗进谏，玄宗根本听不进去。还有一些官员上奏说安禄山有反心，也是人微言轻。再剩下的官员，都是靠巴结杨国忠上位的人，他们捞钱还来不及，哪会有这种危机意识。

真正关心大唐，早早看穿安禄山，又有可能在玄宗面前说上话的张九龄，早在开元二十八年（740年）就病逝于荆州任上。

第十章

长恨悲歌

一、自毁长城

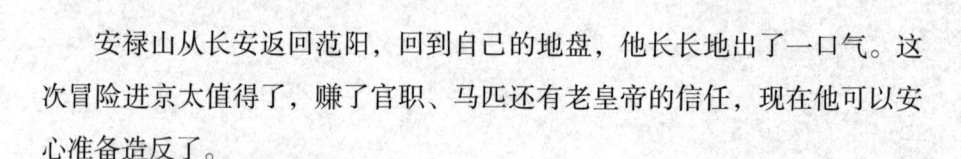

安禄山从长安返回范阳，回到自己的地盘，他长长地出了一口气。这次冒险进京太值得了，赚了官职、马匹还有老皇帝的信任，现在他可以安心准备造反了。

大唐王朝上下似乎一切如常。

百姓日出而作，日落而息，长安、洛阳街市依然繁华热闹。

玄宗和杨贵妃过着幸福的小日子，不久前群臣给玄宗上了尊号：开元天地大宝圣文神武证道孝德皇帝。

十镇节度使镇守着大唐的四方。南诏那边打了败仗，不过东北有好消息。

天宝十三载（754年）夏，安禄山大败奚，俘虏奚王李日越。

天宝十四载（755年）夏，安禄山上表朝廷，称再次大破奚和契丹。

百官正常上班，而且尽量吸取京兆尹李岘和侍御史、武部员外郎颜真卿不依附杨国忠，被贬出朝廷的教训。

不寻常的只有李唐王朝最信任的封疆大吏安禄山，越来越多人发现他的异常。

颜真卿被贬到平原郡（今山东省德州市陵城区），他察觉了安禄山谋反的动态，借平原郡暴雨申请整修老旧的城墙。修城墙的同时颜真卿带人深挖沟渠，整修战备，储备粮食，招募壮丁，防范安禄山。鼎鼎大名的书法家，风流名士，天天带着文人雅士泛舟游玩，饮酒赋诗，麻痹安禄山。

不管这位太守是尽忠职守，还是玩忽职守，皇帝都不知道。颜真卿的动作却没有逃过安禄山的眼线，但安禄山觉得颜真卿是个书生，不足为虑。

安禄山命副将何千年进京，提出以番将三十二人替代汉将，杨国忠和韦见素两位宰相都向玄宗极言进谏，说安禄山谋反行迹已经败露，他如果不想反，怎么会提出用胡人代替汉人为将。

玄宗居然因此"不悦"，再次满足了安禄山的要求。

杨国忠和韦见素只好又想别的办法，提出召安禄山入朝为相，让贾循为范阳节度使，吕知诲为平卢节度使，杨光翙为河东节度使，用三位汉人将领分别管理三大藩镇。

玄宗听从了两位宰相的意思，草拟诏书，却又留中不发，他派宦官辅璆琳带着珍稀水果去赏赐安禄山，观察安禄山是不是真的想谋反。安禄山大表忠心，又送了丰厚的贿赂给辅璆琳。

辅璆琳回京后对玄宗说："安禄山竭忠奉国，无有二心。"

玄宗对两位宰相说："安禄山，朕对他推心置腹以待之，必无异志。东北还要靠他保卫，朕为他作保，你们都不要再为此事忧心了。"

杨国忠在皇帝那儿进谏的路走不通了，只好自己另想他法，他让京兆尹搜查安禄山在京城的府邸，逮捕安禄山门客李超等人，送到御史台狱中秘密杀掉。

杨国忠转变了策略，他开始想方设法激怒安禄山，让他早点造反，证明自己的推断，取信于皇帝。

安禄山之子安庆宗尚准备迎娶李唐宗室女荣义郡主，正住在京师中，他把长安的情形密报给安禄山，安禄山恐惧不安，加快了谋反的脚步。

天宝十四载（755年）六月，玄宗召安禄山入京，观看安庆宗与荣义郡主成婚之礼，安禄山说自己生病了没法进京。

七月，安禄山上表说要献马三千匹，每匹配两个人，并派番将二十二人护送马匹进京。这无异于一支骑兵要来长安。

河南尹达奚珣觉得此事非同寻常，上疏朝廷，提议让安禄山冬季再献马匹，并且由有关管理人员去接收马匹，不用安禄山派军士护送。

看到达奚珣的奏章，玄宗也察觉出一丝不寻常的气氛。恰逢宦官辅璆琳受贿之事暴露，他感觉到应该派人再到安禄山那看看情况。玄宗借别的事将辅璆琳捕杀，派宦官冯神威到范阳宣旨。

旨意说：马等冬天再献吧！朕在华清宫给你单独挖了个池子，你十月份到华清宫来陪朕一起泡温泉。

旨意婉言拒绝了安禄山现在献马的要求，又要把他调回长安，以做试探。

使者宣旨时，安禄山坐在自己的胡床上，只稍稍起身，也不下拜，他淡淡地问："陛下还好吧？"然后又说："马不献也罢，十月份咱们京师见吧！"之后把冯神威安排到馆舍之中，不再理睬，过了好多天，才把冯神威打发回京，也没有上谢恩的表章。

冯神威见能回京城，一路跑回朝廷，见到玄宗哭着说："奴才差点见不到大家（皇帝）了！"

面对冯神威的哭诉，玄宗什么也没做。

八月。

长安，玄宗下旨免除百姓今载的租庸。

范阳，安禄山频频犒赏士卒，秣马厉兵。

十一月九日，范阳。

安禄山集合麾下所有部队，联合同罗、奚、契丹、室韦共十五万大军，对外号称二十万正式起兵。

十日，安禄山以奉皇帝密旨入朝讨伐杨国忠为口号，率军南下，当日俘虏北京（今山西省太原市）副留守杨光翙。

安禄山所向无敌，快速推进。

大唐无力抵抗，节节败退。

十一日，消息传入长安，玄宗正在华清宫中，他宁愿相信这是憎恶安禄山的人在造谣生事，也不敢想"禄儿"真的会谋反。

十五日，安禄山起兵的第七天，玄宗终于不得不正视问题。安禄山真的反了！他召集宰相商讨，面对此种急难，位列三公、百官之首的杨国忠竟然"扬扬有得色"。

他那张脸仿佛在说：看吧！我说的没错吧？我早就说过安禄山会反。

将大唐至高的行政权柄交到这样一个人手中，当时玄宗已经昏聩到无以复加的程度。

杨国忠马上就拿出了意见，他说："现在造反的只是安禄山一个人，将士们并不想反，不过十天，他的脑袋就会被献到陛下面前。"

玄宗觉得杨国忠分析得有道理。

《资治通鉴》中描写了当时大臣的反应：相顾失色。

大家都不敢相信自己的耳朵，这简直是痴人说梦！

这话宰相敢说？这话皇帝也敢信？

对战况盲目乐观的，不止玄宗和杨国忠二人。

十六日，面对玄宗对战局的询问，循例入朝觐见的安西节度使封常清夸下海口："现在太平日久，突然发生战争，大家害怕，才会望风而逃。臣愿前往东都洛阳，开府库，募骁勇，北渡黄河，几日内定取逆胡之首献于陛下。"

纵横西域的名将封常清有自负的资本。当时，朝廷上下虽然不认同杨国忠说的几天就平息叛乱，持速胜论观点的人却不在少数。武则天当年平定徐敬业叛乱也没用多长时间，有成功的例子在前面，大家都觉得这次也能很快平息叛乱。

如果武则天能从乾陵爬出来，一定会告诉这些孩子，不一样，大家清醒一点！

徐敬业叛乱是一群失意青年，临时拼凑出十余万兵马，准备了十几天就扯旗子造反，除了骆宾王的檄文写得好，没什么像样的东西。就是在这种情况下，武则天还派出了李孝逸、魏元忠和黑齿常之两个梯队去平叛，仅李孝逸、魏元忠就带着三十万大军。

现在武则天的好孙儿李隆基又有什么，又能给封常清什么呢？

玄宗任命封常清为范阳、平卢节度使，这都是安禄山的职位，得自己打败安禄山才能拿到。

大唐一个兵也没给他，封常清还得自己募兵，他在洛阳招募到六万人。

十九日，安禄山攻陷博陵（今河北省定州市）。

二十一日，玄宗终于磨磨蹭蹭地从骊山回到长安，回到长安做的第一件事是杀掉安禄山长子安庆宗，赐死荣义郡主，六月份才成亲的郡主，无辜受累，丢了性命。

回宫后，玄宗开始调兵遣将，部署防御。

长安以东，设置三道防线。

第一道，以卫尉卿张介然为河南节度使，领陈留（今河南省开封市）等十三郡，率军一万坚守陈留。

第二道，以封常清率新募军士六万，驻守洛阳。

第三道，以玄宗第六子荣王李琬为挂名元帅，右金吾大将军高仙芝为副元帅负责实际指挥作战，率飞骑（禁军）、犷骑（禁军），新招募的士兵、边兵在京师者共五万人，从长安出发，统诸军东出平叛，据守陕郡（今河南省三门峡市陕州区）。另遣宦官边令诚监军，屯于陕郡。

长安以北，安排三员大将，层层守卫，协同防御。

以金吾将军程千里为潞州（今山西省长治市）长史。

以右羽林大将军王承业为太原尹。

以朔方右厢兵马使、九原太守郭子仪为朔方节度使，朔方治所在灵州。

长安城中，玄宗拿出内府钱帛，在京师用十天共募兵十一万，称天武军，拱卫京师。

看起来是不是很像回事？

做完这些，玄宗在长安每天坐等前线捷报。

十二月初二，安禄山率叛军自灵昌（今河南省延津县古黄河渡口）渡过黄河，灵昌郡（今河南省滑县）失守。

初五，陈留失守。第一道防线被突破。

初七，玄宗声称要御驾亲征，命朔方、河西、陇右三镇留下必要的守城力量，由节度使率三镇主力，往长安集结勤王，限二十天内抵达。

初八，荥阳（今河南省郑州市）失守。

之后的战况，《资治通鉴》中是这样记载的：

> 封常清所募兵皆白徒，未更训练，屯武牢（即虎牢关）以拒贼；贼以铁骑蹂之，官军大败。常清收余众，战于葵园，又败；战上东门内，又败。丁酉，禄山陷东京，贼鼓噪自四门入，纵兵杀掠。常清战于都亭驿，又败；退守宣仁门，又败；乃自苑西坏墙西走。

封常清临时招募的士兵，未经训练，正面与久经沙场的安禄山贼军对抗，无异于以卵击石，封常清五战五败。

十二日，洛阳沦陷。第二道防线被突破。

封常清只好投奔陕郡的高仙芝，二人经过商议后决定放弃无险可守的陕郡，保存有生力量，退守没有兵马的潼关，据险关坚守。

第三道防线后移。高、封二人刚带兵进入潼关，整修好防御工事，安禄山的兵马就到了关下。

如果高、封二人未能准确判断，及时反应，陕郡守不住会丢掉，正面抵抗的最后一支军队会被歼灭，潼关会失守，安禄山将会过潼关直赴长安，后果难以想象。

潼关，是挡在京城长安前的最后屏障，潼关如果失守，门户大开，则长安危矣，大唐危矣。

玄宗却亲手毁掉了自己面前的最后一道防线。

战败后，封常清三次派人奉表入京，玄宗都拒绝接见，奏表也被弃于一旁。封常清生长在边关，长年在外征战，对中原情况并不了解，才会夸下海口。现在经过累日血战，他对形势有了清醒的判断。

朝廷现在以市井之徒对职业军人，以未经训练的新兵对久战之虎狼之师，以朽坏军械对精良战备，以恐惧之心对极盛兵锋。

他清醒了！但是皇帝、宰相、群臣还没清醒。这会对后面的战局产生非常不利，甚至有致命的影响。必须让皇帝清楚这一点，为了挽救战局，他必须将新拟订的应对方略呈给皇帝。

封常清想的是我死不足惜，但要在死之前为大唐做最后的贡献。他决定回长安，亲自到皇帝面前痛陈利害。

封常清走到渭南，皇帝敕书下达，玄宗削夺封常清官爵，令其回到高仙芝军中，以白衣效命，封常清只好返回潼关。

封常清回长安没回成，监军边令诚可是顺利回去了。

宦官监军，是玄宗研制出的新花样。在唐玄宗以前，监军一职历来由朝廷大臣担任。《资治通鉴》称边令诚索贿不成，怀恨在心，所以构陷封常清、高仙芝。

玄宗无法接受安禄山反叛，无法接受平叛失利的现实，他已经丧失了思考能力，只想发泄怒火，想找人为他的失误埋单，掩饰自己的过错。

他把一肚子火发在高仙芝、封常清身上，下令：就地斩首！

十八日，潼关。

封常清拿出早已写好的遗表，遗表中他请皇帝吸取自己轻敌的教训，希望朝廷早日平定叛军。封常清死前没有为自己和家人留下只言片语，只留下了这封满怀拳拳报国之心的遗表，现在读来仍令人潸然泪下。

> 其表曰：中使骆奉仙至，奉宣口敕，恕臣万死之罪，收臣一朝之效，令臣却赴陕州，随高仙芝行营。负斧缧囚，忽焉解缚，败军之将，更许增修。臣常清诚欢诚喜，顿首顿首。臣自城陷已

来，前后三度遣使奉表，具述赤心，竟不蒙引对。臣之此来，非求苟活，实欲陈社稷之计，破虎狼之谋。冀拜首阙庭，吐心陛下，论逆胡之兵势，陈讨捍之别谋。将酬万死之恩，以报一生之宠。岂料长安日远，谒见无由；函谷关遥，陈情不暇！臣读《春秋》，见狼瞫称未获死所，臣今获矣。

　　昨者与羯胡接战，自今月七日交兵，至于十三日不已。臣所将之兵，皆是乌合之徒，素未训习。率周南市人之众，当渔阳突骑之师，尚犹杀敌塞路，血流满野。臣欲挺身刃下，死节军前，恐长逆胡之威，以挫王师之势。是以驰御就日，将命归天。一期陛下斩臣于都市之下，以诫诸将；二期陛下问臣以逆贼之势，将诫诸军；三期陛下知臣非惜死之徒，许臣竭露。臣今将死抗表，陛下或以臣失律之后，诳妄为辞；陛下或以臣欲尽所忠，肝胆见察。臣死之后，望陛下不轻此贼，无忘臣言，则冀社稷复安，逆胡败覆，臣之所愿毕矣。仰天饮鸩，向日封章，即为尸谏之臣，死作圣朝之鬼。若使殁而有知，必结草军前。回风阵上，引王师之旗鼓，平寇贼之戈鋋。生死酬恩，不任感激，臣常清无任永辞圣代悲恋之至。

《旧唐书·封常清传》

　　封常清引颈就戮。高仙芝随后被一百名陌刀①手押赴刑场。他见昔日同袍已经变成冰冷的尸体，只得一张草席草草地铺于身下。

　　刑场周围当时围着那些新招募来的兵士，他们看着刑场内的两位将军，一位已经从容赴死，另一位被绑于刑台之上。姿容俊美的将军长身玉立，风吹鬓发，天地为之怆然。

---

① 陌刀，用于对付骑兵的长刀。《唐六典》中记载：陌刀，长刀也，步兵所持，盖古之断马剑。

高仙芝忍下悲痛问边令诚:"我遇敌而退,理应以死谢罪,但上有天,下有地,说我克扣粮饷,实在是太冤枉了。"

高仙芝又转向将士们,大喊:"将士们,我在京师招募你们,当时虽得了一些军费,但是买基本的装备都不够用。我希望带领你们杀贼报国,再从朝廷取得赏赐,可是朝廷现在说我盗用军粮,你们都是我的将士,如果我真的克扣了各位的粮饷,请喊有罪。如果你们认为我没有盗用,就请为我喊一声冤枉吧!"

三军将士齐声高喊:"冤枉!"声震天地。

高仙芝从容赴死。

高仙芝、封常清所想不过以身报国,所愿乃是天下长安。如此忠臣,枉死于宦官刀下,关山为之呜咽,飞鸟为之哀鸣。

皇帝玄宗,自毁长城。皇帝与武将再难建立信任,宦官干政的祸端也由此而启。

潼关已无守将,帝都长安岌岌可危。

二、哥舒断刀

天宝十五载(756年)正月初一,安禄山在洛阳称帝,国号大燕。

这段时间安禄山忙着在洛阳准备登基,才给了唐朝喘息之机,而大唐却利用这个时机杀了自己的元帅和大将。

高仙芝、封常清枉死,玄宗的气出了,潼关不能没人镇守,皇帝派出新的统帅——哥舒翰。

哥舒翰,西突厥哥舒部人,母亲是于阗王女,父亲是唐朝大将哥舒道元,曾任安西副都护。哥舒翰家境优渥,为人倜傥任侠,四十岁时父亲去世,家道中落,进京寻求发展。因受长安尉嘲讽羞辱,怒而从军。

哥舒翰从小受过良好的军事、文化教育,将门出虎子,从军后的哥舒翰勇冠三军：新城一役，令三军震慑；积石山一战，吐蕃五千骑兵无一生还；石堡城之战大破吐蕃，天下闻名；击吐蕃，拔洪济、大漠门等城，悉收九曲部落。

在李白眼中哥舒翰足以碾压卫青、白起，"丈夫立身有如此，一呼三军皆披靡。卫青谩作大将军，白起真成一竖子"。

杜甫称赞哥舒翰"先锋百战在，略地两隅空"。

西北地区流传着一首名为《哥舒歌》的民谣：北斗七星高，哥舒夜带刀。至今窥牧马，不敢过临洮。

哥舒翰在当时称得上是全民偶像，战神一样的人物。

安禄山对哥舒翰也很敬重，曾想和哥舒翰处好关系。在安禄山看来，自己的母亲是突厥人，父亲是胡人，哥舒翰的父亲是突厥人，二人的父亲都是胡人，出身差不多，可以做朋友。

没想到哥舒翰讽刺安禄山是野狐狸，他说："谚语有云，野狐狸对着洞嗥叫，不祥！"

安禄山气得大骂："你这个突厥狗，怎么敢这样说话？"

哥舒翰很看不上安禄山溜须拍马的样子，老上司王忠嗣又常说安禄山必反。哥舒翰和安禄山成了死对头，连带也看不上安禄山的族兄安思顺。

玄宗最喜欢搞平衡，杨国忠又夙兴夜寐想尽办法要对付安禄山。镇守东北的安禄山封了很多官，为了节制安禄山，西北的哥舒翰头上也有一大串官职、爵位。

《旧唐书·哥舒翰传》记载：

天宝六载，擢授右武卫员外将军，充陇西节度副使、都知关西兵马使、河源军使。

八载……拜特进、鸿胪员外卿，与一子五品官，赐物千匹、庄宅各一所，加摄御史大夫。

十一载，加开府仪同三司。

十二载，进封凉国公，食实封三百户，加河西节度使，寻封西平郡王。

十三载，拜太子太保，更加实封三百户，又兼御史大夫。

哥舒翰的使者入朝奏事，常骑着白骆驼。从大漠孤烟的边关出发，经过"闾阎相望，桑麻翳野"的西域，日行五百里来到繁华长安，一路驼铃阵阵，恰似一幅雄浑粗犷的盛世画卷。

让西平郡王去收拾东平郡王，原本再合适不过。可是潇洒的白发老将军，因为"好饮酒，颇恣声色"，在一次沐浴时不幸中风，只好入京养老。

封常清、高仙芝被杀，王忠嗣早已去世，将星逐个陨落，玄宗无人可用，只能把希望寄托在这位"废疾于家"的偏瘫老人身上。

哥舒翰再三推辞不过，只好挂帅出征。

哥舒翰出任兵马副元帅。大唐在潼关集结河陇、朔方兵和契（铁勒部落）、吐谷浑以及高仙芝旧部组成的勤王之师二十万。

天宝十五载（756年）正月十一日，哥舒翰击退安庆绪的进攻。

潼关北临黄河，南接秦岭，易守难攻，哥舒翰率二十万大军据天险固守；以颜真卿、颜杲卿为代表的地方官员在安禄山后方组织人民抗击伪燕叛军；郭子仪、李光弼带兵进入河北地区收复失地，兵锋直指安禄山老巢范阳。

安禄山进不能进，退无处退，已陷于泥潭之中。

唐军只要守住潼关，战局必将扭转，但大唐君臣再次自毁长城。

起因是安禄山的族兄安思顺，安思顺因为提前举报安禄山要谋反，所以没有被安禄山牵连，当时在长安任户部尚书。

因与他素有嫌隙，哥舒翰让人伪造一封安禄山写给安思顺的书信，诬陷安思顺通敌，玄宗明知这是哥舒翰公报私仇，还是处死了安思顺和他的弟弟太仆卿安元贞，家属流放岭南。

杨国忠身为首席宰相都没能救下安思顺，他感到自己的地位受到了威胁。

元帅荣王李琬去世后，哥舒翰又被称为皇太子先锋兵马元帅，太子素来不喜欢杨国忠,如果太子和哥舒翰联合起来,杨国忠的处境会更加不妙。

当时军中越来越多的人反对杨国忠,哥舒翰手下将领王思礼提出要带三十名骑兵把杨国忠劫持到潼关杀掉,哥舒翰以此举形同谋反予以拒绝。

得到消息的杨国忠快被吓死了,万一哪天哥舒翰想动手,自己小命就得玩完。杨国忠觉得和安禄山相比,哥舒翰对他的威胁更大。

杨国忠为了保命,以防备不测的名义,向皇帝申请从皇宫各部门挑选三千人加以训练,又在哥舒翰身后陈兵一万,以杜乾运为首领。

谁料哥舒翰把杜乾运骗到潼关,咔嚓,就给杀了,然后一封奏疏上去,轻松拿下这一万人的兵权。

杨国忠只好静待时机,另想办法。

而被阻隔在潼关城下半年之久的安禄山却深感不能再等下去了。他和范阳的联系已经被切断,如果不能攻破潼关,再被郭子仪、李光弼端了老窝范阳,从后面包抄过来,自己就要被包饺子了。

安禄山改变策略,把精兵藏在山上以逸待劳,让崔乾佑带几千老弱残兵诱惑唐军攻打,这种伎俩自然骗不过哥舒翰,却足以让玄宗落入彀中。

哥舒翰、郭子仪、李光弼都曾上疏朝廷,指出应固守潼关,不可轻出。

但玄宗只想速胜,这半年来他十分焦虑,快点取胜才能及时挽救自己的一世英名。他没想清楚这是平叛战争,不是宫廷政变。

宫廷政变带着禁军,从玄武门进去,把几个带头的和几十个党羽砍砍杀杀,一夕之间,天就变了。打仗可能是这位太平天子的知识盲区。

杨国忠一直在等待的机会出现了,他置大唐安危于不顾,极力撺掇玄宗责成哥舒翰出战。

将相失和,"好在"皇帝和宰相是一条心哪。一封封催哥舒翰出战的诏令被送到潼关,送诏令的使者项背相望。

天宝十五载(756年)六月初四,哥舒翰恸哭一场,引军出关。

四天后,灵宝(今河南省灵宝市)西原。

黄河南岸，王思礼率五万人为前锋，庞忠等人率十万主力紧随其后，哥舒翰自己率三万人渡过黄河，以为策应。

崔乾佑利用老弱残兵将唐军前锋部队引入崤山的一条隘道中，等他们进入包围圈，滚木礌石如雨点般砸向唐军的士兵，受地形所限，唐军无法反击，成了活靶子。

唐军推出毡车开路，崔乾佑又让士兵推出数十辆装满干草的车，堵住道路后点燃车上的干草，滚滚浓烟中唐军不辨敌我以至自相残杀。崔乾佑趁机绕到唐军后面，截断王思礼后路，五万前锋全部惨死。

唐军主力部队见此情形四散奔逃，黄河北岸的三万人也开始逃命，哥舒翰带着剩下的人一路狂奔回潼关。

原来为了坚守潼关，哥舒翰命人在关前挖了三条壕沟，每条二丈宽，一丈深。奔逃回来的士兵慌不择路，跌入战壕，竟把三条壕沟填平，后面的人踩着前面士兵的尸体逃入潼关。

十八万大军出关，只回来八千人。

六月初九，潼关失守。

长安，再无屏障。

哥舒翰退到关西驿站后，张贴告示召集溃散的余部，希望能重新组织兵力，夺回潼关。

这时他虽然经历惨败，但还有一口气在。部将火拔归仁把哥舒翰绑在马上时，中风的老将军曾试图用马鞭自杀，没能成功。等哥舒翰被劫持到洛阳后，他彻底折了心气，向安禄山下跪称臣，说自己愚昧，肉眼不识陛下。

"谨嘱关防将，慎勿学哥舒。"（唐·杜甫《潼关吏》）

哥舒翰的心气折了。

大唐的战神没了。

大唐的都城，大唐的臣民，大唐的天子将何去何从？

三、贵妃殒命

他是大唐的天子。

二十六岁发动唐隆政变,拥立父亲李旦继位。二十八岁登基称帝。二十九岁诛灭太平公主集团,以姚崇、宋璟为相,励精图治。四十一岁封禅泰山,上告昊天,下告黎民。

他治理的辉煌盛世前无古人。

他,五十六岁找到人间至爱,风华绝代。

皇位,安定,富强,文治、武功,江山,美人……

古今帝王想要的,他都有了。

他手握至高无上不容挑战的威权,带着他的贵妃,俯瞰河山。

他也怕,怕有人夺走他的权力,他一直生活在一个阴影中,那个阴影中皇后会害他,太子会害他,皇子会害他。

他害怕,所以他废黜皇后;

他害怕,所以那些和太子走得太近的人一个个死去;

他害怕,所以把皇子皇孙们圈禁起来教养[①]。

他害怕,有人会毁掉他这一生的功业。

在位四十多年,他一直受上天眷顾,是命运的宠儿。

天宝十四载(755年),渔阳鼙鼓,惊破盛世霓裳。

安禄山不是士家大族,没有家族背景,也不是番邦王子,没有部落势力可依靠,那个胡人和太子毫无瓜葛,安禄山能走到今天的位置上,全赖他的赏赐和信任,他还救过安禄山的性命。

他曾相信,安禄山对自己绝对忠心!

[①] 玄宗建十宅院、百孙院供皇子、皇孙们居住,对皇子皇孙们进行集中管理和监视。

可是安禄山背叛了他。

没想到，还有更坏的消息，潼关失守，连长安也守不住了。

天宝十五载（756年），他七十二岁，在位四十五年，当潼关失守的消息送到他的御案之上，他终于感觉自己老了，他再不是那个肆意潇洒、杀伐决断的少年。

六月十三日，当皇宫的大门打开，上朝的大臣看到宫人四散奔逃，皇宫乱成一团，唯独没有看到皇上。

王公、士民忙着往城外逃。山匪流氓得到消息往城里跑，他们跑到王孙公主的府上盗取财物，甚至有人骑着驴来到皇宫的大殿之上。

皇帝前一天还声称要御驾亲征，第二天黎明就带着贵妃姊妹、皇子、妃子、公主、皇孙、杨国忠、韦见素、魏方进、陈玄礼及亲近宦官、宫人，偷偷溜出宫门。

像贼一样逃离了长安。

住在宫外的王公大臣、皇子皇孙全被抛弃了！

江山社稷不要了！

黎民百姓不管了！

皇帝受天下供养，面对大唐危难，却只顾自己仓皇逃命。

他，上愧于天，下愧于民。

玄宗逃亡的当天，京兆尹崔光远就带着降书和皇宫的钥匙去了洛阳。钥匙是由边令诚掌管的，半年前边令诚卖了大唐的大将，现在他卖了大唐的皇宫。新任京兆尹卖了都城长安，这就是玄宗晚年信任的人，接下来受苦的是长安百姓。

安禄山的军队进入长安城后，大肆烧杀抢掠，帝京繁华，毁于一旦。

盛唐的包容、自信、乐观、风度，都被踩在铁蹄之下。

玄宗一行逃到咸阳望贤宫，看到的是空空的宫殿，望贤宫里一个人也没有，连咸阳县令都不见了，负责打前站的宦官王洛卿也不知去向。

第十章 长恨悲歌

都跑了!

没人给他们准备饭菜,没人管皇帝的死活了。

日上中天,皇帝、妃子、皇子、皇孙、大臣、禁军将士,随行的所有人都饿着肚子,杨国忠跑到集市上买了烧饼,拿给皇帝垫了垫肚子。

善良的百姓听说天子逃到这里没有饭吃,送来了糙米饭。百姓没有因为皇帝出逃就抛弃他,玄宗毕竟做了四十几年的太平天子,百姓对这几十年的太平富庶深为感念。饿得直哭的小皇子、小皇孙终于有饭吃了。

负责膳食的官员只好自己去采购食材,给皇帝和随行官员张罗饭菜,玄宗等所有人都吃完才开始用餐。负责护驾的禁军将士只能自己到村民家里去要饭。

玄宗一路走,随从人员一路逃散,半夜走到金城(今陕西省兴平市)时,只剩下大概一半人了。金城的驿站也是空无一人,王公大臣、凤子龙孙,宫人侍从横七竖八躺在地上和衣而眠。

对付一晚,第二天大家继续向西出发,中午走到了马嵬驿(今陕西省兴平县马嵬镇),禁军将士停下脚步,再也不肯前进一步。

将士们抛家弃子离开长安,连一句道别的话都没说上,现在沦落到讨饭吃、没饭吃的地步。

受累、挨饿、丧失尊严,他们哪受过这种委屈,哪遭过这样的罪,个个愤恨不平。他们在想:是谁让他们沦落至此?谁逼反了安禄山?谁撺掇皇帝逼着哥舒翰出潼关?谁提议去蜀中?

是杨国忠!

龙武大将军陈玄礼嗅到了危险的气息,如果不能妥善处理,禁军哗变,到时玉石俱焚,后果殊难预料。绝不能让他们把怨气撒到皇帝头上,队伍里有一个全天下都想杀的人。

是杨国忠!

陈玄礼把禁军将士召集到一起说:"天下崩离,万乘震荡,都是因为杨国忠割剥百姓，朝野怨咨。若不杀他以谢天下，何以平息四海之怨愤？"

将士们一起回应："只要能杀了杨国忠，我们死而无憾！"

陈玄礼是当时禁军的最高长官，深得玄宗信任，他行事谨慎，虽已打定了杀杨国忠的主意，但他必须得上个保险，带着禁军杀宰相，事情办好了是清君侧，办不好，那就是谋逆。

陈玄礼通过太子身边的宦官李辅国向上汇报了这个想法，太子什么也没说。

没有反对，就是默许。

或许陈玄礼还准备向玄宗请求，但后来发生的事没有给他这个时间。

驿站外，一群吐蕃使者正围着杨国忠说没有粮食吃，请宰相想办法解决一下。杨国忠还没来得及回答，禁军趁机大喊："杨国忠勾结蕃人谋反。"有人向杨国忠射箭，只射到了马鞍，杨国忠逃跑，军士们追上乱刀齐下，杨国忠变成了支离破碎的尸体。

禁军在驿站门外用枪挑起他的头颅，又杀死了杨国忠的儿子户部侍郎杨暄、韩国夫人、秦国夫人。杨国忠妻子裴柔和幼子杨晞，虢国夫人及其子裴徽逃到陈仓，被县令薛景仙追捕，诛杀。

士兵们杀得兴起，御史大夫魏方进也被杀了，宰相韦见素被一棒打在头上，鲜血直流。

玄宗在驿站中听到声音，惊问发生了何事。

左右回答说："杨国忠谋反。"

玄宗拄着一根手杖走出驿站大门，好言抚慰众军士，让他们收队，将士们都站在原地。

玄宗只好让高力士去问一下。

禁军将士说："祸本尚在！"（《新唐书·后妃列传》）

陈玄礼也说："国忠谋反，贵妃不宜供奉，愿陛下割恩正法。"

得到这样的回答，玄宗如遭雷轰。

第十章 长恨悲歌

他说:"朕当自处之。"

拖着万斤重的步子,走进门内,玄宗用手杖支撑着身体,垂下曾经高傲的头颅,伫立在那里。

门外的人要杀了他心爱的贵妃!他有办法保护吗?

没有!

拖一下,会不会有转机出现?

不会!

京兆司录韦谔(韦见素之子)见玄宗迟迟没有行动,过来劝他早些动手:"众怒难犯,安危就在顷刻之间,愿陛下速作决断!"说完,叩头流血。

玄宗说:"贵妃常居深宫,怎么会知道杨国忠谋反的事?"

高力士说:"贵妃诚然无罪,但将士们已经杀了杨国忠,贵妃留在陛下左右,他们怎么会安心呢!请陛下三思,将士安心,陛下才能安全。"

如果自己不动手,门外的禁军动手,恐怕她连全尸都无法保存。

是杀一个,还是死一双?

不,不只是一双,贵妃不死,这里的所有人都得死。

天子,身负家国社稷,他连殉情的资格都没有。

必须为今天的局面付出代价,给将士们一个交代。

江山、美人之间做抉择,只能是保江山。

玄宗命高力士把贵妃请到佛堂,与贵妃诀别。

杨贵妃被缢死在佛堂之中,香消玉殒,终年三十八岁。

如果把安史之乱的罪名扣到杨贵妃一个人的头上未免太过冤枉。

均田制的瓦解是她造成的吗?府兵制的破坏是她导致的吗?藩镇制度是她建立的吗?节度使割据一方是她给的权力吗?放任欺君罔上的杨国忠大行其道的是这个后宫妃嫔吗?

她只是个爱玩、爱跳舞的小女人,根本不懂朝政,不懂政治。

但是,她是皇帝贵妃,位同副后,她就不能只是一个小女人,她必须承担起母仪天下的职责。她应该像长孙皇后一样成为皇帝的"贤内助",或者像武则天一样成为皇帝的"战友"。她所在的这个位置是有政治任务的,所以才能享受朝廷给予的正一品女官待遇,所以她的亲族才能得到官职和富贵。

她不是一个合格的贵妃。

可进入后宫,不是她所能选择的。

她是一个为自己和很多人过错埋单的可怜女人。

说到可怜,战乱猝起,刀锋之下,多少百姓无辜罹难?多少兵士惨死沙场?与杜甫《三吏三别》中那些备受战祸摧残的百姓相比,她至少还有一条紫色的褥子包裹尸体,还有人为她掘坑埋葬。

连皇帝的贵妃都无法保全性命,沦陷区的百姓又在遭受着怎样的苦难呢?

民间有很多关于杨贵妃的传说,有的说她出家当了女道士,还有的说她跟随日本遣唐使去了日本。

百姓永远是善良的,他们希望大唐那美丽的贵妃没有在这场兵变中死去,但这只是美好的愿望。

杨贵妃真的死在了马嵬驿。杨贵妃死后她的尸体被停放在驿站的庭院中,玄宗让陈玄礼等人进入驿站验尸。

陈玄礼等人确认杨贵妃已死后,脱下铠甲,下跪请罪。

玄宗又是一番安慰,让陈玄礼去告诉禁军将士贵妃已死的消息。

将士们山呼万岁。

玄宗知道自己可以继续活着了!

但是,谈笑间指点江山的李隆基跟着他的贵妃已经一起死了,四十多年的骄傲化为乌有。

都城保不住,爱妃保不住。

山河破碎,物是人非。

第十章 长恨悲歌

天朝盛世已成昨日，多情皇帝成了孤家寡人。

路还得继续往前走，原定的方向是蜀中，但那是杨国忠提议的，杨国忠在成都当过兵，在那儿赌过钱、喝过酒，而且他还兼任剑南节度使。所以继续往蜀中走的建议被禁军拒绝，他们认为那是杨国忠的地盘，有他的党羽，去了会对自己不利。

新上任的御史中丞兼置顿使韦谔提议先去扶风郡（今陕西省宝鸡市凤翔区），再研究下一步往哪里走，因为扶风郡是交通枢纽，往北可以去朔方、陇、河，往南可以入蜀。

这个建议得到禁军的认可，队伍再次出发。

没多久，玄宗等人又被一群乡亲拦住。

乡亲们说："长安的宫阙是陛下的家，长安城外的陵寝是陛下先祖的坟墓，现在陛下抛弃他们，要到哪里去呢？"

玄宗握着缰绳，沉默许久，不知道该说什么，只好留下太子李亨安慰乡亲父老，自己带着人先行离开。

乡亲们见皇帝离开，上前围住太子。

乡亲们说："皇帝既然不肯留下，我等愿率子弟跟随殿下，讨伐逆贼，收复长安。如果殿下和至尊都不留下，那谁来为中原百姓做主？"

这时，来了数千附近村镇的百姓，他们将太子团团围住，不放他走。

太子流着泪说："皇帝远冒险阻，我若离开又怎么能安心？且我未能当面辞行，去或留都要禀明皇帝，听从皇帝的旨意。"

广平王李俶（李亨长子）、建宁王李倓（李亨三子）和宦官李辅国也劝李亨留下，大家言辞恳切，李亨只好留了下来。

民意如此，太子的心意也是如此。

这是离开玄宗掌控的最好机会，也可能是最后的机会，太子当然不会放过。

太子是利用了乡亲们的挽留，还是太子找了群众演员制造的民意，我们无从知晓。

等在前面的玄宗得到回报后，只说了两个字："天意！"

太子和皇帝分道扬镳，带人向灵武方向狂奔。

皇帝走到扶风郡，禁军再次出现异动，连陈玄礼也无法控制。成都进贡的蜀锦十余万匹恰在此时运抵扶风郡。

玄宗命人把蜀锦摆在庭院中，然后召集将士们，对他们说："朕老了，所托非人，所任有失，以致逆胡祸乱，要远避其锋。众位爱卿都是在仓促之间随朕远走他乡，没能和父母妻子告别，跋涉至此，吃苦受累，朕愧对众卿。蜀道艰难，郡县狭小，人马众多，可能不能供养，卿等可以各自返回家中，朕独与子、孙、中官入蜀。今日在这里与卿等诀别，把这些蜀锦分给你们做盘缠。你们回到长安，见到父老乡亲，代朕问个好，大家各自珍重吧！"

说完，已经七十二岁的玄宗泪如雨下。

众将士说："臣等誓死追随陛下！不敢有二心。"

良久，玄宗说："去留都随你们。"

将士们或为玄宗所言感动，或为钱财所动，危机再次解决，玄宗一行继续向南走。

七月十日，太子李亨抵达灵武（今宁夏回族自治区吴忠市北）。

七月二十九日，玄宗带着一千三百多人抵达成都。

属于玄宗的时代结束，接下来且看李亨如何平定叛乱，重整河山。

四、收复两京

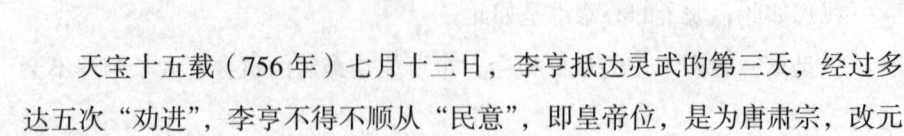

天宝十五载（756年）七月十三日，李亨抵达灵武的第三天，经过多达五次"劝进"，李亨不得不顺从"民意"，即皇帝位，是为唐肃宗，改元至德。肃宗遥尊远在巴蜀的玄宗为太上皇。

至德元载，李亨已经四十六岁，十九年太子生涯，李林甫"巧求阴事以倾太子"，杨国忠对其"潜谋不利"，玄宗为防太子势力危及皇权，对他予以压制。

现在李林甫、杨国忠已死，玄宗逃往蜀中避难，李亨终于可以独立做主，虽然登基的地点不在都城，登基时只有文武官员二十多人。

肃宗登基三天后，玄宗开始布置平叛任务，任命李亨为天下兵马元帅，领朔方、河东、河北、平卢节度都使，南取长安、洛阳；永王李璘（玄宗第十六子）、盛王李琦（玄宗第二十一子）、丰王李珙（玄宗第二十六子）各领数道节度使。

直到这封诏书出现，天下人才知道皇帝在蜀中，但玄宗还不知道自己已经升级为太上皇。

历史就是这么充满戏剧性，不用写任何脚本。

玄宗在得知自己"被太上皇"后，决定以大局为重，他最后一次以皇帝身份颁布诏书，宣布一切军国大事都交由皇帝李亨裁决，事后向太上皇汇报即可，长安收复后，连事后汇报都不用了。

玄宗命人把玉玺、传位诏书送往灵武，给李亨补办即位手续。

肃宗必须早日收复长安，迎回太上皇，平定叛军，才能证明自己即位是为了平叛，不是为了篡位。

欲速则不达。玄宗、肃宗两任皇帝都急于求成，多次决策失误，导致这场战乱持续七年半之久，直到宝应二年（763年）正月才被彻底平定。

但肃宗的即位在当时起到了非常积极的作用，四方得知太子在灵武登基，纷纷前来投奔，这里就有武将郭子仪、李光弼，文臣李泌。

郭子仪，华州（今陕西省渭南市华州区）人，父亲郭敬之，历绥、渭、桂、寿、泗五州刺史，郭子仪身长六尺余，体貌秀杰，得中武举高等，被授予左卫长史，之后在边关各藩镇中担任边关将领，但都是一些不高的职务，直到天宝十四载（755年），郭子仪接替奉诏回朝的安思顺成为朔方节度使，同时兼任卫尉卿、灵武（今宁夏回族自治区灵武市）太守，才真正成为封疆大吏，此时他已经五十九岁。

李光弼，营州柳城（今辽宁省朝阳市）人，祖先是契丹酋长，父亲李楷洛，官至左羽林将军同正、朔方节度副使，封蓟国公，以骁果闻名。外祖父是契丹降将李楷固，在武则天执政时期，授封左玉钤卫大将军，赐爵燕国公。

李光弼少年时从军就已经担任左卫郎一职，为大将王忠嗣赏识，天宝八载累升至河西节度副使，封蓟郡公。天宝十一载（752年），拜单于副使都护。后因故辞官，安史之乱爆发后，李光弼被郭子仪招至麾下。

安史之乱爆发后，郭子仪带着朔方军在河东战场连战连捷。河北战场危急，玄宗命郭子仪休整后南下克复东都洛阳，并请他举荐一人驰援被叛军围攻的饶阳，郭子仪推荐了李光弼。

李光弼被擢升为河东节度使，带一万朔方军奔赴河北战场，叛军闻讯转攻常山。李光弼不负所托，接连大败安禄山叛军二号人物史思明，收复常山下辖的七个县。

郭子仪率军十万和李光弼会合，在九门大败叛军史思明部、蔡希德部，蔡希德逃回洛阳。之后郭、李大军又在嘉山大败史思明，杀敌四万多，俘虏千余人，史思明几乎全军覆没，他本人被打得披头散发，光着脚逃离战场，返回博陵苟延残喘，不敢出战。

与此同时，沦陷区百姓纷纷起义，平原郡太守颜真卿、北海太守贺兰进明等朝廷官员组织了颇有成效的抵抗运动，郡县接连光复。安禄山叛军返回老巢洛阳的道路被斩断。哥舒翰据守潼关，又死死挡住了安禄山前进的路。

安禄山暴跳如雷，打骂部下，后悔起兵造反，为了保住老本和小命，他产生了撤军的想法。如果战局能继续按此趋势发展，安史之乱在这一年，也就是天宝十五载（756年）就有希望结束。

但是，潼关丢了，长安危急，玄宗出逃。

兵指范阳，围攻博陵的郭子仪、李光弼不得不回援关中，战局急转直下。

河北各地接连失陷，遍地哀号，血流漂杵。

长安沦陷，滞留长安的李氏皇族惨遭捕杀，死后又被掏出心脏祭奠安禄山的长子安庆宗。王公大臣中被安禄山所厌恶或者他认为是杨国忠、高力士一党的全部被杀。

安禄山还纵兵四处抄家。"既得长安，命大索三日，并其私财尽掠之。又令府县推按，铢两之物无不穷治，连引搜捕，支蔓无穷，民间骚然，益思唐室。"（《资治通鉴》卷二一八）

唐肃宗即位后，郭子仪、李光弼率军五万投奔灵武，肃宗加封郭子仪为武部尚书、灵武长史，李光弼为户部尚书、北都留守，其他官职如故，两个人都为同中书门下平章事。

为快速平定叛乱，唐肃宗派人向回纥借兵。回纥可汗派葛逻支率军入唐增援。

至德元载（756年）十月，肃宗新任命的宰相房琯所率大军在收复长安的战役中全军覆没。

同月，颜真卿因食尽援绝，撤出平原郡，率部渡黄河南下，而后饶阳等城陷落，河北全境落入叛军之手。

百姓流离失所，江山风雨飘摇。但是，沦陷区的军民并没有放弃，他们竭尽所能地组织抵抗运动，民心仍在朝廷一方，李唐王朝仍在。

十一月，郭子仪与回纥首领葛逻支合并一处，击败贼将阿史那从礼，河曲平定。

至德二载（757年）正月，安禄山的二儿子安庆绪因父亲想立小儿子安庆恩为太子，将安禄山杀死，取而代之。

安禄山死前说的最后一句话是："必家贼也！"他曾对玄宗说"只知有母，不知有父"，现在落得这样父"辞"子"笑"的下场，也是讽刺。

二月，肃宗带着朝廷搬到凤翔（即扶风，肃宗登基后改为凤翔郡，今陕西省宝鸡市凤翔区），着手克复两京。

安庆绪弑父篡位之时，史思明集结了十万叛军攻打太原城，李光弼率景城、河间兵五千人奉命镇守太原。

李光弼使用投石机、挖地道、诈降等方法据城坚守，史思明久攻不下，又收到安禄山被杀的消息，他借机退回范阳，图谋伪燕帝位。

二月下旬，李光弼率敢死之士出城，大破留守叛军蔡希德部，斩首七万余人。

郭子仪奉旨率朔方军主力挥师南下，大破叛军于潼关，崔乾祐逃往蒲津。当时永乐尉赵复、河东司户韩旻、司士徐炅、宗子李藏锋陷于蒲津城中，他们谋划等唐军到来，就做内应。郭子仪攻打蒲津，赵复等人从城内杀死守城的叛军，开城门迎唐军入城。

崔乾祐率残部逃至安邑，安邑百姓诈降引叛军入城，在叛军一半兵马入城后，突然关闭城门将崔乾祐的军队斩成两段，唐军在外，百姓在内一举歼灭崔乾祐部。随后，陕郡永丰仓也回到唐军掌握之中。

唐军关中、河东、河南之间的通道被打通，长安叛军和洛阳叛军之间的联系被切断。之后，唐军和叛军互有胜负。

至德二载（757年）九月，肃宗命天下兵马大元帅广平王李俶（即后来的代宗李豫），司空、天下兵马副元帅郭子仪率朔方等军及回纥、西域之众十五万，号称二十万，对长安叛军发动总攻。

唐军陈兵于长安城西香积寺北沣水之东，以李嗣业为前军，郭子仪为中军，王思礼为后军。

叛军大将安守忠、李归仁率十万大军也陈兵于香积寺北。

会战开始，唐军击退叛军将领李归仁的攻击，攻入叛军阵地，叛军反扑，唐军被逼退回，军中惊乱，叛军趁机攻击唐军辎重部队。

河西节度副使李嗣业赤膊上阵，手持长刀，"立于阵前，大呼奋击，当其刀者,人马俱碎",接连砍杀数十人,稳住了阵脚。

李嗣业率将士手执长刀,组成军阵,如墙而进。李嗣业身先士卒,前军所向摧靡,杀入叛军阵中。

都知兵马使王难得为救一员裨将,被叛军射中眉心,射破的皮肉垂下来挡住了眼睛,王难得大怒,他拔下箭,撕掉皮肉,虽"血流被面",仍"前战不已"。

叛军在阵东埋伏精锐骑兵,准备偷袭唐军,被唐军斥候侦知,郭子仪派朔方左厢兵马使仆固怀恩带回纥骑兵出击,将他们"翦灭殆尽"。

李嗣业率唐军和回纥骑兵,绕到贼阵之后,与郭子仪中军夹击叛军。

两军从午时打到酉时,唐军斩首六万级,叛军填沟堑而死者众多。

叛军大败后逃回长安,而后放弃长安逃至陕郡(今河南省三门峡市)。

被叛军占领一年多的长安,终于重新回到唐军手中。

长安克复后,郭子仪继续向东挺进,追至潼关,斩首五千级,克复华阴郡、弘农郡。

在陕郡,唐回联军再次大败叛军。安庆绪见洛阳门户已失,率军逃出洛阳。

东都洛阳回到大唐手中,肃宗自凤翔返回长安。

唐军乘胜追击,河南、河东、河西之乱皆平。

十一月,广平王李俶、司空郭子仪自洛阳入朝,返回长安。

肃宗对郭子仪说:"吾之家国,由卿再造!"(《资治通鉴》卷二二〇)

十二月,太上皇李隆基被迎回长安,入住兴庆宫。兴庆宫,由李隆基登基前的府邸扩建而成,在长安兴庆坊内,能和市民交流,行动比较自由。

范阳的史思明在分析形势后,决定伪降保存实力,于是一封降表送入长安。肃宗封史思明为归义王,范阳节度使,命他讨伐安庆绪。

狼烟似乎已经散去……

五、走向沉沦

至德二年（757年），两京克复，朝廷内部弥漫着乐观的情绪。

迎回太上皇李隆基后，肃宗处理投降叛军的逆臣，嘉奖平叛功臣，追封平叛中捐躯赴国的烈士。

逆臣们按罪行轻重分别被处以斩首、自尽、重杖一百、流放、贬谪等刑罚。

功臣广平王李俶晋封楚王，郭子仪晋封司徒，李光弼晋封司空，其他在蜀郡、灵武的扈从立功之臣，皆进阶，赐爵，加食邑。

颜杲卿、张介然等烈士都被追赠官爵。

肃宗又宣布蜀郡为南京，凤翔为西京。

次年二月，肃宗改元乾元，改载为年。

乾元元年（758年）三月，楚王李俶改封成王，立张淑妃为皇后。四月，立成王李俶为皇太子，改名李豫。

朝廷对逃到邺城的安庆绪不予过问，导致安庆绪仍挟七郡六十余城割据一方。

肃宗对投降的史思明也没有采取任何措施，让他在范阳得以喘息，恢复实力。

直到六月，肃宗才采纳李光弼建议，派人到范阳宣旨抚慰，意图策反其部下，借机除掉史思明。不料事情败露，史思明复叛。

到这时肃宗才想起应该除掉邺城的安庆绪。

八月，肃宗以郭子仪为中书令，李光弼为侍中。因此人们称郭子仪为令公。

九月，肃宗命朔方郭子仪、淮西鲁炅、兴平李奂、滑濮许叔冀、镇西兼北庭李嗣业、郑蔡季广琛、河南崔光远七节度使和平卢兵马使董秦率步骑兵共二十万,从各自驻地向邺城进发。同时命河东李光弼、关内兼泽潞王思礼二节度使率所部协助。

如果这次平叛成功,安史之乱就可以提前五年结束。但,如果只是如果。

因为安禄山谋反,肃宗对武将深为忌惮,他表面给郭子仪、李光弼等封官晋爵,实际时刻担心他们会谋反。

肃宗不敢把二十万大军交给一个人来管理,所以大军内没有设元帅,节度使互不统属,又新设"观军容宣慰处置使"一职,由内侍宦官开府仪同三司鱼朝恩担任,负责大军的统辖、调遣。

宦官没有子女,总不会造反吧?把军队交给久居深宫、不懂军事的宦官手中,结果可想而知。

战役刚开始,郭子仪率军连战连胜,克复获嘉(今河南省获嘉县)、卫州(今河南省卫辉市),将安庆绪逼回邺城,二十万大军趁势包围邺城,无计可施的安庆绪只得写信向史思明求援。

史思明率十三万大军南下,命李归仁带步骑兵一万进抵滏阳(今河北省磁县),"遥为庆绪声势"。十二月,史思明攻陷魏州(河北省大名县),之后他没有像安庆绪期待的那样继续进兵营救邺城。

乾元二年(759年)正月,史思明在魏州自立称"大圣燕王",向邺城的兵马招手,示意他们兵败后到"大圣燕王"这来。

李光弼提议分兵攻打史思明,以防唐军腹背受敌,鱼朝恩自恃兵多将广,不以为然,拒绝了李光弼的提议。

外行指导内行,是会要命的。

安庆绪知道失败就是死路一条,所以表现得极其凶猛。唐军数十万兵马分属不同节度使,各自为政,又被鱼朝恩胡乱指挥,以致久攻邺城不下。其间,镇西节度使李嗣业在攻城时被流矢射中,不幸身亡。

除最初的二十万大军,又有唐军陆续抵达邺城,到这时唐步骑兵力已达六十万之多。背后的史思明不断袭扰唐军,拦截唐军粮草,搞得唐军军心涣散，六十万大军俨然一盘散沙。

鱼朝恩自恃兵多将广，任由史思明在卧榻之旁酣睡了几个月，直到这年三月，两军在邺城展开决战，唐军六十万散沙对史思明精兵五万。

决战开始时双方伤亡差别不大，没想到突然遭遇极端恶劣天气："大风忽起，吹沙拔木，天地昼晦，咫尺不相辨。"(《资治通鉴》卷二二一)

双方军士大惊，各自逃命，史思明的部队往北逃，唐军往南逃，逃命的军士丢盔弃甲。

唐军因人数更多，损失极为惨重："战马万匹，惟存三千，甲仗十万，遗弃殆尽。"(《资治通鉴》卷二二一)

洛阳士民惊骇，纷纷逃往山谷避难，留守崔圆、河南尹苏震等官吏向南投奔襄州、邓州。

各节度使溃逃回自己的藩镇，奔逃过程中军纪丧失，士卒剽掠百姓，官吏无法制止。

九大节度使只有郭子仪还在想着战局，他断河阳桥以保东京洛阳，而后率部退守河阳（今河南省孟州市），阻断了史思明南下攻击的道路。

溃归本镇的众节度使，只有李光弼、王思礼所部没有骚扰地方，整建制返回。六十万大军败得莫名其妙，败得脸面尽失，朝廷的军队抢劫百姓的事情都做得出来，朝廷却毫无办法。藩镇在平定叛乱的过程中，已经慢慢脱离朝廷的掌控，权力越来越大。

大唐内部混乱，好在叛军内部更乱！

史思明杀了安庆绪，进驻邺城，之后返回范阳自立为大燕皇帝，像模像样地改元顺天，立皇后，任命官员，改范阳为燕京。

又冒出来一个自立为帝的，必须有人为邺城的惨败负责！

谁该为这次惨败负责呢？郭子仪！

原则，是谁干的活多，谁来背锅。手段，是一个无能小人拼命甩锅。

鱼朝恩回京后不停地向肃宗进谗言，说这次失败的责任都在郭子仪身上。

第十章　长恨悲歌

七月，郭子仪被解除军职，赋闲回京。肃宗任命赵王李系为天下兵马元帅，李光弼为朔方节度使、副元帅。

朔方军陡然更换主帅，要花时间调整适应，朝廷再次集结军队也需要时间，邺城之战后整整半年时间，肃宗放任史思明休整军备、养精蓄锐。

九月，史思明十几万人马兵分四路卷土重来，东京洛阳无险可守，分兵布防实力不足，唐军被迫放弃洛阳，东都再次沦陷。

洛阳是被主动放弃的，李光弼组织百姓、官员有序撤离，搬空府库，给史思明留下的是一座空城，朔方军撤至河阳。

河阳进可攻，退可守。河阳很特别，它是一个城市，但它有三座城，黄河南岸、北岸各有一座为北城、南城，河中小洲之上还有一座中潬城，三座城堡之间以浮桥相连。史思明追到河阳，两军对南城展开反复争夺，耗得史思明无计可施退回洛阳，两军陷入僵持。

说是僵持，实际是李光弼把史思明死死地耗在河阳，一步也前进不得。史思明派人骂战，战将被李光弼部下裨将白孝德轻松挑于马下。史思明用几百匹公马展示自己实力雄厚，李光弼就用母马把他的公马全部拐跑。史思明想用战船点燃城堡间的浮桥，李光弼就让他们知道什么是玩火自焚。

李光弼就是史思明的克星。

史思明派人断李光弼粮道，好不容易把李光弼诱出城安营扎寨，史思明激动得心都要跳出来了，当即派部将李日越带五百骑兵偷袭唐军。

李日越摸进唐军大营，看到唐军士兵在战壕里躺着吹口哨，他就知道完了。

李日越想起自己的任务，问："司空（李光弼）在吗？"

唐军："昨天就走了。"

李日越又问："你们有多少人？"

唐军："一千。"

李日越再问:"将领是谁?"

唐军:"雍希灏。"

李日越说:"我投降。"

投降后的李日越得到了重用。

没过多久,史思明的另一个部下高庭晖也带着手下兄弟来投降。

满脑子问号的部下忍不住问李光弼原因。

李光弼说:"人之常情罢了。史思明认为我不擅长野战,听说我出城,一定会派人来抓我,李日越抓不到我,完不成任务,回去只有死路一条,所以只好投降。高庭晖听说李日越在我这里得到重用,他自认为能力在李日越之上,如果投降一定会比李日越混得更好,自然也来投降了。"

这真是不战而屈人之兵。

史思明没抓到李光弼,还连失两员大将,气得七窍生烟,率军全力强打河阳。

叛军攻南城,郑陈节度使李抱玉(安兴贵曾孙,自陈耻与安禄山同姓,赐姓李)诈降避过史思明的凌厉攻势,之后主动出击,叛军大败。

叛军攻中潬城,李光弼部将荔非元礼以逸待劳,任史思明将士挖土填沟,砍城外的栅栏,等他们折腾得精疲力竭之后,荔非元礼突然出击,打得叛军后退数百步,荔非元礼又迅速后撤,进入最后一道防线之中。叛军被搞蒙了,追上来之后,不知道是应该进攻,还是后退,荔非元礼再次突然出击,叛军大败。

叛军攻北城,李光弼指挥部将郝廷玉、论惟贞、仆固怀恩、仆固玚等全力出击,"诸将齐进致死,呼声动天地,贼众大溃,斩首千余级,捕虏五百人,溺死者千余人"。叛军再次大败。

只要李光弼在河阳,史思明迟早会被耗死。

不仅会被耗死,还会死得很惨,因为李光弼除了坚守在河阳,他还主动出击,收复怀州,准备截断史思明北归范阳的道路。

第十章 长恨悲歌

史思明一败再败，军心动摇。

安史之乱的平叛过程中，每当局面好转时，内部总会出现问题，在鱼朝恩和仆固怀恩的鼓动下，肃宗不断派使者催促李光弼收复洛阳。

鱼朝恩是为了显示自己高明的判断，仆固怀恩是看上了李光弼的位置。

面对一位又一位天子使者，李光弼无奈地走上了哥舒翰的老路。

李光弼在邙山遭遇以逸待劳的史思明叛军，被打得大败，河阳、怀州都落入史思明之手，都城长安再次危急。

靠唐朝自己打败安史之乱这支叛军实在是太难了，每到关键时刻，统治集团的内斗，就让决策者昏招迭出。肃宗急于求成的心理，一次次被小人利用，最终导致他没能看到安史之乱彻底被平息的那天。

安史叛军这个团体也很奇特，安庆绪杀了安禄山，史思明杀了安庆绪，现在轮到史思明被杀了。

故事情节和安庆绪杀安禄山时一模一样，史思明的长子史朝义不受父亲待见，史思明喜欢自己的小儿子史朝清，史思明责骂史朝义，扬言要杀了史朝义，史思明被一条绳子结果了性命，史朝义迫不及待登基做了皇帝。又是一出父"辞"子"笑"的好戏！

叛军内部好多将领是原来安禄山的部下，连史思明都不服，又怎么会听从史朝义这小子的管理。史朝义上台后，伪燕内部开始叛乱。

宝应元年（762年）四月，被权宦李辅国强行迁居至太极宫的唐玄宗去世，终年七十八岁。

在生命的最后两年，他失去了自由，陈玄礼、高力士、玉真公主（李旦第九女，玄宗同母妹妹）都从身边被赶走，连日常伺候的宫人也换成了陌生面孔。

玄宗在孤寂和绝望中离开人世，死后葬于唐泰陵，与肃宗生母元献皇后杨氏合葬。

高力士在遇赦返回途中得知玄宗去世的消息，伤心过度，吐血而亡，

367

终年七十九岁。高力士的陵墓是泰陵唯一一座陪葬墓。

玄宗驾崩十三天后，他的儿子肃宗李亨也因病去世，终年五十二岁。

四月二十日，宦官李辅国拥立太子李豫登基，即唐代宗。藩镇之乱未除，宦官乱政又现，大唐王朝清明的政治景象再也回不来了。

代宗继位后，以洛阳为代价换取回纥出兵援助，任命雍王李适为天下兵马元帅，擢升朔方节度使仆固怀恩为同平章事兼绛州刺史，领诸军节度行营作为李适的副手，与回纥兵组成联军共同进讨史朝义。

唐回联军大破史朝义叛军，史朝义带家眷慌忙逃走，洛阳克复。

灾难随之降临到百姓头上："回纥入东京，肆行杀略，死者万计，火累旬不灭。朔方、神策军亦以东京、郑、汴、汝州皆为贼境，所过掳掠，三月乃已，比屋荡尽，士民皆衣纸。回纥悉置所掠宝货于河阳，留其将安恪守之。"（《资治通鉴》二二二）

这就是请回纥出兵的代价。城池回到了朝廷手中，百姓却成了砧板上的鱼肉。这样的代价并不能换来安定和和平，只能让李唐王朝走向沉沦。

宝应二年（763年）正月，史朝义家眷被唐军俘获，范阳守将献城投降，史朝义自杀。

闰正月，回纥退兵，历时八年的安史之乱终于结束，但是战乱并没有结束。

第十一章

大唐的背影

一、支离破碎

战乱仍在继续。

为尽快完成平叛的扫尾工作,代宗接受仆固怀恩的建议,将叛军降将就地任命为节度使,伪燕节度使摇身一变成了大唐节度使。《资治通鉴》记载,以史朝义降将薛嵩为相、卫、邢、洺、贝、磁六州节度使,田承嗣为魏、博、德、沧、瀛五州都防御使,李怀仙仍故地为幽州、卢龙节度使。

安史之乱平定,但藩镇问题并没有解决,而且变得更加严重。

为组织对安史叛军的抵抗,玄宗在天宝十四载(755年)设置了第一个内地节度使河南节度使,领陈留(今河南省开封市)等十三郡。安史之乱结束后,为安置安史降将和奖励有功的战将,又大封节度使。

边疆、内地,及至两京附近都有藩镇,河北、山东这些富庶之地,也形成了藩镇割据。藩镇数量从天宝十镇增至三十四个藩镇,之后还在继续增长,最多时将近五十个。

> (至德二载)升河中防御使为节度,领蒲、绛等七州;分剑南为东、西川节度,东川领梓、遂等十二州;又置荆澧节度,领荆、澧等五州;夔峡节度,领夔、峡等五州;更安西曰镇西。
>
> (乾元元年)甲辰,置浙江西道节度使,领苏、润等十州,以升州刺史韦黄裳为之。庚戌,置浙江东道节度使,领越、睦等八州,以户部尚书李峘为之,兼淮南节度使。
>
> (乾元元年)是岁,置振武节度使,领镇北大都护府、麟、

胜二州；又置陕虢华及豫许汝二节度使；安南经略使为节度使，领交、陆等十一州。

《资治通鉴》卷二二〇

各藩镇在平叛过程中攫取到更多权力，很多藩镇对朝廷命令阳奉阴违。执行朝廷委派任务时成事不足，但在给朝廷添乱方面又显得出类拔萃。

节度使手中既有兵权，又有人事权、财政权。兵力方面既有雇佣军，又组建了类似安禄山的"曳落河"的亲兵组织为己所用，在这些权力的扶持下，节度使"父死子继，兄终弟及"，藩镇逐渐演变成半独立状态的地方割据势力。

藩镇变成了军阀，边境也不太平。安史之乱中，为平定叛军，朝廷将西部军事重镇主力部队调往内地，边境空虚，吐蕃等趁虚而入，大唐几代人辛苦建立的边防体系被破坏殆尽。

> 唐自武德以来，开拓边境，地连西域，皆置都督、府、州、县。开元中，置朔方、陇右、河西、安西、北庭诸节度使以统之，岁发山东丁壮为戍卒，缯帛为军资，开屯田，供糗粮，设监牧，畜马牛，军城戍逻，万里相望。及安禄山反，边兵精锐者皆征发入援，谓之行营，所留兵单弱，胡虏稍蚕食之；数年间，西北数十州相继沦没，自凤翔以西，邠州以北，皆为左衽矣。

《资治通鉴》卷二二三

广德元年（763）七月，吐蕃携吐谷浑、党项、氐、羌二十万联军入侵，取河西、陇右之地，攻入关中。

无将可用的代宗，只好再次启用"闲废日久，部曲离散"（《资治通鉴》卷二二二）的郭子仪。

六十七岁的老将军，带着二十人"大军"，骑着耕田的牲畜，奔赴前线。

吐蕃联军长驱直入，渡过西渭桥，代宗惊慌出奔，长安再次沦陷。

无兵无将的郭子仪沿途收编溃散将士，只召集到四千人。各藩镇对代宗勤王的诏令或视若无睹，或迁延不至。

四千对二十万，身前是沦陷的京都，身后是天子和百姓，鬓发染雪的郭令公没有退缩。

力量悬殊，只能智取。

郭子仪命部将进驻蓝田，白天大张旗鼓虚张声势，晚上点燃无数篝火，向长安靠近。吐蕃人以为唐军有大批援军相继到达，非常害怕。

城内百姓也传言郭令公从商州出发，带了难以计数的大军来长安。吐蕃人觉得这些百姓说的是真的，更加害怕了，而且当时吐蕃兵已将长安劫掠一空，遂萌生退意。

郭子仪部下化装潜伏入城，联络城内少年豪杰，夜间在朱雀街上击鼓，大声呼喊制造混乱。吐蕃联军惊恐至极，连夜卷起铺盖逃命去了。

郭子仪第二次收复长安，挽狂澜于既倒，扶大厦之将倾，大唐社稷得以保全。

吐蕃入寇之前，安史之乱的平叛功臣仆固怀恩与河东节度使辛云京互相攻讦，宦官骆奉先、鱼朝恩都在代宗面前说仆固怀恩反状已露。仆固怀恩自恃功高在奏疏中恫吓天子。现在吐蕃大军走了，代宗准备让郭子仪重回朔方军取代仆固怀恩，以免除后患。

计划尚未实施，仆固怀恩抢先动手，攻击太原，起兵反叛。郭子仪再次被委以重任，出京平叛。还没等郭子仪出手，仆固怀恩部下兵变，其子仆固玚被杀，仆固怀恩仓皇逃往朔方。

广德二年（764年）八月，仆固怀恩引回纥、吐蕃大军十万进攻关中。郭子仪再次挂帅出征，回吐联军见到郭子仪率军严阵以待，为其声势和威名所震慑，不战而退。

第十一章 大唐的背影

永泰元年（765年）九月，仆固怀恩又引回纥、吐蕃、吐谷浑、党项、奴剌组成的数十万大军入寇大唐，郭子仪上奏朝廷点将平叛。当月，仆固怀恩暴病而卒，联军各自为战烧杀掳掠后准备撤军，唐军分兵进驻各战略要地，宦官鱼朝恩策划裹挟代宗出逃。

回纥、吐蕃在退兵途中又想进攻长安，两军合兵一处进攻泾阳（今陕西省泾阳县）。

当时驻守泾阳的正是郭子仪，郭子仪决定分化瓦解两军，他令牙将李光瓒到城西游说回纥人和唐军共击吐蕃军队。

回纥人听闻郭子仪在军中，不敢相信。

回纥人问："郭令公真的在这儿吗？你骗我吧？如果真的在，能让我们见见吗？"

郭子仪只带着数名亲兵出城，命将士大喊："令公来了！"

回纥人大惊。

回纥大元帅合胡禄都督药葛罗（登里可汗之弟），弯弓搭箭立于阵前。他看到郭子仪"免胄释甲投枪"，单骑飞驰入自己大军之中。

回纥诸酋长你看我，我看你，惊讶地说："真是郭令公！"纷纷下马行礼。

郭子仪握着药葛罗的手说："回纥有大功于唐，唐回报你们亦不薄。为什么会背恩德而助叛臣呢？我现在来到你们军中，你杀了我，我的将士必会与你死战到底。"

药葛罗说："我是受了仆固怀恩的蒙蔽，实在不知道您老人家在这儿，要是知道令公在这儿，一定不敢来。"

两人约定一起打吐蕃，执酒盟誓，大喊："大唐天子万岁！回纥可汗万岁！"

吐蕃听说郭令公在此，唐军和回纥已经联合，吓得连夜引兵逃走。唐回联军追至灵台，斩杀吐蕃万余人，夺回被掠走的百姓四千人。随后，仆固怀恩战将张休藏等人投降，仆固怀恩之乱平定。

在安史之乱中仆固怀恩全家四十六人为唐殉难，女儿远嫁回纥和亲。仆固怀恩反叛后，他的母亲提着刀追杀他，说："吾为国家杀此贼，取其心以谢三军。"（《资治通鉴》卷二二三）

仆固怀恩一家本应是一门忠烈。

另一位平叛功臣李光弼，在吐蕃入寇时因与宦官程元振不和，担心被害，迁延不至。吐蕃大军退去后，代宗调李光弼往洛阳任东都留守，李光弼以为朝廷看护江淮粮道为理由拒不赴任。

代宗对李光弼更加怀疑和不满，把李光弼母亲和弟弟接到长安，又派人警告其部下不要学仆固怀恩。李光弼"愧耻成疾"，一病不起，广德二年（764年）七月，薨于徐州，时年五十七岁。朝廷辍朝三日，赠太保，谥武穆。

李光弼是"战功推为中兴第一"的名将。

面对皇帝的猜忌、宦官的离间，仆固怀恩起兵反叛，李光弼为求自保，不听朝廷调遣。曾经保家卫国、血战沙场的功臣名将走到这样的地步，实在令人唏嘘。

安史之乱后，诸如此类的藩镇叛乱此起彼伏，大唐大大小小几十个节度使俨然成了割据军阀，他们有自己的人事权、财政权、军权，对朝廷的号令或装聋作哑，或公然抗命，朝廷逐渐丧失对藩镇的控制能力，连节度使的任免都难以做主。但是藩镇内部斗争不断，藩镇间互相混战形成制衡，唐朝才没有因藩镇的存在而马上灭亡。

可怜人民一再陷于战火硝烟，大唐也在这样的撕扯中慢慢支离破碎。

唐德宗建中年间，成德节度使李宝臣去世，德宗拒绝其子李惟岳继任的请求，着手准备削藩，引发"二帝四王"之乱，最终以朝廷同意节度使世袭，藩镇取消自封的王号结束，战争持续五年之久，换来的只是更加强大的藩镇和战场上的累累白骨。

德宗为削藩，极力敛财，他推行两税法，扩大了税源，相对减轻农民的负担，但所设的"间架税""除陌税"等因过于刻薄，激起民怨。

德宗执政期间国库渐渐丰裕。及至宪宗继位又任用杜黄裳、李吉甫等人，大力发展经济，将神策军（中央禁军）扩充至十五万人，与周边政权关系有所改善，朝廷终于有实力再次削藩。经过前后十四年的努力，藩镇相继归命，但国库也再次空虚。

宪宗是由宦官拥立，最终也被宦官所杀，人亡政息，藩镇再次做大，元和中兴也如昙花一现，未能得到延续。虽然后来武宗取得了"会昌伐叛"的胜利，但武宗之后，朝廷再也无力与藩镇较量。

二、牛李党争

唐中后期除了尾大不掉的藩镇，还有严重的党争。

一场持续四十多年，历经宪宗、穆宗、敬宗、文宗、武宗、宣宗六朝，熬死了数位皇帝的朝廷内部党派斗争——牛李党争拉开帷幕。

牛李党争起源于两次科举考试。

第一次，元和三年（808年）制策案。

宪宗元和三年，开制科策试贤良方正、直言极谏，应试的牛僧孺、李宗闵等人，在对策中抨击时弊，被评为上第。

当时的宰相李吉甫（李德裕之父），认为指摘朝政的不是，就是在说宰相的不是，于是找到宪宗哭诉，指摘考官与翰林学士营私舞弊。导致考官杨于陵、韦贯之和翰林学士王涯、裴垍被贬，牛僧孺、李宗闵等人被取消录取资格，无法在朝中任职，只好到各地藩镇担任下级幕僚，双方由此结怨。

第二次，长庆科考舞弊案。

穆宗长庆元年（821年），朝廷举办科举考试，右补阙杨汝士与礼部侍郎钱徽任主考官。钱徽，是大历十才子之冠钱起之子。开考前，钱徽收到西川节度使、同中书门下平章事段文昌和翰林学士李绅的托请，分别要求对自己的关系户给予特殊照顾，结果两人的关系户全部落榜，而榜上赫然有不学无术的权门子弟：苏巢是中书舍人李宗闵女婿，杨殷士是杨汝士之弟，裴撰是宰相裴度之子。

段文昌奏称礼部贡举不公，翰林学士李德裕、元稹、李绅都说确有此事。穆宗命中书舍人王起，主客郎中、知制诰白居易等组织复试。原榜十四人中，仅三个勉强及第，裴撰因为老爸裴度是功臣，当时又正在前线打仗，才被特赐及第。

钱徽、李宗闵、杨汝士分别被贬为江州刺史、剑州刺史、开江令。

李绅是因为自己的托请没有实现而帮段文昌作证，那李德裕、元稹是因为什么附和段文昌的检举呢？

李德裕因为李宗闵在元和三年制科考试中"讥切其父，恨之"（《资治通鉴》卷二四一）。

元稹和李宗闵正在搞竞争上岗，都想做宰相，同时他又忌惮在河北平叛的裴度，怕他再立新功，重返相位。李德裕、元稹等人借长庆科案，将李宗闵逐出朝廷。

"自是德裕、宗闵各分朋党，更相倾轧，垂四十年。"（《资治通鉴》卷二四一）

前后两场科考案，导致了一场四十多年的党派斗争。

以牛僧孺、李宗闵为首，以杨嗣复（杨于陵之子）、李固言、令狐绹、李珏为党羽的一派谓之牛党；以李德裕为首，以陈夷行、裴度、李绅、郑覃、元稹等为党羽的一派谓之李党。

有人认为牛党代表科举寒门，李党代表世家大族，但李党中也有进士出身的骨干成员，牛党中亦不乏宗室成员和世家子弟。

有人则认为两者是玄宗朝"文学派""吏治派"的斗争延续，因政治主张不同产生斗争。

有人认为执政手法上李党铁腕，牛党怀柔，比如在藩镇问题上：李党主张打，算的是政治账；牛党主张和，算的是经济账。

北京大学吴宗国教授认为两党从出身、政见来说基本没有大的区别，他们之间的斗争完全是一种争权夺利的斗争。以两党的斗争内容来看，确实如此。

两党为争夺对朝廷也就是中央政权的控制，互相攻讦，互相指责对方搞朋党，大表自己忠心为国，欲将对方排挤出朝廷。

宪宗朝，曾对是否存在党争进行过讨论。

元和八年（813年）年末的一天，宪宗问宰相："听说外面朋党之争很严重，是怎么回事？"

李绛说："自古人君最厌恶之事，莫过于人臣结为朋党，所以小人诬陷君子者，必定说他们结党。为什么呢？因为朋党说起来可恶，查起来没影。东汉末年，凡天下贤人君子，宦官都用结党的罪名把他们禁锢起来，导致亡国。这是小人谗害君子的惯用武器，愿陛下明察！君子固然要与君子合作，难道要和小人合作，才能说不是结党吗？"

这场讨论之后不久，李绛寻个理由请求辞职，宪宗将他罢为礼部尚书。

《易中天中华史·安史之乱》中对这场讨论有以下论述："君子在一起叫同道，小人在一起叫朋党。这话听起来似乎在理，实际操作却很困难。至少，我们无法分辨当时的两派，究竟谁是君子，谁是小人，甚至不能通过对无辜者的同情心来进行判断。""牛僧孺和李德裕都不是小人。前者拜相，是因为唐穆宗意外发现他是拒绝接受贿赂的清官。后者则在得势之后，不顾唐武宗的意愿，顶着宦官仇士良的压力，竭尽全力为自己的政治对手请命，终于在刀下救回两位前任宰相的性命。

两派大搞窝里斗，不是要人性命，他们只是想把对方排挤出朝廷，这场斗争的高潮出现在文宗朝，先是牛党掌权，排挤李党，之后是李党掌权，排斥牛党。两派在朝廷进进出出，送行的亲友快把京城的柳枝折光了，接风宴都办成了流水席。

他们的斗争经常以口水大战为表现形式。

开成三年（838年）正月，文宗按牛党杨嗣复和宦官的意见，提出让外放的李宗闵（时任衡州司马）回朝。

李党的郑覃马上提出反对意见，说："陛下要是觉得李宗闵被贬得太远，可以把他往内地调几百里，如果让他回朝，那请让我先走。"

李党的陈夷行接着反问："陛下为什么要用以朋党乱政的小人？"

牛党的杨嗣复说："事贵得中，做人不能都用个人的好恶做标准。"

文宗："要不先给李宗闵一个州？"

郑覃："最多只能让他做个洪州司马。"

杨嗣复："郑覃、陈夷行是在搞朋党。"

几位宰相当着皇帝的面，不顾朝廷礼仪，吵得不可开交，互相指责对方搞朋党。最后文宗只给李宗闵争取到一个杭州刺史。

退朝后，文宗问左右："宰相喧争如此，可乎？"（《资治通鉴》卷二四六）

不可以又能怎么样呢？

侍臣只好安慰伤心的皇帝，说："确实是不好，但是他们如此激愤也是为了尽忠。"

诸如此类的争吵无休无止。宰相们闹得不可开交，皇帝不知如何决断。

> 李固言与杨嗣复、李珏善，故引居大政以排郑覃、陈夷行，每议政之际，是非锋起，上不能决也。
>
> 《资治通鉴》卷二四六

其实早在宪宗元和年间，宰相们的斗争就已经开始。"李吉甫、李绛

数争论于上前。"(《资治通鉴》卷二三九)

吵到文宗朝还没结束,宰相换了很多位,争吵却从未停止。

开元年间姚崇、张说相杀却不误国的事迹珠玉在前。政见不同,不代表于国不利,但牛李两党的人却没学到半分,大搞政治械斗,伤害国家利益,穆宗朝时元稹为倾轧裴度,对他平叛一事多方掣肘。

文宗李昂忧心不已,无奈地感叹:"去河北贼易,去朝中朋党难!"(《资治通鉴》卷二四五)

文宗去世后,武宗继位,争斗还在升温,武宗以李德裕为相,尽逐牛党官员,牛僧孺、李宗闵等远贬南方。李德裕在任上讨平泽潞叛乱,破回鹘(回纥,在八世纪后期改名回鹘)、废佛教,政绩斐然。李党进入全盛时期。

宣宗继位后为夺回朝政大权,出李德裕为荆南节度使,之后一再被贬,最后远贬至崖州(今海南琼山东南)。李德裕、李宗闵又先后去世,党争渐渐平息。

朝廷大部分官员都陷入了这场斗争,没有主动参加的也被裹挟其中。

唐代诗人李商隐正是在这一时期入仕为官,后世对他属于李党和牛党,或是不属于任何党派并无定论,但他被党争影响,几经宦海沉浮确有其事。

李商隐在《锦瑟》一诗中用庄生梦蝶、杜鹃啼血、沧海珠泪、良玉生烟等典故呈现出变幻莫测、模糊迷漫的意向,追忆自己几十年恍惚不定、一事无成的人生。

诗中所呈现的正是当时很多朝廷官员的人生,也可视为当时唐朝所处境地的一个缩影。

难以言说,不可名状,捉摸不定,无有所成,乌烟瘴气。

锦 瑟

锦瑟无端五十弦，一弦一柱思华年。
庄生晓梦迷蝴蝶，望帝春心托杜鹃。
沧海月明珠有泪，蓝田日暖玉生烟。
此情可待成追忆？只是当时已惘然。

时代无法凭个人的力量去改变，朋党问题在唐中后期已成为拖垮大唐庞大身躯之沉疴，众多有志于中兴大唐的人只能怀着悲慨、愤懑的心情看着王朝耗尽最后一丝生气。

三、自掘坟墓

宦官，是君主时代宫廷内侍奉帝王及其家属的男性工作人员，早期由身体健全和阉割后的男子充任，东汉后全部选用阉割后的男性，以保证皇室血统的纯正。

"宦"星座名，宦者四星，在帝座之西，宦官因此得名。

唐朝宦官管理机构为内侍省，设有内侍四人、内常侍六人、内谒者监六人、内给事八人、谒者十二人、典引十八人、寺伯二人、寺人六人。

另设有五局，五局由令丞掌管，令丞由宦官担任。五局各司其职，掖廷局掌管宫人簿籍；宫闱局掌管宫内门禁，其属有掌扇、给使等员；奚官局掌管宫人疾病死丧；内仆局掌管宫中供帐灯烛；内府局主管中藏给纳。

贞观年间，太宗定制，内侍省不设三品官，内侍是长官，品阶为从四品上。到永淳末年，也就是高宗去世之时，五十多年间，没有宦官得到过过高的权力，只是在自己的职位上各尽职守而已。武则天执政期间，也没有出现过宦官问题。中宗神龙年间，宦官达到三千多人，但能得到三品官职的极少。

第十一章 大唐的背影

从唐初至睿宗年间,都没有出现过宦官掌握过高权力的问题。

玄宗时期出现了唐朝第一位炙手可热的宦官高力士,但玄宗信任使用的宦官不仅有高力士,《旧唐书·宦官列传》中记载的第一位宦官是杨思勖。

杨思勖,本姓苏,罗州石城人,为内官杨氏所养。中宗年间,太子李重俊政变,杨思勖在玄武门斩杀羽林中郎将野呼利,成为击败李重俊、营救中宗的重要人物,而后他受到玄宗重用,跟随当时还是临淄王的李隆基诛灭韦氏集团。

开元年间,杨思勖多次率军平叛,擒杀安南叛军首领梅玄成,尽诛其党羽;生擒五溪叛军首领覃行璋,斩其党三万余级;生擒邕州贼帅梁大海等三千余人,斩余党二万余级;生擒作乱的泷州首领陈行范、何游鲁、冯璘,斩其党六万级,获口马金玉巨万计。

杨思勖累迁右监门卫将军,又以军功累加辅国大将军,后又加骠骑大将军,封虢国公。

玄宗朝,宦官地位有极大提升,宦官"衣朱紫者千余人"(《旧唐书·宦官列传》)。

开元年间没有出现宦官乱政问题,杨思勖虽然有"残忍好杀"之名,他所做之事皆是听从皇帝诏令而已。

为大众熟知的高力士,荣宠更盛,权倾朝野。

玄宗在禁中称呼高力士为将军,"肃宗在春宫(东宫),呼为二兄,诸王公主皆呼'阿翁',驸马辈呼为'爷'"(《旧唐书·宦官列传》)。

但他始终谨记皇帝家奴的本分。

易中天先生曾说:"高力士是个聪明人,他得宠却不骄横,得势却不专断,顺从却不阿谀,直言却不触犯。为人处世,可谓有原则、有底线、有技巧,再加上识大体、顾大局,并不以权谋私,结果皇帝始终信任,朝臣也不反感。"(《易中天中华史·安史之乱》)

高力士不以权谋私,这点在宦官群体乃至皇帝身边的各种势力中都极为难得。他经常以清醒的态度、清廉的为人，为玄宗进言献策。

三皇子被杀后，玄宗为立太子之事犹豫多日。

高力士说："立嫡以长，谁还敢争。"

玄宗因此下定决心立李亨（唐肃宗）为太子，后来高力士又多次保护太子。《资治通鉴》卷二一五记载：幸太子仁孝谨静，张垍、高力士常保护于上前，故林甫终不能间也。

天宝十三载（754年）六月的一天，玄宗说："朕老了，想把朝事都交给宰相，边事交给诸将。"

高力士马上劝谏说："臣闻云南数丧师，又边将拥兵太盛，陛下将何以制之！臣恐一旦祸发，不可复救，何谓无忧也！"（《资治通鉴》卷二一七）

在普天之下莫非王土的君主朝代，皇帝坐稳皇位需要各种势力的支持，就有了宗室、大臣、后宫妃嫔及其家族权臣弄权、女主临朝、外戚跋扈的现象。宦官因常在皇帝身边，难以避免会进入权力中心，当其他几方势力变弱时，宦官乱政就很容易产生。

在玄宗朝杨思勖、高力士权力再大，实际仍只是皇帝的代言人。宦官的权力由皇权衍生而出。皇权稳固、强大，是宦官得宠而不娇纵的前提。安史之乱后，皇权大打折扣，藩镇割据，朝臣内斗。

女人不能信，权臣要不得，外戚、武将全是危险分子，皇室宗亲可能觊觎皇位，于是皇帝选择信任不可能当皇帝又没有后代的宦官。等他们察觉宦官势力已经危及皇权时，局面已无可挽回。

无可挽回的局面始于玄宗在安史之乱中使用宦官监军，高仙芝、封常清二位将军被宦官边令诚谗害，死在震天动地的冤枉声中，这是中晚唐宦官乱政的血色序幕。

肃宗与玄宗在马嵬驿分道扬镳，逃到灵武的肃宗身边没几个人能用，宦官李辅国跟随肃宗一路逃到灵武，劝肃宗即位以收人心。肃宗登基后擢升李辅国为太子家令，授元帅府行军司马事。《旧唐书》中说从这时开始肃宗以"心腹委之"。

回长安后朝廷军令、政令都由李辅国押署，李辅国正式成为唐朝历史上第一个擅权乱政的权宦，自此之后权宦祸乱朝纲，蔑视百官，废立皇帝，遗祸天下一百多年。

> 太子詹事李辅国，自上在灵武，判元帅行军司马事，侍直帷幄，宣传诏命，四方文奏，宝印符契，晨夕军号，一以委之。乃还京师，专掌禁兵，常居内宅，制敕必经辅国押署，然后施行，宰相百司非时奏事，皆因辅国关白、承旨。
>
> 　　　　　　　　　　　　　　　《资治通鉴》卷二二一

肃宗死后，张皇后阴谋除掉太子李豫，扶肃宗次子越王李系（李豫异母弟）即位。宦官程元振获悉此事，密告李辅国，李辅国、程元振把太子李豫挟持到玄武门外飞龙厩中，逮捕张皇后、越王李系及其党羽，扶李豫继位，即为唐代宗。

整个过程中，没人管弥留之际的唐肃宗。当他在长生殿中咽下最后一口气时，可曾后悔？

李辅国对新皇帝代宗说："大家（皇帝）但居禁中，外事听老奴处分！"（《资治通鉴》卷二二二）

受李辅国胁迫的代宗不仅晋升他为司空兼中书令，还称呼李辅国为"尚父"。

代宗很快找到合作对象——一个名叫程元振的宦官。程元振在禁军中架空李辅国，李辅国被解除元帅行军司马及兵部尚书职务，为保命他又辞去中书令一职。

新任代理元帅行军司马程元振却不能让他活着，几个月后李辅国在家中被人砍去头颅和一只手臂，前一代权宦死在新一代权宦手中。

宦官的权力应该依附于皇权存在，权力的大小应该由皇帝决定。为什么中晚唐的宦官可以废立皇帝？

因为他们掌握了禁军的兵权，安史之乱后原中央禁军名存实亡，神策军崛起后成为被宦官掌握的禁军。

神策军原是哥舒翰为对付吐蕃建立的边防军，组建之初人数并不多，安史之乱时被调入内地作战。九节度兵败邺城时各藩镇部队撤回原驻地，神策军故地被吐蕃占领，无处可去，观军容使宦官鱼朝恩收归麾下。

鱼朝恩收编神策军后，把陕州节度使所辖军队并入神策军，神策军总人数才达到万人以上。安史之乱后，吐蕃入寇，代宗出逃，应该保护皇帝安全的禁军将领王献忠叛逃，应该给皇帝准备膳食的官员逃得不见踪影，代宗在逃亡路上差点被饿死，驻守陕州的鱼朝恩率神策军及时出现，迎代宗入陕州，又护送代宗返回长安。

新一任权宦进入中央，老一代权宦程元振被削除官爵，遣回原籍，鱼朝恩被授予"天下观军容宣慰处置使"，统领各部禁军。

能打败魔法的只有魔法，能代替宦官的是另一个宦官。

代宗诛杀鱼朝恩后不再使用宦官管理禁军，但是禁军的管理却出了问题，等到德宗朝发生泾原兵变，禁军不受召唤，叛军攻入长安，皇帝仓皇出逃。

然后，宦官再次救驾。神策军被扩编为左右神策军，总兵力达到十几万。德宗任命宦官窦文场、霍仙鸣分别担任左、右神策军护军中尉，自此禁军由宦官统领成为定制。

在宦官势力膨胀，一再影响皇帝决策的情况下，文臣武将中都有宦官势力。

> 时窦、霍之权，振于天下，藩镇节将，多出禁军，台省清要，时出其门。

第十一章　大唐的背影

《旧唐书·宦官列传》

很多学者认为"牛李党争"也和宦官内派系斗争有关。陈寅恪先生认为"鄙意外朝士大夫朋党之动态即内廷阉寺党派之反影。内廷阉寺为主动,外朝士大夫为被动"(陈寅恪《唐代政治史论述稿》中篇)。

外朝有朋党之争,内廷亦有宦官党派之争,外朝和宦官有合作,亦有对抗。

合作,如士大夫通过结交宦官获得皇帝支持,实现自己的目的。

> 翰林学士元稹与知枢密魏弘简深相结,求为宰相,由是有宠于上,每事咨访焉。稹无怨于裴度,但以度先达重望,恐其复有功大用,妨己进取,故度所奏画军事,多与弘简从中沮坏之。
>
> 《资治通鉴》卷二四二

初入官场的元稹也曾不畏权贵、敢于直言,但几度得罪权贵,经历过多次"山水万重书断绝"的贬谪生活,被现实毒打的元稹选择向现实低头,靠宦官崔潭峻、魏弘简重入朝堂,步步高升。

对抗,即外朝和宦官的斗争,也称为南衙北司之争。南衙指以宰相为首的士大夫,北司指宦官。

贞元二十一年(805年),中风的顺宗李诵试图依靠朝臣改变宦官乱政的局面,他利用王叔文、王伾、韦执谊、刘禹锡、柳宗元等人抑制藩镇、整饬吏治、革除弊政、与民休息、夺宦官兵权。

顺宗任命原右金吾大将军范希朝为左、右神策京西诸镇行营兵马节度使,度支郎中韩泰为行军司马,希望以此取代宦官,掌握禁军兵权。神策军与宦官勾连日久,众将得知换了主帅,去信询问宦官。宦官俱文珍等回复:"不可将兵权交给外人。"范希朝、韩泰抵达军营后,居然无人理会。

没有军权支持的斗争只在一种情况下有可能成功，那就是对方也没有兵权，但是现在宦官手中掌握着中央禁军，皇帝和大臣们根本没有成功的可能。

顺宗被手握禁军的宦官逼迫，三月立李淳（即李纯）为太子，七月下诏命太子监国，八月禅位于太子，李纯登基，即唐宪宗，史称"永贞内禅"。

宪宗继位，顺宗朝改革集团的主要人物全部被贬。贬王伾为开州司马，王叔文为渝州司户，中书侍郎、同平章事韦执谊为崖州司马。其他七名主要成员先贬为刺史，又再贬为司马：韩泰为虔州司马，韩晔为饶州司马，柳宗元为永州司马，刘禹锡为朗州司马，陈谏为台州司马，凌准为连州司马，程异为郴州司马。王伾病死于贬所，第二年，顺宗驾崩后，王叔文被赐死。

历史上称这次历时一百四十六天的革新为"二王八司马事件"或"永贞革新"。这次革新以皇帝禅位、朝臣被贬、宦官取胜结束。

四、饮鸩止渴

皇帝、朝臣、宦官间的斗争一直在持续。

宪宗被宦官所杀，穆宗由宦官拥立，敬宗又被宦官所杀，文宗亦由宦官拥立。

文宗李昂继位时有志振兴大唐。继位后，他遣散宫女，放生鹰犬，裁汰冗员，勤劳政事，朝堂氛围为之一新。但被宦官所立的天子，事事受制于权宦王守澄。王守澄因拥立文宗有功，以枢密使兼任神策中尉，拜骠骑大将军。

要想有所作为，文宗必须铲除宦官势力。

文宗登基之初，因国库空虚，在与藩镇的较量中败下阵来，文宗朝也是牛李党争最为激烈的时候。

平藩失败，党争激烈，权宦未除。

第十一章 大唐的背影

太和七年（833年），文宗中风，口不能言。风疾是李唐皇室的家族遗传病，就算家族没有遗传，面对这样的局面也很容易诱发心脑血管疾病。

王守澄推荐郑注为文宗治病，郑注曾"以医游四方"，虽然行医时穷得叮当响，但他的医术很好。在郑注的治疗下，文宗病情大为好转，郑注成为朝廷新贵。在郑注的引荐下，闲居于洛阳又重金行贿的李训（当时名李仲言，后改名为李训）回到朝堂。

王守澄还没有意识到他给文宗推荐的郑注会成为自己的掘墓人。郑注是靠依附于王守澄才得以发迹的，但这不能影响他在上位后把王守澄一脚踢开。郑注不会想到，文宗和众人筹划的除阉大业，会因他引荐的李训一败涂地。

郑注、李训利用宦官内部的派系斗争，以宦官治宦官。

太和九年（835年），文宗提拔右领军将军仇士良为左神策中尉，取代王守澄掌管禁军。

因为接管禁军的仍是宦官，所以没有引起王守澄的警觉；文宗也没有意识到用宦官治宦官，无异于饮鸩止渴。

郑注、李训先与王守澄联手，将左神策中尉韦元素、左枢密使杨承和、右枢密使王践言贬出朝廷，后又改为流放，后又宣诏赐死。

三大宦官被铲除，文宗看到了彻底铲除权宦势力的希望。

九月，文宗召山南东道监军宦官陈弘志回朝，李训派人把他乱棍打死在驿站之中，陈弘志是谋杀宪宗皇帝的凶手。宪宗死后，又经历穆宗、敬宗、文宗三朝，这个谋杀皇帝的凶手才被杀死。

仇士良不负所望地与王守澄斗了个你死我活，文宗坐收渔人之利，借机对王守澄明升暗降，权力缩水的王守澄很快在家中迎来了一位手持鸩毒的宦官李好古。

文宗没有公布王守澄的罪行，而是追赠他为扬州大都督，并准备为他办一场隆重的葬礼，在葬礼上将阉党一网打尽。这实在是一个激动人心的计划。

如果计划成功,唐朝后期的皇帝极有可能摆脱权宦的控制。被郑注提拔上来的李训成了这次事件的一个变数。如果按原计划,李训在事件中功劳不大。李训决定把清除阉党的计划提前,单独与文宗铲除权宦,独享头功,他的私心葬送了自己的性命,也将整个朝廷送入了万劫不复的深渊。

太和九年(835年)十一月二十一日,大明宫紫宸殿。

皇帝端坐龙榻之上,文武百官列班殿上,准备早朝。

按惯例,早朝前金吾卫[①]将军应报一声"平安",然后文武大臣奏事,君臣议事。

左金吾大将军韩约没有如常报"平安",而是报的"祥瑞"。

韩约奏报:"左金吾听事(办公场所)后院石榴树上夜降甘露。"

百官向文宗祝贺,李训提议文宗前往观赏。

朝会暂停,百官重新列班于含元殿内,文宗命宰相和两省官员前去查看,这些人去了很久才回来。

李训奏报:"臣等查验,恐怕不是真的甘露,先不要急于宣布,以免百姓闻讯祝贺。"

文宗说:"怎么会这样?"回头命神策军左、右中尉仇士良、鱼志弘率众宦官去重新验看。

仇士良、鱼志弘按预想顺利前往伏击地点。

原计划在外呼应韩约的邠宁节度使郭行余、河东节度使王璠成为这次计划的第二个变数。

郭行余一个邠宁兵也没带来,王璠是带着河东兵来了,但被吓得"股栗不敢前"。

更要命的是左金吾大将军韩约,仇士良、鱼志弘进入左金吾听事后,他"变色流汗"。仇士良觉察出异样,问韩约:"将军怎么了?"

[①] 金吾卫,指独立于神策军外,当时少数可以由皇帝直接调动的禁军。

第十一章 大唐的背影

这时风吹幕起,仇士良看到帐幕之下,全是手持兵刃的人,又听到兵器撞击的声音。

仇士良等惊骇奔逃,守门的人正要关门,仇士良大声呵斥,门闩没能关上。

仇士良等直奔含元殿,准备挟持皇帝。

李训急呼金吾卫士兵:"快上殿保护皇帝,每人赏钱百缗!"

宦官对文宗说:"事出紧急,请陛下还宫!"随即扶文宗登上软舆,抬起软舆,冲出含元殿,往北逃去。

李训追上来,手攀软舆大喊:"臣还有事启奏,陛下不可入宫!"

当时金吾卫士兵已经冲入含元殿中,京兆少尹罗立言率京兆逻卒(巡逻的士兵)三百多人从东方杀入殿中,御史中丞李孝本率御史台随从二百余人从西面杀入殿中,金吾卫士兵、京兆逻卒、御史台随从击杀含元殿中未及逃走的宦官,宦官流着血大呼冤枉,或死或伤十余人。

与此同时,仇士良等已挟持文宗到了宣政门,李训攀上软舆,高呼,文宗瞪着李训,大声呵斥。宦官郗志荣"奋拳殴其胸",李训仰面倒地。

仇士良等宦官抬着天子,冲入东上阁门①,宫门关闭,众宦官此起彼伏高呼万岁。

皇帝被宦官控制,除阉计划失败,这还不是最坏的结局。

气急败坏的仇士良大骂文宗,文宗不发一言。

骂完皇帝,仇士良命左、右神策副使刘泰伦、魏仲卿等各率禁兵五百人,手持利刃,出上阁门,从北向南一路杀向朝廷官员集中办公的中朝和外朝,遇人即杀。

此前,受惊的官员已经四散而走,离开含元殿。宰相王涯、贾悚、舒元舆返回中书省,商议着等皇帝开延英殿商议朝政。

---

①大明宫中轴线上由南向北排列着含元殿、宣政殿、紫宸殿、蓬莱殿、含凉殿等建筑。宣政殿和紫宸殿之间有两道门,叫东西上阁门,作用是分隔内朝、外朝。

389

两省官员不知道发生了何事，来请示宰相，宰相们也不知道发生了什么事，所以让官员先返回工作岗位。

司马光说："夫颠危不扶，焉用彼相！"

宰相为什么一点危机意识都没有，对发生的事情毫无警觉。

如果房玄龄、杜如晦在，如果姚崇、宋璟在，如果魏征在，如果狄仁杰在，如果张九龄在……

但是他们都不在了，皇帝不是原来的皇帝，宰相不是之前的宰相，大唐也不是往日的大唐。

> 臣光曰："论者皆谓涯、悚有文学名声，初不知训、注之谋，横罹覆族之祸。愤叹其冤。臣独以为不然。夫颠危不扶，焉用彼相！涯、悚安高位，饱重禄；训、注小人，穷奸究险，力取将相。涯、悚与之比肩，不以为耻；国家危殆，不以为忧。偷合苟容，日复一日，自谓得保身之良策，莫我如也。若使人人如此而无祸，则奸臣孰不愿之哉！一旦祸生不虞，足折刑劓，盖天诛之也，士良安能族之哉！"
>
> 《资治通鉴》卷二四五

会食的时间到了，宰相王涯等正准备在政事堂吃午饭，一个小吏跑出来大喊："有士兵从内廷冲出来，逢人就杀！"

两省官员、金吾卫吏卒一千多人争相逃命，大门被堵得水泄不通，禁军杀到大门被关闭时，还有六百多官员没能逃出去。

六百多官员，很快都变成了六百多具冰冷的尸体！

屠杀却没有结束。

仇士良命人关闭各个宫门，出动玄武门驻扎的所有禁军，以讨贼党为名，一个一个官司搜查，只要不是禁军和宦官，全在屠杀的行列。

大小官吏，警卫士卒，入宫办事人员，连同卖酒的百姓全部被杀！

又是一千多条人命！

宫内鲜血横流，宫外也没有被遗忘。

仇士良派出骑兵，在长安城中大肆捕杀。宰相舒元舆、王涯被捉。可怜七十多岁的老宰相王涯被戴上枷锁，严刑拷打，受刑不过，只好自诬与李训合谋篡位，要立郑注当皇帝。

之前一直追着皇帝直到宣政门的李训去哪儿了？

李训看到宫门关闭，知道大势已去，没有再作任何努力，他脱掉从属小吏的绿色官服，穿在自己身上，骑着马，边逃边喊："我犯了什么罪，要被贬谪出京。"众人以为他真的遭到贬谪，所以没人管他。

理应在外策应金吾卫的王璠，一看事情有变，没带着河东兵去救驾，也没有营救任何人，他逃回长兴里的私宅，让河东兵保护自己的安全。

竟然都是这样的人！

王璠也没有逃脱被抓的命运，宦官骗他说王涯等承认谋反，皇帝要任命他为宰相，王璠屁颠屁颠地自己开门出来送死。

宰相王涯的亲属奴婢，京兆少尹罗立言全部被抓。

李训族弟、户部员外郎李元皋被杀。

禁军垂涎已故岭南节度使胡证家财，诬指胡家藏匿贾𫗧，冲入胡府大肆抢掠，胡证之子胡溵被杀。

左常侍罗让、詹事浑鏬、翰林学士黎埴几家也被抢掠一空。

流氓地痞、坊市恶少趁乱抢劫杀人，火拼斗殴。

都城长安，尘埃蔽天。

第二天，大明宫中"禁兵露刃夹道"，劫后余生的百官，被要求只能带一名随从入宫。

当皇帝再次坐在紫宸殿上，看到的是"无宰相御史知班，百官无复班列"（《资治通鉴》卷二四五）。

长安城内抢劫掠夺，杀人越货还在继续，禁军驻守各大路口，击鼓示警，又斩杀了十余人，才将局面稳定下来。

宰相贾𬘡知道无法逃脱，素服乘驴来到兴安门，说："我是宰相贾𬘡，为奸人所污，可送我到军中。"贾𬘡被抓。

第三天，御史中丞李孝本、李训在逃亡路上被抓。李训知道到了禁军中难免受辱，对押送的人说："得到我就能得到富贵！禁兵也在搜捕我，入城后他们一定会来抢夺，不如取了我的首级。"于是，负责押送的人砍下了他的脑袋。

第四天，左神策军三百人押着王涯、王璠、罗立言、郭行余，李训的首级被高高挂在队伍的最前方，右神策军三百人押着贾𬘡、舒元舆、李孝本在长安东西两市游街示众。

游街后王涯等人被腰斩在闹市的独柳树下。而后，他们的首级被挂在兴安门外示众。

幸存下来的官员被要求旁观行刑过程，死里逃生的人，又要观看这样惨烈的一幕，他们的内心会是怎样的绝望？

王涯等人的亲属不论亲疏远近都被处死，"孩稚无遗"，妻子女儿没被处死的没为官婢。

第五天，在凤翔的郑注被诱杀。

第七天，韩约在崇义坊被捕。

第八天，韩约被斩杀。

浩劫过后，被宦官控制的文宗以平叛有功为名封赏仇士良等阉党和禁军。

"自是天下事皆决于北司（宦官），宰相行文书而已。宦官气益盛，迫胁天子，下视宰相，陵暴朝士如草芥。"（《资治通鉴》卷二四五）

文宗从此一蹶不振。

开成三年（838年）正月，宰相李石差点被刺客杀害，百官吓得不敢上朝。为保性命，李石上表请辞，被外放为荆南节度使。

第十一章 大唐的背影

十月，十来岁的太子李永暴毙。

文宗无法把李石留在朝廷，也保不住太子的性命，两件事背后的黑手都是阉党。

这中间牛李二党还闹得鸡飞狗跳，宰相们当着皇帝的面高声争吵。

无子的杨贤妃为保富贵，想拥立安王李溶（穆宗第八子，文宗异母弟）为太子。

前朝、后宫都是一团乱麻。

开成四年（839）十月，文宗立敬宗第六子，陈王李成美为太子。

这一年十一月的一天，文宗召正在值班的翰林院学士周墀入思政殿，赐酒问话。

文宗问："爱卿，朕可以和前代的哪位帝王相比？"

周墀答："陛下是尧、舜一样的圣明之主。"

文宗苦笑，说："朕哪敢和尧、舜相比。朕之所以问爱卿，是想知道朕与周赧王、汉献帝相比如何？"

天子自比亡国之君，周墀大惊失色，连忙跪倒在地。

周墀说："陛下何出此言？周赧王、汉献帝都是亡国之主，怎能和圣明神德的陛下相比。"

文宗的声音飘来，"周赧王、汉献帝只是受制于强大的诸侯，而今，朕却受制于家奴。这样看来，朕还不如他们。"

文宗说完，泪如雨下，周墀也伏地痛哭流涕。

刚登基时，那个朝气蓬勃的天子已经没了。

此后，悲观绝望的文宗不再上朝。

开成五年（840年）正月，文宗崩于太和殿，终年三十二岁。

有学者认为文宗也是死于宦官之手。

宦官乱政何时才能终结？

五、落日余晖

文宗驾崩后,仇士良逼迫文宗之弟颖王李瀍赐死杨贤妃、安王李溶、太子李成美。

开成五年正月,李瀍(后改名李炎)即位,是为唐武宗[①]。

武宗继位时已经二十八岁,是一位成年天子,这对大唐来说是一个好消息。武宗亲眼看到自己的两位哥哥敬宗、文宗,一为宦官所杀,一为宦官控制,"甘露之变"的鲜血梦魇仍笼罩在权力中枢。

武宗召回李德裕辅佐自己。

李德裕,历经五朝,执政经验丰富,态度强硬,手腕老辣。

会昌元年(841年),仇士良因杨嗣复和李珏曾阻止他拥立武宗,怀恨在心,想置两位前任宰相于死地,武宗已经派出两路宦官分别前往二人贬所,执行诛杀任务。李德裕全力营救属于牛党的杨嗣复和李珏,武宗下令召回两路宦官,仇士良的计划落空。

会昌二年(842年),仇士良策划在武宗接受尊号的大典之上煽动禁军哗变。大典前,仇士良让人四处传播武宗要削减禁军军需供应的谣言。李德裕得到消息,迅速反应,上报武宗。武宗立即派使者到禁军中平息谣言,仇士良的计划再次落空。

仇士良见自己斗不过武宗和宰相,以老病为由请求调任闲职,以求善终。武宗恩准仇士良以左卫上将军、内侍监之职致仕。

仇士良离开时向后辈宦官传授经验。

他说:"天子不可令闲,常宜以奢靡娱其耳目,使日新月盛,无暇更及他事,然后吾辈可以得志。慎勿使之读书,亲近儒生,彼见前代兴亡,

---

[①] 唐第十三任皇帝敬宗、第十四任皇帝文宗、第十五任武宗皇帝分别是第十二任皇帝穆宗的长子、第二子、第五子,三位皇帝是同父异母兄弟。

心知忧惧，则吾辈疏斥矣。"（《资治通鉴》卷二四七）

仇士良的徒子徒孙当即领会，不能让天子闲着，要让他沉迷于声色犬马，成为废物，才能被自己控制。

这个阉人双手染满鲜血，杀二王一妃四宰相，居然没被处死，甚至得以善终，但他终于远离了朝廷。

当时土地兼并现象严重，佛寺圈占土地，侵占良田，僧尼与贵族勾结逃避赋税，严重侵占了地主和农民的利益，也严重影响唐朝国库的收入。李唐王室以老子后人自居，道教是唐朝的国教。武宗本人崇信道教，对佛都没有好感，更为重要的是佛教的兴盛在武宗时期已经影响国家利益。

会昌五年（845年）七月，"唐武宗一声令下，全国共拆毁正规寺院四千六百座，民间小型寺院如招提、兰若、精舍、斋堂等四万余所；勒令僧尼还俗二十六万五百人，强迫外国游学僧侣两千余人一并还俗；没收良田数千万顷，奴婢十五万人；凡寺院所属一切财产、器物全部收归国有，寺院的建材用于修葺政府的公署和驿站，而铜像、钟磬等物则全部熔毁，用于铸造铜钱……"（王觉仁《大唐兴亡三百年》）

此事在历史上称为"武宗灭佛"，在佛教史上称为"会昌法难"。"灭佛"不是武宗的目标，把圈占的土地还给种田缴纳赋税的人才是目的。

武宗在李德裕辅佐下还平定了昭义镇，天下藩镇受到震慑，暂时夹起了尾巴。除权宦、平藩镇、灭佛教、增税收，大唐的希望燃起，史称"会昌中兴"。

会昌五年（845年），武宗开始服食丹药。在身体出现状况时，他没有及时治疗，还对宰相隐瞒病情。

会昌六年（846年）正月，武宗病重不能上朝，以李德裕为首的百官，没料到天子病得如此严重。病重的大唐天子再次落入宦官手中。

宦官仇公武、马元贽等趁武宗病重，拥立三十七岁的光王李怡（宪宗第十三子，穆宗之弟，敬宗、文宗、武宗之叔）为皇太叔，改名李忱。

皇太子、皇太弟，现在又有皇太叔。

这一年三月，武宗驾崩，终年三十三岁。本应是有所作为的年纪，却因丹药葬送了性命，李唐王室风疾和"嗑药"的毛病遗传得倒是厉害。

唐中后期的皇帝都是高宗和武则天的后代，他们没有遗传到高宗的隐忍和谋略，也没遗传到武则天的体质和手段，实在遗憾。

会昌六年（846年）三月，皇太叔李忱在宦官的拥立下即位，是为唐宣宗。

宣宗登基时已经三十七岁。有人说他熬死了三个侄子，其实宣宗只比武宗大五岁，熬死侄子算正常，但侄子有儿子，他即位就不正常了。

武宗有五个儿子，宗室的亲王就更多了。宦官们为什么要拥立一位三十七岁的成年亲王？这个年龄并不容易控制。

因为仇公武等完全领会了仇士良的临行赠言：把天子变成废物。

武宗让他们明白把天子变成废物不容易，直接立一个废物更加保险、省事。

宣宗还是光王时活的那三十几年，一直被当成是智力不行的窝囊废。寡言少语、呆头呆脑的光王，是大家取笑捉弄的对象。连克制的正史中都有记载，文宗、武宗曾在宴会上以取笑光王为乐。

最先发现宣宗不傻的人可能是武宗，武宗继位后多次想置光王于死地，甚至命人将他扔进宫厕，并下令杀掉他，但宣宗每次都能死里逃生。

近些年，史学界通过宣宗朝一些朝臣的墓志铭研究，推断宣宗与武宗朝被打压的宦官集团和翰林学士存在联系，这才是他能保住性命、登上皇位的原因。宣宗的母亲是地位卑微的宫女，韬光养晦、装痴卖傻只是他自保的手段。

文宗、武宗对待宣宗的态度导致宣宗即位后对武宗朝的政治进行了全面的否定和清算。《资治通鉴》称：是时君、相务反会昌之政。

宣宗登基后的第一次事就是将李德裕罢相外放。李德裕被一贬再贬，

第十一章 大唐的背影

最后远贬到崖州，大中三年（849年）十二月，李德裕病死于崖州，终年六十三岁。

同时，宣宗把牛党成员内调。循州司马牛僧孺为衡州长史，封州流人李宗闵为郴州司马，恩州司马崔珙为安州长史，潮州刺史杨嗣复为江州刺史，昭州刺史李珏为郴州刺史。李宗闵在接到内调的诏令前，因病于贬所去世。

牛李两党党魁在宣宗朝相继离世，李党成员被一贬再贬，宣宗本人大权独揽，党争问题在宣宗朝慢慢平息。

宣宗继位后不到两个月，开始全面恢复佛教地位。

第二年正月，宣宗改元"大中"，宣宗统治时期也被称为"大中之治"，成为唐朝彻底灭亡前看似绚烂的落日余晖。

宣宗一直想剪除宦官势力。翰林学士韦澳给的建议是"以宦治宦"，这是之前走过的老路；宰相令狐绹出的主意是"自然淘汰"，可宦官又怎么会坐受宰割？两个办法都不可行，宣宗一朝对宦官实行的是遏制政策。

一次上朝，中书侍郎、同平章事马植腰上系了一条腰带，宣宗一眼认出了这条腰带，那是他赏赐给左军中尉宦官马元贽的。马植因此被罢相，贬为天平节度使。宣宗又命御史台审问马植亲吏董侔，得到了马植和马元贽交往的证据，又再贬马植为常州刺史。

虽然宦官势力无法剪除，但也不能让他们和前朝勾结，有所发展。

宦官们在宣宗仍是皇太叔监国时就发现自己打错了算盘。

> 及监国之日，哀毁满容，接待群僚，决断庶务，人方见其隐德焉。
>
> 《旧唐书·宣宗本纪》

皇帝强硬，宦官们有所收敛，也因宣宗没有对他们采取激烈的手段，所以宣宗朝皇帝和宦官大体上相安无事。

宣宗记忆力非常好，连对宫中负责洒扫的杂役的姓名和所负责的事务都能做到过目不忘。这项技能在他整治吏治过程中发挥了重要作用。

为了掌握文武百官的情况，宣宗命宰相编纂《具员御览》五卷。为掌握天下各州的情况，宣宗密令翰林学士韦澳编《处分语》一册。宣宗时常翻阅，烂熟于心。

宣宗规定，地方刺史调任时必须先回京当面向皇帝述职，过了皇帝这一关，才能正式赴任。

大中十二年（858年），新任建州（今福建省建瓯市）刺史于延陵在赴任前入朝述职。

宣宗问："建州离京师有多远？"

于延陵答："八千里。"

宣宗说："爱卿到建州为政的善恶，朕都会知道，不要以为八千里很远，就像这殿前的玉阶一样，近在咫尺。卿，明白吗？"

于延陵被吓得惊慌失措，宣宗安抚一番，让他赴任。

于延陵赴任不久，因不称职被贬为复州（今湖北省天门市）司马。

百官的背后，就像有一双眼睛一直在盯着他们。

邓州刺史薛弘宗入朝奏事后不无感慨地说，皇帝对本州事务的了解让人惊叹。

宣宗临朝，从无懈怠，连宰相都觉得皇帝"威严不可仰视"。

河北藩镇在宣宗朝基本维持原状，其他藩镇发生问题，宣宗则会使用强硬的手段予以解决，几次兵变都被利落地解决。

宣宗朝最大的功绩是收复河湟（今甘肃及青海东部）。

河湟地区落入吐蕃手中已近百年。武宗会昌年间，吐蕃爆发内乱，赞普达磨遇害，内乱之后的吐蕃和安史之乱后的唐朝一样，开始走下坡路，对地方的控制力量减弱。

大中三年（849年），秦州、原州、安乐州及石门等七关归降大唐。宣宗以太仆卿陆耽为宣谕使，泾原、宁武、凤翔、邠宁、振武等地出兵接应。

两年后，张义潮在沙州（今甘肃省敦煌市）起义成功，沙州光复。宣宗任命张义潮为沙州防御使。张义潮又收复了瓜州、伊州等十州。河湟失地全部光复。

大中五年（851年），张义潮兄长张义泽带着沙州、瓜州、伊州等十一州地图、簿籍入朝。宣宗在沙州设置归义军，封张义潮为归义节度使兼十一州观察使。

宣宗在位十三年，为挽救唐朝的衰落做出了不懈的努力，延缓了大唐走向衰败的大势。宣宗统治时期被誉为"大中之治"，宣宗也被称为"小太宗"。

即位之初，宣宗命人把《贞观政要》写在屏风上，时时参详，他将太宗视为自己的榜样。但大唐已不是当年的大唐，宣宗也终究不是太宗。

贞观四年（630年），唐太宗与萧瑀谈论隋文帝时曾说："不肯信任百司，每事皆自决断。虽则劳神苦形，未能尽合于理。朝臣既知其意，亦不敢直言。宰相以下，惟即承顺而已……岂得以一日万机，独断一人之虑也。且日断十事，五条不中，中者信善，其如不中者何？以日继月，乃至累年，乖谬既多，不亡何待！"（《贞观政要·政体》）

在宣宗朝当了十几年宰相的令狐绹曾对人说："吾十年秉政，最承恩遇；然每延英（宫殿名）奏事，未尝不汗沾衣也！"（《资治通鉴》卷二四十九）

宣宗事必躬亲，宰相只能让渡权力，战战兢兢，唯恐被皇帝寻了错处。太宗的话，宣宗怕是没听进去。

河湟地区的收复也不是宣宗主动为之，而是吐蕃势力衰弱，人民自发起义归复的结果。

对武宗朝政绩的全面否定也导致诸多不良后果。

大中五年（851年），进士孙樵上言："百姓男耕女织，不自温饱，

而群僧安坐华屋，美衣精馔，率以十户不能养一僧。"（《资治通鉴》卷二四十九）

宣宗时期，湖南、江西等地发生战乱，这些都影响了中央的财政收入。

宣宗在位时不喜欢长子郓王李温，把他迁出宫中，置于十六宅①中。他喜欢第三子夔王李滋。不管是长子，还是爱子，宣宗在位时都没立为太子。而太宗在位时对太子人选慎重选择，去世前几年，着力培养储君，时时教导，亲作《帝范》十二篇颁赐给太子李治。

宣宗和太宗比，差得实在很远。正如蔡东藩先生所说："大中政治，亦不过粉饰承平，瑜不掩瑕，功难补过。"

不论是武宗的"会昌中兴"，还是宣宗的"大中之治"，都只是李唐王朝在走向灭亡途中按下的暂停键，所有的炸弹都没有被拆除，藩镇还在，宦官还在，边关不平，土地兼并，百姓离乱。

落日余晖虽美，却无法阻止黑夜的降临。

六、黎明之前

大中后期，唐宣宗走上了很多帝王的老路，服食丹药。大中十三年（859年）八月，宣宗病重无法上朝。

太子未立，皇帝病重，大唐的未来又一次沦落到宦官手中。

人事变迁，时光荏苒，为什么晚唐天子最后的结局始终如一地与宦官纠结在一起？

宣宗去世前将身后大事托付给三个宦官：枢密使王归长、马公儒，宣徽南院使王居方，嘱咐他们辅佐夔王李滋继位。

三个顾命宦官和右军中尉王茂玄，没有斗过左军中尉王宗实。王宗实

---

① 十六宅，唐末诸王共居的宅第。

拥立宣宗长子郓王李温为太子，改名李漼。

大中十三年（859年）八月十三日，李漼继位，时年二十七岁，是为唐懿宗。

懿宗登基后，各种"炸弹"——爆炸。

懿宗继位后几个月，连新年都没过上，浙江爆发叛乱，平民裘甫起义。唐末农民起义的大幕被拉开，裘甫数战数捷，唐军节节败退。

咸通元年（860年），朝廷派安南都护王式接任浙江观察使，忠武、义成、淮南各道兵力皆归王式调用镇压裘甫叛乱。六月，叛乱被平定，裘甫投降后被送往京师斩首。

浙江爆发叛乱的同时，南诏大举入寇，一场持续十几年的唐诏大战拉开序幕。

瑶池宴罢归来醉，笑说君王在月宫。大唐内忧外患，唐懿宗却整日宴饮游乐。可能宣宗早看出自己这个长子不行，才不喜欢他，独独把他赶到了十六宅。没想到自己死后，他还是被宦官推到了皇位上。

咸通九年（868年），大唐和南诏的仗还没打完，桂林（今广西桂林市）又爆发兵变。

八百名从徐州调往桂林驻防的士兵，原定三年换防，一直等到第六年，朝廷也没有下发换防的调令。他们写信给徐泗观察使（徐州是徐泗镇治所）崔彦，表示抗议，崔彦却让他们再驻守一年。士兵们推粮料官庞勋为首领，发动兵变。

庞勋等从桂林一路打回徐州州府彭城，四方变民赶到彭城投奔庞勋，被胜利冲昏头脑的庞勋天天宴饮享乐。咸通十年（869年），庞勋战败，死于乱军之中，庞勋之乱平定。

平乱过程中，沙陀骑兵表现突出，沙陀酋长朱邪赤心被封为大同军节度使，赐名李国昌。李国昌是李克用之父亲，后唐庄宗李存勖祖父。

唐懿宗没走服食丹药的老路，但是他生病了。

他说:"如果能活着见到佛指舍利,死也无憾。"

之后,他见到了舍利,再后来他病倒了,还真是一语成谶。

咸通十四年(873年),唐懿宗于咸宁殿驾崩,终年四十一岁。

唐懿宗也没有立太子,宦官再次登场,赶着在懿宗咽气前,立懿宗第五子普王李儇为太子。

懿宗驾崩当天,李儇登基,是为唐僖宗。

僖宗当时只有十二岁,是整个唐朝皇帝中登基时年龄最小的一位。

僖宗的荒唐比其父懿宗有过之而无不及,他整日玩乐,挥霍无度,朝政落入宦官田令孜手中。

皇帝更加昏庸,内忧外患更加严重,党项、回鹘入寇天德军(位于今内蒙古地区),南诏打到了雅州(今四川省雅安市)。

《资治通鉴》(卷二五二·僖宗乾符元年)最后一条中有如下总结:

> 上年少,政在臣下,南牙、北司互相矛楯(同"盾")。自懿宗以来,奢侈日甚,用兵不息,赋敛愈急。关东连年水旱,州县不以实闻,上下相蒙,百姓流殍,无所控诉。相聚为盗,所在蜂起。州县兵少,加以承平日久,人不习战,每与盗遇,官军多败。

全乱套了!

而且自咸通年间,关中连年发生水灾、旱灾,百姓以蓬实槐叶为食,拆屋、卖妻、鬻子仍难以活命,官府却还在催逼粮税。

乾符元年(874年)十二月,王仙芝在长垣(今属河南省)起兵,发檄文声讨黑暗的官府。乾符二年(875年)六月,黄巢在冤句(今山东省东明县南)起兵响应。两支起义军兵合一处,应者云集,很快发展到数万人。朝廷各道对他们围追堵截。

乾符五年(878年),王仙芝战死。黄巢带两支起义军开展了更大范围

第十一章　大唐的背影

的游击战。乾符六年（879年），黄巢转战岭南，因部将水土不服，又调头打回了中原。

广明元年（880年），挥师北上的黄巢攻克洛阳，半个月后攻克潼关。

十二月初五，僖宗慌忙出逃，黄巢带兵进入长安。入城后黄巢起义军开始几天假装仁义之师，秋毫无犯，没过几天，就暴露出本来面目，烧杀抢掠无恶不作。没能逃走的官吏惨遭诛杀，没能逃出长安的李唐皇室被屠杀殆尽。

十三日，黄巢迫不及待地在大明宫自立为皇帝，国号大齐。

黄巢起义军都是生活在社会最底层的人，他们因受尽压迫盘剥，为活命才起义造反。当他们获得权力时，却不能感同身受，反过来把手中的刀枪对准了无辜的百姓。

他们从没想过救民于水火，想的是自己做皇帝，享受特权。

他们知道如何打碎一个旧政权，但不知道怎样建立一个新政权。

他们更无意打破旧有制度，甚至模仿唐后期的制度，在军队中设置宦官监军。

这样的起义虽会获得一时的胜利，但终会因民心丧失而失败。

黄巢的一员部将已经看出黄巢一定会失败，这个部将就是朱温，他杀死监军宦官，投降唐朝。朝廷任命他为右金吾大将军，河中行营招讨副使，赐名"全忠"。朱全忠就是后梁太祖。

在各藩镇的围剿中，中和三年（883年）六月，黄巢被迫撤出长安城。中和四年（884年）六月十五日，眼见败局已定，黄巢带家眷逃至狼虎谷（今山东省莱芜市西南），被外甥林言所杀，黄巢起义被平定[①]。

黄巢起义，重创了唐王朝的统治基础，各藩镇在平叛过程中进一步脱离朝廷控制，曾经听命于中央的藩镇也开始自立节度使，不再给朝廷缴纳

[①] 正史中关于黄巢之死的记载不一致。《旧唐书》《资治通鉴》都记载黄巢被林言所杀，《新唐书》中说黄巢是自刎。

403

赋税，上报人口。

唐政权已如秋风之中的落叶，飘飘荡荡，眼看就要落入尘埃。

黄巢曾多次参加进士考试，每次都名落孙山，在一次落第后，他曾作《咏菊》诗："待到秋来九月八，我花开后百花杀。冲天香阵透长安，满城尽带黄金甲。"

黄巢死了，农民起义和藩镇混战却越来越严重。

文德元年（888年），僖宗病逝，宦官左军中尉杨复恭拥立寿王李杰（唐懿宗第七子，僖宗之弟）即位，改名李敏，后来又改名李晔，是为唐昭宗。

昭宗继位后，徒有中兴之志，却已无力回天。

光化三年（900年），宦官左右中尉刘季述、王仲先，枢密使王彦范、薛齐偓囚禁昭宗。

宰相崔胤联合禁军将领孙德昭救出昭宗后诛杀四宦官。孙德昭因功被授予静海节度使、同平章事，赐名李继昭。

崔胤提出由文官接任四个宦官原来在禁军中的位置，没想到禁军将士强烈抗议。

李继昭等禁军将领说："臣等累世在军中，未闻书生为军主；若属南司（指文官），必多所变更，不若归之北司（指宦官）为便。"（《资治通鉴》卷二六二）

这就是晚唐的禁军将领，在他们看来宦官掌管禁军才是正常的。

昭宗在位期间，藩镇间展开了吞并战争，大的藩镇蚕食小的藩镇，朝廷成了节度使争夺地盘的工具，谁抢到了地盘，就去朝廷要一个旨意，把地盘划给自己。

朱全忠成为其中势力最强的割据军阀。

天复元年（901年）十一月，昭宗被宦官韩全海劫持至凤翔，凤翔节度使是李茂贞，藩镇和宦官勾结劫持皇帝，宰相崔胤只得请求另一个节度使朱全忠勤王救驾。

天复三年（903年）正月，李茂贞杀掉韩全诲、张彦弘等宦官后投降。

昭宗离开"劫天子贼"，到了"夺天子贼"手中。

朱全忠进入凤翔，杀城中宦官七十二人，又派人捕杀京畿附近已经辞官归隐的宦官九十人。

返回长安后，朱全忠、崔胤奏请尽诛宦官，昭宗准奏。

朱全忠带兵入宫，把宦官驱赶到内侍省中，全部杀死，"冤号之声，彻于内外"。在各地方任职的宦官，则命当地官员就地捕杀。

最后只留下年龄幼小的三十个小黄门，做洒扫工作。

接下来，是朱全忠的表演时间。

天复四年（904年）正月，朱全忠上密表，称崔胤专权乱国，离间君臣，随后便命心腹杀了崔胤。

正月十三日，朱全忠强迫昭宗迁都洛阳。这是昭宗第四次被迫离开长安流亡外地，也是最后一次。

之后，朱全忠的军队强行驱赶长安城中的士民和百官上路，百姓扶老携幼，号哭满路。

二十六日，朱全忠命军队拆毁长安城内所有建筑，帝王宫殿、亭台楼阁、轩榭廊舫、民宅坊市……都毁了！

世界上最巍峨的宫殿大明宫没了！

世界上最繁华的都城长安城毁了！

大唐也要亡了！

昭宗被挟持到洛阳，却连做傀儡的机会都没有。天复四年（904年），朱全忠密令其属下蒋玄晖、朱友恭、氏叔琮杀死昭宗，之后拥立昭宗第九子、辉王李祚为太子，改名李柷，时年十三岁。

被立为太子当天，李柷登基，是为唐景宗，史称唐哀帝，又称昭宣帝。

之后又是惨烈的屠杀。

天祐二年（905年），昭宗的九个儿子被勒死，尸体被丢入九曲池。三十几名朝臣被砍杀。

屡试不中的李振说："此辈常自谓清流，宜投之黄河，使为浊流。"（《资治通鉴》卷二六五）

朱全忠笑而从之，把这些朝臣的尸体全部抛入黄河。

接下又到了大家熟悉的禅让环节。

这一年十一月，朱全忠晋位相国，总理朝政。

天祐四年（907年）三月，昭宣帝被迫禅位，降为济阴王。一年后，昭宣帝被害，年仅十七岁。

同年四月，梁王朱全忠改名为朱晃。同月，朱晃登基，国号大梁，改元开平，朱晃是为后梁太祖。

大唐灭亡之后中原地区先后建立了后梁、后唐、后晋、后汉、后周五个政权。中原地区以外，四方藩镇分别建立了前蜀、后蜀、吴、南唐、吴越、闽、楚、南汉、荆南、北汉十个政权。

中国历史进入五代十国时期，分裂取代大一统，诸国林立，兵祸连年。直到960年，后周赵匡胤发动陈桥兵变，黄袍加身，篡后周建立北宋，五代结束，战乱才慢慢平息。盛衰有常，国无恒强，不论是大隋、盛唐、还是五代，繁华凋零，已皆付青山。始终不变的是这片土地上生活着的人们，他们不分民族，不分老幼，都希望生活在强大、统一的国度。这片土地上的百姓勤劳朴实，将士勇敢坚毅，文人有铮铮风骨。即使在唐中后期，国家陷入诸多困境之时，仍有多位皇帝拼力一搏，希望能改变国家的命运。

信念永在，希望长存，文明薪火，传承不绝，古老文明定会在这片土地上创造一个又一个辉煌盛世。

参考书目

[1] 魏徵等.隋书.北京：中国社会科学出版社，2020年.

[2] 司马光等.资治通鉴.北京：商务印书馆，2018年.

[3] 刘昫.旧唐书：（全十六册）.北京：中华书局，1975年.

[4] 欧阳修、宋祁.新唐书：（全二十册）.北京：中华书局，1975年.

[5] 王溥等.唐会要.上海：上海古籍出版社，2006年.

[6] 李林甫等.唐六典：（上下），北京：中华书局，2014年.

[7] 温大雅.大唐创业起居注.上海：上海古籍出版社，1983年.

[8] 吴兢.贞观政要.北京：中华书局，2011年.

[9] 蔡东藩.蔡东藩中华史：唐史.北京：北京联合出版公司，2014年.

[10] 吕思勉.唐朝大历史.北京：北京联合出版公司，2012年.

[11] 翦伯赞.中国史纲要.（增订本上）.北京：北京大学出版社，2006年.

[12] 易中天.易中天中华史第三部：隋唐.杭州：浙江文艺出版社，2016年.

[13] 吴宗国.盛唐政治制度研究.上海：上海辞书出版社，2003年.

[14] 吴宗国.说不尽的盛唐：隋唐史二十讲.北京：北京大学出版社，2020年.

[15] 王觉仁.大唐兴亡三百年.北京：人民日报出版社，2018年.

[16] 王小甫.隋唐五代史：世界帝国 开明开放.北京：中信出版社，

2017年.

　　[17] 黄正建.唐代衣食住行（插图珍藏本）.北京：中华书局,2013年.

　　[18] 黄楼.唐宣宗大中政局研究.天津：天津古籍出版社，2012年.

　　[19] 荣新江、辛德勇、孟宪实等.唐：中国历史的黄金时代.上海：生活·读书·新知三联书店，2021年.

　　[20] 何磊.武则天传.成都：天地出版社，2020年.

　　[21] 王小帅.细读唐朝三百年.北京：华文出版社，2021年.

　　[22] 姜越.隋末唐初大变局.沈阳：辽宁人民出版社，2018年.